JUDITH ORLOFF

JENSEITS DER ANGST

Die außersinnlichen Fähigkeiten entdecken
und damit leben

Aus dem Amerikanischen
von Angelika Hansen

WILHELM HEYNE VERLAG

MÜNCHEN

HEYNE ESOTERISCHES WISSEN
Herausgegeben von Michael Görden
13/9805

Die englische Originalausgabe
Second Sight. The personal story of a psychiatrist clairvoyant
erschien 1996 bei Warner Books, New York.

Umwelthinweis:
Dieses Buch wurde auf chlor- und säurefreiem Papier gedruckt.

Taschenbucherstausgabe 9/99
Copyright © 1995 by Judith Orloff. M.D.
Copyright © der deutschsprachigen Ausgabe 1997
by Wilhelm Heyne Verlag GmbH & Co. KG, München
http://www.heyne.de
Printed in Germany 1999
Umschlaggestaltung: Atelier Bachmann & Seidel, Reischach
Umschlagillustration: Mauritius/SST, Mittenwald
Satz: Leingärtner, Nabburg
Druck und Bindung: Ebner, Ulm

ISBN 3-453-15514-9

ZUR ERINNERUNG
AN MEINE MUTTER
UND FÜR MEINEN VATER

»*In den ersten Tagen nach dieser Vision war ich krank vor Schreck... Meine irische Herkunft ließ mich befürchten, daß mein Erlebnis vielleicht so etwas Ähnliches war wie das, was die einfachen Leute vom Land das Zweite Gesicht nannten. Ich wagte es nicht, irgend jemandem davon zu erzählen... Furcht überwältigte mich bei dem Gedanken an meine Andersartigkeit, die es erlaubte, daß sich Geschehnisse auf äußerst lebhafte Weise irgendwo in meinem Inneren entfalten konnten, ob ich das nun wollte oder nicht. Außerdem stellte ich fest, daß diese Ereignisse entweder in meiner unmittelbaren Umgebung oder weit entfernt, in der Gegenwart, in der Vergangenheit oder sogar in der Zukunft geschehen konnten...*«

EILEEN GARRETT (1893-1970), *My Life*

Inhalt

Vorwort 11

Prolog 14

Teil I
INITIATIONEN

Kapitel 1
Der Beginn der Weisheit 25

Kapitel 2
Die innere Stimme ernst nehmen 52

Kapitel 3
Der Verlust der Unschuld 100

Kapitel 4
Den Geist heilen 127

Kapitel 5
Das Mischen der Medizin 157

Kapitel 6
Die weibliche Abstammungslinie 207

Teil II
LEHREN

Kapitel 7
Sich aufs Sehen vorbereiten 241

Kapitel 8
Die Alchemie der Träume 294

Kapitel 9
Übersinnliche Erfahrungen im Alltag   355

Kapitel 10
Der ausgeglichene intuitive Mensch   403

Kapitel 11
Der spirituelle Weg des intuitiven Menschen   438

Kapitel 12
Das Geschenk in Ehren halten   469

Nachwort   505

Danksagungen   509

Vorwort

Seit mehreren Jahrhunderten sind wir mit der Erschaffung einer modernen Kultur beschäftigt, die uns wachsende Vorteile und Bequemlichkeiten gebracht hat und die eine natürliche Entwicklung menschlichen Erfindungsreichtums zu sein scheint. Wir scheuen uns nicht, diese Kultur als die höchste Form menschlicher Kreativität zu preisen. Ihr Wertesystem – rationalistisch, mechanistisch, materialistisch – berührt alle Lebensbereiche, sei es Erziehung, Medizin oder Politik. Sie beschert uns den Eindruck, oder besser die Illusion, daß wir die Zusammenhänge der Natur wie auch den menschlichen Körper und Verstand begreifen und daß wir in der Lage sind, diese zum Nutzen aller zu kontrollieren.

Diese Philosophie der Moderne muß wohl eine besondere Attraktivität besitzen, denn sie ist dabei, sich über die ganze Welt auszubreiten und dabei auch Völker zu vereinnahmen, die bisher noch uralten intuitiven, magischen, rituellen und erotischen Traditionen gefolgt waren, deren Werte aber heute nicht mehr gefragt sind. Nur wenige Menschen scheinen sich der Gefahren der modernistischen Lebenshaltung bewußt zu sein und der einschneidenden Limitierungen, die sie der normalen menschlichen Erfahrung und unserem Verständnis dafür auferlegt. Wir sind Experten der materialistischen Dimensionen von Natur und Kultur geworden, doch zur gleichen Zeit unfähig, wichtige und tiefe Erfahrungen im Leben ganz normaler Menschen zu artikulieren.

Inmitten dieser traurigen Entwicklung bringt uns Judith Orloffs Buch eine große Erleichterung. Ihre Geschichte ist zugleich bewegend und ermutigend, denn sie zeigt, wie schwierig, aber auch wie lohnenswert es ist, sich Formen von Weisheit und Erkenntnis zu öffnen, die von der modernen Idee des »Normalen« abweichen. Ihre Ehrlichkeit im Hinblick auf ihre Erlebnisse und Einsichten in den Bereichen von Intuition, Träumen, außersinnlichen Wahrnehmungen und Heilung mag den einen oder anderen zögernden Leser dazu ermutigen, seine eigenen Gaben zu bejahen, seine Individualität und bedingungsloses Mitgefühl zu entwickeln.

Frau Dr. Orloff zeigt mit ihrer Lebensgeschichte, wie wir alle – selbst die Bewußtesten und Begabtesten – die begrenzte Sichtweise der heutigen Zeit verinnerlichen, wie wir es nicht wagen, unseren Intuitionen zu vertrauen, und uns fürchten, unseren subtileren Empfindungen und unserem tieferen Wissen zu folgen. In ihren Erzählungen über Geliebte, Eltern, Freunde und Patienten zeigt sie, wie stark Intuition und Gemeinschaftsgefühl, tiefes Erkennen und Liebe miteinander verbunden sind. Durch ihr eigenes Beispiel lehrt sie uns, der weniger rationalen Sicherheit unseres Herzens zu vertrauen und zeigt uns, wie wir den Menschen um uns herum näherkommen und mit einer stärkeren und weniger defensiven Empfindsamkeit leben können, indem wir uns aus einer tieferen Quelle von Wissen und Reflektion nähren.

Dies ist kein defensives Buch. Es versucht nicht, das umstrittene Thema paranormalen Wissens mit technischem Jargon zu verschleiern oder zu ummanteln, sondern präsentiert klare, offenherzige Geschichten, die wertvolle Tips zur Kultivierung intuitiver Fähigkeiten enthalten. Wir können nur dann den Rahmen modernistischer Wertvorstellungen sprengen, wenn wir auch unsere Ausdrucksformen verändern. Ich bin wesentlich tiefer berührt von den Geschichten, die Frau Dr. Orloff erzählt – fesselnd, ehrlich und intim –, als ich es je von Experimenten, Studien und Statistiken sein könnte.

Manchmal gestatte ich mir die Vision einer Zeit, in der wir unsere arrogante Haltung gegenüber vergangenen Traditionen und Kulturen aufgegeben haben, in denen intuitive Erkenntnismethoden mit Intelligenz und

Können praktiziert wurden. Ich glaube, daß wir – haben wir erst einmal unser Wissen um die Dinge des Lebens und unseren Umgang damit erweitert – Lösungen für soziale und persönliche Probleme finden werden, die in der High-Tech-Welt moderner Medizin und Philosophie nicht zu finden sind. Wir können deshalb keine Antworten auf bestimmte Probleme finden, weil wir uns gegenüber den geeigneten Methoden und Vorgehensweisen verschlossen haben.

Dies ist ein Buch, das mehr zum Herzen als zum Verstand spricht und dessen Absicht eindeutig nicht darin besteht, die Welt von einem bestimmten Standpunkt zu überzeugen oder persönliche Leistungen darzustellen. Wegen seiner Herzensqualität vertraue ich diesem Buch und habe von ihm gelernt. Ich bitte den Leser, die gleiche Offenheit des Herzens mitzubringen und vielleicht auf diese Weise die Tiefe der eigenen Seele zu finden, die unter den vielen Schichten moderner Denkweise und Anmaßung auf ihre Entdeckung wartet. Diese Seele, mit ihren ungewöhnlichen, höchst individuellen und oft unerklärlichen Kräften, kann jedes Leben mit Dynamik, Mut und tiefer Bedeutung erfüllen.

Thomas Moore

Prolog

Früh am Samstagmorgen klingelte das Telefon. Es war der Freund meiner Patientin Christine, die er bewußtlos im Flur ihrer Wohnung aufgefunden hatte. Nach der Einnahme einer Überdosis verschiedener Tabletten, von denen auch ich ihr einige verschrieben hatte, war sie in ein Koma gefallen, und man hatte sie in die Intensivstation eines Krankenhauses in Los Angeles eingeliefert, nicht weit von meiner Praxis entfernt.

Ich war sprachlos. Ein paar Minuten lang saß ich unbeweglich da und fragte mich: Wie hatte das passieren können? In meinen Sitzungen mit Christine hatte nichts in ihrem Verhalten auf einen drohenden Selbstmordversuch hingewiesen, zumindest nichts, worauf mich meine medizinische Ausbildung vorbereitet hatte. Dennoch war ich der Verzweiflung nahe und voller Selbstvorwürfe. Plötzlich war mir klar, daß ein Teil von mir diese Tragödie von Anfang an erwartet hatte. Eine Vorahnung hatte mich gewarnt, doch ich hatte diesem Gefühl nicht vertraut; ich hatte nicht hingehört.

Christine war eine meiner ersten Klientinnen, nachdem ich als Psychotherapeutin meine eigene Praxis eröffnet hatte. Von Anfang an war sie eine schwierige Patientin. Zwischen ihr und mir gab es eine unsichtbare Barriere, die ich als frustrierend und ärgerlich empfand. Selbst meine vorsichtigsten Fragen schienen sie zu irritieren, als würde ich damit ihre Privatsphäre verletzen. Wenn ich es für erforderlich hielt, daß sie sich ein wenig öffnete, mußte ich bald feststellen, daß mich die dafür notwendigen geistigen Anstrengungen und Überredungskünste erschöpften. Ich hatte das Gefühl, daß sie jede Sitzung so schnell wie möglich hinter sich bringen wollte. Jahrelang war Christine von einem Psychiater zum anderen gegangen, um ihre Depressionen loszuwerden. Man hatte ihr eine ganze Skala von Antidepressiva verschrieben, doch hatten diese entweder keine Wirkung oder die unangenehmen Nebenwirkungen überwogen den Nutzen.

Als ich ihr von einem neuen Medikament erzählte, das einige meiner anderen Patienten mit Erfolg genommen hatten, stimmte sie zögernd zu, es auszuprobieren, und im Laufe der nächsten Monate beobachtete ich aufmerksam und erleichtert ihren Fortschritt.

Eines Morgens, kurz vor einer unserer Sitzungen, blieb ich in einem Verkehrsstau stecken. Während ich in diesem Meer von Autos festsaß, fielen mir ein paar Traumfragmente der vorangegangenen Nacht ein, in denen ich Christine in Manhattan gesehen hatte, wo sie in der Dunkelheit in einem Labyrinth von Straßen umherirrte. Der Lärm der Stadt hatte sie eingehüllt, und hin und wieder verschwand sie aus meinem Blickfeld, als hätte die Nacht sie verschluckt. Ich beobachtete sie aus einiger Entfernung und bemerkte, wie einsam und verloren sie war, so als würde sie etwas suchen. Ich rief ihren Namen, doch war sie zu weit entfernt, um mich hören zu können.

Der Traum überraschte mich zutiefst. Seit Beginn meines Medizinstudiums hatte ich nicht mehr geträumt, zumindest konnte ich mich nie an meine Träume erinnern. Es erschien mir besonders seltsam, daß mein Traum von Christine handelte, denn wir hatten noch keine nennenswerte emotionale Beziehung hergestellt. Außerhalb unserer Sitzungen dachte ich so gut wie nie an sie.

Als ich Christine an diesem Tag etwas verspätet vom Wartezimmer in meine Praxis führte, entschuldigte ich mich bei ihr für die Verzögerung. Es schien ihr jedoch nichts auszumachen, was mich verwunderte, denn bisher hatte sie sich stets beschwert, wenn ich nicht auf die Minute pünktlich war. Sonnengebräunt und gutgelaunt ließ sie sich in einem Sessel mir gegenüber nieder.

»Das erste Mal seit Jahren scheint sich meine Depression aufzulösen«, erzählte sie mir. »Die von Ihnen verschriebenen Tabletten haben tatsächlich geholfen. Ich fühle mich nicht mehr so abgeschnitten von der Welt und habe auch fast keine Angst mehr.«

Während ich sie anschaute und ihr aufmerksam zuhörte, erinnerte ich mich daran, wie sie bei unseren bisherigen Sitzungen ausgesehen hatte: hängende Schultern, glanzlose Augen, eine monotone Stimme und viel zu viel Make-up. Heute saß sie gerade, ihre Augen hatten einen munteren, lebendigen Ausdruck, ihre Stimme war fest, und ihr Gesicht strahlte.

Während der letzten sechs Monate hatte ich einige positive Anzeichen bei ihr beobachtet, die auf eine langsame, doch stete Besserung hinwiesen und ein Beweis dafür waren, daß die Antidepressiva ihre Wirkung nicht verfehlt hatten. Sie erzählte mir vom Beginn einer neuen Liebesbeziehung und von der Versöhnung mit ihrer seit Jahren entfremdeten Tochter; die beiden hatten sogar vor, gemeinsam ein paar Tage Ferien zu machen. Ich freute mich über Christines Entwicklung: Sie war dabei, ihren Kokon zu verlassen, entschlossen, gesund zu werden, voller Pläne für die Zukunft.

Während sie sprach, warf ich einen flüchtigen Blick aus dem Fenster und sah eine aufgebauschte Wolkenformation am Himmel. Einen Moment lang hörte ich Christines Stimme nicht mehr und verlor mich im Anblick des sich ständig verändernden Wolkengebildes. Ihre Stimme schien von weit her zu kommen, und ihre Worte erreichten mich wie in Zeitlupe, doch mein Geist war total klar. Ich fühlte eine tiefe innere Ruhe, so als sei ich von frisch gefallenem Schnee umgeben. Alles war kühl und ruhig. Ich atmete leicht, und mein Körper entspannte sich. Ich weiß nicht mehr, wie lange dieser Moment dauerte, doch plötzlich in dieser totalen Ruhe und trotz allem, was sie mir erzählte, wußte ich ohne den geringsten Zweifel: Christine wird einen Selbstmordversuch unternehmen.

Diese plötzliche Erkenntnis überfiel mich wie ein Pfeil, der mitten ins Herz dringt. Doch eine solche Vorahnung im Rahmen meiner Tätigkeit als Ärztin zu haben war ungewohnt und bedrohlich. Ein Teil von mir wollte diese Vorahnung sofort verleugnen und ausblocken. Ich fühlte mich schwach und fürchtete, ohnmächtig zu werden. Mein Bauch zog sich wie zu einem Knoten zusammen.

Christine war meine letzte Patientin an diesem Freitag, und ich war erschöpft. Nachdem ich mit einem Kollegen vereinbart hatte, daß dieser eventuelle Notrufe übers Wochenende annehmen würde, verließ ich am frühen Abend meine Praxis. Doch der Gedanke daran, daß Christine einen Selbstmordversuch unternehmen könnte, ließ mich nicht los.

An diesem Abend ging ich mit einer Freundin im Santa Monica Canyon spazieren, einem bewaldeten Teil von Los Angeles, weit weg von der Hektik und dem Smog der Stadt. Die Luft war frisch und duftend, außergewöhnlich warm für die Jahreszeit, fast wie im Frühling. Während wir eine ruhige, baumbestandene Straße entlanggingen und uns über Unmengen blühender Wildblumen freuten, begann ich mich langsam zu entspannen. Doch das Bild von Christines Gesicht ging mir nicht aus dem Sinn.

Ich sah sie so, wie ich sie in meinem Traum gesehen hatte, allein und verloren, und wie ich ihr durch die Straßen von Manhattan gefolgt war. Natürlich hatte ich keinerlei Beweise, daß Christine ihr Leben beenden wollte; vielmehr zeigte alles, was ich über sie wußte, eindeutig das Gegenteil an.

Während ich mich daran erinnerte, versuchte ich, meine Angst zu rationalisieren und wegzuerklären. Doch am Ende unseres Spaziergangs, als meine Freundin mich darauf ansprach, wie angespannt ich sei, erzählte ich ihr von meiner Vorahnung. Als praktische Frau, die sie war, nahm sie diese nicht allzu ernst, doch schlug sie vor, daß ich bei der nächsten Sitzung mit Christine dieses Thema vorsichtig zur Sprache bringen sollte, und sei es nur, um meine eigenen Befürchtungen zu beseitigen. Ich stimmte zu. Sollte Christines Reaktion es notwendig machen, würden wir dann ihre Gefühle näher untersuchen. Doch im Moment, wo es ihr so gut ging, bestand tatsächlich kein Grund zur Sorge.

Aber Christine erschien nicht zum vereinbarten Termin; als ich sie das nächste Mal sah, lag sie auf der Intensivstation und war an ein Beatmungsgerät angeschlossen, das sie am Leben hielt. Ich versuchte mit aller Kraft, professionell zu bleiben, doch mein Kopf drehte sich im Kreis. Durch das Übergehen meiner Vorahnung hatte ich sowohl Christine als auch mich selbst betrogen. Ich konnte nicht mehr klar denken. Ich fühlte mich wie Alice im Wunderland, nachdem sie durch den Spiegel getreten war; plötzlich gab es nichts Bekanntes mehr, keine vertrauten Wahrzeichen.

Fast zehn Jahre lang hatte ich beinahe Tag und Nacht gearbeitet. Ich kannte die medizinische Literatur in- und auswendig. Mir waren alle Zeichen der Besserung und sämtliche Gefahrensignale vertraut. Immer wieder fragte ich mich, was ich bei Christine übersehen hatte. Mein gesamtes professionelles Fundament brach unter mir zusammen.

Nachdem ich alle meine medizinischen Bücher auf Erklärungen hin durchgelesen hatte, rief ich schließlich David an, einen Kollegen, der bereits seit einigen Jahren eine eigene Praxis hatte. Er bemühte sich, mir zu versichern, daß ich nichts übersehen hatte, doch konnte er mich nicht überzeugen. Vom medizinischen Standpunkt aus betrachtet hatte er recht. Doch war es nicht meine Kompetenz als Ärztin, um die ich mir Sorgen machte. Ich war schockiert darüber, daß ich eine intuitive Information einfach beiseitegeschoben hatte, die für Christine den Unterschied zwischen Leben und Tod hätte bedeuten können. Da die Art dieser Information nicht dem traditionellen Muster entsprach, hatte ich sie ignoriert.

Während meiner medizinischen Ausbildung hatte ich mich dafür entschieden, der wissenschaftlichen Methode den Vorrang gegenüber meiner Intuition zu geben, die mir im Vergleich dazu ungenau und unzuverlässig erschien. Da ich oft kritische Entscheidungen treffen mußte, die das Leben anderer Menschen – meiner Patienten – beeinflußten, hatte ich ein System gewählt, das konkreter und realistischer war. Dabei hatte ich jedoch die Tatsache aus den Augen verloren, daß solch ein System trotz der Vorzüge, die es zweifellos hat, selten die ganze Wahrheit enthüllt.

Die nächsten vier Wochen besuchte ich Christine täglich im Krankenhaus. Ich prüfte ihre medizinischen Daten und betrachtete ihren flach atmenden Körper auf dem weißen Bett, der mit einem kaum zerknitterten Bettuch zugedeckt war. Ich hörte das Zischen und Pfeifen des Beatmungsgerätes und schaute dem langsamen Tröpfeln der Infusion zu. Christine sah aus wie ein Schatten ihrer selbst, bleich und grau. Mehr als alles wollte ich ihre Stimme hören, wollte irgendein Lebenszeichen von ihr sehen, damit meine Schuldgefühle besänftigt würden. Doch es herrschte eine tödliche Stille im Zimmer.

An vielen Abenden, wenn ich sie besuchte, zog ich die Vorhänge um ihr Bett, setzte mich neben sie und konzentrierte mich immer wieder auf ihren Fall, betrachtete ihn von allen nur möglichen Standpunkten aus und überlegte, wie ich in unseren Sitzungen das Thema Selbstmord hätte anschneiden können.

Im Verlaufe meiner medizinischen Ausbildung hatte ich gewisse Richtlinien gelernt, Regeln, auf die ich mich verlassen konnte. Im Zusammenhang mit einer medizinisch notwendigen Entscheidung auf eine Vorahnung zu hören, wäre einem Sakrileg gleichgekommen. Man hatte uns gelehrt, daß viele Patienten bis zum letzten Moment einen Selbstmordversuch nicht bewußt planen. Solche Gedanken können sich jedoch unbemerkt in ihrem Unterbewußtsein zusammenbrauen und in einem Moment der Einsamkeit, wenn die Hilfe des Therapeuten nicht unmittelbar greifbar ist, durchbrechen. Da es sich hier um einen unbewußten Vorgang handelt, hätte ich Christine mit meiner Vorahnung am besten helfen können.

Die einzige Erwähnung von Vorahnungen und anderen intuitiven Fähigkeiten, die ich während meines Studiums und meiner Tätigkeit als Psychiaterin jemals entdeckt hatte, waren in Fachbüchern zu finden, die solche Fähigkeiten als Zeichen tiefgreifender psychologischer Störungen interpretierten. Ich war sehr stolz auf meine Zugehörigkeit zur *American Psychiatric Association*, auf die Tatsache, daß ich zur Belegschaft verschiedener renommierter Krankenhäuser in Los Angeles gehörte, und auf den Respekt meiner Kollegen. Doch als ich an Christines Bett saß, hatte ich das Gefühl, als seien zwei grundverschiedene Aspekte meiner Person kollidiert. Ich konnte mein Gesicht sehen, als ich noch ein junges Mädchen war, wie es sich auf mein Gesicht von heute legte: zwei zusammenhanglose Bilder, die übereinander lagen und im Begriff waren, sich zu verbinden. Vor was war ich so lange weggelaufen? Ich fühlte ein Flattern in meiner Brust, eine ruhige, kalte Spannung. Mein Inneres verhärtete sich, und ich hatte Angst, daß ich wie zerbrochenes Glas in Millionen von Scherben zerfallen würde, wenn ich mich bewegte.

Die Wahrheit meiner Vorahnung bestätigte und erschreckte mich. Doch ich mußte die Fakten in Christines Fall anerkennen. Wenn ich mich sowohl auf mein intuitives wie auch mein medizinisches Wissen verlassen konnte, war es mir möglich, meinen Patienten immer einen Schritt voraus zu sein und ihre Gedanken und Gefühle zu kennen, bevor diese sie zu unwiderruflichen Handlungen führen würden. Wenn ich meine intuitiven Fähigkeiten auf einfühlsame Art benutzen konnte, würden sie nicht nur keinen Schaden anrichten, sondern vielleicht sogar unnötiges Leid verhindern.

Während ich Christines blasses Gesicht auf dem Kopfkissen anschaute, mit all den Plastikschläuchen in Mund und Nase, wurde mir klar, daß ich als verantwortliche Ärztin nicht länger Informationen beiseite schieben durfte, nur weil sie auf eine Weise zu mir kamen, die von der traditionellen Medizin noch nicht anerkannt ist. Es mußte einen Weg geben, die Intuition in die Schulmedizin zu integrieren. Wenn diese beiden Bereiche miteinander verbunden würden, könnten sie einander unterstützen und wirksamer sein, als jeder für sich es war.

Nach vielen langen Wochen, in denen ich nicht wußte, ob Christine leben oder sterben würde, erwachte sie aus ihrem Koma. Ich hatte versucht, mich auf die Möglichkeit ihres Todes vorzubereiten, doch tief in meinem Inneren wußte ich, daß es mich vernichten würde. Ich hätte mir nie verzeihen können, nicht auf meine Vorahnung reagiert zu haben. Daher war ich trotz des langen Alptraumes ihres Komas erleichtert und dankbar, als sie wieder erwachte. Es war uns beiden ein Aufschub gewährt worden.

Als wir die Therapie wiederaufnahmen, hatte sich meine Herangehensweise als Psychiaterin geändert. Ich machte einen Schwur, der Teil meines persönlichen hippokratischen Eides wurde: nicht nur kein Leid zu verursachen, sondern darüber hinaus eine therapeutische Beziehung zu meinen Patienten zu finden, in der ich mich ganz einbringen konnte. Mir war noch nicht klar, wie ich das bewerkstelligen würde, doch eine Sache – die Christine mich gelehrt hatte – stand fest: Die Strafe dafür, nicht alles zu versuchen, was in meiner Macht stand, war zu hoch.

Meine Schwierigkeiten mit Christine spielten eine entscheidende Rolle für mich, sowohl in meinem persönlichen Leben als auch in meiner Praxis. Aus dieser

Erfahrung heraus war mir klargeworden, daß ich einen Teil meines Selbst, den ich vor langer Zeit weggeschlossen hatte, ans Tageslicht holen mußte – egal, wieviel Angst ich davor hatte. Denn in Wahrheit hatte ich bereits als Kind den Weg begonnen, der mich schließlich zu diesem kritischen Scheidepunkt geführt hatte. Obwohl ich es bekämpft hatte, wußte ich schon seit Jahren, daß irgend etwas mich von anderen Menschen unterschied, so als folgte ich einem anderen Rhythmus, einer anderen Wahrheit. Wenn ich heute auf mein Leben zurückblicke, sehe ich deutlich, wie eine Folge von ungewöhnlichen und mir unerklärlichen Ereignissen mich auf diesen Tag vorbereitet hatte.

Teil I

INITIATIONEN

Kapitel 1

Der Beginn der Weisheit

Ich bin allumfassend… In mir vereinigen sich unzählige Aspekte.

WALT WHITMAN

Es war drei Uhr morgens in einer warmen kalifornischen Sommernacht im Jahre 1968. Ich war sechzehn Jahre alt, hatte das Wochenende bei einer Party im Hause von Freunden in Santa Monica verbracht und merkte nicht, wie erschöpft ich war. Der weiche, warme Santa-Ana-Wind fuhr durch die Eukalyptusbäume und blies Staub über die verlassenen Straßen der Stadt. Dieser Wind hat etwas Verführerisches, Nervenaufreibendes, mit einem leichten Geschmack von Gefahr.

Wir befanden uns ein paar hundert Meter vom Meer entfernt in einem kleinen weißen Holzhaus, in dem ich oft mit meinen Freunden zum Zeitvertreib rumhing. Wir waren wie kleine Tiere, die sich zusammenkuschelten und nichts mit der bedrohlichen Welt da draußen zu tun haben wollten. Indische Tücher in leuchtenden Farben hingen wie Baldachine von der Decke, und in leeren Rotweinflaschen auf dem Boden flackerten Kerzen. Ich hatte mich barfuß auf der Couch ausgestreckt und lauschte den Liedern von Bob Dylan. Doch ich fühlte mich unruhig; ich wollte etwas unternehmen.

Ein junger Mann mit blonden Haaren, den ich erst eine Stunde vorher kennengelernt hatte, lud mich zu einer Spritztour in die nahen Berge ein. Er war ein Typ wie James Dean, cool und sexy, mit einer braunen Lederjacke, Cowboystiefeln und einer angebrochenen Zigarettenpackung in der Hintertasche seiner ausgewaschenen Jeans – genau die Art von Mann, die ich immer bewunderte, doch die sich nie für mich zu interessieren schienen. Um nichts in der Welt würde ich diese Gelegenheit vorbeigehen lassen.

Ich zog meine Schuhe an, und wir gingen zur Tür, hier und da über nackte Matratzen steigend, auf denen Paare sich liebten. Wir nahmen meinen grünen Austin Mini, mein Begleiter am Steuer, und fuhren in Richtung Tuna Canyon, eine der dunkelsten, einsamsten Gegenden in den Bergen von Santa Monica, die den Chumash-Indianern einst heilig gewesen war.

Die Straße schlängelte sich bis auf eine Höhe von etwa tausend Metern den Berg hinauf. Unter uns erstreckte sich in einem Lichterbogen die gesamte Küste von Malibu, die von Point Dume bis hinunter zur südlichsten Spitze der Halbinsel von Palos Verdes reichte. Die milde Nachtluft blies durch meine Haare, und der intensive Duft von Salbei und frischer Erde erfüllte die Luft. In der Nähe heulten einige einsame Koyoten einander zu.

Der Mann an meiner Seite warf mir einen langen Blick zu, und ein prickelndes Gefühl breitete sich in mir aus. Die Sanftheit seiner Stimme und die fließenden Bewegungen seines Körpers erregten mich, doch wollte ich ihm das nicht zeigen und tat so, als interessiere er mich nicht weiter. Die Wärme seines Armes überflutete meinen Körper, als er seine Hand auf mein Bein legte. Ich berührte seine Hand mit der meinen und streichelte zärtlich jeden seiner Finger. Ich fühlte mich wie berauscht: Er war ein Fremder, mir vollkommen unbekannt. Je näher wir unserem Ziel kamen, desto erregter wurde ich. Ich stellte mir vor, was passieren würde, wenn wir die atemberaubende Aussicht an der höchsten Stelle des Berges erreicht hatten.

Je höher wir fuhren, desto gefährlicher wurden die Kurven. Doch achteten wir nicht besonders darauf, sondern unterhielten uns angeregt, noch high von dem starken Amphetamin, das wir eine Stunde vorher genommen hatten. In der letzten Kurve vor dem Gipfel reagierte er nicht schnell genug, und das rechte Vorderrad grub sich in den Sand am Straßenrand. Das Auto schlingerte wie wild, während er versuchte, es durch heftiges Drehen am Steuer wieder unter Kontrolle zu bekommen. Er stieg voll auf die Bremse. Ich hörte, wie die Reifen quietschten, bevor wir total von der Straße abkamen, über den Rand des Abgrundes rutschten und in die dunkle Tiefe stürzten.

Von da an kann ich mich nur noch an einzelne Bruchstücke erinnern. Es kam mir so vor, als sei die Zeit langsamer geworden, und ich fing an, verschiedene Dinge zu bemerken. Der Nachthimmel drehte sich unter meinen Füßen anstatt über meinem Kopf. Ich hörte das typische Geräusch von aufeinanderknallenden Autoskootern. Ich stellte ohne Emotionen fest, daß irgend etwas entschieden merkwürdig war, konnte aber nicht genau sagen, um was es sich dabei handelte. Der Horror meiner Zwangslage – mein unmittelbar bevorstehender Tod – kam mir nie zu Bewußtsein. Statt dessen verlagerte sich die Situation für mich; ich fand mich in einer Art von Tunnel wieder und fühlte mich sicher und geborgen. Die Frage, wo ich war und wie ich hierher gelangt war, kam mir nie in den Sinn. Und obwohl ich von weither hören konnte, wie der Wind an den offenen Fenstern des Autos vorbeirauschte, verspürte ich weder Panik noch Angst, als wir auf den Grund des Canyons Hunderte von Metern unter uns zusausten.

Ohne den geringsten Wunsch, mich zu bewegen oder gar an einem anderen Ort zu sein, schaute ich mir den Tunnel an, der mich umgab. Es war ein überaus stiller Raum, lang und zylinderförmig, dessen graue Farbe leuchtete, als sei sie von einer versteckten Quelle illuminiert. Obwohl der Tunnel nicht wie in der normalen Realität massiv zu sein schien, erstreckten sich seine lichtdurchlässigen Wände endlos in beide Richtungen. Sie bestanden aus einem wirbelnden, nebligen Material, ähnlich Billionen von kreisenden Atomen, die sich in rasender Geschwindigkeit fortbewegen. Diese surreale Welt war vollkommen leer – abgesehen von mir – doch angenehm und beruhigend: Es gab keine rauhen Ecken, und der gesamte Tunnel schien sanft zu vibrieren. Ich verspürte vollkommenen Frieden an diesem Ort, der grenzenlos und ewig zu sein schien.

Plötzlich erinnerte ich mich daran, wie ich als kleines Mädchen des Nachts auf dem Dach unseres Hauses gesessen und den dunklen Himmel betrachtet hatte mit seinen unzähligen strahlenden Sternen, wobei ich jedes Mal das Gefühl hatte, von einer unsichtbaren Präsenz umgeben zu sein. Stundenlang starrte ich auf etwas, das ich nicht sehen, aber umso stärker spüren konnte. Von frühester Kindheit an hatte ich an Gott geglaubt; nicht unbedingt an den Gott der jüdischen Religion, mit der ich aufgewachsen war, oder irgendeiner anderen Religion, sondern an ein formloses, immer gegenwärtiges Wesen, das mir durch alle Ereignisse meines Lebens zulächelte und mich liebevoll beschützte. Dieselbe Präsenz empfand ich jetzt in diesem Tunnel, vertrauter und näher, als sie je in meiner Kindheit gewesen war. Sie hüllte mich ein wie eine warme Kaschmirdecke an einem kalten Winterabend, und ich fühlte mich friedlich und sicher vor jeglicher Gefahr, beschützt von einer unsichtbaren starken Lebenskraft.

Die Zeit stand still; jeder Augenblick dehnte sich in die Ewigkeit aus. Mit dem Gefühl, unendlich weit weg zu sein, starrte ich durch die zerschmetterte Windschutzscheibe und bemerkte das sanfte Mondlicht, das durch den Canyon schien. Der Wagen prallte von Felsen zu Felsen und überschlug sich, während wir den Abhang hinunterstürzten. Dennoch hatte ich nie den Eindruck, daß ich in Gefahr war, und ich verspürte nicht die geringste Angst. Mit der Kaltblütigkeit eines unbeteiligten Beobachters zählte ich, wie oft sich der Wagen überschlug: einmal, zweimal, dreimal – insgesamt achtmal. Vom Schutz des Tunnels umgeben befand ich mich in einem Vakuum, im freien Fall, nicht wissend, ob es sich dabei um Leben oder Tod handelte.

So abrupt, wie ich in den Tunnel hineingesogen worden war, befand ich mich plötzlich wieder in der Gegenwart und spürte, wie der Wagen auf einem Absatz des Canyons aufschlug. Noch einmal drehte er sich um die eigene Achse, bis er unter dem knirschenden Geräusch von Stahl auf Stein zum Halten kam, mit den Vorderreifen über einem zweiten Abgrund hängend. Der Wagen hielt sich in einer prekären Balance und schwankte bedrohlich über dem Rand des tief nach unten abfallenden Tales.

Die Wucht des Aufpralls hatte meinen Begleiter und mich auf die Hintersitze geworfen. Überall waren Scherben, doch wundersamerweise hatten wir beide keinerlei Verletzungen. Doch bemerkten wir schnell, daß die Gefahr noch nicht vorbei war. Jeden Moment konnte der Wagen nach vorne rutschen und in die enge Schlucht stürzen. Wir mußten sofort aus dem Wagen raus.

Die Äste einer Eiche, die durch die zerbrochenen Fenster in den Wagen reichten, erwiesen sich als unsere einzige Hilfe. Ohne weiter zu überlegen, klammerte ich mich an den Ästen fest, und es gelang mir, mich aus dem Wrack herauszuziehen. Mein Begleiter tat das gleiche, und im nächsten Moment kletterten wir die Klippe hinauf, wobei wir uns durch ein Dickicht von fast undurchdringlichem Gebüsch kämpfen mußten. Um nicht auf losen Erdschollen und schlüpfrigem Blattwerk unter unseren Füßen auszurutschen, benutzten wir das Strauchwerk wie Seile, an denen wir uns den steilen Hügel hinaufhangelten. Doch während wir noch damit beschäftigt waren, fragte ich mich: Warum war uns das Leben gerettet worden? Eigentlich hätten wir bei diesem Absturz getötet werden müssen. Statt dessen waren wir beinahe ohne eine Schramme davongekommen. Und das Bild des Tunnels hatte sich bereits unwiderruflich in meinem Inneren eingeprägt.

Wir waren dankbar, wieder auf festem Boden zu sein, und fanden bald ein Auto, das uns über die engen, kurvigen Straßen des Canyons zurück in die Stadt brachte. Ich kann mich nicht erinnern, daß einer von uns während der Fahrt den Mund aufgemacht hat, doch bin ich mir nicht sicher. Ich erinnere mich kaum an diese Fahrt. Während ich aus dem Fenster in den Himmel schaute, ließ ich den Unfall wieder und wieder vor meinem inneren Auge abrollen, unfähig zu erklären, warum wir noch am Leben waren. Nur ein Wunder konnte uns gerettet haben.

Während der nächsten Wochen konnte ich mich nicht an die Einzelheiten des Sturzes in den Abgrund erinnern, sondern behielt nur einige unzusammenhängende Bilder im Kopf. Ich erinnerte mich genau daran, wie der Wagen über den Rand des Canyons gerollt war, und an die schwindligen, gewichtslosen Empfindungen der Hilflosigkeit während des Falls, ähnlich der ersten großen Kurve in einer gigantischen Achterbahn. Auch erinnerte ich mich daran, daß jede Zelle meines Körpers in lautem Protest aufschrie, als der Wagen mit einem kreischenden Knall aufschlug. Was den Tunnel betraf, hatte ich keine Ahnung, was ich davon halten sollte. Er stellte ein Rätsel dar, ein Geheimnis, das ich noch viele Jahre lang zu lösen versuchen würde.

Für meine Eltern war das Ereignis jener Nacht nur das letzte in einer Folge drogenbezogener Katastrophen in meinem Leben. Ich war ihr einziges Kind, und sie waren außer sich vor Sorge. Es war noch gar nicht lange her, daß meine Mutter mir Gutenachtlieder gesungen und mein Vater mich am Wochenende zum Minigolf mitgenommen hatte. Ich bewunderte meine Eltern und wußte, daß sie beide mir ein unbeschwertes, beschütztes Leben bieten wollten, doch je enger sie mich an sich zu binden versuchten, desto mehr rebellierte ich. Als ich angefangen hatte, Drogen zu nehmen, war mir klar, daß ihnen dies das Herz brach. Ich wußte, daß sie um meine Gesundheit und Sicherheit bangten und sah, wie sich unsere Beziehung aufzulösen begann. Doch ich glaubte, keine andere Wahl zu haben. Ich mußte mich befreien. Während der letzten Jahre hatten sie meine Verwandlung von einem ruhigen, sensiblen Mädchen in eine Fremde erlebt: unerreichbar und unberechenbar.

Vor dem Unfall hatten meine Eltern alles unternommen, um mir Hilfe zukommen zu lassen. Meine Mutter, eine willensstarke Hausärztin, und mein Vater, ein liebevoller Facharzt für Radiologie, waren beide bekannte Ärzte in Beverly Hills. Mein Vater, ein praktisch veranlagter Mann von großer Integrität, erfolgreich in seinem Beruf, doch zufrieden mit den einfachsten Freuden des Lebens, hatte mich oft mit seinen großen, blaugrünen Augen angesehen, so als wolle er herausfinden, wo ich mich befand. Und meine Mutter, stark, gesellig, voller Angst, ich würde nicht von der Gesellschaft akzeptiert werden, schien mit aller ihr zur Verfügung stehenden Intensität entschlossen zu sein, mich auf den rechten Weg zurückzubringen, selbst wenn das einen Übergriff bedeuten mußte. Doch ich blieb stur und rebellisch. Ich hörte einfach nicht auf sie, überzeugt davon, daß meine Eltern nicht in der Lage waren, meine inneren Kämpfe wirklich zu verstehen, vielleicht weil ich sie selber nicht verstehen konnte.

Vor allen Dingen ging mir meine Sensitivität auf die Nerven. Ich hatte das Gefühl, daß mich niemand verstand, wenn ich zum Beispiel manchmal Dinge über Menschen wußte, bevor sie überhaupt ein Wort gesagt hatten. Oder wenn ich zutreffende Vorhersagen über zukünftige Ereignisse machen konnte, die oftmals tragischer Natur waren. Mein Vater schenkte diesen Vorhersagen nie viel Glauben und nahm nie Stellung dazu. Er war ein Mann, der nicht viele Worte machte, loyal, eine zuverlässige, starke Präsenz in meinem Leben; sein Hauptanliegen war es, für Frieden innerhalb der Familie zu sorgen. Sein Verstand beschäftigte sich nur mit dem Konkreten und fühlte sich am wohlsten in den Bereichen, in denen er so erfolgreich war. Das Andersartige, Ungewöhnliche – falls es Probleme bereitete, hatte er etwas dagegen, ansonsten beschäftigte es ihn nicht weiter. Doch bei meiner Mutter schienen meine Voraussagen einen empfindlichen Punkt zu berühren. Nicht ein einziges Mal unterstützte sie mich in dieser Beziehung; meine Ahnungen beunruhigten sie, und sie fürchtete, ich würde mich nicht normal entwickeln. Respektiert und viel geehrt, war meine Mutter ungeheuer stolz auf ihre Position in der jüdischen Gemeinde und der medizinischen im besonderen, mit ihrer oft von Filmstars und Produzenten besuchten Praxis in Beverly Hills, vielen Freunden und einem Telefon, das nie stillzustehen schien. Doch meine Ahnungen waren mir ebenso unangenehm wie ihr, und ich hätte alles dafür gegeben, sie ein für allemal abzustellen. Dann fand ich heraus, daß Drogen mir dabei helfen konnten; sie stellten einen Ausweg dar, und ich benutzte ihn.

Nach dem Unfall taten meine Eltern ihr Bestes, um mich vor weiteren Katastrophen zu beschützen. Schon am nächsten Morgen packte meine Mutter meine Sachen zusammen und schickte mich zu einem ihrer besten Freunde in einer reichen und gut bewachten Gegend von Malibu Beach. Sie bestanden darauf, daß ich so lange dort bleiben sollte, getrennt von meinen Freunden und vor allem von jeglichen Drogen, bis sie eine Entscheidung getroffen hatten, wie mir am besten zu helfen sei. Mir war klar, daß ihre Motive wohlmeinend waren, dennoch ging ich nur widerstrebend.

Nichtsdestoweniger hatte ich einen Wendepunkt erreicht. Meine unmittelbare Berührung mit dem Tod hatte mich aufgewühlt; ich hatte eine Art Initiation erfahren und war irgendwie zu mir selbst zurückgekehrt. Immer wieder kam mir der Tunnel in den Sinn, seine ungeheure Stille und die Tatsache, daß er mir ungeachtet aller physischen Gesetze geholfen hatte, einen katastrophalen Autounfall zu überleben.

Als meine Eltern mich in Malibu ablieferten, löste sich gerade der Nebel auf, der bis dahin die Küste bedeckt hatte, und die Sonne strahlte. Verärgert und schlecht gelaunt richtete ich mich in meinem neuen Zimmer ein, so gut ich konnte. Ich lehnte es ab, mit irgend jemandem zu sprechen, und machte es mir auf der Couch vor dem Fernseher bequem. Ich trug ein rosa Batikhemd, Jeans mit ausgestellten Beinen, deren Taschen mit Blumen bestickt waren, und schaute mir gedankenlos eine Folge von Raumschiff Enterprise an. Es dauerte jedoch nicht lange, bis die Freunde meiner Eltern hereinplatzten und mir einen ihrer Nachbarn vorstellten. Jede Unterbrechung als Störung betrachtend, warf ich ihm einen feindlichen Blick zu, doch schaute ich schnell ein zweites Mal hin.

Jim war ein hochgewachsener Mann Mitte Vierzig mit vollem, gelocktem weißen Haar und einem weißen Bart. Er stand vor dem Fenster und wurde von den goldenen Strahlen der Sonne, die vom Meer widergespiegelt wurden, wie von einem Heiligenschein umgeben. Er sah aus wie eine Bilderbuchversion Gottes. Ich wollte am liebsten laut auflachen, doch beherrschte ich mich. Aus schierem Prinzip verweigerte ich jede Kooperation, und hätte ich gelacht, wäre das unter Umständen als Bereitschaft zur Zusammenarbeit interpretiert worden. Doch im himmlischen Licht von Jims Gegenwart bekam dieses ganze Durcheinander plötzlich etwas Komisches. Hier war ich also, im Exil in Malibu, entgegen jeder Vernunft sehr lebendig, und ein Mann, der wie Gott aussah, schaute auf mich hernieder.

Bevor ich wußte, wie mir geschah, saß Jim neben mir auf dem Sofa und bat mich mit freundlicher Stimme, ihm etwas von mir zu erzählen. Verärgert über seine direkte Art fragte ich mich, wer ist dieser Mann überhaupt? Ich wollte ihn nicht mögen, doch irgendwie gelang mir das nicht. Seine großen braunen Augen und seine liebenswürdige, bescheidene Art beruhigten mich. Seine Gegenwart gab mir ein Gefühl des Akzeptiertseins, etwas, was ich bei anderen Erwachsenen selten empfand. Seine Stimme und die zärtliche Art, in der er mich betrachtete, schienen mir vertraut, so als hätten wir schon tausendmal beieinander gesessen, obwohl in Wahrheit niemand, den ich kannte, auch nur im entferntesten irgendeine Ähnlichkeit mit ihm hatte.

Ich fühlte sofort etwas wie eine magische Verbundenheit mit ihm. Doch um nichts in der Welt wollte ich das zugeben. Ich hatte mich selbst darauf programmiert, schlecht drauf zu sein, und nichts würde meine Position ändern. Absolut entschlossen, den Forderungen meiner Eltern nicht nachzugeben, sprach ich an jenem ersten Tag kaum ein Wort mit Jim. Schließlich verabschiedete er sich, stand auf und ging. Absichtlich schaute ich ihm nicht hinterher, sondern hielt meine Augen starr auf den Fernseher gerichtet.

Am nächsten Morgen präsentierten mir meine Eltern ein Ultimatum. Wie üblich, sprach hauptsächlich meine Mutter, während mein Vater sich im Hintergrund hielt und ihr seine stille, doch wichtige Zustimmung gab. Entweder ich würde einer psychotherapeutischen Behandlung zustimmen, oder sie würden mich zu Verwandten an die Ostküste schicken. Meine einzige Erfahrung mit Psychotherapie waren die wenigen Momente gewesen, als meine Eltern mich zu Familientherapiesitzungen mitschleiften, die jedes Mal unweigerlich in lautstarken Streitereien endeten, bevor wir frustriert nach Hause fuhren. Seitdem empfand ich Therapie als Farce, als Strafe für alle Unfähigen, die ihre eigenen Probleme nicht lösen konnten. Doch da ich um jeden Preis in Los Angeles bleiben wollte, stimmte ich widerstrebend zu.

An einem späten Nachmittag im August 1968, zwei Monate nach meinem Highschool-Abschluß, fuhren meine Eltern mit mir nach Beverly Hills. Ich saß auf dem Rücksitz unseres Lincoln und beobachtete das ernste, doch freundliche Gesicht meines Vaters im Rückspiegel. Die Augen meiner Mutter waren starr nach vorne gerichtet, doch wann immer sie einen schnellen Blick in meine Richtung warf, bekamen sie einen traurigen Ausdruck. Um gefühllos zu bleiben und vorzugeben, daß mir alles egal war, wiederholte ich im stillen den Text von »Purple Haze«, einem Song von Jimi Hendrix.

Unser Ziel war ein bescheiden aussehendes, vierstöckiges Bürogebäude mit zwei engen Aufzügen und langen, fensterlosen Fluren. Während wir im Wartezimmer saßen und auf unseren Termin warteten, spitzte sich die Spannung zwischen uns zu. Es kostete mich große Überwindung, den Mund zu halten und nicht einfach wegzurennen.

Auf die Sekunde genau erschien eine vertraute Gestalt in der Tür, um uns zu begrüßen: Jim, der Nachbar unserer Freunde in Malibu, den ich am Tag zuvor getroffen hatte. Er war der Psychotherapeut, bei dem wir einen Termin hatten. Ich war wütend; ich fühlte mich überlistet und hereingelegt. Doch gleichzeitig fühlte ich mich von ihm angezogen, fasziniert von dem Gefühl einer unerklärlichen, harmonischen Beziehung zwischen uns. Gegen meinen Willen kam es mir so vor, als teilte ich eine unausgesprochene Kameradschaft mit ihm, eine Art Seelenverwandtschaft. Überwältigt von Gefühlen nickte ich Jim zu und murmelte ein vorsichtiges Hallo. Dann folgten wir ihm in seine Praxis.

Jene erste Sitzung bestand aus meinen Eltern, mir und Jim. Er saß in einem schwarzen Lederdrehstuhl und bedeutete mir, mich neben ihn auf eine bequeme, rostfarbene Ottomane zu setzen. Meine Eltern saßen uns auf einer grün-weiß gestreiften Couch steif gegenüber. Es dauerte nicht lange, und meine Mutter begann Jim unter Schluchzen zu erzählen, wie sehr sie sich Sorgen um mich machte. Ich zog die Knie an die Brust und rollte mich wie ein Ball zusammen. Ich fühlte mich wie erstickt durch die Intensität der Liebe, die meine Mutter für mich empfand. Ihre ganze Aufmerksamkeit schien seit jeher stets auf mich gerichtet zu sein. Ich wußte, wie sehr sie sich um mich sorgte, doch ließ ich sie nicht zu nahe an mich heran aus Angst, sie würde mich sonst verschlingen. Sie hatte eine so dominierende Persönlichkeit, daß ich glaubte, nur durch ständige Opposition ich selbst bleiben zu können. In Anbetracht ihrer Stärke und Hartnäckigkeit kostete mich mein Verhalten alle Kraft, die mir zur Verfügung stand.

Jim hörte zunächst meinen Eltern und dann mir geduldig zu. Ich fühlte mich ungewöhnlich scheu ihm gegenüber, registrierte aufmerksam alle seine Äußerungen, warf ein paar verstohlene Blicke auf seine Kleidung, bemerkte den Ehering an seinem Finger und die Art und Weise, wie er seine Hände bewegte. Nicht ein einziges Mal provozierte oder unterbrach ich ihn, wie ich es oft bei anderen Erwachsenen tat, vor allem bei Autoritätspersonen. Als die Sitzung vorbei war, überraschte ich mich selbst damit, daß ich zustimmte, weiterzumachen und gemeinsam mit Jim herauszufinden, welche Therapie für mich die beste wäre.

Erleichtert darüber, daß ich schließlich doch noch bereit war, mit ihnen zu kooperieren, erlaubten mir meine Eltern, wieder bei ihnen zu wohnen. Doch nach einigen Monaten schlug Jim vor, daß ich in ein sogenanntes »Übergangs-Haus« umziehen sollte. Er kannte zwei Therapeuten, Pat und Ray, die Zimmer an Leute wie mich vermieteten, die sich in einer Übergangsphase befanden und Unterstützung brauchten. Sie selbst lebten mit ihren beiden Töchtern, einer Katze und zwei Hunden im selben Haus. Jim glaubte, daß mir der Wechsel eine Chance geben würde, erwachsen zu werden und mich von Vater und Mutter abzunabeln. Ich war total dafür; ich konnte es nicht erwarten, unabhängig zu sein. Meine Eltern hatten zunächst Bedenken, doch hatten sie sich entschieden, Jim zu vertrauen, und stimmten widerstrebend seinem Vorschlag zu.

Ich verliebte mich auf den ersten Blick in mein neues Zuhause. Es war ein zweistöckiges, älteres viktorianisches Gebäude in verblichenem Rosa an der Ecke von Park Avenue und Speedway, einer Straße, die den ganzen Strand von Venice Beach entlangführt. Der Sand und das Meer waren lediglich durch ein leeres Grundstück von uns getrennt, und nachts konnte ich vor dem Einschlafen die Wellen hören, die sich mit lautem Getöse am Strand brachen. Schnell befreundete ich mich mit Pat und Ray, freundlichen Hippies in den Dreißigern mit abgeschlossenem Studium in Sozialpädagogik, die ihr Leben der Unterstützung anderer widmeten. Sie hießen mich in ihrem Haus willkommen.

Die große Überraschung waren die anderen Bewohner: Pete, ein junger Schizophrener, der meistens für sich blieb, und Dolly, eine aufgedrehte manisch-depressive Frau. Oh Gott, dachte ich, Jim hat mich hier mit Geisteskranken zusammengesteckt! Pat und Ray stimmten dem zu. Genau das hatte Jim getan. Doch irgendwie machte mir das nichts aus; wichtig war, daß ich mich frei fühlte. Dennoch, als ich das erste Mal im Badezimmerschrank meine Zahnbürste neben Petes Thorazin und Dollys Lithium plazierte, lief mir ein Schauer über den Rücken. Doch abgesehen von den Zeiten, in denen Pete Stimmen hörte oder Dolly unter Schlaflosigkeit litt, kamen wir gut miteinander aus, und unser Leben war nicht sonderlich ereignisreich.

Ich setzte meine Therapie bei Jim fort. Doch trotz der Verbindung, die ich zu ihm spürte, öffnete ich mich ihm nicht sofort. Auch meine anfängliche Schüchternheit hielt nicht lange vor: Ich war ein schwieriger Fall und bekämpfte ihn bei jeder Gelegenheit, um herauszufinden, wie weit ich gehen konnte. Monatelang erschien ich gar nicht oder zu spät zu unseren Sitzungen, forderte ihn heraus und drohte, die Therapie abzubrechen.

Doch eines Tages, ungefähr ein Jahr nach Beginn unserer Sitzungen, berichtete ich Jim von einem beunruhigenden Traum, den ich gehabt hatte, als ich neun Jahre alt war. Der Traum unterschied sich in seiner Deutlichkeit nicht von meinem Wachzustand und war mit einem normalen Traum nicht zu vergleichen. Ich hatte außer mit meinen Eltern nie mit jemandem darüber gesprochen. Im Gegenteil, ich hatte ihn absichtlich wie ein Geheimnis gehütet. Als ich mich jetzt im Rahmen der Therapie daran erinnerte, beschrieb ich das Ereignis wie folgt in meinem Tagebuch:

Mein Nachthemd ist schweißgetränkt, als ich erschrokken aufwache und mir klar ist, daß mein Großvater, der dreitausend Meilen entfernt lebt, gerade gestorben ist. Ich kann seine Stimme hören, wie er mir mehrmals »Auf Wiedersehen« sagt, während ich verzweifelt versuche, mich zu orientieren. Es ist mitten in der Nacht. Mein Zimmer ist vollkommen dunkel. Ich weiß nicht, ob ich träume oder ob das Geschehen wirklich ist. Vor Angst beinahe unfähig, mich zu bewegen, kämpfe ich mich aus meinem Bett und renne so schnell ich kann ins Schlafzimmer meiner Eltern, um ihnen die Botschaft mitzuteilen.

Anstatt beunruhigt zu sein über meine Äußerung, lächelt meine Mutter und versichert mir: »Du hast einen Alptraum gehabt. Großvater geht es gut.« Die unerschütterliche Sicherheit ihrer Stimme läßt mich an mir selbst zweifeln. Natürlich geht es Großvater gut. Ich habe einfach überreagiert, so sagt man mir. Also gehe ich in mein Zimmer zurück mit dem beruhigenden Gedanken, daß meine Angst unbegründet war, und schlafe wieder ein.

Ein paar Stunden später ruft meine Tante aus Philadelphia an und sagt uns, daß mein Großvater in der Nacht an einem Herzinfarkt gestorben ist.

Während ich Jim diesen Traum erzählte, hörte er gespannt zu, ohne zurückzuschrecken oder auch nur mit der Wimper zu zucken, wie ich es eigentlich erwartet hatte. Statt dessen zeigte er echtes Interesse und bat mich, ausführlicher darüber zu sprechen. Als erstes berichtete ich ihm von der Reaktion meiner Mutter auf meinen Traum, die mich ziemlich verwirrt hatte. Sie war interessiert und sehr zärtlich gewesen, doch schien sie gleichzeitig etwas zurückzuhalten, so als versuchte sie absichtlich, dem Ganzen keine zu große Bedeutung zukommen zu lassen. Selbst als sie vom Tod meines Großvaters erfuhr, schien sie meinen Traum als Zufall abtun zu wollen. Doch in ihren Augen konnte ich sehen, daß sie selbst nicht ganz glaubte, was sie mir sagte. Und auch ich glaubte es nicht. Ich war sicher, daß mein Großvater gekommen war, um sich von mir zu verabschieden. Sein Aussehen und der Klang seiner Stimme waren zu lebendig gewesen, zu wirklich, um lediglich ein Produkt meiner Phantasie zu sein. Unfähig, dieses Rätsel zu lösen, fragte ich mich, ob ich vielleicht schuld am Tod meines Großvaters gewesen war.

Er und ich waren uns immer sehr nahe gestanden. Als ich noch kleiner war, ließ er mich oft auf seinen Schultern reiten und versprach mir, daß wir auch nach seinem Tod nie getrennt sein würden. Ich müßte dann nur den strahlendsten Stern am Himmel betrachten, um ihn zu finden. Unsere Liebe war tief, und der Gedanke, meinem Großvater Schmerzen zugefügt zu haben, war mir unerträglich.

Meine Fähigkeit, diese alten, verborgenen Gefühle jetzt wieder hochkommen zu lassen, war nicht zuletzt auf eine Liebesbeziehung zurückzuführen, die sich zwischen mir und Terry entwickelte – einem Maler, mit dem ich die nächsten zwei Jahre zusammenleben sollte. Er lebte gegenüber meinem derzeitigen Zuhause in einem alten, umgebauten zweistöckigen Waschsalon mit riesigen pyramidenförmigen Dachfenstern in jedem Raum, sogar im Badezimmer. Wenn die Sonne hindurchschien, erstrahlte die ganze Wohnung, die Terry auch als Studio diente. Terry war fünfundzwanzig Jahre alt, ein wenig größer als ich, mit einem kurzen, blonden Pferdeschwanz und ausdrucksvollen blauen Augen. Er trug stets eine bunt bekleckste Jeans, die die farbenfrohen Pinselstriche eines Sam-Francis-Bildes nachzuahmen schien.

Terry gehörte zu einer Gruppe von Wandmalern, die man als Futuristen bezeichnen konnte. Sie malten visionäre Katastrophenszenen wie zum Beispiel Erdbeben, Schneestürme und Überschwemmungen. Ihre Wandmalereien waren meinen eigenen Vorahnungen oft so ähnlich, daß es schien, als hätten sie meinem Innenleben Ausdruck verliehen. Die Gruppe nannte sich die *Los Angeles Fine Arts Squad*, und sie brachten ihre Kunstwerke auf riesigen nackten Wänden kommerzieller und privater Gebäude überall in der Stadt an. Als die ersten ihrer Art stellten sie einen wichtigen Teil der Kunstszene in Venice dar.

Ein wichtiger Teil unserer Beziehung waren die Kunst und unsere Träume. Ich erzählte ihm oft von den Träumen, die ich im Laufe der Jahre aufgeschrieben hatte. Ich träumte leidenschaftlich gerne und liebte es, am Morgen aufzuwachen und mich an meine Träume zu erinnern. Wenn mir dies nicht gelang, fühlte ich mich den Rest des Tages irritiert, so als hätte ich etwas Wichtiges übersehen. Blieben die Bilder jedoch in meinem Inneren lebendig, hatte ich das Gefühl, als hätte ich von den feinsten Köstlichkeiten genascht. Meine Träume waren mir heilig.

Terry und ich unternahmen des Nachts oft lange Spaziergänge am Meer entlang, bei denen er mir seine künstlerischen Visionen beschrieb und ich meine Träume mit ihm teilte. Das geheimnisvolle Leuchten der blauen Lichter des Strandweges auf unseren Gesichtern, sagte Terry mir, daß er manchmal die Visionen seiner zukünftigen Bilder durch mich hindurchscheinen sah. Er glaubte, daß meine Fähigkeit, Visionen zu erzeugen, indirekt die Qualität seiner Kunst beeinflußte.

Schon als kleiner Junge war es Terrys größter Wunsch gewesen, Künstler zu werden, kreativ zu sein. Während ich ihm zusah, wie er ruhig und konzentriert an seinem rohen, hölzernen Zeichentisch bis tief in die Nacht hinein zeichnete und skizzierte, verloren in der Welt der Kunst, betete ich darum, auch eines Tages eine Beschäftigung zu finden, die mir soviel Freude bereiten würde.

Als ich mich dann im letzten Moment entschied, nicht aufs College zu gehen, sondern mit einem ums Überleben kämpfenden, langhaarigen Künstler zusammenzuleben, der acht Jahre älter war als ich und nicht jüdisch, waren meine Eltern entsetzt. Sie hatten bereits mehrere Tausend Dollar ans Pitzer College in Claremont überwiesen, wo ich im nächsten Semester mit dem Studium hätte beginnen sollen. Diese Vorauszahlung wurde ihnen nicht ersetzt, und sie weigerten sich strikt, Terry jemals kennenzulernen. Davon überzeugt, daß ich mit siebzehn Jahren bereits meine Zukunft weggeworfen hatte, sahen sie sich außerstande, meine Situation zu akzeptieren. Da sie nicht wußten, was sie sonst tun sollten, strichen sie mir jede finanzielle Unterstützung, abgesehen von den Kosten für meine Therapiesitzungen.

Um meinen Lebensunterhalt zu verdienen, nahm ich meinen ersten Job als Verkäuferin in der Wäscheabteilung eines Kaufhauses an, der mir fünfundsiebzig Dollar die Woche einbrachte. Der Laden befand sich in unmittelbarer Nähe eines Nachtclubs, dessen Besitzer Terry beauftragt hatten, an der Außenwand ein großes Wandgemälde anzubringen. So fuhr er mich jeden Morgen von unserem Studio in Venice auf seinem BMW-Motorrad zur Arbeit. Selbst an den kältesten, verregnetsten Tagen des Jahres, eingewickelt in unsere alten Armeejacken, die Augen vor Kälte tränend, hielt ich seine Taille fest umschlungen, während wir wie die Wilden durch die Straßen fuhren. Nie war ich glücklicher gewesen, und nie hatte ich mich freier gefühlt.

Durch Terrys Liebe und Verständnis begann ich langsam, mich und meine Visionen zu akzeptieren. Ob sie nun hellseherisch waren oder nicht, sie waren in jedem Fall ein wichtiger Teil von mir, und Terry erkannte das bald. Er verstand und schätzte ihre Bedeutung, wie es vorher niemand getan hatte. Er war der erste Mann, mit dem ich zusammen war, bei dem ich das Gefühl hatte, daß er mich wirklich »sehen« konnte. Indem er mich ermutigte, meine visionären Fähigkeiten näher zu erkunden, half er mir auch, mich Jim gegenüber zu öffnen.

Im Verlaufe meiner Therapie erinnerte ich mich immer öfter an Vorahnungen, die ich als Kind gehabt hatte. Zum Beispiel stellten mir meine Eltern eines Tages – ich war gerade neun Jahre alt – Evan vor, einen langjährigen Freund aus London, der des öfteren auf Geschäftsreise in die USA kam. Er war eine beeindruckende Persönlichkeit und ein äußerst erfolgreicher Unternehmer, und es sah so aus, als hätte er alles, was man sich nur wünschen konnte: eine wunderschöne Frau, eine große Familie, beste Gesundheit und die Mittel, einen eleganten Lebensstil zu pflegen, komplett mit Bediensteten, einem Rolls Royce mit Chauffeur und einem Landsitz in Surrey.

Doch schon innerhalb der ersten Minuten, nachdem Evan mir vorgestellt worden war, überkam mich ein Gefühl von Angst und Übelkeit, und ich war sicher, daß ihm bald etwas Schreckliches zustoßen würde. Diese Empfindungen irritierten mich sehr, da es offensichtlich keinen Grund dafür gab. Hier war dieser erfolgreiche Freund meiner Eltern, doch ich wollte so schnell wie möglich seiner Gegenwart entkommen. Als ich meiner Mutter von meinen Gefühlen erzählte, sagte sie: »Wie kannst Du nur so etwas fühlen? Du kennst ihn doch kaum.« Ich konnte es ihr nicht erklären; es gab nichts, was meine Empfindungen hätte unterstützen können, und ich schämte mich, daß ich sie überhaupt hatte. Wir beide ließen das Thema schnell fallen. Doch an meinen Gefühlen änderte das nichts; sie waren automatisch, instinktiv. Sie erinnerten mich an eine Reaktion meines Hundes – jedes Mal, wenn eine bestimmte Freundin von mir uns besuchte, knurrte und bellte er. Mir war das immer sehr unangenehm, daher konnte ich verstehen, wie meine Mutter sich fühlte.

Doch drei Wochen später erhielten meine Eltern einen Anruf von gemeinsamen Freunden. Jeder, der Evan kannte, reagierte mit Überraschung und Schock auf die Tatsache, daß Evan Selbstmord verübt hatte. Dieses Mal nannte meine Mutter meine Vorahnung nicht »Zufall«, sondern gab zu, daß ich etwas gefühlt haben mußte: »Du hast recht gehabt in bezug auf Evan. Ich kann es mir zwar nicht erklären, aber irgendwie hast Du es gewußt.« Es war jedoch offensichtlich, daß die Situation sie beunruhigte, und sie war nicht bereit zu weiteren Diskussionen über dieses Thema. In ihrer Stimme lag eine ungewöhnliche Resignation, eine Schwere, eine Mischung aus Verlegenheit und Traurigkeit. Sie schien nicht zu wissen, was sie von mir halten sollte – ich war sonderbar, eine Kuriosität, wie ein Wesen von einem anderen Stern. Meine Mutter hatte meine Äußerung zwar bestätigt, doch letzten Endes ließ sie mich verwirrter zurück, als ich ohnehin schon war. Sie schob das Thema beiseite, und unser Leben ging weiter, als wäre nichts geschehen. Wieder einmal fühlte ich mich allein, befleckt und von der Furcht durchdrungen, in etwas Schreckliches hineingeraten zu sein, so als sei ich mit meinen eigenen Gedanken auf eine einsame Insel mitten im Ozean verbannt worden. Ich versuchte, mich normal zu verhalten und nicht mehr über meine Gefühle zu sprechen.

Jims Verhalten gegenüber diesen Ereignissen war überaus tröstend. Was ich am meisten schätzte, war die

Tatsache, daß er weder mit Angst reagierte noch mich verurteilte. Als schulmedizinisch ausgebildeter Psychiater hätte er mich leicht als »verrückt« bezeichnen und meine Erfahrungen als Phantasien abtun können. Schlimmer noch, er hätte sie analysieren, interpretieren und nach verborgenen Gründen suchen können, anstatt sie einfach zu akzeptieren. Oder er hätte antipsychotische Medikamente verschreiben können, um meine hellseherischen Fähigkeiten zu zerstören. Doch er tat nichts von alledem. Und er verbarg auch seine Verwirrung nicht. Es war eine komische Situation: Er war verwirrt, ich war verwirrt. Doch versuchten wir, unsere Verwirrung gemeinsam aufzuklären, was mir letzten Endes ein Gefühl von Sicherheit gab.

Eines Tages berichtete mir Jim von einer ähnlichen Erfahrung in seinem eigenen Leben. Es geschah während seiner Tätigkeit als klinischer Psychiater am Meninger Institut in Kansas. Während eines Schneesturms hatte er mit seinem Wagen auf einer verlassenen Landstraße eine Reifenpanne. Als es offensichtlich war, daß er nicht rechtzeitig zu Hause eintreffen würde, wußte er, daß sich seine Frau Sorgen machen würde. Er wollte sie unbedingt wissen lassen, daß es ihm gut ginge, doch gab es nirgendwo ein Telefon. Wie beide später feststellten, hatte seine Frau zur gleichen Zeit einen Traum, in dem sie sah, daß Jim Probleme mit seinem Auto hatte, daß ihm aber nichts passiert war. Verständlicherweise hatte diese ungewohnte Kommunikation zwischen ihm und seiner Frau Jims Interesse an übersinnlichen Wahrnehmungen geweckt.

Jims Geschichte berührte mich sehr, und gleichzeitig fühlte ich mich ungeheuer erleichtert, mich in der Gesellschaft eines gebildeten Menschen mit akademischer Ausbildung zu befinden, der ähnliche Erfahrungen gemacht hatte wie ich. Endlich war ich nicht mehr der einzige Außenseiter auf der Welt! Das war mir ein großer Trost. Zudem hatte ich das Risiko auf mich genommen,

Jim zu vertrauen, und er hatte mich nicht enttäuscht. Weit entfernt davon, mich zu verurteilen, zeigte er tiefen Respekt vor dem, was ich durchgemacht hatte. Als Jim mich dann ermutigte, die Erinnerung an weitere Erlebnisse dieser Art zuzulassen, fühlte ich mich sicher genug und tat es.

Meine Mutter hatte einen guten Freund namens Harry, ein Richter am Höchsten Gerichtshof in Philadelphia. Sie betrachtete Harry als ihren Mentor, liebte ihn aufrichtig und rechnete es ihm hoch an, daß er sie in einer Zeit zum Medizinstudium inspiriert und ermutigt hatte, als nur wenige Frauen dazu zugelassen wurden. Als ich zehn Jahre alt war, war Harry im Begriff, sich für eine weitere Amtszeit für den Posten zur Verfügung zu stellen, den er seit dreißig Jahren innegehabt hatte. Es gab nicht viel in seinem Leben, was ihm wichtiger war als seine Berufung zum Richter. Eine Woche vor der Wahl hatte ich den folgenden Traum:

Ich befinde mich in einem riesigen, hell beleuchteten Raum voller Menschen. Harry ist auf dem Podium und hält eine Rede. Es ist so eng im Raum, daß ich kaum atmen kann. Mein Kopf tut weh. Ich habe Angst, weiß aber nicht, wovor. Über den Lautsprecher höre ich die Stimme eines Mannes, die bekanntgibt, daß Harry die Wahl verloren hat. Harry senkt seinen Kopf, begibt sich mitten in die Menschenmenge und ist dabei, den Raum zu verlassen, als plötzlich eine Frau, deren Gesicht ich nicht sehen kann, auf ihn zustürzt und ihn in die Hand beißt. Harrys Gesichtsausdruck zeigt mir, daß er die Frau kennt, und er ist wie erschlagen.

Ich wollte meine Mutter nicht beunruhigen, vor allen Dingen nach meiner Vorahnung in bezug auf Evan. Doch war ich vollkommen durcheinander und wollte ihren Trost, daher nahm ich die nächste Gelegenheit wahr und erzählte es ihr. Da sie vom Erfolg ihres alten Freundes überzeugt war, gefiel ihr mein Traum ganz und gar nicht. Sie seufzte und schaute mich voll an. »Warum sagst Du solche negativen Sachen?« fragte sie aufgebracht. Nach meinen Vorahnungen hinsichtlich Großvaters Tod und Evans Selbstmord reichte es ihr jetzt. Ich stand da und wünschte, ich könnte meine Worte ungeschehen machen, doch war das Unheil bereits angerichtet.

In der Wahlnacht saßen meine Eltern und ich in Los Angeles vor dem Telefon und warteten auf den Ausgang der Wahl. Wie in einem Alptraum geschah genau das, was ich in meinem Traum vorausgesehen hatte: Harry verlor haushoch. Wäre es nur das gewesen, wäre der Traum nicht unbedingt weiter bedeutend gewesen. Doch das war noch nicht alles. Bei der Stimmabgabe hatte Harrys Schwiegertochter, manisch-depressiv und in psychiatrischer Behandlung, einen akuten psychotischen Anfall. Sie rannte auf ihn zu, biß ihn voller Haß in die Hand und tauchte danach sofort wieder in der Menge unter, um sich zu verstecken. Etwas später wurde sie entdeckt und in ein psychiatrisches Krankenhaus eingeliefert.

Natürlich veränderten die Ereignisse jenes Abends das Leben von Harry, seinem Sohn und seiner Schwiegertochter zutiefst. Während der nächsten Monate hörte ich immer wieder von ihrem Leid und konnte nicht anders, als mich zu fragen, welche Rolle mein Traum dabei gespielt hatte. Obwohl meine Eltern nie behaupteten, daß meine Vorahnung in irgendeiner Weise für das Geschehen verantwortlich war, hatte ich meine Zweifel – vor allem dann, als meine Mutter mich in einem Moment der Frustration bat, ihr nie wieder einen meiner Träume zu erzählen. Ich wußte, daß sie aufgrund der Ereignisse außer Fassung war und daß sie mich nicht hatte verletzen wollen. Ihr wurde es einfach zuviel, und ich zog mich zurück. Doch es war auch eine

Tatsache, daß sie anmaßend sein konnte, eine überaus willensstarke Frau, und daß ich oft nicht anders konnte, als auf sie zu reagieren. Wie auch immer, von jenem Tag an hielt ich meine Träume und Vorahnungen zurück, die ich mittlerweile als ein beschämendes Geheimnis empfand.

Mit Jims Hilfe war ich in der Lage, meine ungeheuren Schuldgefühle in bezug auf diese katastrophalen Vorhersagen an die Oberfläche kommen zu lassen. Es sah so aus, als wäre ich ohne Schwierigkeiten in der Lage, Tod, Krankheit und sonstige Katastrophen vorherzusagen, doch so gut wie nie etwas Positives. Ich war mit dem Glauben aufgewachsen, daß etwas Böses in mir schlummerte und ich irgendwie die negativen Ereignisse verursachte, die ich vorhersah. War es möglich, daß ich zu Harrys Niederlage beigetragen hatte und die akute Psychose seiner Schwiegertochter ausgelöst hatte? Ich war mir nicht sicher. Keiner meiner Freunde erwähnte je solche Vorkommnisse. Ich fühlte mich zunehmend als Außenseiter, der sich nirgendwo richtig einfügen konnte.

Ich erzählte Jim, daß ich 1967 – ich war damals fünfzehn Jahre alt – zum ersten Mal Drogen genommen hatte. Während ich die University High School im Westen von Los Angeles besuchte, gingen die meisten meiner Freunde auf die Palisades High School in Pacific Palisades, einem der edleren Vororte von Los Angeles, ungefähr sechzehn Kilometer enfernt. Wenn die Schule aus war, holten mich meine »Pali«-Freunde ab, und wir rauchten Marihuana und experimentierten mit allen möglichen anderen Drogen. Ich stellte fest, daß die meisten Drogen, abgesehen von den Halluzinogenen, meine übersinnlichen Fähigkeiten abstumpften und mir die Illusion gaben, mich nicht von meinen Freunden zu unterscheiden. Meine Sehnsucht nach einem Zugehörigkeitsgefühl war auf diese Weise vorübergehend befriedigt. Doch wie viele Freunde ich auch haben mochte, ein Teil von mir wußte immer, daß ich eine Lüge lebte. Und dann kam die Nacht des Unfalls.

Stand der Tunnel, in dem ich mich befand, als unser Wagen den Abhang hinunterstürzte, in irgendeinem Zusammenhang mit meinen Vorahnungen? Weder Jim noch ich waren uns da sicher, doch lehrte er mich, der Authentizität meiner Erlebnisse zu vertrauen. Mehr noch, er half mir zu erkennen, wie unvernünftig es war, anzunehmen, ich hätte die Ereignisse hervorgerufen, die ich vorhergesagt hatte. Er erklärte, daß Kinder mit übersinnlichen Fähigkeiten, die mit niemandem darüber sprechen können, dazu neigten, alle möglichen absurden Ideen in bezug auf sich selbst zu haben. Jim zeigte mir, daß das wirkliche Problem nicht meine Fähigkeiten, sondern mein Mißverständnis derselben war.

Jims einzige Bedenken im Hinblick darauf, mir bei der Untersuchung und Entwicklung dieses Aspektes meines Wesens zu helfen, bestanden in der Sorge, daß ich dann die anderen Bereiche meines Lebens nicht mehr ernst nehmen würde. Er hatte Menschen erlebt, die so besessen waren von ihren außersinnlichen Erfahrungen, daß sie den Anschluß an die Realität verloren hatten. Doch trotz dieser Bedenken hatte er den Eindruck, ich verfügte über genug Kraft, beide Welten zu meistern.

Als ich damit begann, Jim von meinen übersinnlichen Erlebnissen zu berichten, konnte er mir entweder glauben oder nicht. Schließlich wäre es möglich gewesen, daß ich alle möglichen großartigen Geschichten erfinde, um ihn zu manipulieren. Ich konnte ihm keine Beweise bringen, denn aus Furcht hatte ich mein Talent unterdrückt, und es kam nicht so ohne weiteres zu mir zurück. Doch Jim vertraute mir, nicht zuletzt deshalb, weil er davon überzeugt war, daß jeder Mensch diese Fähigkeiten hatte, sie jedoch meistens nicht ernst nahm oder sie verneinte. Sie wurden im Laufe der Zeit von Eltern, Lehrern oder Therapeuten zerstört. Doch gleichzeitig glaubte er nicht, daß diese Fähigkeiten jemals vollkommen zerstört werden konnten – immer wieder versuchen sie, ins Bewußtsein zu dringen, und das erschreckt die Menschen. Es kostet ungeheuer viel Kraft, sagte er, solche machtvollen Energien zu unterdrücken, was zu Erschöpfung und Depression führt. Doch fügte er hinzu, daß er bei seinen Kollegen selten auf Verständnis für seine Sichtweise stieß.

Obwohl mir alles, was Jim sagte, einleuchtend erschien, hatte ich so viele Jahre in einer Art Isolation gelebt, daß ich seine Autorität nicht so einfach akzeptieren wollte. Es dauerte lange, bevor ich mich ihm wirklich öffnete.

Ungefähr ein Jahr nach dem Autounfall begann ich, an einer von Jims Gruppentherapie-Sitzungen teilzunehmen. Insgesamt waren wir sechs Personen, und wir trafen uns jeden Dienstagnachmittag in seiner Praxis in Beverly Hills. Ich war die jüngste und bei weitem die zornigste, kämpferischste und widerspenstigste von allen. Nicht daß ich wirklich Streit vom Zaun brechen wollte; ich wollte lediglich die anderen auf Abstand halten. Alle anderen waren schon lange genug in Therapie gewesen, um zu verstehen, daß ich entweder meinen Zorn aufarbeiten und mich beruhigen oder aber die Gruppe verlassen würde. Ich war mir sicher, daß die meisten letzteres vorgezogen hätten.

Gegen Ende einer unserer Sitzungen begann John, ein Unternehmer Ende Fünfzig und unser neuestes Mitglied, über seine Depression zu sprechen. Während ich ihm zuhörte, begann sich meine Aufmerksamkeit zu verlagern. Entweder befand ich mich in einem Tagtraum oder in einer leichten Trance, als ich plötzlich sah, wie ein Auto in Flammen aufging, in dem eine Frau und ein Kind eingeschlossen waren. Ich schnappte nach Luft, John hörte auf zu reden, und alle richteten ihre Aufmerksamkeit auf mich.

Als ich auf Jims Wunsch meine Vision mitteilte, verwandelte sich Johns Depression in Verzweiflung. Mit tränenerstickter Stimme berichtete er uns zum ersten Mal, daß seine Frau und seine kleine Tochter vor kurzem bei einer Explosion ums Leben gekommen waren, als ihr Wagen auf der Autobahn mit einem Benzinlaster kollidiert war.

Obwohl ich verstandesmäßig wußte, daß ich nicht an dem Unglück schuld war, fühlte ich mich in diesem Moment dennoch für Johns Schmerz verantwortlich. Alle Kindheitsängste, die ich je mit meiner übersinnlichen Veranlagung in Zusammenhang gebracht hatte, brachen hervor; die selbstanklagenden Stimmen in meinem Kopf gewannen die Oberhand und erklärten mich für schuldig.

Nach Ablauf der Sitzung nahm Jim mich beiseite. Es war eine Sache für ihn gewesen, in seiner behaglichen Praxis in Beverly Hills wochenlang meinen unglaublichen Geschichten zuzuhören, doch war es etwas anderes, Zeuge einer unmittelbaren Demonstration zu werden. Ich erinnerte mich, wie meine Mutter mich – aus dem Wunsch heraus, ich möge ein normales und glückliches Leben haben – schon als Kind gewarnt hatte: »Erzähle niemandem von Deinen Vorahnungen. Man wird nur glauben, daß Du nicht ganz richtig im Kopf bist.« Ich glaubte ihr. Und jetzt befürchtete ich, daß Jim mich nicht mehr sehen wollte und entschieden hatte, er könne mir nicht mehr helfen.

Wie sich herausstellte, war diese Sorge unbegründet. Jim beruhigte mich und sagte, daß ich nicht verrückt sei. Meine Angst und Verwirrung waren die Folge der Unterdrückung meiner Gaben. Anstatt sie loszuwerden, sollten sie lieber mit der richtigen Anleitung entwickelt werden. Er schlug vor, ich sollte Dr. Thelma Moss kennenlernen, Psychologin und Forscherin im Bereich außersinnlicher Wahrnehmungen am Neuropsychiatrischen Institut der Universität von Kalifornien in Los Angeles, die sich auf die Untersuchung paranormaler Phänomene spezialisiert hatte. Sie hatte in der Vergangenheit bereits mehrere Personen an Jim weiterempfohlen, die Schwierigkeiten im Umgang mit ihren übersinnlichen Erfahrungen hatten. Sollte es irgend jemanden geben, der meine Erlebnisse schätzen und mir dabei helfen konnte, mehr darüber zu lernen, dann war es laut Jim Frau Dr. Moss. Zum allerersten Mal verspürte ich einen Hoffnungsschimmer.

Kapitel 2
Die innere Stimme ernst nehmen

Kommt an den Rand. Wir könnten hinabstürzen.
Kommt an den Rand. Es ist zu hoch!
Kommt an den Rand. Und sie kamen,
und er gab ihnen einen Stoß und sie flogen...

CHRISTOPHER LOGUE

Ich stand vor meinem Schrank und war ganz durcheinander. Ich hatte keine Ahnung, welche Kleidung für dieses Treffen am angebrachtesten war. Es kam mir nie der Gedanke, daß ich einfach nur ich selbst sein und anziehen konnte, was ich wollte. Statt dessen sah ich die prüfenden Augen meiner Mutter vor mir, die mich von Kopf bis Fuß musterten. »Es ist eine solche Schande«, konnte ich sie in meinem Kopf sagen hören. »Du bist so hübsch, und nie willst Du das zeigen.« Ich hatte seit jeher mit meiner Mutter über Kleiderfragen gestritten. Sie war stets tadellos und geschmackvoll angezogen, mit ihren seidenen Chanelkostümen und teuren Armani-Mänteln. Sie wollte immer, daß ich Kleider trug. Doch ich zog Jeans vor, besonders eine mit einem großen Loch über dem linken Knie. Oft zog ich tagelang keine andere Hose an, was meine Mutter verrückt machte. Manchmal schlief ich sogar nachts in meinen Jeans, als Akt der Rebellion.

Mit leerem Blick starrte ich meine Garderobe an. Ich wollte etwas Bequemes anziehen, doch was wichtiger war, ich wollte mich anpassen. Also ging ich ein paar Stunden später in einem rotweiß karierten, ärmellosen Kleid, das mir meine Mutter gekauft hatte, hautfarbenen Nylonstrümpfen und schwarzen Pumps an einer Reihe blühender Bäume vorbei in die Empfangshalle des Neuropsychiatrischen Institutes. Da ich mein schulterlanges, gekräuseltes braunes Haar zu einem Pferdeschwanz zusammengebunden hatte, damit es nicht so wild aussah, kam ich mir vor, als sei ich soeben aus einem Jungmädchenmagazin herausgetreten, und fühlte mich unendlich verlegen. Weil ich mir damals Hellseher eher wie eine Zigeunerin in farbenfrohem langem Kleid mit einer Kristallkugel oder als Mann mit weißem Turban vorstellte, war ich wenigstens gut verkleidet.

Als Jim das erste Mal vorschlug, ich sollte Dr. Moss kennenlernen, lag ich in der Nacht stundenlang wach und lauschte dem ungewöhnlich starken Sommerregen, der gegen meine Schlafzimmerfenster schlug. Ich konnte nicht aufhören zu grübeln. Nicht nur nahm Jim mich ernst; es gab tatsächlich eine Expertin an einer angesehenen Universität, die sich mit dem Außersinnlichen beschäftigte. Ich fragte mich, wie es wohl wäre, wenn ich wirklich Hilfe in dieser Hinsicht finden würde. Allein der Gedanke an eine solche Möglichkeit war wie das Einschalten eines sehr hellen Lichts in einem Raum, der seit meiner frühesten Kindheit dunkel gewesen war; ein Licht, das meine schlimmsten Ängste ein für allemal verscheuchen würde. Und ich hoffte von ganzem Herzen, daß ich bald leichter atmen und endlich ich selbst sein konnte.

Am nächsten Tag rief ich Jim an und sagte ihm, daß ich bereit sei, Dr. Moss zu treffen. Ich bekam einen Termin für die darauffolgende Woche. In der Zwischenzeit befand ich mich auf einer emotionalen Achterbahn. Jim hatte mir die Kopie eines Artikels aus der *Los Angeles Times* geschickt, in dem Frau Dr. Moss als Pionierin auf ihrem Gebiet bezeichnet wurde, eine wissenschaftliche Außenseiterin, die den Mut hatte, in Bereiche vorzustoßen, die von konservativeren Psychologen strikt gemieden wurden. Doch nachdem ich den Artikel gelesen hatte, sank mir das Herz in die Hose. Warum sollte eine solch respektierte Forscherin daran interessiert sein, mich kennenzulernen? Ich war wie gelähmt vor Selbstzweifeln. Vielleicht sollte ich die ganze Angelegenheit lieber vergessen. Doch das gelang mir nicht. Ich war zu fasziniert, zu neugierig, zu hungrig nach Erklärung und Führung. Trotzdem war ich hin- und hergerissen: begeistert von der Vorstellung, daß sie mich verstehen könnte, und gleichzeitig voller Angst davor, nicht ernst genommen zu werden.

Am Tage unseres Treffens erwachte ich voller Optimismus, was ungewohnt für mich war, doch auf der Fahrt zum Labor war mein Vertrauen schon wieder erschüttert. Es war zehn Uhr morgens und bereits drückend heiß. Durch den Regen der vergangenen Nacht hatte sich die Stadt in eine riesige Sauna verwandelt. Das Gebäude, in dem sich das Labor von Frau Dr. Moss befand, das Neuropsychiatrische Institut der Universität von Kalifornien, war ein großes, unpersönliches, achtstöckiges Medizinzentrum. Während ich allein und ängstlich durch die endlos langen, sterilen Flure ging, zweifelte ich daran, hier jemals die Antworten finden zu können, die ich brauchte.

Frau Dr. Moss, die mir an der Tür entgegenkam, besaß eine gebieterische Präsenz. Mitte Vierzig, ungefähr einen Meter fünfundsechzig groß, mit kurzen, dunklen Haaren und tiefen braunen Augen, vermittelte sie das Gefühl eines starken Willens, leidenschaftlichen Glaubens und den Eindruck konzentrierter Aufmerksamkeit und Hingabe. Angezogen wie das Modell auf einem Titelblatt, fühlte ich mich neben dieser Frau in ihrem weißen Laborkittel wie ein unerfahrenes Küken, als sie mich mit einem freundlichen Lächeln in ihr Büro einlud. Mein Herz raste vor Aufregung, und ich war am Rande der Panik, als sie mich bat, Platz zu nehmen, und versuchte, mich zu beruhigen. Offensichtlich war ihr aufgefallen, wie verlegen und angespannt ich war, also plauderten wir eine Weile miteinander, bis ich mich gefangen hatte.

»Danke, daß Sie gekommen sind«, sagte sie. »Ich habe mit Jim gesprochen und würde gerne Ihre übersinnlichen Fähigkeiten mit einer bestimmten Technik testen. Wissen Sie, was Psychometrie ist?«

Ich verneinte.

»Es ist die Fähigkeit, ein Objekt in die Hand zu nehmen und konkrete Informationen über Menschen, Orte und Ereignisse wahrzunehmen, mit denen es in Verbindung steht«, antwortete sie und überreichte mir einen Schlüsselbund. »Halte sie in der Hand und entspanne Dich«, fuhr sie mit ruhiger Stimme fort, »und lasse alle Eindrücke zu, die Dir in den Sinn kommen.«

Noch nie hatte ich etwas Ähnliches getan, doch ich folgte ihrer Anweisung.

»Schließ Deine Augen und konzentriere Dich auf die Schlüssel«, sagte sie. »Beschreibe, was immer Dir einfällt, egal wie ungewöhnlich es sein mag. Ich werde Notizen machen, doch versuche, mich nur als unparteiischen Beobachter zu sehen. Ich werde weder reagieren noch Dir irgendein Feedback geben, bis Du fertig bist.«

Während sie sprach, verstärkte sich die Ruhe, die von Dr. Moss ausging, noch mehr. Mein Körper entspannte sich, und meine Angst begann sich aufzulösen.

Zunächst zögerte ich, doch dann hörte ich mich selbst sagen: »Das sind Hausschlüssel. Ihre Hausschlüssel.« Es war unmöglich, eine Reaktion von ihrem Gesicht abzulesen. Meine Aufmerksamkeit schwankte, und ich hatte Mühe, mich auf die Schlüssel zu konzentrieren. Doch dann tauchte langsam ein deutliches Bild vor mir auf. Ich sah ein Haus im Kolonialstil in einer hügeligen Umgebung, vielleicht einem Canyon. Ich wollte ihr das gerade mitteilen, als mein kritischer Verstand schnell dieses Bild zensierte und mir sagte, daß es sich lediglich um ein Haus handelte, das mir in der Vergangenheit irgendwo aufgefallen war – schließlich gab es viele solcher Häuser überall in Los Angeles. Was ich vor mir sah, hätte ohne weiteres einfach eine zufällige Erinnerung sein können.

»Mir fällt nicht viel ein«, sagte ich zu Dr. Moss, davon überzeugt, daß es sicherer sei, nichts zu sagen, als zu riskieren, einen Fehler zu machen.

»Das ist in Ordnung. Sag einfach das erste, das Dir in den Sinn kommt. Mach Dir keine Sorgen, ob es richtig oder falsch ist.«

»Ich bin mir nicht sicher«, antwortete ich zögernd, doch bereit, ein Risiko einzugehen. »Ich sehe ein Haus mit Säulen davor, in einem verblaßten Weiß oder vielleicht Beige.« Da ich nicht wußte, ob ich mir das Haus nur einbildete oder ob es tatsächlich existierte, schwankte ich zwischen Begeisterung und Unsicherheit.

»Bleib dabei«, sagte Dr. Moss in dem gleichen neutralen Ton. »Tu so, als sei ich gar nicht hier.«

Ich wollte unbedingt ein Zeichen haben, ob ich mich auf der richtigen Spur befand, zumindest ein wenig Unterstützung oder Bestätigung, doch nichts dergleichen kam. Ich schloß meine Augen und war bereit, aufzugeben. Doch plötzlich erinnerte ich mich an etwas, woran ich seit Jahren nicht mehr gedacht hatte. Wann immer ich als Teenager nicht mehr wußte, was ich tun sollte, kletterte ich auf die höchsten Äste der größten Kiefer in unserer Nachbarschaft. Von dort aus konnte ich die ganze Stadt überblicken, von den Hochhäusern auf dem Wilshire Boulevard im Osten bis zum großen Turm des Kino-Centers im Zentrum von Santa Monica. Daher zog ich mich oft in meinen Tagträumen an diesen Platz der Geborgenheit zurück, wann immer ich allein und weit weg von allem sein wollte.

Während ich mich an diesen besonderen Ort erinnerte, schien sich meine innere Spannung aufzulösen, und mein Körper entspannte sich vollkommen. Und dann begannen sich langsam die Bilder vor meinem inneren Auge zu verschieben und nahtlos ineinander überzugehen. Im nächsten Moment stand ich wieder vor dem Haus und war sicher, daß es Frau Dr. Moss gehörte. Ich wußte, daß ich wach war, doch im Gegensatz zu einem

Tagtraum war die Szene überraschend realistisch. Das Eigenartigste war die Tatsache, daß ich genau wußte, daß ich gleichzeitig in ihrem Büro und vor ihrem Haus war, so als wären zwei getrennte Wirklichkeiten übereinander projiziert – ein Gedanke, der intellektuell unmöglich schien, jedoch auf einer tieferen Ebene absolut real.

Als ich näher auf den Eingang zuging, war ich erstaunt über die Einzelheiten, die ich erkennen konnte. »Ich sehe eine Haustür mit einem kleinen Fenster in der Mitte.« Ich konzentrierte mich auf die Fassade des Hauses, und immer mehr Bilder erschienen, wie in einem Zeitlupenfilm. Da ich die Augen geschlossen hatte, stellte die Dunkelheit einen Hintergrund dar, auf den jedes der Bilder projiziert wurde. Es war jedoch nicht mit normalem Sehen zu vergleichen, sondern ein Bild erschien, das für ein paar Sekunden auf dem Hintergrund gefror, so daß ich es betrachten konnte. Dann kam das nächste. Ich untersuchte jedes einzelne aufmerksam und bemerkte subtile Details, die mir im Normalzustand nicht aufgefallen wären. Ich war verblüfft über die Deutlichkeit dieser Visionen. Sie schienen ein Eigenleben zu besitzen, wie die Einzelheiten in einem leuchtend bunten Gemälde.

Es dauerte nicht lange, und meine Aufnahmefähigkeit hatte ihre Grenzen erreicht: Was ich sah, war beinahe mehr, als ich verarbeiten konnte. Abrupt übernahm mein logischer Verstand wieder die Kontrolle, und ich begann, die Bilder zu analysieren, anstatt sie einfach geschehen zu lassen. Doch je mehr ich sie analysierte, desto weniger neue Eindrücke meldeten sich. Schließlich verblaßten sie alle. Ich wurde still, öffnete meine Augen und schaute mich im Raum um. Dr. Moss fragte mich, was passiert sei.

»Das Haus verschwand einfach«, gestand ich frustriert. Ich wollte nicht weitermachen und zugeben müssen, daß ich nicht in der Lage war zu tun, worum sie mich gebeten hatte.

»Mach Dir keine Sorgen«, sagte sie und forderte mich liebevoll auf, einen erneuten Versuch zu wagen. »Entspanne Dich einen Moment. Nimm ein paar tiefe Atemzüge. Laß Deine Gedanken zur Ruhe kommen, und dann visualisiere Dich zu dem Haus zurück, als wärest Du tatsächlich da. Merke Dir alle Geräusche, Ansichten, Gerüche oder Eindrücke, die Du empfindest. Aber forciere sie nicht. Stelle fest, was es ist, und dann laß es gehen.«

Nachdem ich meine Augen wieder geschlossen hatte, fand ich mich bald auf einer Veranda wieder. »Überall sind blühende Büsche. Der Duft von Jasmin erfüllt die Luft, und ich höre das Geräusch eines Rasenmähers in der Nähe.«

Jetzt konnte ich mich kaum beherrschen. Festzustellen, daß ich eine Szene auf Wunsch wiederfinden, Düfte riechen und Umgebung, Design und Architektur eines Hauses, das ich nie gesehen hatte, betrachten konnte, war wie die Entdeckung, plötzlich fliegen zu können. Meine Fähigkeiten schienen grenzenlos. Zum ersten Mal wußte ich, daß ich keinen Grund hatte, Angst zu haben. Ich fühlte mich wiederhergestellt, rehabilitiert und entschlossen, diese Erfahrung niemals zu vergessen. Begierig darauf, weiterzumachen, öffnete ich die Eingangstür und betrat das Wohnzimmer.

»Das Haus ist geschmackvoll möbliert, aber nicht zu verschwenderisch«, fuhr ich fort. »Ich hoffe, daß mir niemand begegnet. Ich möchte nicht stören.« Es gab zwar keine Anzeichen dafür, daß jemand im Hause war, doch wußte ich, daß Menschen anwesend waren. Dr. Moss lebte nicht allein. Sie hatte Kinder, ein oder zwei, und ich hatte das Gefühl, daß sie oft Besuch von Verwandten bekam. Die Atmosphäre im Haus war warm und familiär. Das überraschte mich; wahrscheinlich hatte ich angenommen, daß sie immer in ihrem Labor war und arbeitete. So hatte ich mir ihr Leben nicht vorgestellt, doch berichtete ich ihr wahrheitsgetreu, was ich sah, und versuchte angestrengt, meine vorgefaßte Meinung nicht mit dem zu verwechseln, was ich tatsächlich sah.

Es war mir vorher nie eingefallen, daß ich meine Vorahnungen bewußt fokussieren konnte, indem ich mir Einzelheiten betrachtete, so wie ich es im Normalzustand tat. Normalerweise erschienen meine Visionen überraschend, wie in einem Blitz, gaben mir einen generellen Überblick über eine Situation und verschwanden dann. Die Möglichkeit, in verschiedene Richtungen zu schauen, um auf diese Weise zum Beispiel verschiedene Aspekte eines Raumes zu erkennen, oder über ihm zu schweben, erschien mir phantastisch. Ich hatte eine völlig neue Welt betreten.

Als nächstes fand ich mich in der Mitte eines großen Schlafzimmers wieder. »Ich bin jetzt auf der anderen Seite des Hauses, doch habe ich nicht einen einzigen Schritt getan, um hierher zu gelangen«, berichtete ich Dr. Moss und versuchte, ihr mein Entzücken zu vermitteln, während ich mich im Zimmer umschaute. »Ich sehe ein großes Doppelbett mit hölzernem Rahmen und einer bunten Tagesdecke. Auf beiden Seiten des Bettes befinden sich identische Nachttische.

»Der rechte hat eine einzelne Schublade, in der Notizen liegen, die Sie für sich selbst geschrieben haben. Auf der Wand gegenüber dem Bett sind zwei große Fenster. Zwischen ihnen steht eine ungefähr hüfthohe Kommode, auf der sich ein Rahmen mit einem alten, verblaßten Foto befindet – es sieht aus, als seien Sie es, und Sie haben den Arm um ein junges, strahlendes Mädchen gelegt. Die rechte Wand ist von Ihrem Kleiderschrank verdeckt. Sie haben die Türe aufgelassen.«

Mittlerweile hatte ich vollkommen vergessen, wo ich war. Meine einzige Realität bestand aus dem Haus, seinen Fluren und Zimmern, Gerüchen und Farben. All meine vorherigen Bedenken waren einer ungeheuren Neugier gewichen, mit der ich jeden Augenblick dieses

Erlebnisses in mich aufsog, als hätte ich mein Leben lang danach gehungert.

Als mir schließlich Frau Dr. Moss zu verstehen gab, daß es an der Zeit sei aufzuhören, fühlte ich mich unglaublich inspiriert. Was immer es war, was ich soeben getan hatte, es fühlte sich natürlich an, und zwar so natürlich, daß ich es den Erlebnissen meines normalen Lebens vorzog. Ich bemerkte, daß ein Teil von mir überhaupt nicht zurückkommen wollte, sondern wünschte, für immer dort zu bleiben. Mein Magen begann sich zu verkrampfen; ich empfand ein Gefühl von Verlust, von Traurigkeit, so als hätte man mich aus meinem wahren Zuhause verstoßen.

Vielleicht bemerkte Frau Dr. Moss, was in mir vorging, und um mir bei der Rückorientierung in der Wirklichkeit zu helfen, forderte sie mich auf, ein paar tiefe Atemzüge zu nehmen, meine Aufmerksamkeit auf meine Arme, Beine und Zehen zu richten, um dann langsam das Haus zu verlassen und in ihr Büro zurückzukehren. Das gab mir Zeit, mich zu sammeln und zurechtzufinden. Schließlich öffnete ich die Augen und schaute mich um. Dr. Moss saß still an ihrem Schreibtisch und lächelte mir freundlich zu. Dennoch brauchte ich einige Minuten, um mich zu orientieren. Es war wie die nachklingende Empfindung eines außergewöhnlich schönen Traumes, wobei man sich gleichzeitig in beiden Realitäten befindet, doch in keiner ganz anwesend ist.

»Wie war ich?« fragte ich sie endlich neugierig, ängstlich, ihre Antwort zu hören.

Sie lehnte sich näher zu mir und antwortete: »Du hast die Sache außergewöhnlich gut gemacht. Im großen und ganzen stimmte Deine Beschreibung meines Hauses.«

Ihre Worte trafen mich völlig unvorbereitet. Ich konnte kaum etwas erwidern. Ich hatte tatsächlich gehört, wie sie gesagt hatte: »Du bist vollkommen in Ordnung, und zwar seit jeher. Es hat in Wahrheit nie etwas gegeben, worüber Du Dir hättest Sorgen machen müssen.« Ich fühlte mich befreit und leicht, so als hätte ich ein Rennen gewonnen, bei dem niemand an mich geglaubt hatte. Und niemand konnte es bestreiten – ich hatte gewonnen, obwohl ich nicht einmal selbst an mich geglaubt hatte.

»Sie meinen, daß ich hellseherische Fähigkeiten habe?« fragte ich.

»Ja, es sieht so aus«, war ihre Antwort.

Ich versuchte, mir meine Aufregung nicht anmerken zu lassen. Ich wagte es nicht, Dr. Moss meine Unsicherheit zu zeigen, doch bin ich mir sicher, daß sie darum wußte. Klugerweise bestand sie nicht darauf, daß ich mich ihr rückhaltlos öffnete. Ich glaube, sie wußte, daß ich Zeit brauchte, um das Erlebnis zu verarbeiten. In wissenschaftlichem Ton fuhr sie mit ihrem Kommentar zu meinen Ausführungen fort, wobei sie das Außergewöhnliche der Situation minimalisierte. In dieser Hinsicht glich Frau Dr. Moss vielen anderen Wissenschaftlern, die sich zugunsten von Objektivität darum bemühen, ihre Emotionen zu kontrollieren. Ihre Interpretation des Geschehens zu hören war vergleichbar den Erklärungen eines Lehrers im Algebra-Unterricht hinsichtlich der Prinzipien eines neuen Theorems.

Während sie mit ihrem Kommentar fortfuhr, bestätigte sie jede wichtige Einzelheit, die ich in ihrem Haus beschrieben hatte. »Es ist nicht ungewöhnlich, daß Hellsichtige besonders viele Details registrieren«, informierte sie mich. »Im Gegenteil. Viele der Betreffenden haben mir berichtet, daß ihnen in diesem äußerst empfänglichen Zustand Farben brillanter und Objekte klarer und deutlicher erscheinen, als dies im Normalzustand der Fall ist, wobei Nuancen, die wir ansonsten nicht bemerken würden, mit besonderer Deutlichkeit hervorstechen.«

Gespannt lauschte ich ihren Worten. Trotz meiner Jugend und Unerfahrenheit behandelte mich Frau Dr. Moss wie einen Kollegen; sie benutzte nicht ein einziges Mal ihre Fachkenntnis und ihr Wissen, um mir ihre Überlegenheit zu zeigen. Dabei empfand ich ihre emotionslose Unterstützung nicht als Mangel an Interesse oder Begeisterung, sondern sah dies als Zeichen ihrer Professionalität. Es war offensichtlich, daß sie zwar großen Respekt vor Fähigkeiten hatte, wie ich sie besaß, sich jedoch gleichzeitig weigerte, diese zu glorifizieren oder als irgend etwas Außergewöhnliches darzustellen.

Ich wäre gern den ganzen Nachmittag mit ihr zusammen gewesen. Es gab so viel, was ich wissen wollte. Fragen aus meiner Kindheit meldeten sich: Was bedeuteten diese Fähigkeiten? War ich verantwortlich für die schrecklichen Ereignisse, die ich vorhergesagt hatte? Und neue Fragen waren an diesem Nachmittag entstanden: War es möglich, daß ich mein Talent bewußt einsetzen konnte? Konnte ich in das Leben eines anderen Menschen schauen, wann immer ich wollte? Ich empfand ein tiefes Gefühl von Dankbarkeit, während ich den klugen Worten dieser sehr menschlichen, doch überzeugten Wissenschaftlerin zuhörte. Mit genügend Praxis, erklärte sie, könnte ich lernen, meine Fähigkeiten – die jetzt noch in einem ungeformten, unreifen Zustand waren und sich spontan, ohne bewußte Kontrolle, bemerkbar machten – nach Wunsch einzusetzen. Doch wenn diese hellseherische Gabe einmal weit genug entwickelt ist, fuhr sie fort, kann man in das Leben eines Menschen schauen, wenn er es zuläßt. Ist jemand verschlossen und läßt nicht leicht einen anderen an sich heran, ist es wesentlich schwieriger, auf diese Weise Informationen über ihn zu erhalten. Das Wichtigste für mich bestand nun darin, mein Talent zu praktizieren und ein entsprechendes Feedback zu erhalten. Weiter sagte sie, daß zwar alle Menschen bis zu einem gewissen Grad hellseherische Fähigkeiten haben, ich jedoch offensichtlich ein ausgesprochenes Talent dazu hätte.

Und dann, als klar wurde, daß sie zu ihrer Arbeit zurückkehren mußte, fragte sie: »Würde es Dir Spaß machen, in unserem Labor einen Volontärsjob als Forschungsassistentin für hellseherische Phänomene zu übernehmen?«

Einen Moment lang war ich sprachlos und zweifelte an dem, was ich soeben gehört hatte. Doch es war kein Irrtum. Frau Dr. Moss wollte, daß ich Mitglied ihres Teams an der Universität wurde! Ich stimmte sofort zu, und wir einigten uns darauf, daß wir uns am nächsten Tag in ihrem Labor wiedersehen würden.

Punkt elf Uhr morgens stand ich vor dem imposanten Universitätsgebäude, in dem Dr. Moss arbeitete. Zwei große automatische Türen öffneten sich. Ich durchquerte die weite Eingangshalle und betrat den Fahrstuhl. Die letzten vierundzwanzig Stunden hatte ich damit verbracht, mir das Labor vorzustellen. Vor meinem inneren Auge sah ich einen riesigen Raum, der sich über eine ganze Etage erstreckte und wo ununterbrochen das Telefon klingelte. Ich stellte mir ein Team von Wissenschaftlern vor, Männer wie Frauen, die alle dieselbe Hornbrille und weißen Kittel trugen wie Frau Dr. Moss und fragte mich, was sie wohl von mir denken würden.

Im siebten Stock angekommen, verließ ich den Fahrstuhl, ging nach rechts und einen langen Korridor mit beigen Fliesen hinab bis zu einem Raum mit der Nummer 23-189. Einen kurzen Moment lang blieb ich mit klopfendem Herzen davor stehen, dann nahm ich einen tiefen Atemzug und öffnete langsam die Tür.

Zuerst dachte ich, ich sei am falschen Platz gelandet. Panik überkam mich. Das Labor sah vollkommen anders aus, als ich es mir vorgestellt hatte. Zutiefst irritiert versuchte ich, mich zu beruhigen. Dann sah ich Dr. Moss, wie sie mir zuwinkte und mich aufforderte, einzutreten. Das gab mir ein solches Gefühl der Erleichterung, daß ich eine Sekunde lang den starken Impuls verspürte, ihr in die Arme zu fallen und sie zu bitten, mich festzuhalten – ein abstoßender Gedanke für jemanden, der so sehr darum bemüht war, erwachsen zu erscheinen.

Das Labor bestand aus einem einzigen Raum, etwas größer als ein Wohnzimmer. Es gab weder emsige Forscher in weißen Kitteln und Hornbrille, noch wurden irgendwelche Experimente durchgeführt. Ich sah nur zwei junge Männer in Jeans, ungefähr in meinem Alter, die Stöße von Schwarzweißfotografien in ein paar schmale Regale am hinteren Ende des Raums einordneten. Sie lächelten mir zu und sagten »Hallo«.

In der Mitte des Labors befand sich eine riesige, rechteckige Metallkonstruktion von ungefähr drei Metern Durchmesser, die sogenannte »Isolationskammer«. Hier wurde mit der Kirlian-Fotografie experimentiert, einer Technik, mit der das Energiefeld des Körpers fotografiert werden kann. In diese Kammer, die nur ein winziges Fenster hatte, drangen weder Geräusche noch Licht von außen ein. Sie wurde von innen beleuchtet, bot bequem vier Leuten Platz und erinnerte mich an einen übergroßen Kühlschrank, der so sicher abgedichtet war wie ein Safe. Ich steckte meinen Kopf durch die Tür und sah fotografische Utensilien auf einem Tisch liegen. Obwohl die Luft in der Kammer nach Fotoentwickler roch, gefiel mir der Raum. Er hatte eine mysteriöse Ausstrahlung, so als ginge etwas Geheimnisvolles in ihm vor. Der Rest des Labors war in erster Linie funktional, mit ein paar Schreibtischen, jeder Menge Akten und zwei Telefonen. Als ich aus dem Fenster schaute, konnte ich links in einiger Entfernung Westwood Village erkennen und auf der rechten Seite die Ausläufer des Sportplatzes auf der Nordseite des Universitätsgeländes.

Frau Dr. Moss war außerordentlich liebevoll zu mir. Sie bestand darauf, daß ich sie bei ihrem Vornamen nannte, Thelma, und ich fühlte mich wie zu Hause. Einer der Männer, Barry, brachte mir eine Tasse Kaffee und bat mich, Platz zu nehmen. Als Psychophysiologe mit übersinnlichen Fähigkeiten war Barry für viele der Forschungsprojekte verantwortlich. Er war zierlich und schlank, seine Worte kamen wie in raschen Explosionen, und er vermittelte den Eindruck, mit Ebenen in Verbindung zu stehen, die anderen unzugänglich waren. Er war unkonventionell, voller Energie und intelligent. Dr. Moss schlug mir vor, mich an ihn zu halten. Während der nächsten Wochen folgte ich ihm pflichtbewußt überallhin und beobachtete genau alles, was er tat.

Das Labor verwandelte sich für mich schnell in ein Märchenland. Es war ein Treffpunkt für Wissenschaftler, Gelehrte, Heiler und Spezialisten der Parapsychologie, die hier ihre Theorien und Forschungsergebnisse untereinander austauschten. Zum ersten Mal hatte ich die Gelegenheit, andere Menschen mit übersinnlichen Fähigkeiten zu treffen. Sie waren keine älteren Damen, die aus Kristallkugeln lasen, Turbane trugen und verschmiertes Rouge auf den Wangen hatten, sondern normale Männer und Frauen mit normalen Berufen, die sich – zumindest meistens – kleideten und benahmen wie jeder andere auch. Ich hatte das Gefühl, auf einem anderen Planeten aufgewacht zu sein, einem normaleren, wo ich weder ein Außenseiter war noch als verrückt angesehen wurde. Mir war, als wäre ich in eine geheime Gesellschaft initiiert worden, um deren Existenz nur wenige Menschen wußten und die von der konservativen Umgebung des Universitätsgeländes getarnt und beschützt wurde.

Ich fühlte mich wie ein Kind bei dem aufregendsten Karneval, den ich mir vorstellen konnte; jede Runde auf dem Karussell war besser als die vorhergehende. Niemand kümmerte sich darum, was ich trug oder wer meine Eltern waren. Und das Wichtigste: ich wurde dazu ermutigt, so extrem übersinnlich zu werden, wie es mir nur möglich war, ohne jegliche Regeln oder Einschränkungen. Abgesehen von den Gefühlen, die Jim und Terry in mir hervorgerufen hatten, war mir nie zuvor solch bedingungslose Akzeptanz zuteil geworden. Jeder, den ich traf, alles, was ich sah, inklusive Heilungen, Kirlianfotografie und psychokinetische Demonstrationen, brachte mich

Schritt um Schritt mir selbst näher und allem, was so lange in meinem Herzen verschlossen gewesen war.

Obwohl es schon Jahre her war, daß ich mit meinen Eltern über meine Vorausahnungen gesprochen hatte, sah es so aus, als sei ihnen dieser Aspekt meines Wesens wegen der Unterstützung des Neuropsychiatrischen Instituts der Universität von Los Angeles nun nicht mehr ganz so unzugänglich. Langsam veränderte sich ihr Verhalten mir gegenüber in dieser Angelegenheit, denn Universitäten waren eine vertraute Welt für sie, die sie respektierten. Und obwohl ich Phänomene studierte, die von konventionellen Wissenschaftlern nicht anerkannt wurden – da sowohl Jim als auch die Universität meine Fähigkeiten positiv beurteilten, hatten sie ja vielleicht doch etwas Gutes. Da selbst die Vorausahnungen meiner Kindheit nun in einem akademischen Zusammenhang definiert wurden, waren sie für meine Eltern akzeptabler. Meine Mutter konnte wieder darüber sprechen, und sogar mein Vater zeigte ein sichtbares Interesse daran. Verglichen mit meiner Drogenzeit, dem Abbruch meiner Ausbildung und dem Driften von einem Job zum anderen betrachteten sie meine neue Situation natürlich als eine Verbesserung.

Was Frau Dr. Moss betraf, waren meine Eltern trotz ihrer Skepsis bereit, eine gewisse Offenheit gegenüber ihren Forschungsarbeiten zu bewahren, vor allem weil sie eine klinisch ausgebildete Psychologin war.

Ihre Reaktion gab mir ein Gefühl der Erleichterung, obwohl ich noch immer auf der Hut war. Langsam wuchs das Vertrauen zwischen meinen Eltern und mir. Dennoch hatte die Reaktion meiner Mutter nach wie vor etwas Unerklärliches. Sie sagte zum Beispiel, daß die übersinnlichen Erlebnisse in meiner Kindheit etwas gewesen seien, das sie nicht verstehen konnte, und immer wieder übertrug sie ihre Angst auf mich, daß andere mich aufgrund dieser Besonderheit für verrückt halten könnten und ich nirgendwo hinpassen würde. Meine

Mutter glaubte an die Einhaltung sozialer Normen, und sie maß den Ansichten ihrer Kollegen große Bedeutung bei. Ich wußte das. Und dennoch spürte ich, daß sie mir einen Teil der Wahrheit vorenthielt. Wie auch immer, ich war jetzt Forschungsassistentin am Neuropsychiatrischen Institut der Universität von Los Angeles, und das war etwas, womit wir alle leben konnten.

Trotz dieser Bestätigung betrachtete ich meine Arbeit im Labor nicht mit totalem Ernst, sondern mehr als Spiel. Weder überprüfte ich alles, was dort passierte, bis ins letzte Detail, noch war ich besonders kritisch. Wenn jemand nach vielen Jahren aus dem Gefängnis entlassen wird, stellt er nicht seine neue Freiheit in Frage. Für mich war das Labor schlicht und einfach ein wunderbares, unerwartetes Geschenk.

Vor meiner Drogenzeit und dem Unfall hatte ich oft beim Sonnenuntergang alleine in meinem Schlafzimmer getanzt. Meine Arme weit ausgebreitet, stellte ich mir vor, wie ein Adler hoch über dem Grund des Canyons zu fliegen oder wie ein Derwisch im Kreis zu wirbeln, unbekümmert und frei. Als das Leben dann kompliziert und schmerzhaft wurde, hatte ich mich verschlossen. Doch jetzt begann ich, mich wieder zu öffnen. Manchmal geschah es, daß ich nach einem Tag im Labor nach Hause kam und Miles Davis, Vivaldi oder die Stones auflegte, je nach Gefühl, und meinen Körper sich bewegen ließ, wie er wollte. Während die Sonne über dem Ozean unterging, breitete ich wieder meine Arme aus und begann zu tanzen.

Ich wurde neu geboren, doch Geburt ist selten einfach. Ich brauchte alle Hilfe, die ich bekommen konnte. Dem Himmel sei Dank für Barry, der mich immer wieder voranschubste. Nur ihm zuliebe ging ich schließlich zu einem Treffen seiner Gruppe. Zwar wollte ich schon seit einiger Zeit Genaueres darüber wissen, doch gleichzeitig erschreckte mich allein der Gedanke daran. Einmal in der Woche trafen sich Mitglieder dieser Gruppe mit dem Ziel, ihre übersinnlichen Fähigkeiten zu entwickeln – es handelte sich also nicht um einen Vortrag, bei dem ich in der Ecke sitzen und nur zuhören konnte. Sollte ich an einem dieser Treffen teilnehmen, müßte auch ich meine Gedanken laut vor der ganzen Gruppe äußern. Und wenn mir das nicht möglich war? Wenn ich nicht auf Kommando Übersinnliches von mir geben konnte? Obwohl ich bei Dr. Moss Erfolg gehabt hatte, befürchtete ich, daß mein »Reading« lediglich ein Glücksfall gewesen war. Es war einfach aus mir herausgeflossen, doch hatte ich nicht die geringste Ahnung, wie es zustandegekommen war oder wie ich es wiederholen konnte.

»Du brauchst überhaupt nichts zu sagen«, versicherte mir Barry. »Du kannst einfach nur dasitzen und zuhören.« Sein Versprechen, daß nichts von mir erwartet und kein Druck auf mich ausgeübt würde, beseitigte meine Ängste. Plötzlich konnte ich es nicht erwarten, seine Gruppe kennenzulernen.

An einem Mittwochabend um acht Uhr saß ich auf einem grünen Plastikstuhl in einem großen Konferenzraum des Instituts. Ich war achtzehn Jahre alt und fand mich fünf Männern gegenüber, die ich nie zuvor gesehen hatte. Zu meiner Überraschung waren sie alle nett und freundlich. Das war ein Aspekt, den ich nie bedacht hatte: daß mir die anderen Mitglieder der Gruppe sympathisch sein oder daß die ganze Sache sogar Spaß machen könnte. Während dieser Phase meines Lebens empfand ich andere Menschen in der Regel stets als Feinde – vor allem wenn es um meine übersinnlichen Fähigkeiten ging – und es dauerte lange, bis ich Vertrauen entwickelte und nicht dauernd befürchtete, daß man sich über mich lustig machen oder mich für verrückt erklären würde.

Diese Männer waren alle sehr interessiert an mir. Das gefiel mir, und ich entspannte mich. Barry stellte mir jeden einzelnen vor: Jim, ein Ex-Polizist, Kerry, ein Kollege von Barry, mit buntem Hawaiihemd und einer Muschelkette um den Hals, Steve, ein Drehbuchautor, Dick, ein Astronom, und Peter, ein Chemiker. Sie alle kannten sich. Ich war der Neuling, und sie behandelten mich wie eine Königin. Es war erstaunlich, wie sehr ihre Aufmerksamkeit mir gegenüber mein Vertrauen bestärkte; eine halbe Minute lang sagte ich nichts, und dann überzeugten sie mich davon, daß ich der erste »Sender« sein sollte.

Barry löschte das Licht, und der Raum wurde so dunkel, daß ich kaum den Umriß meiner Arme sehen konnte. Wir saßen im Kreis und hielten uns an den Händen. In der Mitte befand sich ein Tonbandgerät mit Mikrofon, um unsere Äußerungen festzuhalten. Barry sprach als erster und leitete uns liebevoll durch eine Visualisierungsübung, damit wir uns total entspannen konnten. Ich muß eingenickt sein, denn als ich nach einigen Minuten Barrys Stimme hörte, schreckte ich auf.

»Sag uns einen Namen, Judith«, forderte er mich auf. »Wähle jemanden, den Du sehr gut kennst, und konzentriere Dich auf ihn.«

Er forderte die anderen auf, spontan alle Eindrücke und Gedanken zu äußern, die sie zu dieser Person empfangen würden, egal wie lächerlich oder unwichtig sie ihnen erscheinen mochten.

Ich folgte seiner Aufforderung und sagte laut den Namen »Geordie«. Er war ein alter Freund unserer Familie, den ich seit Jahren kannte. Dann lehnte ich mich zurück und wartete.

Es folgte eine lange Stille, die mir wie eine Ewigkeit vorkam. Wie vorauszusehen, war mein erster Gedanke der, daß ich irgend etwas falsch gemacht hatte. Dann hörte ich lautes Lachen.

Barry kicherte. »Ich kann kaum glauben, was ich sehe. Auf einem Küchentisch steht eine Dose Corned Beef. Ich kann es beinahe schmecken. Essen, Essen. Das einzige, an was ich denken kann, ist Essen.«

Alle lachten. Für einen kurzen Augenblick verspannte ich mich und glaubte, sie lachten mich aus.

»Ich sehe ein großes Haus«, fuhr Steve fort. »Es könnte in Pacific Palisades oder Hollywood stehen. Nicht schlecht. Ich hätte nichts dagegen, dort zu leben.«

Ich begann mich zu entspannen, und die Genauigkeit ihrer Beobachtungen ließ jegliche Befangenheit vollends verschwinden.

Als nächster meldete sich Jim zu Wort. »Ich höre ständig ein Wort, das wie *Hummel* oder *Himmel* klingt, doch habe ich keine Ahnung, was das heißen soll.«

»Ich kann ein Bild von Geordie sehen«, meldete sich Peter. »Er ist ein schlanker Mann in den Vierzigern mit glattem braunem Haar bis zur Taille.«

In den nächsten zehn Minuten teilte jeder seine Eindrücke mit, und nachdem alle gesprochen hatten, gingen wir zur nächsten Stufe über: dem Feedback.

Barry wandte sich mir zu. »Spul das Band zurück, Judith, und laß es noch einmal laufen, so daß wir alle es hören können. Bitte halte nur an, wenn eine Äußerung korrekt ist.« Dies war eine Methode zur Unterstützung des »Empfängers«, wenn dieser eine zutreffende Bemerkung gemacht hatte.

Es war schwer für mich, still zu bleiben, während das Band lief. Immer wieder mußte ich es anhalten, und ich konnte kaum glauben, wie viele »Treffer« darauf zu hören waren. Peter hatte Geordie ziemlich genau gesehen: in den Vierzigern, mit sehr schlanker Figur und langem braunem Haar, das er oft zu einem Pferdeschwanz zusammenband. Steve hatte Geordies Haus beschrieben, das sich tatsächlich in Pacific Palisades befand. Das Wort, mit dem Jim Schwierigkeiten gehabt hatte, war *Hormel*, Geordies Nachname. Doch der aufregendste Treffer kam von Barry. Geordie war zwar überzeugter Vegetarier, doch seine Familie besaß ein bekanntes Unternehmen mit dem Namen *Hormel-Fleischprodukte,* in dem alle möglichen Fleischprodukte in Dosen und als Fertigwaren hergestellt wurden. Das Corned Beef, das Barry gesehen hatte, gehörte dazu.

Nach diesem Abend fuhr ich fort, an den Treffen der Gruppe teilzunehmen. Jedes Mal war ein anderer Teilnehmer der »Sender«, und der Rest die »Empfänger«. Woche für Woche trafen wir uns, um zu üben, und diejenigen von uns, die dabeiblieben, stellten eine enorme Verbesserung ihrer übersinnlichen Fähigkeiten fest. Bei den ersten Sizungen fiel mir meistens nichts ein, obwohl bei allen anderen Bilder und Eindrücke auftauchten. Vielleicht war es eine Art Lampenfieber oder die hohen Erwartungen, die ich nach dem psychometrischen Reading mit Dr. Moss hatte. Trotzdem kam ich immer wieder, und schließlich begannen sich auch bei mir Bilder einzustellen, ein oder zwei pro Sitzung, die ich dann der Gruppe mitteilte. Manchmal waren diese Eindrücke zutreffend, manchmal nicht, doch das Wichtigste für mich war, daß ich sie zum Ausdruck bringen konnte und die anderen mich darin unterstützten.

Während der nächsten Monate war ich mehr und mehr in der Lage, zu dem Namen, den ein »Sender« in den Raum stellte, ein Bild zu empfangen, und froh, wenn ich hinterher erfuhr, daß meine Eindrücke richtig waren. In meinem tiefsten Inneren befürchtete ich zwar nach wie vor, daß das Heraufbeschwören meiner übersinnlichen Talente mich vernichten würde. Doch als ich feststellte, daß dem nicht so war und ich mich darüber hinaus besser fühlte als je zuvor, nahm die Flut der Eindrücke zu. Manchmal jedoch hielt ich mich zurück, wenn ein Bild zu unglaublich erschien, wie zum Beispiel die eigenartige Plexiglas-Figur, die – wie ich später erfuhr – tatsächlich in der Mitte des Raumes stand, von dem Steve gesprochen hatte und den wir beschreiben sollten. Wie ich bald lernte, waren solche besonderen, ungewöhnlichen Bilder oft die zutreffendsten, und es war gut, sie nicht zu zensieren. Während dieser Zeit begann ich, hellseherische Träume zu haben, meine Readings in der Gruppe wurden immer genauer, sowohl Thelma als auch Barry baten mich, Readings zu einem

Teil meiner Arbeit im Labor zu machen, und ich empfing mehr und mehr Informationen über Freunde, die diese mir anschließend als richtig bestätigten.

Eines Tages erschien ein Mann mit einem Lederkoffer zu unserem Treffen und ging bereits nach einer Viertelstunde wieder. Er kam herein, als das Licht bereits gelöscht war, und obwohl wir wußten, daß er da war, wollten wir unser Reading nicht unterbrechen. Wir kannten ihn nicht und hatten keine Ahnung, woher und wie er in den Raum gekommen war, und dann war er auch schon wieder verschwunden. Später fanden wir heraus, daß er ein entflohener Patient aus einer geschlossenen psychiatrischen Abteilung im Haus war. Am selben Abend warf er sich vor ein fahrendes Auto. In der Notaufnahme sagte er dem anwesenden Psychiater, daß sein kurzes Erlebnis in der Gruppe ihn so aus dem Gleichgewicht gebracht hatte, daß er diesen Selbstmordversuch unternahm.

In Wahrheit litt er an paranoider Schizophrenie und war sowieso aus dem Gleichgewicht. Während wir in jenem Moment, als er in den Raum trat, alle damit beschäftigt waren, den Stimmen in unserem Kopf zu lauschen, war er von seinen eigenen Stimmen überwältigt worden. Er hatte sich auf uns eingestimmt, und das war das Schlimmste, was er tun konnte, denn damit nährte er seine Psychose. Er war für diese Arbeit emotional nicht stabil genug. Von nun an schauten wir uns jeden neuen Teilnehmer sehr genau an, und niemand mit schwerwiegenden psychiatrischen Problemen wurde zu unseren Sitzungen zugelassen.

Unsere Erfahrung mit Dottie, Cutterin bei einer Filmproduktionsfirma und von Anfang an Mitglied unserer Gruppe, verstärkte noch unsere Haltung in diesem Punkt. Im Laufe der Zeit hatte sie mehrere unglaubliche Vorhersagen gemacht: den Herzinfarkt ihrer Mutter, einige Wochen, bevor er eintrat, den Autounfall eines Freundes, ein Erdbeben in Los Angeles. Doch leider verführten sie ihre übersinnlichen Fähigkeiten zu dem Glauben, sie sei ein Mensch mit einzigartiger Begabung, auserwählt unter den anderen. Darauf bekam sie Angst und war besessen von der Notwendigkeit, herauszufinden, woher ihre Fähigkeiten kamen. Sie wollte Antworten, doch die, die wir ihr gaben, gefielen ihr nicht. Obwohl wir davon ausgingen, daß unsere Arbeit eine spirituelle Komponente besaß, waren wir sicher, daß Hellsehen eine Fähigkeit war, die jeder Mensch hatte und entwickeln konnte.

Dottie hörte uns zu, doch glaubte sie nach wie vor, daß ihre übersinnliche Begabung auf eine besondere Verbindung mit Gott zurückzuführen war. Sie verglich sich mit den biblischen Propheten. Und nachdem sie mit einem Priester gesprochen hatte, war sie so total davon überzeugt, die Stimme Gottes zu hören, daß sie zu einer Fanatikerin wurde. Von heute auf morgen gab sie ihren Job auf, verschenkte alles, was sie besaß, und wurde Nonne. Das letzte, was ich von Dottie gehört habe, ist, daß sie in einem abgeschiedenen Kloster an der Ostküste lebt.

All diese Erfahrungen, positiv wie negativ, öffneten meine Augen für die Welt des Übersinnlichen. Wie andere Welten, so war auch diese nicht perfekt und enthielt sowohl Positives wie auch Negatives. Je tiefer ich mich darauf einließ, desto mehr war ich dazu gezwungen, alle romantischen Illusionen in bezug auf meine hellseherischen Fähigkeiten aufzugeben. Denn nur so war es mir möglich, dieses Talent als das zu sehen, was es wirklich war: ein Geschenk und eine Verantwortung, die das Leben kompliziert machen konnten. Dadurch, daß ich sah, wie Menschen sich verrannten – indem sie zu sehr von sich überzeugt waren, ihr emotionales Gleichgewicht verloren oder von spiritueller Besessenheit übermannt wurden – wurde mir klar, welche Wege ich besser vermeiden sollte. Menschen mit außersinnlichen Fähigkeiten waren nicht perfekt, wie ich feststellen mußte. Sie hatten die gleichen Probleme wie jeder andere, und sogar noch ein paar mehr. Der Versuch, übersinnliche Fähigkeiten in das eigene Leben zu integrieren und dabei seelisch im Gleichgewicht zu bleiben, war nicht einfach. Während ich in meinen ersten Tagen im Labor dazu geneigt hatte, die Menschen, die ich dort traf, zu idealisieren, lernte ich im Laufe der Zeit, denjenigen mit einem besonders großen Ego eher aus dem Weg zu gehen. Doch die meisten Seher, die ich kennenlernte, gingen mit ihrer Gabe bescheiden und respektvoll um. Die Gabe selbst verlangt diesen Respekt. Dinge über andere zu wissen gibt einem nicht das Recht, dieses Wissen zu mißbrauchen. Doch wenn übersinnliche Talente richtig angewandt werden, geben sie dem Dasein mehr Tiefe, inneren Reichtum und zusätzliche Dimensionen des Erlebens. Die Beschäftigung mit meinen eigenen seherischen Fähigkeiten erlaubte mir, mich selbst besser kennenzulernen und anderen Menschen gegenüber, die mir begegneten und in die ich hineinsehen konnte, größere Achtung zu empfinden.

Das Schwierigste bestand für mich darin, kontinuierlich mit einer Grupe zu üben und sie Zeugen meiner Fehlschläge werden zu lassen. Ich haßte es, im Beisein anderer Fehler zu machen, doch genau wie jedem anderen passierte es mir auch. Nur so konnte ich meine Fähigkeiten erweitern. Zudem war im Labor und in unserer Gruppe alles von Liebe und Lachen umgeben, was die Situation sehr erleichterte. Die wirkliche Prüfung jedoch würde darin bestehen, unsere übersinnlichen Fähigkeiten in der Welt draußen zu benutzen.

Je mehr ich übte, desto deutlicher erinnerte ich mich an Erlebnisse aus meiner Kindheit. Meine damalige Verwirrung und viele unbeantwortete Fragen drangen an die Oberfläche – aus einer Ecke in meinem Innersten, die wie von dunklem, undurchsichtigem Schlamm überzogen gewesen war. Nach und nach schaute ich mir alles an, was dort versteckt war. Zum Schluß hatte ich das Gefühl, als badete ich in warmem, heilendem Wasser, und dann trat das neue Ich hervor, von Innen heraus gereinigt und klar.

Ich hatte mich nie viel mit Geistern beschäftigt, abgesehen von schlechten Horrorfilmen im Fernsehen. Obwohl ich manchmal deutlich den Geist meines Großvaters um mich spürte, hatte dieser weder eine physische Form noch irgendwelche menschlichen Aspekte. Hin und wieder geschah es, daß ich mitten in der Nacht aufwachte und seine Gegenwart fühlte, doch hatte ich nie Angst dabei. Ich fühlte nur meine Liebe zu ihm. Andererseits waren Geister in meiner Vorstellung etwas, wovor man sich fürchtete, falls ich überhaupt an sie glaubte. Ich mußte mich von dieser stereotypen Vorstellung befreien, insbesondere da eine meiner ersten Aufgaben im Labor darin bestand, mit Barry den Anrufen von Leuten nachzugehen, die von »Geistern« in ihren Häusern berichteten.

In der Regel gab es fünfzig bis sechzig solcher Anrufe pro Jahr, die meistens nach dem gleichen Schema abliefen: Jemand rief an, der zunächst nicht so recht mit der Sprache rauswollte und dann erzählte, daß unheimliche Dinge in seiner Umgebung passierten. Die Anrufer berichteten von elektrischen Geräten, die plötzlich von selbst an- und ausgingen, von Objekten, die durch die Luft flogen, von unerklärlichen Geräuschen, Stimmen, Lichtern oder Schritten und von Erscheinungen, die sie nicht unbedingt an den verstorbenen Großvater erinnerten. Um was konnte es sich handeln? Ich konnte es kaum erwarten, diesen Geheimnissen auf die Spur zu kommen.

Eines Tages erhielten wir den verzweifelten Anruf einer geschiedenen Mutter. Sie schwor, daß sie von verschiedenen Geistern in ihrer Wohnung in Culver City angegriffen worden sei. Ihr sechzehnjähriger Sohn bestätigte diese Aussage und sagte, daß er vor einigen Tagen nach der Schule heimgekommen sei und gesehen hätte, wie seine Mutter von einer Kraft, die er nicht sehen konnte, hin- und hergeschleudert wurde. Danach hatte die Frau mehrere große blaue Flecken auf ihrem Körper, die vorher nicht dagewesen waren. Mutter und Sohn wußten nicht mehr weiter. Als wir ihre Tochter und die anderen Söhne einzeln interviewten, behauptete jeder unabhängig von den anderen, zu verschiedenen Zeiten zwei Geister im Haus ihrer Mutter gesehen zu haben. Die ganze Familie bestand nachdrücklich darauf, daß die Erscheinungen zu lebendig gewesen wären, um nicht real zu sein.

Nachdem Barry uns den Fall zum ersten Mal beschrieben hatte, glaubte ich kein Wort davon. Ich hielt es für Humbug und ich dachte, entweder halluzinieren diese Leute oder sie lügen. Soweit es mich betraf, hielt ich eine Untersuchung dieser Angelegenheit für totale Zeitverschwendung; Mutter und Kinder schienen mir eher ein Fall für den Psychiater zu sein. Ich schlug vor, daß wir ihnen die Adresse eines Therapeuten geben und die ganze Sache vergessen sollten. Meine Reaktion war in der Tat so negativ, daß ich mich schließlich fragen mußte, was mich an diesem Fall so sehr störte. Wie sehr ich mich auch bemühte, es gelang mir nicht, mein Mißtrauen genau zu erklären. Doch eines war mir klar: Ein wichtiger Teil meiner eigenen Erlebnisse hatte mit Liebe zu tun. Und die totale Abwesenheit von Liebe in den Berichten dieser Familie machte die Situation so abstoßend für mich.

Barry stimmte zwar zu, daß die ganze Sache sehr weit hergeholt schien, doch wollte er ihr auf den Grund gehen. Obwohl er und Kerry, ein Kollege aus dem Labor, den Verdacht hegten, daß die Mutter unter emotionalen Störungen litt, entschieden sie sich für einen kurzen Besuch in ihrem Haus. Später berichteten sie uns, daß die Schranktüren in der Küche von allein auf- und zugingen. Und obwohl ihr Besuch an einem extrem heißen Sommernachmittag stattfand, war das Schlafzimmer, in dem die Frau angegriffen worden war, so kalt wie das Innere eines Kühlschrankes.

Während einer zehnwöchigen Untersuchung fanden Barry und andere Mitglieder seines Teams mehrere unerklärlich kalte Stellen im Haus und stellten in einem der Schlafzimmer einen überwältigenden Gestank fest. Zu verschiedenen Zeitpunkten sahen bis zu zwanzig Beobachter vom Labor wirbelnde Bälle gleißenden Lichts durch das Zimmer fliegen. Um Außeneinflüsse zu eliminieren, verhingen sie die Fenster mit dunklen Decken, doch diese Vorsichtsmaßnahme verstärkte nur noch die Helligkeit der Lichtbälle vor dem dunklen Hintergrund des Zimmers. Gleichzeitig fiel der Anzeiger des Geigerzählers, der zuvor konstant gewesen war, auf Null.

Einmal formten sich die Lichter tatsächlich zu einer Figur und bildeten das teilweise dreidimensionale Bild eines Mannes. Obwohl Barry und seine Kollegen versuchten, mit mehreren Kameras das Geschehen festzuhalten, war auf dem entwickelten Film nichts zu sehen. Später, nach einer besonders deutlichen Erscheinung, fotografierte Barry eine der kalten Stellen im Schlafzimmer. Auf dem entwickelten Foto ist in der Mitte des Bildes ein Lichtball mit einem Durchmesser von ungefähr dreißig Zentimetern zu sehen.

Mitten in der Untersuchung lud Barry Frank DeFelita, der eine Fernsehsendung über Geister für den NBC produziert hatte, zur Teilnahme ein. DeFelita brachte eine Dokumentations-Ausrüstung mit, und glücklicherweise wurde er Zeuge vieler der Phänomene in diesem Haus. (Später schrieb er ein Buch über diesen ungewöhnlichen Fall, *The Entity*, das dann auch verfilmt wurde.)

Meine Aufgabe bei der Untersuchung bestand darin, die übersinnlichen Eindrücke zu beschreiben, die ich in dem Haus erhielt. Die größte Herausforderung dabei war, meine emotionalen Reaktionen von einem definitiv außerhalb von mir bestehenden Einfluß zu trennen. Als Seherin begann ich, wichtige Unterscheidungen kennenzulernen. Sicher, jeder der Anwesenden war angespannt und nervös. Doch abgesehen davon bemerkte ich eine summende, wirbelnde Energie, chaotisch und irritierend, die auf mich eindrang. Körperlich fühlte sie sich wie ein dumpfer Druck an, der kam und ging, wie ein Band, das sich immer enger um meinen Kopf spannte. Interessanterweise verschwand dieser Druck stets, sobald ich das Haus verließ. Andere Seher zeigten ähnliche Reaktionen. Leider war ich nie anwesend, wenn die Lichter und Gesichter erschienen, die Barry und einige seiner Kollegen gesehen hatten. Sie blieben oft tage- und nächtelang in dem Haus, während ich nur hin und wieder kam. Ich erfuhr, daß diese Phänomene nicht auf Kommando eintreten. Man muß zur rechten Zeit dasein, um sie zu erleben.

Unabhängig davon, ob die Mitglieder unseres Teams etwas gesehen hatten oder nicht, stimmten viele unserer energetischen Wahrnehmungen überein. Darüber hinaus gab es das Haus – es war baufällig und schon zweimal von der Stadtverwaltung für unbewohnbar erklärt worden – und die von den unerklärlichen Ereignissen terrorisierte Familie. Obwohl sie sich nie beschwerten, muß es eine Belastung für sie gewesen sein, die vielen Fremden im Haus zu haben, die ständig umfangreiche Ausrüstungen und Instrumente von einem Raum in den anderen und wieder zurück brachten. Ich sprach kaum ein persönliches Wort mit der Familie, sondern wollte nur die Fakten wissen. In Wahrheit hatte ich Angst, ihnen zu nahe zu kommen und vielleicht Gefahr zu laufen, daß etwas von dem unheimlichen Geschehen auf mich abfärben würde.

Barry war davon überzeugt, daß in den meisten Fällen, selbst wenn die Geistererscheinungen authentisch waren, diese falsch interpretiert wurden. Er glaubte, daß in der Regel die unerklärlichen Aktivitäten eine Verkörperung von Wut und Frustration innerhalb der Familie waren, ein unbewußtes Nebenprodukt menschlicher

Gefühle, welche physische Manifestationen – Psychokinese – hervorriefen, in Form von Objekten, die durchs Zimmer flogen, oder Lampen, die aus- und angingen. So wie der Geist unseren Körper beeinflussen kann, kann er auch unsere Umgebung in Mitleidenschaft ziehen. Barrys Ansicht nach sind es meistens Menschen, die von Geistern heimgesucht werden, nicht Häuser. Seine Theorie wurde von der Tatsache bestätigt, daß nach dem Auszug dieser Familie die Phänomene ihnen folgten. Die Betreffenden jedoch – wie andere in ähnlichen Situationen – waren nicht dazu bereit, das Problem als ein von ihnen selbst kreiertes psychokinetisches Phänomen zu erkennen. Wenn sie dies getan hätten, wären sie dazu gezwungen gewesen, Verantwortung zu übernehmen und die notwendigen Schritte zu einer Veränderung einzuleiten. Daher ist es nicht weiter verwunderlich, daß die meisten Menschen, die solche Störungen erleben, lieber Opfer bleiben.

Die Erfahrungen in diesem und in ähnlichen Fällen waren für mich von unschätzbarem Wert. Sie zwangen mich dazu, die wahren Gegebenheiten in Situationen zu erkennen, die ich ansonsten als Sensationsmache abgetan hätte. Am überzeugendsten waren die Informationen, die ich geistig erhielt. Ich wußte nicht, ob die Energie, die ich in dem Haus in Culver City wahrgenommen hatte, von einem Geist stammte, doch war ich sicher, daß sie tatsächlich existierte – irgend jemand oder irgend etwas war anwesend. Obwohl die Energie, wie Barry meinte, auch eine Manifestation der Angst dieser Familie sein konnte. Stellen Sie sich das Gefühl vor, wenn Angst so stark wird, daß sie ein Leben als eigenständige Wesenheit annimmt. Das ist es, was ich spürte. Dennoch befand ich mich als Seherin auf jungfräulichem Territorium, bemüht, mir gefühlsmäßig einen Weg zu bahnen. Während ich mit Barry arbeitete, sahen meine physischen Augen nie sehr viel, doch begann ich, die Gegenwart von Wesenheiten zu unterscheiden. Schritt für Schritt lernte ich, daß es viele verschiedene dieser Wesenheiten gibt, inklusive Geister – eine Tatsache, die ich erst später voll anerkennen sollte. Im Moment wollte ich einfach offen bleiben, um neue Situationen ohne Vorurteile zu betrachten und Raum zu lassen für alles, was mir begegnen würde.

Damit will ich nicht sagen, daß ich von nun an mit einer rosaroten Brille umherlief oder meinen gesunden Menschenverstand ignorierte. Es war nur so, daß meine übersinnlichen Fähigkeiten von wohlmeinenden Eltern, Lehrern und Freunden nicht ernst genommen worden waren, da sie nicht willens waren, etwas zu akzeptieren, was sie nicht verstehen konnten. Das hatte mich tief verletzt. Ich war entschlossen, diesen Fehler nicht ebenfalls zu begehen. Ich war während meiner Kindheit Menschen gegenüber, die meinen Worten keinen Glauben schenkten, so empfindsam geworden, daß ich mich jetzt besonders darum bemühte, anderen zuzuhören. Eine gesunde Portion Skeptizismus ist gut, doch versuchte ich gleichzeitig, Respekt und Demut nicht zu vergessen und die Tatsache, daß es vieles gab, wovon ich nichts wußte.

Absolute Stille. Ich hätte ebenso in einer Weltraumkapsel sein können, die in einer unendlichen Entfernung von der Erde durch das Universum kreist. Wenn ich ganz genau hinhörte, konnte ich fast das Geräusch meines Blutes hören, wie es durch meinen Körper pulsierte. Gottseidank hatte ich einen Pullover mitgebracht, denn wieder einmal war die Klimaanlage viel zu niedrig eingestellt. Es wurde empfindlich kalt im Raum, und ich hatte eine Gänsehaut.

Jeden Dienstag nachmittag um vier Uhr schloß ich mich in der Isolationskammer ein und entwickelte meine Kirlian-Fotografien. Ich hatte seit jeher eine Neigung zur Klaustrophobie gehabt, daher war mein freiwilliger Aufenthalt in diesem Raum bereits eine große

Leistung. Der Griff an der Außenseite der Tür, ein großes rundes Stahlrad, das aussah, als gehörte es an einen Safe, mußte mit einer solchen Wucht zugeschlagen werden, daß ich befürchtete, die Tür würde sich nie mehr öffnen lassen. Wenn die Gummidichtung der Tür auf den inneren metallenen Rahmen aufschlug, gab es ein widerlich saugendes Geräusch. Es fühlte sich erschreckend endgültig an. Wenn ich nun für immer hier eingeschlossen wäre? Doch im Laufe der Zeit gewöhnte ich mich daran; der Zauber im Inneren dieses Raumes überwog meine Ängste.

Thelma hatte mir ein Pflanzenexperiment zugeteilt, bei dem ich Kirlian-Fotografie benutzen sollte, um die jahreszeitlichen Veränderungen von fünf verschiedenen Pflanzen im Verlauf eines Jahres zu überwachen. Ich hatte mich, seit ich denken konnte, zu Pflanzen hingezogen gefühlt, und mein Zimmer war ein richtiger Dschungel. Mein Apartment am Strand von Venice bestand aus einem Raum mit Blumentöpfen überall, Pflanzen hingen von Deckenhaken, waren über den Badewannenrand drapiert und standen dicht an dicht auf dem Fensterbrett. Ich tat mehr, als nur mit ihnen zu reden und sie zu berühren; ich kommunizierte mit ihnen und spürte ihr Wesen. Niemand hatte mich das gelehrt. Ich fing einfach von selbst damit an, und es war etwas, das sich vollkommen natürlich anfühlte. Daher war es nicht verwunderlich, daß ich diese Gelegenheit zur näheren Arbeit mit Pflanzen willkommen hieß. Von der Vielzahl meiner Pflanzen zu Hause wählte ich ein paar für meine Versuche aus: einen Efeu, eine Geranie, einen Ficus, ein Usambaraveilchen und einen Philodendron. Bald lernte ich jede dieser Pflanzen so gut kennen, daß ich sie als Freunde zu betrachten begann.

Als ich das erste Mal die Kirlian-Fotografie einer Pflanze sah, war ich berührt von ihrer zerbrechlichen Schönheit. Ihre Korona war sogar noch schöner als die menschliche, die in einer Schwarzweißfotografie wie eine herrliche weiße Flamme aus den Fingerspitzen strömt. Die Kirlian-Fotografie eines einzigen Blattes enthüllt die Einzelheiten seiner gesamten inneren Struktur, wobei jede Ader umgeben ist von einer Linie kleiner grauer Blasen mit einem weißen Fleck in der Mitte, ähnlich dem Kern einer Zelle. Bei einer Farbaufnahme leuchten diese Blasen wie eine Kette brillanter Lichter an einem Weihnachtsbaum. Das Bild des Blattes ist zweidimensional, scheint jedoch in ständiger Bewegung zu sein, wobei es sich zusammenzieht und ausdehnt, als würde es atmen. Von den äußeren Enden des Blattes fließt ein strahlendes, blaulila Licht, wobei dessen Intensität je nach Pflanze und Jahreszeit verschieden stark ist.

Die Kirlian-Fotografie zeigt jene subtilen Energiefelder, die alle Lebensformen wie auch alle unbeweglichen Objekte umgeben und die mit normalen Mitteln nicht wahrgenommen werden können. Dieses Feld kann sich bis zu mehreren Metern um den Körper herum ausdehnen und ist genauso ein Teil von uns wie unsere Arme und Beine. Einige Menschen können es sehen und fühlen, doch die meisten sind dazu nicht in der Lage.

Die Idee von Energiefeldern machte mich neugierig und erklärte etwas, was ich seit langer Zeit gespürt hatte. Schon als Kind hatte ich innerhalb von Sekunden gewußt, ob ich einen Menschen mochte oder nicht. Dieses Wissen hatte nichts damit zu tun, wie freundlich sich jemand verhielt oder wie er aussah. Vielmehr handelte es sich um eine eindeutige Reaktion in meinem Innersten. Manchmal konnte ich beinahe spüren, wie unsichtbare Fäden von einer Person zu mir reichten, die mir Informationen über diesen Menschen vermittelten. Das konnte passieren, bevor wir überhaupt ein einziges Wort miteinander gesprochen hatten. Einige Menschen fühlten sich einfach gut an, andere nicht. Mir fiel nie ein, diese Empfindungen in Frage zu stellen, bis es meine Mutter störte, wenn ich – wie sie es nannte – respektlose

Vorurteile ihren Freunden gegenüber zeigte. Sie hatte das Gefühl, daß ich den Betreffenden keine Chance gab, doch ich konnte mir nicht helfen: was ich empfand, erschien mir absolut zutreffend. Und oft stellte es sich im Laufe der Zeit heraus, daß mein erster Eindruck richtig gewesen war.

Im Labor machte ich mich an die Arbeit, und um Thelmas Vertrauen in mich zu rechtfertigen, war ich entschlossen, mein Pflanzenprojekt perfekt abzuwickeln. Die fotografische Technik, die ich benutzte, war einfach. In der Dunkelkammer nahm ich ein einzelnes Blatt und legte es auf eine dreißig Zentimeter große, rechteckige Fotoplatte und drückte einen Knopf. Das war alles. Anschließend wurde das Foto entwickelt. Ich machte ungefähr zehn verschiedene Fotos von beiden Seiten des Blattes, verglich die Resultate und klebte die Bilder in ein Notizbuch ein. Meine Aufzeichnungen waren äußerst sorgfältig und genau. Jeden Dienstag nachmittag um zwei Uhr pflückte ich behutsam ein paar frische Blätter von meinen Pflanzen, steckte sie in einen Umschlag und ging ins Labor. Dort organisierte ich sie nach Tag und Monat, wobei jede Art ihre eigene Abteilung hatte. Farbige Kirlian-Fotografien sind atemberaubend schön, doch da sie für das Labor leider viel zu teuer waren, enthielt mein Pflanzen-Notizbuch hauptsächlich Schwarzweißfotos.

Vernarrt in meine Pflanzen, fühlte ich mich wie eine Mutter, die ihre Kinder aufwachsen sieht und der selbst die kleinsten Dinge nicht entgehen. Die Tage vergingen. Ich bemerkte Veränderungen. Die Blätter schienen irgendwie miteinander verbunden zu sein, denn sie zeigten die gleichen Reaktionen auf den Wechsel der Jahreszeiten. Im Herbst und Winter verringerten sich die Energiefelder der Blätter, so als würden sie sich in sich selbst zurückziehen. Anfang April konnte man dann die ersten Lichtfühler sehen, die sich langsam um die Blätter herum ausdehnten wie die Arme eines Menschen, der aus tiefem Schlaf erwacht. Der Juni produzierte die dramatischsten Veränderungen, wenn plötzlich jedes Blatt in einen vollen, buschigen Heiligenschein ausbrach, der bis zum September bestehen blieb.

Pflanzen, stellte ich fest, reagierten nicht nur auf Jahreszeiten, sondern auch auf Menschen, was sich in ihren Energiefeldern deutlich erkennen ließ. Eines Tages stattete ein bekannter Psychiater der Universität von Baltimore unserem Labor einen Besuch ab. Er war ein unangenehmer Mensch, arrogant und laut. Es war uns allen klar, daß er nichts von unseren Experimenten hielt. Der Grund seines Besuches bestand darin, unsere Forschungen als unsinnig zu erklären, und nicht, aus ihnen zu lernen. Also entschieden wir uns, ihm einen kleinen Streich zu spielen. Zunächst fotografierten wir ein Efeublatt und maßen den Durchmesser seines Energiefeldes. Und da wir ziemlich sicher wußten, was passieren würde, baten wir ihn, seinen Zeigefinger neben die Pflanze zu legen. Überrascht beobachtete er, wie die Korona des Efeus sich zurückzog und um die Hälfte verringerte. Unsere Gefühle diesem Psychiater gegenüber stimmten mit denen des Efeus überein: Als er am Abend unser Labor verließ, waren wir alle erleichtert.

Während ich mich mehr und mehr in mein Pflanzenprojekt vertiefte, wurde ich gleichzeitig immer frustrierter wegen meiner Unfähigkeit, den »Phantomblatt-Effekt« zu reproduzieren, den Thelma in ihrem Forschungsbericht erwähnte. Das Phantomblatt verkörpert den Geist des vollständigen Blattes, den »Energie-Abdruck«, der intakt bleibt, selbst wenn ein Teil des Blattes abgeschnitten worden ist. Man kann dies mit dem »Phantomschmerz« vergleichen, den viele Amputierte empfinden, kurz nachdem ihnen Gliedmaßen operativ entfernt worden sind. Das Bein oder der Arm ist nicht mehr da, doch sie fühlen noch immer Schmerzen an der Stelle. Jeden Monat fotografierte ich mindestens zehn verschiedene Variationen von Blättern, doch gelang es mir nie, die Umrisse der fehlenden Teile eines Blattes im Bild festzuhalten. Thelma erklärte mir, daß das nur wenigen Menschen gelungen war und daß das Phantomblatt wohl weniger mit den fotografischen Instrumenten oder dem tatsächlichen Blatt zu tun hatte als mit einem bestimmten Aspekt in der Persönlichkeit des Fotografen. An der Universität von Santa Barbara gab es einen Studenten mit Namen Ron, der phantastische Fotos von Phantomblättern machte. Er kam oft am Wochenende ins Labor, um dort zu arbeiten. Viele von uns hatten die Gelegenheit, ihn dabei zu beobachten – und nie sahen wir irgendwelche Tricks. Thelma sagte, er habe ein besonderes Talent dafür; es schien keine andere Erklärung für seine Fertigkeit zu geben. Ich mußte zugeben, daß Ron einige umwerfend gute Bilder zustande brachte.

Je länger ich mich mit der Kirlian-Fotografie beschäftigte, desto mehr wollte ich darüber herausfinden. Über ein Jahr lang verbrachte ich unzählige Stunden eingeschlossen in der Isolationskammer. Keine menschlichen Stimmen, kein Telefon, lediglich das leise Summen der Neonlampe an der Decke. Es gab nur die Pflanzen und mich. Ich entwickelte ein besonderes Verhältnis zu ihnen. Wenn ich meine Hände über ihre Blätter hielt, konnte ich einen leichten Strom von Energie fühlen, spürbare Wellen von Wärme, eine summende Vibration, die meine Handflächen kitzelte, selbst wenn sie mehr als dreißig Zentimeter von dem Blatt entfernt waren. Ob ich meine Augen offen oder geschlossen hatte, spielte dabei keine Rolle. Das Gefühl war immer das gleiche. Im Laufe der Zeit lernte ich, diese Energiefelder intuitiv zu spüren, ohne meine Hände zu benützen. Indem ich einfach die Blätter anschaute, konnte ich genau die Korona der Blätter erkennen. Manchmal sah ich einen goldenen Schimmer um die Blätter herum und brachte diesen in Beziehung zu den Empfindungen in meiner Handfläche. Doch meistens nahm ich das Ausmaß des Energiefeldes einfach in meinem Körper wahr, und zwar mit einem eindeutig physischen Gefühl.

Es gab keine wissenschaftliche Erklärung für die Kirlian-Fotografie, auf die sich die parapsychologischen Forscher einigen konnten. Die Möglichkeit bestand, daß letzten Endes gar keine Energiefelder fotografiert wurden, sondern daß die wunderschönen Bilder, die wir sahen, nur auf etwas so Profanes wie den Feuchtigkeitsgehalt der betreffenden Objekte zurückzuführen waren. Die Beantwortung dieser Frage war mir jedoch nicht so wichtig wie die geistigen Eindrücke, die ich während meiner Arbeit mit der Kirlian-Methode erhielt. Darin lag ihr größter Wert für mich. Ob es sich nun um echte Fotografien handelte oder nicht – ich begann, meiner eigenen Erfahrung zu vertrauen.

Während dieser Zeit wurden mir immer öfter Dinge verständlich, die ich mir vorher nie hatte erklären können. Wie zum Beispiel eines Nachmittags am Flughafen, als ich auf meine Maschine wartete und von dem Mann, der neben mir saß, ein solch überwältigendes Gefühl von Traurigkeit auf mich überging, daß ich mich nicht auf den Artikel konzentrieren konnte, den ich gerade las. Ich versuchte mir einzureden, daß ich mir dieses Gefühl nur einbildete. Doch als ich mich woanders hinsetzte, verschwand die Traurigkeit. Ich hatte mich seit jeher gewundert, warum es so angenehm war, sich in der Gegenwart von Pflanzen oder von gewissen Menschen aufzuhalten. Es war nichts, was sie sagten oder taten, es hatte etwas damit zu tun, wie man sich in ihrer Gegenwart fühlte. Durch meine Forschungsarbeit mit den Pflanzen wurde mir klar, daß ich als Kind meine übersinnlichen Empfindungen nicht erfunden hatte und auch nicht absichtlich Ärger heraufbeschwören wollte. Ich nahm einfach Qualitäten in Menschen wahr, die andere nicht spüren konnten. Für einen medial veranlagten Menschen ist das Energiefeld einer Person so real wie der Duft ihres Parfüms, ihr Lächeln oder die Farbe ihres Haares.

Diese Arbeit bestätigte, was ich seit langem gefühlt hatte: Menschen waren mehr als nur ihre körperlichen Qualitäten. Sie hatten eine innere Essenz, die sich eindeutig nach außen hin bemerkbar machte. Früher hatte ich keine Möglichkeit gehabt, die Richtigkeit dessen, was ich empfand, zu beweisen. Doch das änderte sich jetzt.

Große Aufregung herrschte innerhalb des ansonsten eher ruhigen Neuropsychiatrischen Institutes, und Gerüchte zirkulierten wie wild. Der Israeli Uri Geller, bekannt für seine paranormalen Fähigkeiten, hatte sich bereit erklärt, an einem Experiment in unserem Labor teilzunehmen. Er würde in ein paar Wochen anreisen, und selbst die Empfangssekretärin versuchte, alles von mir zu erfahren, was ich über ihn wußte. Uri hatte einige unglaubliche Behauptungen aufgestellt: daß er dicke Metallstäbe verbiegen konnte, ohne sie zu berühren, und in der Lage war, zerbrochene Uhren ausschließlich mit der Kraft seines Geistes zu reparieren. Er war heftig umstritten und wühlte die Menschen auf. Jeder hatte eine unwiderrufliche Meinung über ihn, und alle waren sie davon überzeugt, daß ihre Ansicht richtig war. Nancy, die in der Dokumentationsabteilung arbeitete und überzeugte Christin war, beschuldigte Uri, »Teufelsdienste zu leisten«. Jean, selbst mit medialen Fähigkeiten ausgestattet, glaubte fest an seine Authentizität. Stan, ein skeptischer Pharmakologe, schwor, daß Uri ein Schwindler sei, ein ausgezeichneter »Magier«, der uns etwas vormachen wollte. Ich wußte nicht, was ich von dem Ganzen halten sollte.

Am Tag von Uris Besuch ging es in unserem Labor zu wie noch nie. Medial Veranlagte, Forscher, Studenten und Wissenschaftler waren gekommen, um Zeugen von Uris Kunststücken zu werden. Das Labor war so vollgepackt, daß wir jeden, der nicht ausdrücklich eingeladen worden war, zurückweisen mußten. Ein Freund von Barry, Redakteur des Magazins *Popular Photography*, war anwesend, um das Ereignis zu filmen. Die Atmosphäre im Labor war wie elektrisiert; wir bereiteten uns auf das Eintreffen einer Berühmtheit vor.

Uris Auftritt war der eines echten Stars. Er war ein gutaussehender Mann Mitte Zwanzig mit welligem schwarzem Haar und großen, strahlenden Augen. Er ging, als gehörte ihm die Welt, und stolzierte durch das Labor wie ein preisgekrönter Hahn bei einer Dorfkirmes. Er war auf augenfällige Weise charismatisch. Wie ein kleines Kind, das nach Aufmerksamkeit hungert, wollte er im Mittelpunkt des Interesses stehen, und er war erst zufrieden, als es soweit war. Uri hatte eine jungenhafte, verführerische Ausstrahlung, und obwohl ich versuchte, mich zu widersetzen, unterlag ich seinem Charme.

Er hatte seine Karriere als Entertainer für die israelische Armee begonnen, wobei er durch das Land tourte und mediale Sitzungen veranstaltete sowie Beispiele von Metallverbiegungen zum besten gab. Andrija Puharich, ein angesehener Parapsychologe, sah ihn in einem Club in Tel Aviv und war so begeistert von Uris Fähigkeit, Ringe aus der Entfernung zu verbiegen, daß er ihn in die USA brachte. So wie ich es verstand, hatten Uris Vorstellungen aus einer Mischung aus Zauberei und echtem medialen Können bestanden, doch nur wenige konnten erkennen, um was es sich jeweils handelte.

Nach seinem theatralischen Einzug ins Labor ließ sich Uri in einem Stuhl neben Thelma in der hintersten Ecke des Labors nieder, umgeben von einer Gruppe aufmerksamer Beobachter. Das Experiment sollte um ein Uhr nachmittags stattfinden. Obwohl ich von seiner Gegenwart begeistert war, irritierte mich seine Selbstsicherheit. Es war mir recht, im Hintergrund zu bleiben und aus der Entfernung den kommenden Ereignissen zuzuschauen. Doch Barry nahm meine Hand und brachte mich in die erste Reihe, um sicherzugehen, daß ich auch alles sehen konnte. Während ich dastand und Uri anstarrte, erinnerte ich mich, gehört zu haben, daß es Teil seiner Auftritte in Israel war, die Farbe der Unterwäsche einer beliebigen Zuschauerin zu erraten. Dies war nichts weiter als ein Trick, nahm ich an, um ein paar Lacher zu erzielen. Doch auf keinen Fall wollte ich, daß er mich dafür aussuchte.

Zu meiner Erleichterung begann das Experiment mit einer Vorführung von Metallverbiegung. Thelma gab ihm eine normale Eßgabel. Er hielt sie in der Hand, und mit großer Behutsamkeit strich er mit einem Finger darüber, so liebevoll, als streichelte er seine Lieblingskatze. Dann hielt er die Gabel so hoch, daß jeder sie sehen konnte, und sprach mit lauter Stimme auf sie ein.

»Verbiege dich!« befahl er.

Einen Moment lang glaubte ich, daß er scherzte. Er sprach die Gabel an, als ob sie ihn verstehen könnte.

»Verbiege dich! Verbiege dich!« rief er noch ungefähr fünfmal, die Worte wiederholend, als handele es sich dabei um ein Mantra mit heiligen Kräften. Dann, ohne Zeichen irgendeiner Emotion, legte er die Gabel auf den Tisch vor ihm. Alle Augen waren auf die Gabel gerichtet, doch nichts passierte. Zumindest nicht sofort. Doch plötzlich begannen sich die Zacken der Gabel nach innen zu kräuseln, bis sie sich in einen kleinen metallenen Ball verwandelt hatte.

»Ich glaub es nicht!« platzte ich beinahe heraus, doch konnte ich mich gerade noch beherrschen. Ich wollte kein Aufsehen erregen, indem ich zeigte, wie erstaunt ich war; ich gab mir alle Mühe, so erwachsen wie möglich zu erscheinen. Doch die Gabel war nur der Anfang gewesen. Geborener Entertainer, der er war, fuhr Uri fort, den Inhalt einer ganzen Schublade zu verbiegen, unter anderem ein komplettes Besteck für zwölf Personen, bestehend aus Gabeln, Messern und Löffeln. Innerhalb einer Stunde war der Tisch mit einer Vielzahl von verbogenen metallenen Utensilien bedeckt, die aussahen, als sei eine Dampfwalze über sie hinweggerollt.

Was soll man dazu sagen, wenn das eigene Konzept der Realität unwiderruflich verändert worden ist, vor allem von jemandem, der so selbstbezogen und aufmerksamkeitssüchtig schien wie Uri Geller? Er hatte sowohl unsere Erwartungen in bezug auf die physische Welt zunichte gemacht als auch unsere Skepsis hinsichtlich der Echtheit seiner Vorführung besiegt. Ich stand da, ohne Worte und mit trockener Kehle. Barry allerdings schien in Hochstimmung; er konnte gar nicht aufhören, seiner Begeisterung Ausdruck zu verleihen. Stan, der Pharmakologe, ging, sobald die Vorführung beendet war, und erklärte, daß wir alle das Opfer eines Tricks geworden waren. Er glaubte, daß Uri trotz der Vorsichtsmaßnahmen, die wir getroffen hatten, um die Echtheit des Experimentes zu gewährleisten, magische Tricks benutzt hatte, um uns zu täuschen. Ich wußte, daß Uri viele Kritiker hatte – professionelle Zauberer, Parapsychologen, konservative Wissenschaftler – die dem zustimmen würden. Einige von ihnen gingen sogar so weit, ihn einen Illusionisten zu nennen, der eine Schatzkiste voller Tricks besaß, von Chemikalien über Magneten und vorher bearbeitetem Metall bis zur absichtlichen Ablenkung der Aufmerksamkeit seines Publikums.

Es war schwierig, Uri bei dem emotionalen Aufruhr, den er erzeugte, richtig zu beurteilen. Im großen und ganzen waren die Mitglieder unseres Labors davon überzeugt, daß seine Talente echt waren. Normalerweise hätte mich jemand wie Uri abgestoßen, doch stellte ich fest, daß ich ihn mochte. Trotz all der Aufregung und obwohl er vielleicht doch ein Trickser war, hatte er ganz offensichtlich wirklich eine besondere Begabung, und außerdem war er einfach ein liebenswerter Mann. Und obwohl er meiner Meinung nach ein bißchen zuviel Aufhebens um seine Person machte, fiel es mir leicht, ihm dies nachzusehen. Wahrscheinlich konnte ich mich mit seinem Bedürfnis, verstanden zu werden, identifizieren. Es war noch nicht lange her, daß ich vor lauter Angst meine medialen Fähigkeiten nicht zum Ausdruck zu bringen wagte, und daher berührte Uris Furchtlosigkeit und sein Bedürfnis, der Welt zu zeigen, was er konnte, eine besondere Saite in meinem Inneren.

Nachdem Uri gegangen war, gab mir Thelma einen der verbogenen Löffel als Souvenir. Vorsichtig legte ich ihn auf den Beifahrersitz in meinem alten Volkswagen und fuhr nach Venice, wobei mein Kopf schwirrte von den Ereignissen des Tages. Ich fühlte mich, als hätte ich ein paar Tassen starken Kaffee getrunken: aufgedreht und gleichzeitig erschöpft. Doch war es an der Zeit, in den Alltag zurückzukehren. Mein Kühlschrank war leer, und ich mußte meine Wäsche waschen, die sich im Laufe der letzten Tage zu einem Berg im Badezimmer angesammelt hatte.

Den gebogenen Löffel in der Hand und immer noch ein wenig schwindlig, stapfte ich die Treppe zu meinem Apartment hoch. Bereit, den Abend mit Hausarbeiten zu verbringen, nahm ich meinen Schlüssel und wollte die Tür aufsperren. Ich steckte den Schlüssel ins Schloß, wie ich es unzählige Male vorher getan hatte und versuchte, ihn umzudrehen, doch er ließ sich nicht bewegen. Irgend etwas stimmte nicht. Ich schaltete das Treppenlicht an und zog den Schlüssel heraus. Es war der richtige, doch unglaublicherweise war er total verbogen.

Oh Gott, dachte ich, das muß Uri getan haben. Fassungslos schüttelte ich meinen Kopf, doch dann mußte ich laut lachen. Ich griff unter die Matte und zog einen Ersatzschlüssel heraus, den ich glücklicherweise darunter versteckt hatte.

Einen anderen Menschen zu berühren mit dem Ziel, ihn zu heilen oder ihm zu helfen, kann so viel mehr erreichen, als ich es mir je vorgestellt hatte. Die Schulmedizin war mir vertraut; meine Eltern waren beide Ärzte. Wann immer ich krank war, ging ich zu meinem Internisten. Er hörte sich meine Herz- und Lungentöne an, stellte mir eine Menge Fragen und schrieb mir dann ein Rezept aus. Kein Arzt hatte mich je auf die Art und Weise berührt, wie Jack Gray, ein Hypnotherapeut und Heiler in unserem Labor, seine Patienten berührte.

Ich erfuhr, daß Jack ein wahres Wunder vollbracht haben soll. Ein junger Mann namens Mitchell hatte einen schweren Autounfall gehabt. Ein anderer Wagen war frontal mit seinem zusammengestoßen und hatte ihn total zerstört. Er war zwar mit dem Leben davongekommen, doch war sein rechtes Bein vierzigmal gebrochen. Die Knochen und Bänder waren so schwer in Mitleidenschaft gezogen, daß ein Team von Orthopädie-, Gefäß- und Schönheitschirurgen zu der Schlußfolgerung kam, daß sein Bein nie heilen würde. Eine Infektion bedrohte sein Leben, und sie empfahlen ihm dringend eine Amputation des gebrochenen Beines. Nicht bereit, diese Entwicklung zu akzeptieren – wobei er wußte, daß die Ärzte ihr Bestes taten –, ging Mitchell ein enormes Risiko ein. Durch eine Kombination von Gebet, Handauflegen und Hypnose brachte Jack eine Regeneration des Knochen-, Muskel- und Nervengewebes in Gang, die die Chirurgen nie für möglich gehalten hätten.

Ich hatte noch immer eine stereotype Vorstellung davon, wie ein medialer Heiler auszusehen hat, doch Jack paßte nicht in dieses Schema. Er war klein, dünn – beinahe hager – und in den Sechzigern, trug meistens billig aussehende blaue Anzüge und ein weißes Hemd, manchmal mit einem bunten Einstecktuch in der Jacke. Er war immer gepflegt angezogen und sah aus wie ein pensionierter Geschäftsmann. Irgendwie wirkte er ländlich, einfach, als sei er neu in der Stadt. Er war gefällig und freundlich, offensichtlich ganz normal. Es gab tatsächlich nichts besonders Bemerkenswertes an ihm, außer seinen klaren, stahlgrauen Augen und einem Gesicht, das entfernt an Fred Astaire erinnerte.

Jack kam jeden Monat ein paarmal ins Labor, um Heilungen vorzunehmen, und ich hatte nie vorher solch liebevolle Behandlungen gesehen. In unserer Isolationskammer empfing er Patienten, deren Leiden von Krebs über Herzkrankheiten bis zu gebrochenen Knochen reichten. Manchmal erlaubte er einigen von uns, zuzuschauen. Einmal kam eine Frau mit einem schmerzhaften Magengeschwür zu ihm. Sie legte sich auf die dünne Lederbank in der Kammer, legte ihren Kopf auf das kleine Krankenhauskopfkissen und schloß die Augen. Jacks Hände nahmen eine durchsichtige Qualität an, während er sie ungefähr zwanzig Zentimeter über ihrem Körper hin- und herbewegte. Er »strich sie magnetisch aus«, wie er es nannte. Nachdem er seine Hände einige Male über den gesamten Körper der Frau hatte kreisen lassen, legte er seine Handflächen direkt auf ihre Haut und ließ sie an verschiedenen Stellen ihres Körpers einige Augenblicke ruhig liegen: zunächst auf ihrem Herzen, dann auf ihrem Kopf, ihrer Kehle, ihrem Bauch und schließlich auf den Sohlen ihrer Füße. Jack schien nichts Geheimnisvolles an seiner Tätigkeit zu sehen, er brachte uns sogar hin und wieder mit seinen witzigen Bemerkungen zum Lachen. Doch die Zärtlichkeit, mit der er diese Frau berührte, ließ mich an eine Mutter im Umgang mit ihrem Neugeborenen denken.

Wann immer Jack seine Heilungen vornahm, wurden seine Patienten so entspannt, daß ich sie kaum atmen sehen konnte. Sie sahen so friedlich aus, daß ich mich manchmal fragte, ob sie überhaupt noch lebten. Gesichter, die zu Beginn der Behandlung von Schmerz verzerrt waren, verwandelten sich in engelsgleiche Antlitze, während ihr Leiden verschwand. Jacks Heilungen waren ansteckend; ich fühlte mich oft besser, nur weil ich dabeisein konnte, auch wenn ich mich vorher gar nicht schlecht gefühlt hatte. Es war, als hätte mir jemand mit einem unsichtbaren Zauberstab auf den Kopf geklopft und mich aus einem tiefen Verjüngungsschlaf aufgeweckt.

Eine von Jacks Patientinnen war eine junge Mutter namens Claire, die als Folge eines Autounfalls unter unerträglichen Rückenschmerzen litt. Zu Hause hatte sie einen Medizinschrank voller Schmerzmittel, nach deren Einnahme sie sich stets so antriebslos und losgelöst von allem fühlte, daß sie nichts mehr tun konnte. Und wenn die Wirkung der Pillen nachließ, kamen die Schmerzen um so schlimmer zurück. Die Ärzte hatten Claire so gut wie aufgegeben, und sie war der Verzweiflung nahe. Jack war ihre letzte Hoffnung.

Es war schwierig für mich, mich in Claires Gegenwart aufzuhalten. Wenn sie ins Labor kam, spürte ich innerhalb von Minuten einen nagenden, dumpfen Schmerz im Rücken, der sich mit einem unangenehmen, brennenden Gefühl ablöste. Dies störte mich so sehr, daß ich nicht ruhig in meinem Stuhl sitzenbleiben konnte, unfähig, eine bequeme Position zu finden. Zunächst schrieb ich meine Reaktion meiner übertriebenen Beeinflußbarkeit zu und berichtete niemandem davon. Ich beschwere mich nicht gerne, und ich wollte nicht, daß die anderen im Labor dachten, ich sei schwierig. Doch fürchtete ich mich vor den Tagen, an denen Claire zu uns kam. Und eines Tages, während ich gerade wieder eine ihrer Heilungssitzungen durchlitt, fiel mir ein, daß ich schon einmal eine ähnliche Situation erlebt hatte.

Wenn ich als Kind in der Gegenwart eines Menschen war, der Schmerzen hatte, spürte ich diese manchmal innerhalb von Sekunden selbst. Einmal zum Beispiel saß ich in der Mittagspause mit einer Freundin beim Essen auf der Wiese im Schulhof, als ich plötzlich Magenkrämpfe bekam. Als ich meiner Freundin davon erzählte, sagte sie, daß sie sich auch nicht wohl fühlte und schon am Morgen unter Übelkeit und Magenschmerzen gelitten hatte. Das Ganze kam mir nicht weiter ungewöhnlich vor, bis einige Minuten, nachdem meine Freundin weggegangen war, meine Symptome vollständig verschwunden waren. Wenn ich meiner Mutter von solchen Erlebnissen berichtete, machte sie sich Sorgen um mein Wohlbefinden, doch keinem von uns kam es je in den Sinn, daß ich unter Umständen in solchen Fällen die Schmerzen eines anderen übernommen hatte.

An jenem Nachmittag im Labor ging ich ein Risiko ein. Ich erzählte Jack von meiner Reaktion, und er schien nicht im geringsten überrascht. Ganz im Gegenteil. Zu meiner großen Erleichterung strahlte er mich an und lächelte mir zu. Freundlich wie er war, nahm er sich die Zeit, mir zu erklären, daß medial veranlagte Personen oft viele der körperlichen Symptome bei den Menschen um sie herum wahrnehmen. Dieses besondere Einfühlungsvermögen konnte – falls es unerkannt blieb – für den Betreffenden überwältigend sein. Er sagte, daß der Widerstand und die Angst, die ich mit Schmerz oder unangenehmen Situationen verband, dazu führten, daß die Gefühle nicht verschwanden. Er schlug vor, daß ich – anstatt sie zu bekämpfen – mich entspannen und sie einfach durch mich hindurchfließen lassen sollte, wann immer ich solche Symptome spürte. Es würde mich zwar einige Übung kosten, doch war er sicher, daß es mir schließlich gelingen würde.

Ich habe nie gesehen, daß Jack Krebs heilte oder ähnliche Wunder vollbrachte, doch seinen Patienten ging es jedesmal besser, wenn sie bei ihm waren. Naiv, wie ich war, hoffte ich, er könnte sie alle von ihren Leiden befreien, doch entdeckte ich bald, daß Heilung nicht auf diese Weise geschieht. Was Jack seinen Patienten gab, war eine zweite Chance, eine energiegeladene Starthilfe. Mit dieser zusätzlichen Energie konnten die Betreffenden ihren eigenen Heilungsprozeß fortsetzen. Jack war kein Zauberer; er war ein gewöhnlicher Mann mit außergewöhnlichen Fähigkeiten, was ihn für mich um so glaubwürdiger machte. In Momenten, in denen seine Patienten vor lauter Verzweiflung aufgeben wollten, bot er ihnen Hoffnung. Er gab ihnen ihre eigene Kraft zurück, und sie nahmen sie an – ein Austausch, der die tiefste Heilung möglich macht.

Was mich an Jack und anderen Heilern, die in unser Labor kamen, vor allem begeisterte, war die Tatsache, daß sie über solch verbotene Dinge wie zum Beispiel Tod sprachen – ein Thema, das mich ganz besonders faszinierte.

Als ich im Alter von dreizehn Jahren eines Nachmittags mit einer Freundin aus dem Kino kam, stellte ich plötzlich fest, daß meine Zeit auf der Erde begrenzt war. Ohne sichtbaren Grund war ich mit meiner eigenen Sterblichkeit konfrontiert. Zum ersten Mal in meinem Leben wußte ich, daß ich eines Tages sterben würde. Seit jenem Tag habe ich viel über den Tod nachgedacht, wobei dies nie ein trauriges Thema für mich war. Vielmehr brachte diese Art der Kontemplation eine gewisse Dringlichkeit in mein Dasein, ein Gefühl von Vergänglichkeit, das die Ereignisse meines Lebens in einer klareren Perspektive hält. Die Heiler fanden es nicht seltsam, daß ich Friedhöfe als besonders friedliche Plätze empfand, wo ich einfach sitzen, meditieren und mit meinem Inneren in Verbindung treten konnte, wenn ich allein war. Die meisten der Heiler, die ich im Labor kennenlernte, hatten einen starken Sinn für Spiritualität, der ihrer Arbeit zugrunde lag, und wir hatten viele Diskussionen über das Leben nach dem Tod.

Schon als Kind hatte ich an ein Leben nach dem Tod geglaubt. Niemand hatte mir das beigebracht, ich war einfach seit jeher davon überzeugt gewesen und hatte es nie in Frage gestellt. Ich fühlte, daß der Geist stärker war als der Körper, widerstandsfähiger. Daß er je sterben könnte, schien mir unmöglich. Doch in der jüdischen Schule, die ich besuchte, oder in der Synagoge wurde das Thema des Weiterlebens nach dem Tod kaum je erwähnt. Die Predigten des Rabbi konzentrierten sich mehr auf Politik und Ethik als auf spirituelle Wahrheiten. Im reformierten jüdischen Glauben, in dem ich erzogen wurde, gab es keine Vorbilder mit medialen Fähigkeiten, die Kindern wie mir hätten helfen können. Meine Erlebnisse schienen in keine Norm zu passen. Doch im Labor fand ich als junge Erwachsene endlich den sicheren Platz, an dem ich meine spirituellen Gedanken und Vorstellungen ausdrücken konnte, umgeben von Menschen, die so ähnlich dachten wie ich und mich verstanden.

Caroline, eine Heilerin, erzählte mir eine Geschichte, die mir sehr naheging. Während einer Operation hatte das Herz der Patientin aufgehört zu schlagen, und das EKG schlug nicht mehr aus. Sofort wurde ein Notsignal gegeben, und ein Team von Ärzten und Krankenschwestern eilte in den Operationssaal, um Wiederbelebungsversuche vorzunehmen. Die Patientin berichtete später, daß sie alles mitbekommen hatte, was mit ihr geschehen war, doch von einer anderen Position aus. Sie sagte, daß sie sich in einem Tunnel wiedergefunden hatte, einer langen, zylindrischen Form ohne Anfang und Ende, die mit goldenem Licht gefüllt war. Voller Freude begann sie, durch diesen Tunnel zu gehen, während das Geschehen im Operationssaal immer weiter hinter ihr zurückblieb. Die Intensität des Lichtes zog sie mit einer so liebevollen Sanftheit an, daß ihr nicht einmal der Gedanke kam, ihm zu widerstehen. Sie fühlte eine allumfassende Ruhe und hatte nicht den geringsten Wunsch zurückzukehren. Doch plötzlich, in einer einzigen schnellen Bewegung, wurde sie von diesem Ort weggerissen und auf den Operationstisch zurückgezogen. Ihr Leben war gerettet worden. Der Tunnel war verschwunden.

Ihr Arzt behauptete, sie hätte halluziniert – das Resultat einer vorübergehenden Sauerstoffknappheit im Gehirn. Er versicherte ihr außerdem, daß sie keine irreparablen Schäden davongetragen hatte. Doch die Frau wußte, daß er sich irrte; ihre Erfahrung war zu wirklich gewesen, als daß es sich um eine Halluzination hätte handeln können. Caroline stimmte dem zu. Sie hatte bereits mit vielen Leuten gesprochen, die ihr sehr detaillierte Berichte über ihre jeweiligen Nahtoderlebnisse gegeben hatten und oft die gleichen Erfahrungen gemacht hatten.

Als ich dies hörte, war ich wie vor den Kopf geschlagen. Den Tunnel, in dem ich mich während des Autounfalls wiedergefunden hatte, gab es also tatsächlich. Obwohl Jim meinen Gedanken gegenüber aufgeschlossen gewesen war, wußte er nicht so recht, was er mit dem Tunnel anfangen sollte. Ich konnte es nicht erwarten, Caroline meine Geschichte zu erzählen. Sie stimmte so sehr mit den Beschreibungen ihrer Klientin überein, daß ich einfach mit jeder Einzelheit herausplatzte. Ich hatte das Gefühl, soeben eine Sünde gebeichtet und Absolution erfahren zu haben. Caroline lachte und versicherte mir, daß ich nichts Falsches getan hatte. Sie sagte, obwohl kleine Unterschiede in unseren Eindrücken bestünden, hätten ihre Klientin und ich uns am gleichen Platz befunden. Sie meinte, daß ich dem Tod näher gewesen war, als mir bewußt war. Der Tunnel hatte mich gerettet, indem er eine perfekte Zuflucht geboten hatte.

Ich war erstaunt über die Ähnlichkeit unseres Erlebnisses und die Tatsache, daß auch andere Menschen in lebensbedrohlichen Situationen sich in dem Tunnel wiedergefunden hatten. Die Idee einer Brücke zwischen Leben und Tod, einer Geographie des Geistes, der sich zwischen den Welten bewegt, hatte mich schon immer fasziniert. Und der Tunnel schien eine zweiseitige Passage zu sein: Selbst wenn das physische Leben beendet war, schien es in manchen Fällen dem Geist möglich zu sein, in den Körper zurückzukehren.

Ich war sicher, auf ein großes Geheimnis gestoßen zu sein: Indem ich dem Tod begegnet war und ihn überlebt hatte, hatte ich einen Blick in die andere Welt geworfen. Ich fühlte mich jetzt wie ein Pionier, der die greifbare Verbindung zwischen Leben und Tod aus eigener Erfahrung bezeugen konnte. Diese Bestätigung meiner persönlichen Erlebnisse erfüllte mich mit Selbstvertrauen und brachte mich meinem wahren Wesen und der Person, die ich wirklich war, näher. Und schließlich bestätigte die Feststellung, daß ich ein Nahtoderlebnis gehabt hatte, etwas, das ich schon immer vermutet hatte: Der Tod war nicht das Ende, sondern einfach ein Übergang in eine andere Seinsform. Ein Kreis war vollendet. Ich begann, das Leben von einer großzügigeren Warte aus zu betrachten. Ich sah, daß Menschen mit Talenten gesegnet waren, die ich nie für möglich gehalten hätte. Mediale Begabung gehörte dazu. Ich war nicht länger bereit, mich selbst zu begrenzen oder die Ansicht anderer Menschen in bezug auf meine Fähigkeiten zu übernehmen. Der Himmel hat keine Decke. Er ist grenzenlos. Und so ist der Geist in uns. Er braucht Raum, um ohne Einschränkung oder Begrenzung fliegen zu können.

Kapitel 3

Der Verlust der Unschuld

*Du kannst nicht immer bekommen, was
Du willst. Doch Du bekommst, was Du brauchst.*

THE ROLLING STONES

Ich befinde mich auf einem riesigen, leeren Platz und lausche auf eine anonyme Stimme, die mir Instruktionen erteilt. Sie sagt mir, daß ich Medizin studieren und Psychiaterin werden soll. Aufgrund der damit verbundenen Ausbildung habe ich dann die Glaubwürdigkeit, um meine mediale Arbeit erfolgreich fortzusetzen. Ich fühle mich wie ein Geheimagent, dem soeben ein besonderer Auftrag gegeben wurde. Wie kann ich ihn ablehnen? Die Worte klingen so richtig. Nicht eine Sekunde lang kommt mir der Gedanke, sie in Frage zu stellen.

Ich wachte im Morgengrauen auf und erinnerte mich an alle Einzelheiten dieses rätselhaften Traumes. Obwohl ich seine Botschaft ohne weiteres angenommen hatte, erschien sie mir jetzt sinnlos. Mein Kopf drehte sich. Irgend etwas stimmte nicht. Ich, eine Psychiaterin? Unglaublich. Ich war einfach nicht der Typ dazu. Man hätte mir genausogut sagen können, daß man mich gleich mit einer Kanone in eine andere Galaxie schießen würde. Ich fühlte mich wie das Opfer eines schlechten Witzes, so als ob jeden Moment jemand hinter dem Vorhang hervorkommen und in lautes Lachen ausbrechen würde.

Als Tochter von zwei Ärzten wäre es logisch erschienen, wenn auch ich hätte Ärztin werden wollen, doch hatte ich nie das geringste Interesse daran gezeigt.

Meine Eltern hatten mich während meiner Schulzeit zu einer Psychotherapeutin in Beverly Hills geschickt, um herauszufinden, welcher Beruf für mich am geeignetsten sei. Sie gab mir einen Stoß von Tests mit Fragen, von denen eine sinnloser als die andere war: Gärtnern Sie gerne? Kommen Sie gut mit anderen Menschen aus? Arbeiten Sie am liebsten mit Ihren Händen?

Ich nahm die Fragebögen mit nach Hause und bemühte mich acht Stunden lang, sie richtig zu beantworten. Nachdem die Psychologin sie überprüft hatte, schauten wir uns das Ergebnis an. »Wozu immer Sie sich entscheiden werden«, riet sie mir, »gehen Sie nicht in die Medizin, Psychologie oder sonstige helfende Berufe. Ihre Begabung für diese Bereiche ist auf keinen Fall ausreichend. Sie werden glücklicher und erfüllter sein, wenn Sie eine Karriere als Künstlerin anstreben.«

Ich war nicht überrascht. Zu jenem Zeitpunkt in meinem Leben erschien mir der Gedanke, mit Krankheit zu tun zu haben oder mir ständig die Probleme anderer Leute anzuhören, alles andere als verlockend. Ich hatte genug eigene Probleme. Zudem waren nicht nur meine Eltern, sondern auch fast alle ihre Freunde Mediziner, und ich hatte mein Leben lang mit ihnen zu tun gehabt. Sie hatten mich nie wirklich interessiert; ich hatte wenig mit ihnen gemein. Meine Freunde waren Künstler; je exzentrischer und verrückter, desto besser. Auch ich wollte Künstlerin werden, wenn ich auch nicht genau wußte, in welcher Kunst.

Doch während ich an jenem Morgen im Bett lag, ließ mich der Traum nicht los. Ich konnte nicht mehr einschlafen, also zog ich meinen grünen Lieblingspullover an und ein paar alte Jeans und ging in ein Café am Strand. Außer einer Kellnerin, die die Theke saubermachte, war niemand da. Ich setzte mich an einen Tisch in der Ecke. Während ich den Joggern und Obdachlosen nachschaute, ließ ich den Traum noch einmal Revue passieren. Ich hatte im Labor genug gelernt, um solch eine klare Mitteilung nicht zu ignorieren, obwohl sie mir wirklich weit hergeholt schien.

Die Jukebox spielte alte Schlager aus den Fünfzigern, und ich saß stundenlang an meinem Tisch, trank starken Kaffee und dachte nach. Selbst wenn ich wollte, würde ich in der Lage sein, den Anweisungen meines Traumes zu folgen? Ich war mir nicht sicher. Schließlich, nach langem Überlegen, schloß ich ein Abkommen mit mir selbst, mit dem ich leben konnte: Ich würde mich im Santa Monica Junior College einschreiben, eine Klasse besuchen und schauen, wie es mir gefiel. Mehr konnte ich nicht versprechen. Ich war seit fast drei Jahren nicht mehr in der Schule gewesen, und obwohl ich immer mit einem Minimum an Arbeit gute Noten nach Hause gebracht hatte, vermißte ich die Schule nicht. Doch wie absurd mein neuer Plan auch klingen mochte, ich war fest entschlossen, es zu versuchen.

Das Herbstsemester, das Mitte September begann, stand vor der Tür. Ich war spät dran mit der Einschreibung, und die meisten Klassen waren bereits voll. Mir blieb nur noch ein Kurs in Meteorologie. Ohne das geringste Interesse daran schrieb ich mich dennoch ein, in der sicheren Annahme, daß mein Experiment zum Scheitern verurteilt war.

Welch eine totale Überraschung wartete auf mich! Ich stellte schnell fest, daß mich die Schönheit der Entstehung von Regen, Sturm und Wolken tief berührte. Das Wetter war eine faszinierende Angelegenheit! Irgend etwas in meinem Inneren reagierte, und in dieser ungewöhnlichen Umgebung entdeckte ich, daß Schule und Lernen eigentlich gar nicht so unangenehm waren. Und so begann meine Laufbahn.

Neun Monate nach der ersten Meteorologieklasse, als ich eines Nachmittags auf dem Wohnzimmerteppich saß und eine Abschlußarbeit schrieb, erkannte ich plötzlich schlagartig die Richtigkeit meines Traums. Ich hatte gar nicht darüber nachgedacht, doch das Gefühl war eindeutig. Ich wußte mit absoluter Sicherheit, daß mein Traum richtig gewesen war. In diesem Augenblick traf ich die klare Entscheidung, mit dem Medizinstudium zu beginnen. Ich griff nach dem Telefon.

»Mutter, ich muß Dir etwas sagen. Ich möchte Medizin studieren.« Am anderen Ende der Leitung war es so lange still, daß ich dachte, wir seien unterbrochen worden. »Mutter, bis Du noch da?«

»Natürlich, Judith. Ich bin nur so überrascht. Deine Entscheidung kommt so plötzlich. Warum hast Du nie darüber gesprochen?«

Ich erzählte ihr von meinem Traum. Sie war solchen Dingen gegenüber toleranter geworden, seit ich mit Thelma zu arbeiten begonnen hatte. Nachdem ich geendet hatte, war es wieder sehr lange still.

»Also, was hältst Du davon?« fragte ich schließlich.

Meine Mutter schien ihre Worte vorsichtig zu wählen. »Ich bin sicher, daß Du eine wunderbare Ärztin sein könntest. Falls es das ist, was Du wirklich willst, stehe ich hundertprozentig hinter Dir. Doch das ist eine wichtige Entscheidung. Ich glaube nicht an Träume so wie Du, daher würde ich meine Berufswahl nicht nach einem Traum richten. Warum gibst Du Dir nicht noch ein wenig mehr Zeit zum Nachdenken? Vergiß nicht, Dir hat die Schule nie gefallen. Medizinstudium und Krankenhausarbeit sind eine langwierige Angelegenheit.«

Nachdem ich den Hörer aufgelegt hatte, überkamen mich ernsthafte Zweifel. Meine Mutter hatte sich extrem vorsichtig verhalten. Ich merkte zwar, daß sie nichts gegen meinen Wunsch hatte, Ärztin zu werden. Sie wäre entzückt, wenn ich etwas »Positives« aus meinem Leben machen würde und schätzte natürlich besonders die Aufgabe und den gesellschaftlichen Status des Medizinerberufes. Doch da sie meine Vergangenheit so gut kannte, machte sie sich echte Sorgen wegen mir. Vielleicht hatte sie recht. Medizin zu studieren war eine verrückte Idee. Warum sollte ich freiwillig mein angenehmes Leben aufgeben, um einen solch anstrengenden Beruf zu ergreifen? Doch schließlich und endlich machten alle ihre Einwände keinen Unterschied. Logik hatte nichts mit dem zu tun, wozu ich mich entschieden hatte.

Während der nächsten Monate bemerkte ich Probleme im Labor, die mir früher nicht aufgefallen waren. Als ich angefangen hatte, empfand ich eine gewisse Reinheit und Unschuld in den Zwecken unserer Forschungsprojekte. Doch im Laufe des letzten Jahres hatte sich das teilweise geändert. Durch die vermehrte Zusammenarbeit mit den Medien wurde unsere Arbeit langsam aber sicher »verunreinigt«. Filme über die Arbeit im Labor waren sensationslüstern aufgebauscht und stellten die Fakten falsch dar. TV-Shows waren dabei am schlimmsten, da sie das Paranormale mit offensichtlichem Unglauben betrachteten, viele falsche »Tatsachen« berichteten und unsere Arbeit lediglich als Anlaß benutzten, sensationshungrige Zuschauer anzulocken.

Vielleicht lag darin der Grund, daß ich dazu aufgefordert worden war, Medizin zu studieren. Übersinnliche Experimente wurden so leicht mißverstanden; es war nötig, sie zu legitimieren. Obwohl Thelmas Doktortitel hilfreich war, hatte er nicht genug Einfluß in einem medizinischen Zentrum wie dem Neuropsychiatrischen Institut, das in erster Linie von Ärzten und Forschern bevölkert war, die es unter ihrer Würde fanden, sich mit solchen Themen überhaupt zu beschäftigen. Für einige der besonders konservativen Mediziner war unser Labor eine Peinlichkeit für die gesamte Wissenschaft. Wenn sie die Macht dazu gehabt hätten, hätten sie sicher dafür gesorgt, daß unser Labor geschlossen wurde. Obwohl der Leiter, Dr. Jollyn West, in bezug auf Parapsychologie skeptisch war, stellte er Thelma das Labor zur Verfügung und verteidigte ihr Recht, Forschungen anzustellen. Doch da sie die Kosten für das Labor aus Spenden und ihrem eigenen Professoreneinkommen aufbringen mußte und auf freiwillige Helfer angewiesen war, war das Fortbestehen nie ganz gesichert.

Meine einzige Hoffnung, solch negative Einstellungen gegenüber dem Übersinnlichen beeinflussen zu können, bestand darin, Mitglied der Medizinergemeinschaft zu werden, wie unangenehm mir dieser Gedanke auch sein mochte. Wenn ich mich je hingesetzt und mir genau angeschaut hätte, worauf ich mich da einließ, hätte ich wahrscheinlich nie mit dem Medizinstudium begonnen. Doch glücklicherweise dachte ich nicht zu weit voraus. Ich ritt auf einer unsichtbaren Welle. Ich versuchte, loszulassen und zu vertrauen, daß sie mich ans richtige Ziel bringen würde.

Meine Arbeit mit Thelma hatte mir eine zuverlässige Grundlage in bezug auf übersinnliche Phänomene gegeben und eine Struktur, von der aus ich weiterwachsen und lernen konnte, doch ich war bereit, den nächsten Schritt zu tun. Ein letzter, entscheidender Faktor bei meinem Entschluß, die Arbeit im Labor aufzugeben, war, daß die Kirlian-Fotografie von Parapsychologen zunehmend abgelehnt wurde: Es gab immer mehr Hinweise darauf, daß der Korona-Effekt lediglich auf Feuchtigkeit zurückzuführen war. Obwohl Thelma dem nie zustimmte, nahm auch mein eigener Enthusiasmus ab. Ich wollte andere Methoden zur Bestätigung der Phänomene finden, von denen ich wußte, daß sie authentisch waren. Allmählich verbrachte ich immer weniger Zeit im Labor, doch um so mehr in der Schule. Sie erforderte meine ganze Aufmerksamkeit und kostete mich all meine Kraft und Konzentration. Mit einer Zielstrebigkeit, die ganz neu für mich war, kämpfte ich mich voran. Ich gönnte mir kaum eine Atempause. Die Jahre flogen vorbei – bis es Zeit wurde für die Zulassungsprüfung zum Medizinstudium.

Ich war nie gut, wenn es um Tests und Prüfungen ging, besonders, wenn meine Zukunft davon abhing. Der Druck war enorm. Ich mußte extrem gute Resultate erzielen, um zum Medizinstudium zugelassen zu werden. Zusammen mit tausend anderen angehenden Studenten verbrachte ich acht Stunden mit der anstrengendsten Prüfung, die ich je gemacht hatte. Als es endlich vorbei war, hatte ich jeden Glauben an mich selbst verloren. Am selben Abend, überzeugt, die Prüfung nicht bestanden zu haben, ging ich zu meiner alten Grundschule und setzte mich auf die Treppe.

Ich war allein. Die Beine ans Kinn gezogen, schaukelte ich vor und zurück und wünschte, wieder ein Kind zu sein und diesen quälenden Tag zu vergessen. Ich schaute auf die andere Straßenseite auf das Haus, in dem ich als Kind gelebt hatte. Die Lichter waren an, und es sah warm und gemütlich aus. Am liebsten wäre ich hinübergerannt. Und als ich mich an den kleinen Gemüsegarten erinnerte, den ich mit meinem Vater gepflanzt hatte, brach ich in Tränen aus, die sich schon lange in mir angestaut hatten und die mich erleichterten. Auf den Stufen zusammengekauert, versunken in Erinnerungen und von ihnen genährt, wurde ich endlich ruhig. Als ich aufstand und nach Hause ging, hatte ich wieder neue Kräfte.

Meine Ängste stellten sich als überflüssig heraus. Ich wurde an der Hahnemann Medical School in Philadelphia aufgenommen, an der meine Eltern studiert hatten. Das war beinahe zuviel des Guten für sie. Ich hatte mein Leben von Grund auf geändert. Sie bezahlten nicht nur mein Studium und meine Lebenshaltungskosten, sondern boten mir auch emotionale Unterstützung. Also packte ich Ende August 1975 meinen Wagen, und mit meinem geliebten schwarzen Labrador machte ich mich auf den langen Weg nach Philadelphia.

Mein neues Zuhause war ein Einzimmer-Apartment in einem alten, restaurierten Stadthaus mit Art-Deco-Verzierungen. Es stand gleich neben dem Kunstmuseum, und auf der anderen Straßenseite befand sich ein zweistöckiges, katholisches Nonnenkloster. Von meinem

Fenster aus konnte ich den Garten des Klosters sehen, in dem eine strahlend weiße, lebensgroße Jesusfigur stand, die im Winter oft bis zur Hälfte vom Schnee begraben war. Ich stellte mir immer vor, daß sie mich beschützte.

Die ersten paar Monate des Medizinstudiums riefen großen Widerstand in mir hervor. Nichts in meinem neuen Leben war mir vertraut; ich fühlte mich, als sei ich von einem schwarzen Loch verschluckt worden. Meine Tage waren eingeteilt, bis zur letzten Minute verplant und viel härter als bei der vormedizinischen Ausbildung. Nur am frühen Morgen hatte ich ein paar Augenblicke für mich, wenn ich mit meinem Hund im Fairmount Park spazierenging und die Kanu-Teams auf dem Fluß an uns vorbeiruderten.

Während dieser Zeit hatte ich Angst, daß ein Teil von mir sterben würde. Je mehr ich versuchte, an meinen einst kristallklaren medialen Bildern festzuhalten, desto weiter schienen sie sich von mir zu entfernen. Im Labor hatte ich hart darum gekämpft, mich an sie zu erinnern und sie nie mehr zu vergessen; sie waren so was wie ein Rettungsring geworden. Doch die harte Disziplin des Medizinstudiums schien den Erfolg, den ich im Labor gehabt hatte, zunichte zu machen. Ich war in einer vertrackten Situation und so verwirrt, daß ich die unzähligen Fakten, die ich für das Studium lernen mußte, immer wieder vergaß. Und je mehr Angst mir das machte, desto schwieriger wurde die Situation. Dann versagte ich bei meinem ersten Biochemie-Test. Ich war ins Schwimmen gekommen und brauchte Hilfe.

Engel erscheinen in den unmöglichsten Verkleidungen. Daniel sah aus wie Orson Welles, und wenn er lachte, schüttelte es seinen ganzen Körper. Er war Laborassistent in meiner Anatomieklasse, wo er das Sezieren der Leichen überwachte. Kurz nach unserer ersten Begegnung wurden wir ein Paar. Wieder einmal war ein starker Mann in meinem Leben aufgetaucht, um eine Brücke zu bilden zwischen einer Phase meines Lebens und der nächsten. Daniel hatte einen ungewöhnlichen Sinn für Humor, und ich vertraute ihm mehr als der Philosophie des Medizinstudiums, in das wir beide vertieft waren.

Vom ersten Tag an haßte ich die Anatomie. Ich war wütend darüber, daß man uns nicht besser darauf vorbereitet hatte, den Körper eines Menschen aufzuschneiden. Man gab uns einfach ein Skalpell mit der Aufforderung, draufloszuschneiden. Es wurde kein Kommentar abgegeben in bezug auf die Ethik dieses Aktes oder auf die Gefühle, die wir dabei vielleicht hatten. Es war nicht so, daß Daniel mein Dilemma nicht verstand, doch er verhätschelte mich nicht und erlaubte mir auch nicht, in Selbstmitleid zu schwelgen. Eines Abends schloß er uns beide im Anatomielabor ein und ließ mich nicht gehen, bis ich ihm gestattete, mir die Grundregeln der Anatomie zu erklären. Ich tobte und beschwerte mich, doch als ich sah, daß alles nichts nützte, gab ich nach. Mit der Musik von Bruce Springsteen im Hintergrund lernte ich die Technik des Sezierens. Als Daniel endlich die Tür aufschloß, war es nach Mitternacht, und ein riesiges Hindernis war aus meinem Weg geräumt.

Es waren Daniels Energie und unerschütterlicher Glaube an mich, die mir durch das erste Jahr des Medizinstudiums halfen. Jeden Abend schauten wir uns die Notizen des Tages gemeinsam an. Dann prüfte er mich. Wenn ich keine Lust hatte und Entschuldigungen vorbrachte, entkräftete er sie jedesmal. Wenn ich das Gefühl hatte, mich selbst zu verlieren, gab er mir Bücher zu lesen, die mein Inneres lebendig hielten. Daniel machte mich mit den üppigen Verwicklungen von Gabriel Garcia Marquez' *Hundert Jahre Einsamkeit* vertraut und dem respektlosen Humor von Tom Robbins *Even Cowgirls get the Blues*, Bücher, die meine eigenen Träume und Vorstellungen inspirierten. Lesen wurde meine Verbindung zum Übersinnlichen, ein Brunnen, in den ich jede Nacht eintauchen konnte, bevor ich einschlief.

Daniel hatte keine Angst davor, daß ich mein Talent verlieren könnte. Er war viel mehr als ich davon überzeugt, daß es die vier Jahre des Medizinstudiums und noch einmal vier Jahre Krankenhaustätigkeit ohne weiteres überstehen würde. Er glaubte, daß meine Fähigkeiten eine eigene Integrität besaßen und es letzten Endes keine Rolle spielte, wann ich sie benutzen würde. Wenn die Zeit gekommen war, so sagte er, würden sie zu meiner Verfügung stehen. Wie er zu dieser Ansicht kam, wußte ich nicht. Doch wegen meines tiefen Respekts vor seiner Meinung entschied ich mich, ihm zu glauben.

Als ich nach zwei Jahren in Philadelphia zurück an die Universität von Los Angeles ging, um mein Studium zu beenden, bemühte ich mich, Daniels Worte nicht zu vergessen, doch wurde dies immer schwieriger. Ich stürzte mich in mein Studium und lebte und atmete das Rationale, Lineare, Beweisbare. Es gab keinen Raum für etwas anderes.

Ich erinnere mich, wie ich mich eines Abends nach einem besonders anstrengenden Tag nach Hause schleppte. Begierig nach frischer Luft nahm ich meinen Hund und ging mit ihm in einen kleinen Park am Strand von Santa Monica. Und genau da hatte über Nacht ein Zirkus seine Zelte aufgeschlagen. Es sah wunderschön aus. Im blassen Mondlicht erschien plötzlich ein hochgewachsener Mann in blauem Glitzeranzug und führte vier Elefanten an den Rand des Wassers. Nachdem er eine wellenartige Bewegung mit seiner Hand gemacht hatte, lief ein Elefant nach dem anderen über den Sand, und ihr wildes, freudiges Trompeten klang für mich wie die reine Glückseligkeit. Ich war sprachlos und beneidete diese herrlichen Geschöpfe. Eine Welle von Traurigkeit überfiel mich. Ich stellte fest, daß meine intuitive Stimme kaum mehr zu hören war; die süße Freiheit, die ich während der Zeit im Labor empfunden hatte, war beinahe ganz verschwunden.

Im dritten und vierten Jahr meines Studiums hatte ich jede Nacht Bereitschaftsdienst im Landeskrankenhaus der Universität von Los Angeles, einem massiven, dreizehnstöckigen Monolith, der über den Slums im Osten aufragte. Dort schlief ich in einem Etagenbett in einem Raum mit mindestens vier anderen Ärzten. Unsere Summer ertönten pausenlos; ich schätzte mich glücklich, wenn ich ein oder zwei Stunden schlafen konnte. Und wenn ich schlief, war es ein schwerer Schlaf, aus dem ich nie erfrischt aufwachte.

Eines Nachts, auf dem Höhepunkt dieser ständigen Erschöpfung, ging ich mit einem Freund in ein Rod-Stewart-Konzert in Inglewood. In der vorangegangenen Nacht hatte ich Bereitschaftsdienst gehabt und überhaupt nicht geschlafen. Doch war es so schwer gewesen, Karten für dieses Konzert zu bekommen, daß ich sie nicht verfallen lassen wollte. Umgeben von 40000 schreienden und tobenden Fans, die im Rhythmus zu den lauten Songs klatschten, legte ich meinen Kopf kurz auf die Schulter meines Begleiters. Und schlief sofort ein.

Gegen Ende meines Medizinstudiums machte ich ein psychiatrisches Praktikum auf Station 4A, einer geschlossenen Abteilung, in der die am schwersten gestörten Patienten untergebracht waren. Sie alle hatten entweder versucht, Selbstmord zu begehen, oder andere gefährdet. Sie waren in der Regel psychotisch und konnten nicht alleine gelassen werden. Eines späten Abends, als ich auf dem Flur gegenüber dem Raum stand, in dem die Patienten Fernsehen schauten, und eine Zigarette rauchte, hörte ich, wie eine Frau schrie. Es war ein so durchdringender Schrei, daß er mir ins Rückenmark fuhr und mich erzittern ließ. Vier Pfleger in weißen Kitteln und ein Polizist mit Knüppel und Pistole in der Hand rollten eine Patientin auf einer Bahre in unsere Abteilung. Als sie näher kamen, sah ich, daß sie eine hübsche junge Frau war, ziemlich dünn, vielleicht zwanzig Jahre alt, die um ihr Leben kämpfte.

Die doppelte Eingangstür von 4A knallte zu. Sie brüllte und schrie. Obwohl ihre Arme und Beine mit harten Lederriemen niedergehalten wurden, die festgezurrt und verriegelt waren, wand und krümmte sie sich noch immer mit aller Kraft, ihr Rücken durchgebogen wie der einer Wildkatze. Mit all ihrer gemeinsamen Kraft konnten die fünf Männer sie kaum niederhalten. Ich hatte schon mehrmals gesehen, wie psychotische Patienten schließlich überwältigt worden waren, doch es fiel mir schwer, den gequälten Ausdruck im Gesicht dieser Frau zu ertragen.

Plötzlich knallte die Bahre gegen die Wand. Die vier Pfleger verloren für einen Augenblick die Balance, und ich befürchtete, daß die Bahre im nächsten Moment umkippen würde. Die Patienten im Aufenthaltsraum schauten dem Geschehen mit weit aufgerissenen Augen zu. Niemand sagte ein Wort. Ich trat einen Schritt zurück gegen die Wand. Ich bot ihnen nicht meine Hilfe an – die Situation sah zu gefährlich aus.

Dann kam ein junger Arzt, der hier ebenfalls sein Praktikum absolvierte und nicht älter als dreiundzwanzig sein konnte, den Flur entlanggerannt und schrie: »Bringt mir fünf Milligramm Haldol!« Janet, die Oberschwester, füllte sofort eine Spritze mit einer leuchtend rosa Flüssigkeit und schnippte mit dem Zeigefinger dagegen, um eventuelle Luftblasen aufzulösen. Vollkommen ruhig und beherrscht gab sie dem aufgeregten Arzt die Spritze. Janet arbeitete bereits seit mehr als zwanzig Jahren auf dieser Station, und offensichtlich konnten Notfälle dieser Art sie nicht länger aus der Fassung bringen. Vorsichtig kam ich näher.

»Was um alles in der Welt ist los mit dieser Patientin?« fragte ich Janet.

»Sie ist psychotisch. Sie glaubt, daß sie die Zukunft vorhersagen kann.«

Ich schluckte.

»Sie heißt Rae«, fuhr Janet fort. »Sie ist schizophren und wird des öfteren hier eingeliefert. Wir alle kennen sie.«

Die Gedanken in meinem Kopf liefen Amok. Psychotisch? Sie konnte die Zukunft vorhersagen? Warum verband Janet das eine mit dem anderen? Der Arzt gab Rae die Spritze in ihren Po, und Rae stöhnte leise. Ein paar Minuten später lag sie bewegungslos auf der Bahre, die inzwischen in den Isolationsraum geschoben worden war. Mit der einsetzenden Wirkung des Haldol – einem starken antipsychotischen Mittel – ließ ihr Schlagen und Kämpfen nach. Die Pfleger legten sie von der metallenen Bahre in ein schmales Bett und banden sie mit den Lederriemen fest, die an den vier Ecken des Bettes befestigt waren. Sie lag auf dem Rücken, ihre Arme und Beine so weit ausgestreckt, wie es möglich war.

Nachdem die Situation sich »normalisiert« hatte, warf ich durch das kleine rechteckige Fenster im Isolationsraum einen Blick auf Rae. Mittlerweile hatte das Haldol seine volle Wirkung erreicht, und sie lag schnarchend unter ihrer Decke. Der dämmrige Raum erinnerte mich an eine Gefängniszelle. Da leuchtende Farben und helles Licht einen Menschen in ihrem Zustand übermäßig stimulieren würden, waren alle vier Wände in demselben schmuddeligen Grün angestrichen, wie man es in den Toiletten heruntergekommener U-Bahnstationen finden kann. Man hoffte, mit dieser Farbe einen beruhigenden Effekt auf die Patienten zu erzielen.

Der junge Arzt, der Rae die Spritze verabreicht hatte, sah erschöpft aus. Er kam auf mich zu und verkündete: »Rae ist Ihre Patientin. Ich möchte, daß Sie sich um sie kümmern.«

Widerstrebend sagte ich zu. Ich hatte keine Wahl: Jedem Medizinstudenten auf der Station wurde eine bestimmte Anzahl von Patienten zugeteilt, und die Reihe war an mir.

Es war meine Entscheidung gewesen, auf Station 4A zu arbeiten, der härtesten psychiatrischen Abteilung im Landeskrankenhaus von Los Angeles. Entschlossen, Psychiaterin zu werden, war ich sicher, damit umgehen zu können. Doch Raes Fall entsetzte mich. Ich konnte mich ohne weiteres mit ihr identifizieren. Sie behauptete, medial zu sein, und war in einer Zwangsjacke gelandet. Mir hätte schon längst dasselbe passieren können. Wieso war ich nicht diejenige, die festgebunden im Isolationsraum lag, vollgepumpt mit Medikamenten? Rae war jung, hübsch und hatte ihr ganzes Leben noch vor sich. Worin unterschied ich mich von ihr? Ich mußte es herausfinden.

Am nächsten Morgen besuchte ich Rae. Die Schwestern hatten mir berichtet, daß sie während der Nacht noch zwei weitere Haldol-Injektionen bekommen hatte. Gekleidet in meinen weißen Arztkittel, ihr Krankenblatt unter meinem Arm und indem ich so tat, als wüßte ich, was ich zu tun hatte, betrat ich Raes Zimmer. »Ich bin Dr. Orloff. Ich werde Sie von jetzt ab besuchen kommen, um mit Ihnen zu reden.«

Rae grinste mich an und schien einverstanden zu sein. Sie war kooperativ, um nicht zu sagen freundlich. Dennoch hielt ich mich während unseres ersten Gesprächs in der Nähe der Tür auf. Ich wollte ihr nicht zu nahe sein, falls sie auf einmal um sich schlagen sollte: Hat ein Patient plötzlich einen psychotischen Anfall und macht dabei einen Satz nach vorne, so kann das beängstigend sein, selbst wenn er angeschnallt ist.

Während der nächsten Wochen lernte ich Rae immer besser kennen, doch sprach sie über ihre Vorahnungen mit einer wilden Intensität, die mich erschreckte. Sie hielt an ihnen fest mit dem Fanatismus eines Propheten, der mit weit aufgerissenen Augen das Wort Gottes verkündet. Rae hörte Stimmen. Sie gaben ihr Botschaften. Sie hörte auf sie. Meistens war das Gesagte falsch, doch nicht immer. Ihre Mutter, eine zuverlässige Quelle, sagte mir, daß Raes Voraussagen manchmal tatsächlich eintrafen. So hatte sie zum Beispiel kürzlich den Tod ihres Hundes vorausgesehen, doch niemand hörte auf sie. Am nächsten Tag wurde er von einem Auto überfahren. Doch gingen derlei zutreffende Voraussagen in dem endlosen Schwall ihrer psychotischen Äußerungen unter.

Der Lehrplan des Medizinstudiums konzentrierte sich hauptsächlich auf die biologischen Aspekte der Psychiatrie. Das hieß, daß viele sogenannte Geisteskrankheiten – Schizophrenie, Angstzustände, Manie und schwere Depression – als biochemische Störungen verstanden wurden, die mit entsprechenden Medikamenten (Haldol, Valium, Lithium oder Antidepressiva) behandelt werden konnten. Jeden Morgen nahm ich auf Station 4A an einer einstündigen Vorlesung in Psychopathologie teil, die den Zweck hatte, uns Medizinstudenten die Diagnose und Behandlung psychiatrischer Patienten beizubringen. Während dieser Vorträge wurde ich mit einer Sichtweise bombardiert, die mediale Veranlagung mit Psychose gleichsetzte. Zum Beispiel lernte ich, daß Raes Bestehen auf ihren Voraussagen ein »Symptom von Schizophrenie« ist, einer schweren geistigen »Krankheit«. Falls Rae regelmäßig das Haldol nimmt, so sagten unsere Lehrer, würden ihre Vorhersagen verschwinden. Und das war das Ziel. Ich war sprachlos!

Der Oberarzt auf unserer Station war ein freundlicher Mann Anfang sechzig, der seit Beendigung seines Studiums als Psychiater im Landeskrankenhaus tätig war. Im Laufe der Jahre hatte er alle möglichen Patienten erlebt, und ich vertraute seiner Erfahrung. Eines Morgens fragte ich ihn, ob er meinte, daß Rae medial veranlagt sei. Nein, erwiderte er, das konnte er sich nicht vorstellen. Wie die meisten Ärzte, so glaubte auch er nicht an die Möglichkeit übersinnlicher Fähigkeiten. Meine Sorge empfand er als sonderbar, doch da er wußte, daß ich gerade erst mit meinem psychiatrischen

Praktikum begonnen hatte, ließ er Nachsicht walten. Er versicherte mir, daß Raes zutreffende Voraussage über den Tod ihres Hundes reiner Zufall gewesen sei.

Ich sagte Rae nicht, daß auch ich medial veranlagt war, und erzählte ihr nichts von meiner Zeit in Thelmas Labor. Statt dessen zog ich mich zurück, wurde zusehends distanzierter und begann, mir Fragen zu stellen. Ich kam zu der Erkenntnis, daß ich ihr nicht helfen könnte, wenn ich zu ihrem Wahn beitrug. Ich würde alles nur noch schlimmer für sie machen, also sagte ich nichts. Ich fühlte mich verwirrt und voller Widersprüche. Ich war mir nicht sicher, ob ein wichtiger Teil von Raes Wesen von uns zerstört wurde oder ob sie das Opfer einer schrecklichen Krankheit war. Was mich schließlich überzeugte, war Raes dramatische Veränderung unter dem Einfluß von Haldol. Vernünftig und ruhig, wurde sie nicht mehr von ihren Vorahnungen heimgesucht, und offensichlich vermißte sie sie auch nicht. Es erinnerte mich an die Erleichterung, die ich empfand, wenn ich als Teenager Drogen nahm, um meine übersinnlichen Fähigkeiten zum Schweigen zu bringen. Sie beunruhigten mich so sehr, daß ich froh war, wenn sie verschwunden waren. Obwohl Rae nie darüber sprach, hatte sie vielleicht ähnliche Gefühle. Jedenfalls sah sie nach der Behandlung viel besser aus als vorher. Zwei Wochen nach ihrer Einlieferung konnte sie nach Hause entlassen werden.

Durch meine Arbeit im Labor hatte ich die Tatsache akzeptieren gelernt, daß übersinnliche Fähigkeiten real waren. Doch plötzlich hatten sich neue Fragen ergeben. War es gefährlich, diese Fähigkeiten auszuleben? Worin bestand das Risiko? Das Labor war ein isolierter, sicherer Platz gewesen. In Barrys Gruppe gingen wir unbekümmert mit unseren medialen Talenten um, beinahe so, als wären sie ein spielerischer Zeitvertreib. Doch jetzt, als angehende Ärztin, hatte ich meine Zweifel an der praktischen Anwendbarkeit unserer Forschungen.

Ich hatte eine Handvoll medialer Personen in Thelmas Labor getroffen, die fest in der Realität verankert waren. Vielleicht waren sie die Ausnahme. Jetzt befand ich mich in der normalen Welt. Und während meiner medizinischen Ausbildung sollte ich bald noch wesentlich mehr Menschen kennenlernen, deren Realitätssinn schwer gestört war.

Wie zum Beispiel Rae. Vielleicht war sie tatsächlich eine begabte Seherin, doch was half es ihr? Sie war psychotisch. Der Preis, den sie für ihre Vorahnungen zahlte, war viel zu hoch. Ich bekam das Gefühl, daß es weder verantwortungsbewußt noch angebracht war, Menschen in dieser Hinsicht zu ermutigen. Selbst wenn sie geistig gesund waren, konnte die Erforschung dieses Aspektes ihrer Persönlichkeit sie vielleicht in Verwirrung stürzen. Die Gefahren schienen mir plötzlich viel zu groß. Was ich zuvor als kostbar und wichtig betrachtet hatte, war jetzt von dem Horror überschattet, dessen Zeuge ich täglich wurde.

Als ich einige Zeit später als Psychiaterin im Krankenhaus der Universität von Los Angeles arbeitete, hatte ich zwei Jahre lang jede dritte Nacht Dienst in der Notaufnahme. Diese Tätigkeit ließ nicht viel Raum zum Philosophieren. An den wenigen Tagen, an denen ich keinen Dienst hatte, war ich zu Hause und schlief. Im Grunde genommen stand ich ständig unter Adrenalin. Während meines Nachtdienstes sah ich viele Psychotiker wie Rae. Die geschlossenen Abteilungen der Psychiatrie waren voll von ihnen. Und der Ablauf war immer der gleiche. Die Polizei lieferte sie ein, festgeschnallt auf einer Bahre. Dann beauftragte ich die Krankenschwestern, ihnen Haldol zu verabreichen, woraufhin die Patienten sich langsam beruhigten. Bald verlor ich den Überblick über die Folgen meiner Handlungen; es ging nur noch um Wirtschaftlichkeit. Verführt von der schnellen Wirksamkeit konventioneller Medizin und überwältigt von dem Horror, den ich gesehen hatte, gewöhnte ich mir an, übersinnliche Fähigkeiten als Zeichen einer psychologischen Funktionsstörung zu betrachten.

Mir gefiel es, Ärztin zu sein. Es erdete mich und gab mir das Gefühl, Kontrolle über mein Leben zu haben. Ich hatte kaum mehr mediale Erlebnisse, und seit dem Beginn meines Medizinstudiums hatte ich mir nur sehr wenige meiner Träume ins Gedächtnis zurückrufen können. Der Strom von Bildern, der mich erfüllt hatte, war fast vollständig versiegt. Sie waren eine weit zurückliegende Erinnerung, und so unglaublich das klingen mag, ich machte mir nicht viele Gedanken darüber. Ich war erschöpft und überflutet von ständig neuen Eindrücken. Mein Leben lief auf der Überholspur; jeder Augenblick war ausgefüllt. Meine mediale Veranlagung wurde in den Hintergrund gedrängt. Ich hatte weder die Zeit noch die Unterstützung von anderen, um diesen Aspekt meines Wesens auszuleben. Er war durch meine neue Identität als Ärztin ersetzt worden.

Ständig kamen neue Notfälle herein, und ich gewöhnte mir an, im Laufen zu denken. Während meiner Zeit im Krankenhaus passierte so viel so schnell, daß ich eine Bunker-Mentalität entwickelte. Die übrigen Ärzte und ich hätten uns ebensogut im Krieg befinden können, so sehr hielten wir zusammen.

Eines Samstags nachts, als ich in der Notaufnahme des Brentwood Veteran Center Dienst hatte, kam ein Vietnamveteran herein. Einen Meter neunzig groß, mit glattrasiertem Kopf und übersät mit Tätowierungen, hielt er einen Strick mit einer Schlinge unter dem Arm. Ich war entsetzt. Der Mann sagte, er wolle sterben, da ihn seine Freundin verlassen hatte. Während er mir voll in die Augen sah, drohte er an, sich vor meinen Augen zu erhängen, falls ich ihn nicht noch diese Nacht in die psychiatrische Station aufnehmen würde. Also gut, dachte ich, jemand, der so weit geht, um ins Krankenhaus zu kommen, muß ernst genommen werden. Ich reservierte sofort ein Bett für ihn.

Einige Wochen später hatte ich im selben Krankenhaus eine Sitzung mit einem schizophrenen, nicht stationären Patienten, den ich mit enormen Dosen von Thorazin behandelte. Sein Spitzname war Jackknife, und wie üblich hatte er Kopfhörer auf den Ohren, um damit die Stimmen in seinem Kopf zum Schweigen zu bringen. Er trug ein weißes T-Shirt und hatte eine Kette mit einem silbernen Kreuz um den Hals. An diesem Nachmittag versetzte ihn irgend etwas in Zorn. Ohne Warnung machte er einen Satz nach vorne und hielt seine rechte Faust genau vor mein Gesicht. Auch wenn er nicht viel größer war als ich, so war er doch gut trainiert und wesentlich stärker. Glücklicherweise funktionieren meine Instinkte besonders gut, wenn ich mich in Gefahr sehe: Ich rannte aus dem Zimmer. Wir befanden uns im Erdgeschoß, und mit Jackknife mir auf den Fersen floh ich an einer Zimmerpalme vorbei in den Aufnahmebereich. Dann kamen ein paar Wärter angerannt und überwältigten ihn, während ich zitternd ein paar Meter entfernt stand. Fluchend und Rache schwörend wurde er in die geschlossene Abteilung gebracht und dort zweiundsiebzig Stunden lang in eine Beobachtungszelle gesperrt, da er eine »Gefahr für andere« darstellte.

Die Stationen und die geschlossene Abteilung, in der ich Dienst hatte, waren praktisch Kriegszonen. Wir konnten uns nicht den Luxus gönnen, behutsam die komplizierten Schichten der Seele eines Menschen aufzudecken. Zeit war kostbar. Wir hatten dafür zu sorgen, daß es den Patienten besser ging, und zwar schnell. Ständige gefährliche Situationen zwangen mich dazu, schnelle und einfache Antworten zu finden. Und da boten sich Drogen wie Lithium und Antidepressiva an. Mehr und mehr gefiel mir die Idee einer schnellen Besserung, besonders dann, wenn jemand große Schmerzen hatte. Es fiel mir schwer zu sehen, wie Menschen litten; es hatte einfach keinen Sinn. Mit den mir zur Verfügung stehenden Medikamenten hatte ich das Mittel, sofortige Veränderungen zu erzielen.

In der Klinik für Psychische Störungen, in der ich mein letztes Praktikumsjahr verbrachte, lernte ich einen manisch-depressiven Patienten namens Arnie kennen, der aussah wie ein Fernsehstar. Er war uns direkt aus dem Landesgefängnis von Los Angeles geschickt worden, wo er die Nacht in einer Ausnüchterungszelle verbracht hatte. Laut Polizeibericht war Arnie splitternackt in den Brunnen vor dem Century Plaza Hotel gesprungen. Er hatte je eine Flasche Champagner und Schaumbad bei sich, die er beide in den Brunnen entleerte. Sofort bildeten sich Unmengen von Schaumblasen, und schnell war der ganze Platz vor dem Hotel damit bedeckt. Der Portier forderte Arnie auf, sofort den Hotelbereich zu verlassen, und als er sich weigerte, rief der Manager die Polizei.

Arnie war nicht freiwillig in die Klinik gekommen. Seine Frau, die wußte, daß wir auf die Behandlung von Depressionen und schweren Gefühlsschwankungen spezialisiert waren, hatte ihn gegen Kaution aus dem Gefängnis geholt und zu uns gebracht. Sie war verzweifelt und wollte, daß ihm geholfen wurde. Als ich Arnie das erste Mal traf, trug er einen zerknitterten Anzug und rauchte wütend eine Zigarette. Er lief in meinem Büro auf und ab und redete so schnell, daß ich kein Wort einwerfen konnte. Ohne Atempause ereiferte er sich über irgendwelche Aktien und ein Finanzprojekt, das ihm Millionen bringen würde. Er erinnerte mich an eine Aufziehpuppe, die man nicht abstellen konnte. Sein Verhalten war typisch manisch-depressiv; er hatte großartige Ideen, und nichts war dahinter.

Ich setzte Arnie sofort auf Lithium. Wie viele manisch-depressive Patienten auf dem Höhepunkt ihres Zustandes wollte er keine Medizin nehmen. Doch seine

Frau drohte, ihn in eine Heilanstalt einweisen zu lassen, wenn er die Lithium-Behandlung nicht akzeptierte. Unter diesem Zwang nahm Arnie seine Lithium-Kapseln zwei Wochen lang dreimal täglich. Als ich ihn das nächste Mal sah, hatte das Medikament bereits seine Wirkung erzielt, und er war ein vollkommen anderer Mensch: ruhig, vernünftig, charmant. Da unsere Klinik weder psychotherapeutische Behandlung noch Familienberatung anbot, sah ich Arnie nur noch einmal im Monat für ungefähr fünfzehn Minuten, um ihm ein neues Lithium-Rezept auszuschreiben. Es ging ihm wesentlich besser, und er war in der Lage, wieder seiner Arbeit als Anlageberater in einer renommierten Firma in Los Angeles nachzugehen.

Viele Male wurde ich Zeuge, wie eine medikamentöse Behandlung ein Leben positiv veränderte. Menschen, die jahrelang furchtbar gelitten hatten, waren plötzlich in der Lage, Jobs anzunehmen und zu behalten, zwischenmenschliche Beziehungen einzugehen, und produktiv zu werden. Medikamente zu verschreiben und zu sehen, wie Patienten wieder lebensfähig wurden, gab mir ein Gefühl von Macht. Es gefiel mir, so viel Verantwortung zu haben. Vorher war mir die Psychiatrie oft vage und ungenau erschienen; es gab so viele Therapieformen, daß man oft nicht wußte, wofür man sich entscheiden sollte. Doch jetzt, mit Hilfe dieser Medikamente, schien die Lösung für psychologische Störungen einfach zu sein. Anstatt zu erkennen, daß diese Medikamente nur in bestimmten Situationen angebracht sind, übertrieb ich es und war davon überzeugt, daß ich die beste Antwort für die Probleme gefunden hatte, mit denen ich täglich konfrontiert war.

Ich war dem Irrglauben verfallen, eine kosmische Wahrheit gefunden zu haben, die allen anderen überlegen war. Warum sollte ein Mensch Zeit und Geld verschwenden, wenn er durch eine Pille geheilt werden konnte? Mit der unerschütterlichen Überzeugung des

Konvertierten und unterstützt von der vorherrschenden Einstellung innerhalb der Klinik begann ich, anmaßend zu werden. Ich betrachtete meine Patienten als die »Kranken« und glaubte, meine Aufgabe sei es, sie schnell »gesund« zu machen. Und oft gelang mir das auch. Doch während ich mehr und mehr der Verführung psychiatrischen »Wissens« und der Position, die mein Job mit sich brachte, unterlag, bemerkte ich, daß ich dabei war, einen kostbaren Teil meiner selbst zu verlieren.

Meine beste Freundin Kathleen lebte alleine auf Mount Baldy in der Nähe von Los Angeles. Früher hatte ich sie oft mit meinem Hund in ihrem kleinen Holzhaus besucht, das am Rand eines bewaldeten Abhangs stand. Zwanzig Meter weiter unten befand sich ein niedriges Flußbett, das nach den Winterregen so stark anschwoll, daß es wie ein ständiges Donnern unter ihrem Wohnzimmer klang. Mit dicken Wolljacken und Handschuhen ausgerüstet, machten wir in den frühen Morgenstunden oft ausgedehnte Spaziergänge am Ufer des Flusses entlang und suchten nach außergewöhnlichen Steinen.

Vor meinem Medizinstudium hatte ich genug Zeit für solche Spaziergänge. Kathleen und ich folgten dem Lauf des Flusses, und oft sprachen wir kaum ein Wort. Wir betrachteten die Steine unter unseren Füßen und kehrten immer mit einigen besonders schönen Exemplaren heim. Doch seit ich meinen Doktor gemacht hatte, sahen alle Steine gleich aus für mich, und ich konnte kaum noch Unterschiede feststellen. Das lag nicht daran, daß sich meine Sehfähigkeit verschlechtert hatte, sondern mir fielen die subtilen Unterschiede zwischen den Steinen einfach nicht mehr auf. Schließlich mußte ich mich auf Kathleens Augen verlassen. Wenn wir nach Hause kamen und unsere Schätze auf dem Küchentisch bewunderten, erwähnte keiner von uns die Veränderung meiner Sehfähigkeit. Doch in meinem Herzen wußte ich, daß ein Teil von mir blind geworden war.

Meine spirituellen und medialen Fähigkeiten, die durch meine Arbeit in den Hintergrund gedrängt worden waren, wurden in jener Zeit nur durch Ereignisse, die mit Tod zu tun hatten, wiederbelebt. Während meines Praktikums – hauptsächlich in der Allgemeinmedizin, mit einer dreimonatigen Rotation in der Psychiatrie – hatte ich unter anderem Dienst in der Hospizstation des Wadsworth Hospitals in Westwood. Dies war eine getrennte Abteilung, in der unheilbar kranke Patienten – viele von ihnen ohne Angehörige – untergebracht waren. Eine meiner Hauptaufgaben, teilte man mir mit, bestand darin, Patienten nach ihrem Ableben für tot zu erklären. Niemand hätte mich gebührend auf diese Aufgabe vorbereiten können, und ich werde nie meine erste Nacht auf dieser Station vergessen.

Ich befand mich in einem winzigen Raum, einer gekachelten Kabine in der dritten Etage des Krankenhauses, wo ich den frühen Abend mit der Lektüre eines Science-fiction-Romans verbrachte. Ich hoffte, mich in den Seiten des Buches verlieren oder vielleicht sogar ein wenig einnicken zu können, während ich mich gleichzeitig gegen den Schock des Summers zu schützen versuchte, der jeden Moment ertönen konnte. Ich betete, daß es ruhig bleiben und die Krankenschwester mich nicht brauchen würde. Doch umsonst. Um zwei Uhr morgens klingelte das Telefon. Im Dunkeln tastete ich nach dem Hörer. Die diensthabende Schwester sprach in einem gelangweilten Ton: »Dr. Orloff, Bill ist soeben gestorben. Würden Sie bitte herunterkommen, um den Totenschein zu unterschreiben?« Ihre Stimme war so unpersönlich, als hätte sie mir gerade mitgeteilt, daß meine Parkuhr abgelaufen war.

Das Blut wich mir aus Händen und Füßen. Ich setzte mich auf und rieb meine Handflächen aneinander, um ein wenig Wärme zu erzeugen. Ich hatte nicht damit gerechnet, so schnell mit dem Tod konfrontiert zu werden, und hatte mich immer bemüht, nicht daran zu denken. Außerdem kannte ich Bill; er war ein pensionierter Busfahrer Ende Siebzig mit metastasierendem Lungenkrebs. Ich zwang mich dazu, aufzustehen, zog mir frische Socken an, wusch mein Gesicht mit kaltem Wasser und bürstete mir kurz durch die Haare.

In der Nacht war das Krankenhaus ein unheimlicher Ort. Die langen Flure lagen verlassen, doch waren sie erfüllt von der geistigen Gegenwart der Menschen, die hier gestorben waren. Bekleidet mit einem grünen Arztkittel und meinen alten Tennisschuhen eilte ich die Flure entlang zum Hospiz, im Ohr das laute Quietschen meiner Gummisohlen auf dem Linoleumboden und das Geräusch des Stethoskops, das gegen meine Brust schlug.

Die Nachtschwester nahm gerade einen Schluck aus einer Dose Coca-Cola, und als sie mich sah, reichte sie mir Bills Krankenakte und führte mich zu seinem Bett. Ein alter, karierter Mantel, den er stolz getragen hatte, wann immer seine Tochter ihn besuchen kam, lag auf dem Stuhl in der Ecke. Bills Körper war von einem frischgewaschenen, gestärkten weißen Bettuch bedeckt, unter dem ich seine abgemagerte Form erkennen konnte. Um ehrlich zu sein, das letzte, was ich tun wollte, war, ihn aufzudecken. Doch konnte ich nicht einfach so dastehen. Schließlich griff ich nach dem Tuch und zog es zurück. Sein Gesicht! Ich starrte es an. Abgesehen von den Leichen, die wir im Anatomie-Unterricht seziert hatten, hatte ich nie einen toten Menschen gesehen. Bill sah steif und glatt aus, wie eine Wachsfigur. Langsam streckte ich meine Hand aus und berührte seine Wange. Sie war noch warm.

Was hatte ich als nächstes zu tun? Mein Kopf war leer. Wie konnte man feststellen, daß jemand wirklich tot war? Ich wußte, daß es bestimmte Zeichen dafür gab, doch was, wenn ich mich irrte?

Ich mußte irgend etwas tun, also fühlte ich mit meinem Zeigefinger Bills Puls. Nichts. Doch vielleicht war sein Puls nur zu schwach, um ihn spüren zu können. Unsicher schaute ich zur Nachtschwester hinüber in der Hoffnung, sie könnte mir helfen, doch sie plauderte angeregt ins Telefon. Ich tastete nach meiner Taschenlampe und leuchtete sie in Bills Augen. Seine Pupillen waren erweitert und unbeweglich. Welche Erleichterung, denn das hieß, daß er wirklich tot war. Dennoch fuhr ich mit dem vorgeschriebenen Protokoll fort. Ich stach vorsichtig eine Nadel in die Sohle seines Fußes, um festzustellen, ob er reagieren würde. Nichts. Dann setzte ich mich auf einen Stuhl neben seinem Bett und wartete. Ich mußte mich sammeln. Außerdem wollte ich vermeiden, daß die Krankenschwester sah, wie erschüttert ich war und daß ich Zeit brauchte, um alles zu verarbeiten.

Ich hatte mir immer vorgestellt, daß Menschen nach ihrem Tod genauso aussehen würden wie vorher, nur friedlicher. Teilweise stimmte das auch, doch gab es einen Faktor, mit dem ich nicht gerechnet hatte. Oberflächlich betrachtet, hatten sich Bills Gesichtszüge nicht verändert, doch ich erkannte deutlich, daß nur noch sein Körper vor mir lag, plastisch und hohl, nicht mehr als eine Hülle. Es gab jedoch noch etwas anderes, daß ich nicht übersehen konnte, selbst wenn ich das gern getan hätte: Ich spürte die Gegenwart von Bills Seele, die beobachtete, was in dem Raum geschah. Hätte sie mir auf die Schulter geklopft, so hätte mich das nicht überrascht. Im Gegenteil, sie fühlte sich so wirklich an wie die Krankenschwester, die noch immer telefonierte. Und dann wurde mir noch ein anderes Gefühl bewußt. Während die Minuten vergingen, wurde mir immer klarer, daß Bills Leiden vorbei war: Was verblieb, konnte ich nur als Liebe beschreiben. Da war die unverkennbare Präsenz einer menschlichen Seele in ihrer reinsten Form. Vom Körper befreit, hatte sie den Tod überlebt. Ich war von Ehrfurcht erfüllt.

Die Arbeit im Hospiz war immer schwierig; an manchen Nächten wurde ich zwei- bis dreimal gerufen.

Doch jedesmal, wenn ich einen Tod bezeugen mußte, war ich zutiefst berührt. Ich fing an, nach diesen Situationen Ausschau zu halten und den Moment zu erwarten, wenn der Geist den Körper verläßt. Während meiner Zeit auf dieser Station hatte ich das Privileg, mehrere Male dem Moment des Todes eines Patienten beizuwohnen. Jedes Mal gab es einen Augenblick unbeschreiblicher Stille, wenn der Tod eintrat. Es war nicht so, daß die normalen Krankenhausaktivitäten aufhörten oder daß die Pfleger und Schwestern, die auf dem Gang vorbeieilten, leiser waren. Diese Stille war etwas, das alle Geräusche übertönte und jede Pore meines Wesens durchdrang, so als wäre sie ein Teil meiner selbst. Das Gefühl war weder unheimlich noch kalt; es war warm, beruhigend, liebevoll und von strahlendem Frieden erfüllt.

Ich hatte den Eindruck, daß eine alchimistische Reaktion stattfand: Der Körper starb, die Stille breitete sich in ihm aus und gab ihm Würde, und nach ein paar Sekunden oder auch Minuten war seine Essenz in reine Liebe verwandelt. Ich hatte jedesmal das Gefühl, an der Schwelle eines großen Mysteriums zu stehen, an dem Punkt, an dem das Leben, wie wir es kennen, vollendet ist und der Geist in Erscheinung tritt. Die Nächte im Hospiz stärkten meine Überzeugung, daß zwar der Körper stirbt, doch die Seele weiterlebt.

Den anderen Ärzten erzählte ich nichts von meinen Beobachtungen. In der Annahme, daß sie mich nicht verstehen würden, wollte ich meine Position innerhalb unserer engen Gruppe nicht gefährden. Ich hatte Angst, als Außenseiterin abgestempelt zu werden, als sonderbar und nicht vertrauenswürdig. Mehr als alles andere wollte ich ernst genommen werden. Man hatte uns auf der Universität die Physiologie und den Ablauf des Todes vom medizinischen Standpunkt aus erklärt; geistige Theorien wurden nie zur Diskussion gestellt. Sie waren eine Angelegenheit für Rabbiner, Priester und sonstige

Prediger. Wir hatten alle Hände voll zu tun, die mannigfachen Aufgaben des Tages zu erledigen, Infusionen anzulegen, Blut abzuzapfen und unsere Visiten zu machen, bevor wir nach Hause gehen konnten, um ein paar Stunden zu schlafen. Aus welchem Grund auch immer, wir alle vermieden es, jemals unsere Gedanken über das Thema Tod zum Ausdruck zu bringen. Und weil ich dazugehören wollte, versuchte ich, den schrecklichen Konflikt zu unterdrücken, den ich empfand, weil ich mich nicht offen zu dem bekennen konnte, was ich als wahr erfahren hatte. Doch welche Beherrschung auch immer es mich kosten würde, ich wollte nicht diejenige sein, die ein solches Tabuthema auf den Tisch brachte.

Jedoch gaben mir meine Gedanken und Gefühle über den Tod einen gewissen Trost; sie stellten die Verbindung zum medialen Teil meines Wesens wieder her. Und was mein geistiges Leben betraf, bekräftigten diese Gedanken und Gefühle meine Verbindung mit einer mitleidvollen, transzendenten Intelligenz, die jeden Aspekt des physischen Lebens durchdringt ... und weit darüber hinausgeht. Für den Moment hatte ich beschlossen, mit niemandem über diesen Aspekt meines Wesens zu sprechen, doch das hieß nicht, daß er nicht mehr existierte. Nach wie vor lebendig, hatte sich meine Spiritualität an einen geheimen Platz zurückgezogen, wo niemand ihr etwas anhaben konnte.

Kapitel 4
Den Geist heilen

Die beste Methode, durch Denken ein logisches, kohärentes System zu finden, ist die der Intuition.

ALBERT EINSTEIN

Der Blick vom achtzehnten Stockwerk des Century City Arztzentrums war spektakulär. In der Ferne konnte ich den Sonnenuntergang über einem tiefblauen Streifen Ozean am Horizont sehen, eingerahmt von den Bergen im Norden. Ich war zweiunddreißig Jahre alt und hatte das Gefühl, es zu etwas gebracht zu haben.

Ich hatte meine eigene Psychotherapie-Praxis in einer der angesehensten Gegenden der Stadt eröffnet: Vier Straßen südlich lagen die berühmten Fox-Filmstudios, die Büros der ABC-Fernsehstation waren nur fünf Minuten entfernt und direkt gegenüber befanden sich zwei Wolkenkratzer, identische, dreieckige Metall- und Glasobelisken mit der dichtesten Konzentration von Büros erfolgreicher Rechtsanwälte in ganz Los Angeles.

Mit der finanziellen Unterstützung meiner Eltern hatte ich eine elegante Penthouse-Suite in einem der besten Arztzentren gemietet, und alles sollte nur vom Feinsten sein. Meine Mutter engagierte einen Experten, der die besten Stoffe, Teppiche und Farben auswählte und die Praxis in optimaler Farbzusammenstellung dekorierte. An der Wand neben meinem Schreibtisch hingen meine eingerahmten Zertifikate vom College, der Universität und meiner Tätigkeit als Psychiaterin im Krankenhaus: der Beweis, daß ich jetzt eine »ausgewachsene« Ärztin war. Die Bühne war vorbereitet. Die äußeren Requisiten waren perfekt.

Doch die Eröffnung einer Privatpraxis war ein riskantes Unternehmen. Beverly Hills war bereits übersät mit Therapeuten: Ganze Bürogebäude waren voll von ihnen, und es gab in Beverly Hills, Century City und dem Westen von Los Angeles wahrscheinlich pro Quadratmeter mehr Psychiater als irgendwo anders in den USA, ausgenommen Manhattan. Außerdem war es eine Tatsache, daß ich mich noch nie gut hatte verkaufen können. Und bei einer derartig großen Konkurrenz war die Chance, daß meine Praxis erfolgreich sein würde, gering. Doch versuchte ich, so gut ich konnte, ein professionelles Image in die Welt zu projizieren.

Ohne aufs Geld zu achten, kaufte mir meine Mutter eine komplette neue Garderobe und ein neues Auto. Mit meinem Krankenhausgehalt hätte ich mir das niemals leisten können. Jeden Morgen zog ich ein zweiteiliges Schneiderkostüm, eine frischgebügelte Leinen- oder Seidenbluse und Ferragamo-Pumps mit hohen Absätzen an und fuhr mit meinem Mercedes zur Arbeit.

Indem sie mich bei dem Einstieg in ihre Welt unterstützten, eröffneten meine Eltern mir all deren Vorteile. Medizin war eine Sprache, die sie verstanden, und jetzt hatten wir eine gemeinsame Grundlage. Wenn ich mit ihnen über Patienten oder Kollegen sprach, die wir beide kannten, konnten sie das nachvollziehen. Unsere Beziehung wurde vertrauter. Sie waren stolz auf mich, und ich war stolz auf mich selbst.

Doch hatte ich diesen Beruf nicht nur ergriffen, um meinen Eltern eine Freude zu machen. Ich liebte meine Position und die Verantwortung, die der Arztberuf mit sich brachte, den Respekt der Krankenschwestern und Pfleger, die Möglichkeit, Menschen zu helfen. Ich erhielt enorm viel positive Bestätigung sowohl von meinen Kollegen als auch von meinen Patienten. Dennoch, in stillen Momenten wußte ich, daß etwas fehlte. Ich hatte einen Teil meiner selbst, wenn auch ungewollt, zurückgelassen. Um dem wahnwitzigen Streß meines Medizinstudiums und des Krankenhauspraktikums standhalten zu können, war eine Art schützender Amnesie über mich gekommen. Vergleichbar mit dem Zustand des Schocks, wobei der Körper unter großer Belastung Gefühl und Erinnerungsvermögen vorübergehend ausschaltet, hatten meine medialen Erlebnisse aufgehört, und ich hatte weder die Kraft noch den Wunsch, nach ihnen zu suchen. Obwohl ich wußte, was fehlte, hielt ich es für das Einfachste, nicht zurückzuschauen. Ich lernte, mehr zu denken als zu fühlen, und schließlich wurde dies zur Gewohnheit, als ich meinen Verlust akzeptierte und mich ganz auf die Gegenwart konzentrierte. Doch der Preis war hoch: eine unbestimmte Melancholie, ein Gefühl, daß etwas Wichtiges fehlte, nagende Leere – und alles überdeckt von dem nie nachlassenden Druck und den Anforderungen meiner Praxis.

Zudem waren mittlerweile zwölf Jahre seit meiner Arbeit in Thelmas Labor vergangen. Damals war ich noch ein Teenager gewesen, mit Teilzeitjobs, oft finanziell abhängig von meinen Eltern und ohne zu wissen, was ich mit meinem Leben anfangen wollte. Das wußte ich jetzt. Durch mein Medizinstudium war ich mit der wissenschaftlichen Denkweise indoktriniert worden. Verglichen mit der Härte konventioneller Psychiatrie erschienen mir die Forschungsarbeiten, die ich in Thelmas Labor erledigt hatte, irgendwie vage und nicht so fordernd, wie es mir mittlerweile ein Bedürfnis geworden war. Ich hatte gelernt zu schätzen, was systematisch bewiesen werden konnte, und kümmerte mich wenig um andere Dinge.

Ich hatte vor, eine klassische psychiatrische Praxis zu führen. Ich würde tagsüber Patienten in meiner Praxis empfangen und abends in die Krankenhäuser gehen, eine typische Routine für viele Psychiater. Da ich sieben Tage in der Woche vierundzwanzig Stunden lang erreichbar sein mußte, würde sich mein Leben um meine Arbeit drehen. Ich verschrieb mich dem System, das ich gelernt hatte, stimmte Symptome mit Behandlungsmethoden ab und benutzte Medikamente und Psychotherapie als meine hauptsächlichen Instrumente.

Trotz einer deutlichen Betonung der chemikalischen Komponente bei Geisteskrankheiten hatten wir an der Universität von Los Angeles auch Lehrer – Ärzte aus der Umgebung –, die uns in Psychotherapie unterrichteten. In meinem Fall handelte es sich dabei um klassische Psychoanalytiker der Freudschen Schule. Für sie war es wichtig, ihre Patienten mit Mitgefühl und Geduld zu behandeln, doch sich selbst so wenig wie möglich einzubringen. Das Ziel bestand darin, eine leere Leinwand zu sein, auf die die Patienten ihr eigenes Verhalten projizieren konnten. Die zugrundeliegende Theorie besagt, daß Therapeuten besser in der Lage sind zu helfen, wenn sie sich von persönlicher Interaktion fernhalten. Daher sprachen viele Psychoanalytiker während einer Sitzung so gut wie nie, abgesehen von gelegentlichen Interpretationen, sondern nahmen hauptsächlich Notizen auf, wobei sie oftmals so saßen, daß der Patient sie nicht sehen konnte. Zudem achteten Psychoanalytiker in der Regel darauf, sich konservativ und unauffällig zu kleiden, um damit ihre neutrale Professionalität zu betonen.

Unter diesen Voraussetzungen ist es kaum verwunderlich, daß ich bei der Suche nach meinem eigenen Behandlungsstil Angst hatte, den psychotherapeutischen Prozeß zu entweihen. Entschlossen, eine kühle, therapeutische Distanz beizubehalten, gab ich niemals irgendwelche persönlichen Informationen preis. Steif und verkrampft, zeigte ich wenig Emotionen und achtete darauf, daß die Grenzen zwischen Arzt und Patient nicht überschritten wurden.

Daneben hatte ich das Rollenvorbild meiner Eltern, an das ich mich halten konnte, wobei mein Vater als Radiologe wenig direkten Kontakt mit Patienten hatte. Meine Mutter pflegte zwar gesellschaftlichen Umgang mit ihren

Patienten und fuhr sogar mit ihnen in den Urlaub, ohne daß dies ihre ärztliche Autorität jemals in Frage stellte. Allerdings war in ihrem Beruf als praktische Ärztin die Einhaltung emotionaler Objektivität und Neutralität, wie sie von einem Psychotherapeuten gefordert wurde, nicht von so entscheidender Bedeutung.

Meine erste Patientin, Cindy, war eine junge Maskenbildnerin, die durch einen schmerzhaften Scheidungsprozeß ging. Sie arbeitete in einem gutgehenden Schönheitssalon in Beverly Hills. Die Besitzerin, eine sehr erfolgreiche Geschäftsfrau und enge Freundin meiner Eltern, hatte mich ihr empfohlen. Das führte dazu, daß ich mich unter starkem Druck fühlte. Ich wollte, daß Cindy mich mochte und Vertrauen zu mir hatte, und ich wollte meinen Eltern zeigen, daß ich eine gute Therapeutin war. Ich sah unserer ersten Sitzung mit der ängstlichen Erwartung eines jungen Mädchens entgegen, das auf sein erstes Rendezvous wartet.

Als Cindy meine Praxis betrat, sah ich zu meiner Erleichterung, daß sie noch mehr Angst hatte als ich. Mitte Zwanzig, klein und rothaarig, war sie über das unschöne Ende ihrer Ehe so verzweifelt und untröstlich, daß sie während der ganzen Stunde weinte und dabei mehrere Päckchen Taschentücher verbrauchte. Ich war noch einmal davongekommen und hatte kaum etwas sagen müssen: Alles, was sie brauchte, war jemand, der ihr mitfühlend zuhörte. Die fünfzig Minuten vergingen wie im Fluge. Bevor sie ging, dankte Cindy mir überschwenglich, und auf ihren Wunsch hin einigten wir uns auf regelmäßige wöchentliche Sitzungen.

Der Salon, in dem Cindy arbeitete, war der gleiche, in dem ich einmal im Monat meine Beine enthaaren ließ. Ich nahm an, daß wir uns in dem riesigen Laden, in dem es zuging wie in einem Bienenkorb, kaum über den Weg laufen würden, doch ich versicherte ihr, daß unsere Beziehung auf jeden Fall vertraulich bleiben würde. Sie schien kein Problem damit zu haben, doch kämpfte ich mit meinen eigenen Bedenken. Cindy war meine erste Patientin, und ich wollte sie nicht verlieren.

Eines Nachmittags, als ich in einem abgelegenen Raum des Schönheitssalons meine Beine gewachst bekam, klopfte jemand an die Tür. Ich hörte eine vertraute Stimme, und die Tür öffnete sich. Es war Cindy, die nach einer Kundin suchte und nicht wußte, daß ich mich in dem Raum befand. Wir schauten uns an, und ich merkte, wie ich rot wurde. Hier lag ich auf einem lederbezogenen Massagetisch, die Beine weit gespreizt und mit heißem, gelbem Wachs überzogen, nur mit meiner Unterwäsche bekleidet. Auch Cindy war die Situation peinlich. Irritiert entschuldigte sie sich und verließ schnell den Raum.

Ich fühlte mich gedemütigt und war sicher, daß es im Hinblick auf die psychoanalytischen Richtlinien unmöglich geworden war, meine professionelle Beziehung zu Cindy aufrechtzuerhalten. Doch mußte ich erkennen, daß Cindy sich mir näher fühlte, nachdem sie mich als verletzbar erlebt hatte, und unsere Therapiesitzungen waren schnell von Erfolg gekrönt. Dies war eine Reaktion, die ich nie erwartet hätte. Bald betrachtete ich das »Enthaarungs-Erlebnis« als einen Aufruf, eine Botschaft, die mir sagte: »Entspann Dich. Es ist okay, ein normaler Mensch zu sein.«

Jedenfalls war es so, daß die Wand zwischen meinen Patienten und mir – so sehr ich mich auch darum bemühte, Abstand zu wahren – immer zusammenbrach. Ich begegnete meinen Patienten, wo immer ich mich befand: beim Joggen am Strand, in der Schlange vor der Kinokasse, sogar auf den Parties von Freunden. Da wir alle in der gleichen Gegend wohnten, war es nur natürlich, daß sich unsere Wege kreuzten. Und obwohl mich diese zufälligen Begegnungen oft irritierten, war es die Unbefangenheit meiner Patienten, die es mir im Laufe der Zeit ermöglichte, mich zu entspannen und einfach ich selbst zu sein. Ich hatte versucht, eine Rolle zu spielen, doch die kleinen Begebenheiten des Lebens lehrten mich schnell etwas ganz anderes; sie zeigten mir den Unterschied zwischen Theorien und der vielschichtigen Realität des menschlichen Lebens.

Im ersten Jahr meiner Praxis begann ich mit der psychotherapeutischen Behandlung von Eve, einer neunzigjährigen Witwe, die sich große Sorgen um ihre krebskranke Tochter machte. Einige Monate später, als ihre Tochter im Krankenhaus starb, rief Eve mich an und bat mich, ins Krankenhaus zu kommen und ihr beizustehen. Als ich den langen Flur hinunterging, konnte ich Eves lautes Klagen und Schluchzen hören: Sie machte solch einen Aufruhr, daß die Krankenschwestern sich um sie sorgten. Nicht wissend, was mich erwarten würde, gab ich mir einen Ruck und betrat das Zimmer.

Der Anblick dieser zerbrechlichen, grauhaarigen Frau, die weinend und stöhnend im Zimmer auf und ab ging, erschreckte mich. Ich befürchtete, sie würde zusammenbrechen oder ihr Herz könnte versagen. Ich wußte nicht, was ich sagen oder wie ich sie trösten sollte. Ich stand einfach da und versuchte, Ruhe zu bewahren und nicht zu zeigen, wie hilflos ich mich fühlte.

Doch falls Eve es bemerkt haben sollte, reagierte sie jedenfalls nicht darauf. Von Schmerz und Trauer überwältigt, lief sie auf mich zu und klammerte sich mit ihren dünnen Armen an meinen Schultern fest. Sie schluchzte herzzerreißend. Ihre kleine Brust hob und senkte sich gegen meine und verkrampfte sich bei jedem Atemzug. Alles ging so schnell, daß sich mein Körper versteifte: Ich war solch unkontrollierte Ausbrüche nicht gewöhnt. Sämtliche Sicherungen brannten bei mir durch; einen kurzen Moment lang wurde alles schwarz vor meinen Augen. Ich fühlte mich bedroht durch Eves Intensität, überwältigt von ihrer Not. Ich hatte das impulsive Bedürfnis, mich von ihr loszureißen und aus dem Raum zu rennen, ohne mich noch einmal umzublicken. Ich war der Ansicht, daß es Patienten nicht gestattet war, ihre Therapeuten zu berühren, ganz zu schweigen davon, sich auf ihren Schoß zu setzen, wie Eve es gerade tat. Für so etwas war die Familie zuständig. Doch jetzt, da ihre Tochter gestorben war, hatte Eve keine Familie mehr. Ich war die einzige Beziehung, die ihr geblieben war.

Auf der Suche nach der Wärme, die nur körperliche Zuwendung geben kann, klammerte sich Eve wie ein verzweifeltes Kind an mich. Ein paarmal versuchte ich, unsere Position zu verändern, ihren Griff zu lockern, doch Eve hatte nicht die leiseste Absicht, mich loszulassen. Also saß ich da, auf dem ungemachten Krankenhausbett, und wiegte Eve in meinen Armen, während ihre tote Tochter weniger als einen halben Meter entfernt auf einer Bahre lag. Als ich endlich einsah, daß es kein Entrinnen gab, gab ich den Versuch auf, mich als Psychiaterin »angemessen« zu verhalten, und entspannte mich. Ich empfand keinen Druck mehr, sondern eine tiefe Zärtlichkeit für Eve, die meine künstliche Vorstellung von Professionalität zuvor nicht zugelassen hatte. Ohne Rückhalt war ich in der Lage, ihr einfach von Frau zu Frau Fürsorge und Mitgefühl zu geben. Sie hätte meine eigene Großmutter sein können, so groß war die Liebe, die ich für sie empfand.

Mehr als eine Stunde lang hielt ich Eve so in meinen Armen. Wir sprachen kaum; ich ließ sie einfach weinen. Nachdem ihre Tränen langsam versiegt waren, gingen wir Arm in Arm in die Cafeteria, bestellten einen Kaffee und redeten miteinander. Doch war dies keine Therapiesitzung, sondern vielmehr ein Austausch von Geschichten über ihre Tochter, eine Stunde der Erinnerung. Ich hatte ihre Tochter von Familiensitzungen her gekannt, die wir drei im Krankenhaus gehabt hatten, nachdem sie so krank geworden war. Und jetzt, umgeben von essenden und trinkenden Menschen und eingehüllt in Zigarettenrauch, ließen wir die Erinnerung an sie aufleben und ehrten sie damit. Dies widersprach allem, was ich während meines Medizinstudiums über den Ablauf von Therapiesitzungen und in bezug auf den Umgang mit Patienten gelernt hatte. Doch war es nötig gewesen, und ich wußte, ich hatte das Richtige getan. Etwas Wesentliches war geschehen. Eve hatte ihren Schmerz frei ausdrücken dürfen, und ich hatte gelernt, wie wichtig es ist, liebevoll und authentisch zu sein.

Bald bemerkte ich, daß ich in meiner Praxis Patienten anzog, die auf Intimität bestanden. Sie wollten nicht, daß ich still dasaß und mit dem Kopf nickte, während sie ununterbrochen redeten. Es war ihnen nicht genug, daß ich nur fragte: »Was fühlen Sie?« und mir dann Notizen machte. Sie bestanden darauf, daß ich mich gefühlsmäßig engagierte und ihnen meine Meinung mitteilte. Meinen Patienten war es außerdem wichtig, daß ich mehr von mir zeigte, und wenn ich dies tat, ergab sich immer eine Verbindung zwischen uns, ein energetisches Zusammenspiel, das zu Veränderungen führte. Ich folgte der Führung meiner Patienten und lernte von ihnen. Ein distanzierter Stil mag für andere Therapeuten richtig sein, doch ich fand bald heraus, daß er für mich nicht geeignet war.

Sechs Monate lang spielte ich die Rolle des klassischen Therapeuten. Freunde und Bekannte, die als Ärzte tätig waren, empfahlen mich im Bedarfsfall ihren Patienten. Es dauerte nicht lange, und ich war beinahe jeden Tag ausgebucht. Ich genoß die Intensität meiner Arbeit, den hektischen Zeitplan und den Adrenalinstoß, wenn ich mitten in der Nacht in die Notaufnahme gerufen wurde, um einen selbstmordgefährdeten Patienten zu beruhigen. Jeder Tag hielt neue Herausforderungen für mich bereit, das Privileg, Menschen dabei zu helfen, sich zu ändern und ihr Leben besser zu gestalten. Ich begann, Selbstvertrauen zu entwickeln, und war sicher, meinen Platz in der Gesellschaft gefunden zu haben.

Und dann traf ich Christine. Wie ich im Prolog bereits erzählt habe, war es die Begegnung mit ihr – als ich meine Vorahnung bezüglich ihres bevorstehenden Selbstmordversuches ignorierte –, die meine geordnete Welt ins Wanken brachte. Zum ersten Mal erkannte ich, daß ich von meinem ursprünglichen Ziel, um dessentwillen ich überhaupt mit dem Medizinstudium begonnen hatte, abgekommen war. Anstatt daran zu arbeiten, die parallel bestehenden Welten des Übersinnlichen und des Wissenschaftlichen miteinander zu verbinden, war ich so skeptisch geworden – selbst meinen eigenen Fähigkeiten gegenüber – wie meine Kollegen.

Doch das lange Wachen an Christines Bett ermöglichte mir, diese Gefühle wieder zuzulassen und mich darauf einzustimmen, das Übersinnliche in meine Praxis zu integrieren. Nie mehr würde ich das Risiko eingehen, einen meiner Patienten so zu gefährden, wie ich es bei Christine getan hatte. Doch obwohl mir dies ohne jeden Zweifel klar war, wußte ich noch nicht, was mein nächster Schritt sein würde.

Hin und wieder besuchte ich das Neuropsychiatrische Institut; es tat mir gut, die vertrauten Flure, Zimmer und unser Labor wiederzusehen. Eines Nachmittags, kurz nachdem Christine aus ihrem Koma erwacht war, traf ich dort zufällig Scott, der an einem Forschungsauftrag mitarbeitete. Er war ein konventionell ausgebildeter Kinderpsychiater, doch er war auch offen gegenüber unorthodoxen Heilungsmöglichkeiten und der einzige Mensch im Krankenhaus der Universität von Los Angeles, bei dem ich mich sicher genug fühlte, um mit ihm über meine Erfahrungen mit Christine zu diskutieren. Der Zeitpunkt unserer Begegnung war perfekt. Während wir in der Cafeteria einen Tee tranken, erzählte ich ihm, was passiert war.

Nachdem ich geendet hatte, sagte er begeistert: »Da gibt es jemanden, den Du unbedingt kennenlernen mußt: Brugh Joy. Brugh war ein erfolgreicher Internist in Beverly Hills. Als er eines Tages schwer an der Bauchspeicheldrüse erkrankte, erklärten ihn seine Ärzte für unheilbar. Doch unglaublicherweise, durch einen Prozeß von Meditation und Selbstheilung, verschwand die Krankheit. Das inspirierte Brugh dazu, seine Praxis aufzugeben und Workshops für mediale und spirituelle Entwicklung zu leiten. Warum nimmst Du nicht an einem seiner Seminare teil? Es kann Dir vielleicht helfen zu verstehen, was tatsächlich bei Dir und Christine passiert ist.«

Es war ein gewaltiger Schritt für mich, auch nur den Gedanken zuzulassen, an einem von Brughs Workshops teilzunehmen. Sie dauerten zwei Wochen, an einem versteckten Platz irgendwo am Rand der Wüste, zwei Stunden Autofahrt von Los Angeles entfernt. Während dieser Zeit würde es keinerlei Kommunikation mit der Außenwelt geben. Falls ich teilnehmen sollte, wäre es das erste Mal seit der Eröffnung meiner Praxis vor neun Monaten, daß ich meine Patienten vorübergehend der Fürsorge eines anderen Psychiaters überlassen mußte.

Abgesehen von solchen Überlegungen ging meine Vorsicht jedoch noch tiefer. Nach meinen Vorahnungen in bezug auf Christine wußte ich nicht, was ich als nächstes tun sollte. Ich wollte mich öffnen, doch hatte ich auch Angst davor. Meine medizinische Ausbildung hatte mich so weit vom Bereich des Übersinnlichen entfernt, daß die Vorstellung, diesen Aspekt meines Lebens noch einmal genauer zu betrachten, gefährlich erschien. Ich hatte Angst davor, den ersten Schritt zu tun und befürchtete, alles zu gefährden, wofür ich so hart gearbeitet hatte. Um alles in der Welt wollte ich an der Identität festhalten, die ich mir zurechtgelegt hatte: als klassisch ausgebildete Ärztin. Die widersprüchlichen Stimmen in meinem Kopf ließen sich jedoch nicht abstellen. Das Problem war, daß ich mein Dilemma schon so lange als eine Frage von Alles-oder-Nichts betrachtet hatte. Jedes Szenario, das ich mir ausmalte, war das gleiche: Die übersinnliche und die medizinische Welt würden sich nie verbinden lassen.

Ich machte mich selbst verrückt. Irgend etwas mußte geschehen. Schließlich folgte ich Scotts Rat, und drei Wochen nach unserem Gespräch rief ich in Brugh Joys Büro an und meldete mich für einen Workshop Anfang September an. Damit hatte ich einen Monat Zeit, über meine Entscheidung nachzudenken, und tatsächlich änderte ich meine Meinung viele Male. Doch jedes Mal, wenn ich den Hörer aufnahm, um meine Anmeldung rückgängig zu machen, stoppte ich mich. Ich dachte an Christine und konnte es mir einfach nicht erlauben, einen Rückzieher zu machen.

Um sieben Uhr am Abend vor dem Seminar entschied ich mich, ins Fitness-Center zu gehen, um eine Stunde Aerobic zu machen und anschließend zu packen. Ich verließ das Haus etwas später als geplant, parkte das Auto schnell in einer Seitenstraße, warf mir die Sporttasche über die Schulter und rannte die Straße hinunter zum Fitness-Center. Die Sonne war schon fast untergegangen, und der Horizont leuchtete in einem schwachen rosafarbenen Schimmer. Ich rannte ohne zu schauen an einer Ausfahrt vorbei – und lief genau vor ein fahrendes Auto. Mit einer Geschwindigkeit von vielleicht vierzig Stundenkilometern erwischte mich der Wagen mit solcher Wucht, daß ich hochgeschleudert wurde und zweimal mit einem dumpfen Aufschlag gegen die Windschutzscheibe prallte.

Plötzlich fand ich mich in einem Tunnel wieder, der mit dem vom Tuna Canyon identisch war. Während ich beschützt von hier aus die Situation draußen beobachtete, sah ich, wie mein Körper auf der Motorhaube des Autos aufschlug und dann gegen eine Ziegelwand an der Seite der Ausfahrt geschleudert wurde. Zwei Jungen, die auf der Terrasse des Hauses saßen, hatten den Unfall gesehen und rannten herbei, um mir zu helfen. Ich hätte ein Akrobat in einem schwarzen Trikot sein können, der ein todesmutiges Kunststück vollführte. Nachdem ich an die Wand geprallt war, kam ich auf meinen Füßen zu stehen, fast so, als würde ich darauf warten, daß mir das Publikum applaudierte und die Schiedsrichter meine Vorstellung mit hohen Noten belohnten.

Eine Menschengruppe bildete sich um mich herum. Der Fahrer, äußerst schwach und total durcheinander, stand unter Schock. Er wollte mir unbedingt helfen, so wie alle anderen auch. Doch ich fühlte mich okay, und vielleicht ein bißchen zu unabhängig – in dieser Periode meines Lebens fand ich es schwer, um Hilfe zu bitten – fuhr ich in die Notaufnahme des Krankenhauses. Ich hatte keine Knochenbrüche, und abgesehen von einem schmerzhaften steifen Nacken hatte ich keine weiteren Verletzungen. Da ich schon einmal in jenem Tunnel gewesen war, wußte ich, was passiert war, doch es wäre mir nie eingefallen, daß es sich dabei um ein wiederholbares Muster handelte, das mich auch ein zweites Mal, wenn mein Leben in Gefahr war, beschützen würde. Ich fand diesen Gedanken in höchstem Maße tröstlich und erkannte, daß der Tunnel ein großer Segen war. Jeden Tag starben Menschen bei Autounfällen oder wurden schwer verletzt. Doch beide Male, als ich in größter Gefahr schwebte, hatte der Tunnel mich gerettet. Und wenn ich jetzt darüber nachdachte, wußte ich, daß alles okay war und ich an dem Workshop teilnehmen würde. Gegen ärztlichen Rat bereitete ich meine Reise vor. Und am Morgen warf ich meine Koffer auf den Rücksitz meines Autos und machte mich auf den Weg zum Institut für Mentale Physik in Joshua Tree.

Die Temperatur betrug mehr als 40 Grad Celsius, als ich ankam. Sichtbare Wellen von Hitze lagen über der asphaltierten Auffahrt, die zum Eingang führte. Das Zentrum war von Wüste umgeben, einer endlosen Ausdehnung von Sand, unterbrochen von blaßgrünen Kakteen. Brughs persönliche Sekretärin, eine robuste Frau in mittleren Jahren, führte mich über einen gewundenen, von blühendem Oleander eingefaßten Steinpfad zu meinem Zimmer. Heiß und erschöpft von der Fahrt nahm ich eine Dusche und richtete mich ein.

Nach dem Abendessen versammelten sich vierzig Männer und Frauen verschiedenen Alters in einem Kreis in einem Konferenzzimmer. Brugh selbst war ein kleiner, blasser, androgyn anmutender Mann Mitte Vierzig, ausgebildet am Johns-Hopkins-Institut und an der Mayo-Klinik und ein Mitglied von Alpha Omega Alpha, einer Ehrengesellschaft der Mediziner. Bekleidet mit Jeans und einem Sweatshirt, erschien er reserviert und gleichzeitig unerschrocken direkt und voller Selbstvertrauen, als er mit ruhiger, gleichmäßiger Stimme die Regeln darlegte: Benutzt nicht das Telefon. Bleibt auf dem Grundstück. Keine Drogen oder Sex. Keine Ablenkungen von außen. Brugh wollte, daß wir auf den gegenwärtigen Augenblick fokussiert blieben. Der Sinn des Seminars war es, uns aus unserer normalen, konditionierten Sicht der Welt zu lösen und uns einer anderen Wirklichkeit zu öffnen. Durch die gemeinsame Diskussion unserer Träume, durch Meditation, Perioden der Stille, Fasten und andere Techniken würde es uns möglich sein, in einen intuitiveren Zustand zu gelangen.

Um sechs Uhr am nächsten Morgen traf sich die Gruppe wieder, um unter Brughs Anleitung unsere Träume zu diskutieren. Ich fand es schrecklich, so früh aufstehen zu müssen, doch stellte ich meinen Wecker auf fünf Uhr dreißig und war rechtzeitig fertig. Im Schneidersitz auf einem Meditationskissen sitzend, hatte ich nicht vor, an der Diskussion teilzunehmen, doch unweigerlich fing Brugh an jenem ersten Morgen gleich mit mir an.

Der einzige Traum, den ich anbieten konnte, war einer, den ich erst vor kurzem gehabt hatte, und ich erzählte ihn nur, weil ich mich an ihn erinnerte, nicht weil er mir besonders wichtig erschien. Seit einiger Zeit hatte ich nicht mehr viel geträumt; wenn ich mich an einen Traum erinnern konnte, so war das jedesmal ein besonderes Ereignis. In diesem Traum ging ich an einem strahlenden, sonnigen Tag durch ein Wohngebiet, ähnlich dem, wo ich aufgewachsen war, mit herrschaftlichen Häusern und gepflegten Rasenflächen. Plötzlich stand ich vor einem riesigen, leeren Grundstück in der Mitte all dieser Häuser. Offensichtlich gehörte das Grundstück nicht hierher – es hatte etwas Bedrohliches. Zur selben Zeit rief es jedoch auch ein Gefühl der Sehnsucht in mir hervor. Lange stand ich an meinem sicheren Platz in einiger Entfernung und betrachtete das Grundstück. Ich fühlte in seiner Leere etwas, das ich nicht ganz verstehen konnte.

Das war alles. Kurz, nichts Besonderes, keine echte Handlung. Dennoch hatte mich der Traum irritiert. Brugh reagierte mit einem ausführlichen Diskurs über seine Bedeutung. Ich fand, daß er zuviel daraus machte, und die Art und Weise, wie er sich ausdrückte, schien mir eine Mischung aus Intellektualismus, spirituellem Jargon und einer Ich-weiß-alles-Haltung. »Träume sind unserem wirklichen Wesen viel näher als selbst unsere intensivste äußere Realität. Das leerstehende Grundstück repräsentiert das große Mysterium des Bewußtseins, Dein geistiges, übersinnliches Potential. Du hast in Dir selbst eine künstliche Unterteilung geschaffen, die Dich davon abhält, totales Bewußtsein zu erfahren.«

Weiter sagte Brugh, daß ich viele festgefahrene Ideen in meinem Kopf hätte und daß – sollte ich diese Starrheit nicht loswerden – sie jeglichen geistigen Fortschritt, den ich mir so sehr wünschte, unmöglich machen würden. Als er endlich fertig war, war ich total wütend. Es war entnervend, daß er so direkt vor der ganzen Gruppe über die Bedeutung meines Traums gesprochen hatte, so als habe er mich zu einer Reaktion provozieren wollen. Je mehr er redete, desto irritierter wurde ich: Wer gab ihm das Recht, mich zu beurteilen?

Beim Mittagessen war ich mit Michael zusammen, einem Autor und Regisseur aus Malibu, der ein guter Freund werden sollte. Michael, ein an der Harvard-Universität ausgebildeter Arzt, hatte seinen Beruf an den Nagel gehängt und war Romanautor geworden, wobei viele seiner Bücher später verfilmt wurden. Er erinnerte mich an einen riesigen, herrlichen Vogel, der mit ausgestreckten Flügeln hoch über der Erde dahinflog. Zynisch und klug, erwärmte er sich nicht leicht für spirituelles Gerede; er hatte die ganze Welt bereist und medial veranlagte Menschen der verschiedensten Kulturen getroffen. So wie Michael es sah, hatte Brugh mir ein Reading gegeben, und seine Interpretation meines Traumes bezog sich weniger auf seinen Inhalt als auf den tieferen Eindruck, den er bei Brugh hinterlassen hatte.

»Hat es gestimmt?« wollte Michael wissen.

Ich wußte, daß Brugh mich durchschaut hatte, doch ich wollte noch immer seine Worte bestreiten. Obwohl Christines Selbstmordversuch mich intellektuell darauf vorbereitet hatte, meine übersinnlichen Fähigkeiten weiter zu untersuchen, hatte ich immer noch große Angst davor. Brugh hatte das gespürt und den Traum benutzt, um diese Angst zu durchbrechen, und ich hatte reagiert, indem ich mich verschloß, um mich zu schützen, und indem ich zurückschlug.

Die Abendsitzung begann mit einer Technik zur Stimulierung des übersinnlichen Prozesses durch das Anhören lauter Musik und der aufmerksamen Betrachtung der Bilder, die diese Musik auslöste. Brugh beschrieb diese Technik als ein kraftvolles Instrument, mit dessen Hilfe wir unseren Verstand umgehen konnten und das uns helfen würde, uns zu öffnen. Er sagte uns, daß wir uns entspannen, keinerlei Erwartungen haben und empfänglich für alles bleiben sollten, was passieren würde. Wir alle – vierzig Personen insgesamt – machten es uns nebeneinander auf Kissen bequem, mit unseren Köpfen zur Mitte des Kreises hin. Brugh drehte das Licht zurück, dann legte er die Musik aus dem Film »Die Stunde des Siegers« auf und drehte die Lautstärke voll auf.

Sofort fühlte ich die Vibration des Basses durch den Fußboden und in meinen Körper hinein pulsieren. Ich fürchtete, mein Trommelfell würde platzen, so laut war der Lärm. Die Musik attackierte mich regelrecht; ich duckte mich und bekämpfte sie. Doch nach zehn entsetzlichen Minuten veränderte sich etwas in mir. Ich vergaß mein Unbehagen und war überwältigt von der Schönheit dessen, was ich hörte. Mein Kopf wurde von einem Feuerwerk faszinierender Bilder erfüllt. Wilde Pferde geloppierten durch herrliche grüne Wiesen. Ein feuriger elektrischer Sturm explodierte über dem Meer. Das Gesicht meines Großvaters als junger Mann. Eine Truppe reisender Schauspieler. All dies waren unzusammenhängende Bilder, die eins nach dem anderen auftauchten und vorbeigingen, während die Musik sich von einem Crescendo zum anderen steigerte.

Ein Damm war gebrochen. Ich wurde in eine Zeit zurückversetzt, in der ich viel jünger war. Es war mir wieder möglich, klar zu sehen, manchmal auch in die Zukunft. Doch hatte ich keine Angst davor. Die Wände, die ich um mich errichtet hatte, waren verschwunden. Alles war möglich. Ich fühlte mich mutig und frei. Ich sehnte mich schmerzlich danach, diese Unschuld und Frische wiederzuerlangen; ich hatte so viel verloren. Traurigkeit überfiel mich und gab mir ein Gefühl von Verwirrtheit und Erschöpfung.

Als die Musik vorbei war, drehte Brugh das Licht wieder an, und ich fuhr wie vom Blitz getroffen hoch. Der Raum um mich herum drehte sich so schnell, daß mir schlecht wurde. Es kostete mich einige Anstrengung, mein Gleichgewicht wiederzufinden, so überwältigt war ich von der verschwenderischen Bilderflut und den Erinnerungen aus meiner Vergangenheit. Es war ein Schock für mich, sie so jäh in meinem Bewußtsein auftauchen zu sehen, nachdem ich sie so viele Jahre lang in meinem Inneren vergraben hatte. Ich fühlte mich wacklig auf den Beinen, als hätte jemand mit einem Brecheisen mein Unterbewußtsein aufgebrochen und einen riesigen Stöpsel entfernt. Als wir im Kreis unsere Eindrücke während der Musik schilderten, konnte ich mich kaum konzentrieren. Danach ging ich in mein Zimmer und direkt ins Bett.

Am nächsten Morgen wachte ich voller Zorn auf. Ich wußte nicht wieso, aber alles machte mich wütend. Der steife Hals von meinem Unfall war schlimmer geworden, und die Muskeln in meinem Nacken hatten sich zu einem harten Knoten zusammengezogen. Ich konnte meinen Kopf weder nach links noch nach rechts bewegen. Ich wollte nach Hause fahren, doch irgend etwas hielt mich davon ab. Beim Frühstück entschloß ich mich, Brugh meine Symptome zu berichten.

»Wie schön!« sagte er. »Endlich wachst Du auf.«

»Aufwachen?« fuhr ich ihn an. »Ich fühle mich hundeelend.«

Brugh warf mir einen wissenden Blick zu, der mich noch wütender machte. Er schien so selbstgefällig und von sich überzeugt zu sein, daß ich ihm unbedingt eins auswischen wollte.

Unberührt von meiner Feindseligkeit fuhr er fort: »Die Musik war lediglich ein Katalysator. Sie verschärft Deine Sinne, macht Dich offen und aufmerksamer. Letzte Nacht hast Du Dich an etwas Wichtiges in Dir selbst erinnert, und das hat Dich erschreckt. Es zu bekämpfen schafft nur Spannung. Wenn Du Dich verschließt, zieht sich Dein Körper zusammen und reagiert mit Symptomen. Das Geheimnis ist, loszulassen... Vertraue den Bildern, die in Dir auftauchen, anstatt sie zu zensieren. Dann sag mir, wie Du Dich fühlst.«

»Was hat Loslassen damit zu tun?« fragte ich mitleidheischend. »Ich leide schon genug. Warum sollte ich es noch schlimmer machen, indem ich absichtlich all diese Traurigkeit heraufbeschwöre?«

Brugh war freundlich, doch unnachgiebig. »Die Traurigkeit ist ein Schlüssel zu Deinem Schmerz. Du kannst nicht ewig vor ihm davonlaufen.«

Das war das letzte, was ich in diesem Moment hören wollte. Da ich es vorzog zu glauben, daß meine Probleme physischer Natur waren, machte mich seine Bemerkung noch wütender. Was für ein Arzt war Brugh eigentlich? Er schien überhaupt nicht mitfühlend zu sein. Und ich hatte nicht die geringste Absicht, die Bilder der vergangenen Nacht noch einmal zu durchleben. Vielleicht ein anderes Mal, wenn ich in besserer Verfassung war, doch nicht, wenn ich mich so schlecht fühlte. Verärgert stand ich auf und verließ den Raum.

Meine Übelkeit und die Schwindelgefühle wurden immer schlimmer. Ich war nahe daran, aufzugeben. Am Nachmittag, müde vom Kampf gegen Brugh und mich selbst, brach ich in der Wüste neben einem Wacholderstrauch zusammen und fiel in einen tiefen Schlaf. Ich schlief viele Stunden lang, eingerollt in mein oranges Strandhandtuch. Als ich bei Sonnenuntergang aufwachte, hatte sich etwas in mir gelöst. Von dem Moment an änderte sich mein Verhalten.

Während ich den aufgehenden Mond im violetten Wüstenhimmel anschaute, fühlte ich mich erfrischt und ungewöhnlich klar. Ich lag ausgestreckt und friedlich da, den Sand wie ein weiches Polster unter mir. Ich hatte einen Wendepunkt erreicht. Wie ein Kind, das sich nach einem Wutanfall wieder beruhigt, war mein innerer Kampf vorüber. Ich hatte nicht vorgehabt, loszulassen. Es passierte trotzdem. Eine unerwartete Weisheit übernahm die Führung, ein organischer Impuls, unter großem Druck sich zu beugen und so zu überleben, anstatt zu explodieren. Ob dies nun auf die Aktivierung eines weiseren Teils meines Wesens oder auf göttliche Intervention zurückzuführen war – in jedem Fall bestand das Resultat darin, daß mein Widerstand geschmolzen war. Ich war über einen Abgrund getragen worden, den ich mit dem Willen allein nicht hätte überwinden können. Mein Medizinstudium und die Praktikumszeit hatte ich mit schierer Willenskraft und Ausdauer absolviert. Wann immer ein Hindernis auftauchte, stellte ich mich ihm, konzentrierte mich noch mehr und überwand es. Lange Zeit funktionierte dieses Vorgehen bestens. Doch hier war es erfolglos. Ich hätte meine Veränderung nicht erzwingen können. Es war ein Akt der Gnade, total jenseits meines bewußten Wollens.

Ich hatte nie vorher die große Erleichterung kennengelernt, die mit dem Aufgeben kommt. Bis zu diesem Tag hatte ich Aufgeben stets mit Nachgeben oder Versagen gleichgesetzt. Doch jetzt fühlte ich mich wunderbar und platzte fast vor Energie. Ein dickes, hartes Band in meinem Inneren hatte sich aufgelöst, und mein Körper war beweglich und agil. Innerhalb von Stunden verschwand meine Übelkeit, und die Muskeln in meinem Nacken lockerten sich. Die Spannung löste sich auf. Ich war ein anderer Mensch geworden, sprach und lachte mit den anderen und sonderte mich nicht mehr ab.

In diesem empfänglichen Zustand war ich bereit, meine intuitive Seite wiederzuentdecken. Zwei Wochen Traumarbeit, Meditation, Einführung in die Anwendung von Heilungsritualen, Energiearbeit (zum Beispiel durch Handauflegen) und zwei Tage Schweigen und Fasten halfen mir dabei. Weit entfernt vom Streß meines normalen Lebens hatte ich die Gelegenheit, mich an den erneuten Fluß meiner inneren Bilder und Visionen zu gewöhnen. Es war, als lernte ich noch einmal das Fahrradfahren. Zunächst fühlte ich mich unbeholfen und experimentierte nur zögernd. Doch mit der Ermutigung von Brugh und dem Rest der Gruppe öffnete ich mich langsam.

Mit Brugh zu arbeiten gab mir auch die Gelegenheit zu sehen, wie das Übersinnliche und das Medizinische auf eine positive Art verbunden werden konnten. An einem Tag lud Brugh – angeregt von einem ehemaligen

Teilnehmer seines Seminars – eine Krebspatientin ein, zu einer »Heilungssitzung« zu kommen. Debbie, eine dünne, sehr attraktive Brünette Ende Dreißig, mit kurzen Haaren, Designer-Jeans, T-Shirt und blankgeputzten Cowboystiefeln, kam zu unserer Morgengruppe und nahm auf einem Kissen neben Brugh Platz. Abgesehen davon, daß ihr Haar ausgedünnt war, ein Zeichen dafür, daß sie Chemotherapie bekam, deutete nichts darauf hin, daß sie krank war. Sie sagte, daß sie sich seit Wochen auf diese Sitzung gefreut habe. Debbie war Flugbegleiterin und Mutter einer fünfjährigen Tochter, und drei Jahre zuvor hatte man bei ihr Leukämie diagnostiziert. Trotz der sofortigen Behandlung mit Interferon, einer experimentellen Droge, war ihr Blutbild nach wie vor schlecht; sie hatte zu viele weiße Blutkörperchen, was darauf schließen ließ, daß ihr Zustand sich nicht gebessert hatte. Jetzt wartete Debbie auf eine Knochenmarkstransplantation, ein riskanter chirurgischer Eingriff, der die einzige Chance zu sein schien, ihr Leben zu retten. Mehr konnte die Schulmedizin nicht für sie tun. Und daher kam sie zu Brugh.

Brugh befragte Debbie vor der ganzen Gruppe. Ich konnte nicht fassen, wie tapfer sie war, während sie uns intime Details aus ihrem Leben mit erstaunlicher Offenheit enthüllte. Doch obwohl ich von ihr beeindruckt war, hatte die gründliche Herangehensweise Brughs eine noch größere Wirkung auf mich. Nach einer vollständigen medizinischen Anamnese ging er zu einer Einschätzung ihrer psychologischen Situation über, die wesentlich anspruchsvoller und subtiler war als alles, was ich während meines Studiums in dieser Hinsicht gesehen hatte. Geleitet von seiner Intuition entdeckte er Bereiche in Debbie, die mit traditioneller Psychotherapie erst nach Jahren an die Oberfläche gekommen wären.

Bemerkenswert fand ich, daß Brugh Debbie Fragen stellte, die sich nicht auf die Informationen bezogen, die sie gegeben hatte, sondern vielmehr seiner Intuition entstammten. Das erstaunlichste Beispiel dafür kam ungefähr nach der Hälfte der Befragung. Während Debbie vom Fortschreiten der Leukämie sprach, fragte Brugh plötzlich: »Hast Du jemals ein Kind verloren?« Alle Farbe wich aus Debbies Gesicht, und mit einem Flüstern antwortete sie: »Ja.« Sie hatte vor zwanzig Jahren, als sie achtzehn war, eine Totgeburt gehabt. Dieses Erlebnis war so furchtbar für sie gewesen, daß sie es jahrelang total verdrängt hatte.

Brugh sah darin einen Hinweis auf eine Verbindung von Kopf und Körper und vermutete, daß Debbies Krankheit eine starke emotionale Komponente zugrundelag. Im Verlauf der nächsten Stunde beobachtete ich, wie er unaufhaltsam ein lebenslanges Muster von Verlusten in Debbies Leben aufdeckte, für die sie sich nie Trauer gestattet hatte: der Tod der Großmutter, bei der sie aufgewachsen war und die starb, als Debbie vierzehn war, der Tod eines guten Freundes ein paar Jahre später, ihre beiden Scheidungen und der Tod ihres kleinen Sohnes. Debbies Muster hatte darin bestanden, ihre Gefühle zu verdrängen, um sich nicht mit ihnen beschäftigen zu müssen. Vielmehr nahm sie ein paar starke Beruhigungstabletten, schnupfte Kokain oder flog schnell irgendwohin, was ihr als Stewardeß natürlich leicht möglich war. Und obwohl sie schließlich an einem Therapieprogramm teilgenommen hatte und keine Drogen mehr nahm, hatte sie dennoch ihre Gefühle von Schmerz, Schuld und Wertlosigkeit nie verarbeitet. Und all diese Gefühle, glaubte Brugh, hatten zu der nachfolgenden Entwicklung ihrer Leukämie beigetragen. Darüber hinaus glaubte er, daß Debbie durch eine Beschäftigung mit diesen Verlusten den Verlauf der Krankheit positiv beeinflussen konnte.

Brugh war ein meisterhafter Navigator, der Debbies Widerstand ignorierte und ihre verdrängten Gefühle klar identifizieren konnte. Ich studierte seine einzelnen Schritte aufmerksam und bemerkte, daß er seine Intuition mit seiner medizinischen und therapeutischen Fachkenntnis verband, und staunte, wie harmonisch er diese verschiedenen Herangehensweisen vereinte.

Brugh gab mir ein Beispiel dafür, wie ich Christine hätte behandeln können. Er zeigte mir, daß es möglich war, intuitiv zuzuhören und gleichzeitig seinen medizinischen Scharfblick zu behalten. Es gab bei diesem Seminar noch einige andere Ärzte, die wie ich ihre übersinnlichen Fähigkeiten in ihre Arbeit integrieren wollten. Mit dieser Absicht stand ich also nicht alleine da, und ich beschloß, nach Ende des Workshops den Kontakt mit ihnen aufrechtzuerhalten und auf diesem neuen Weg voranzuschreiten.

Als ich nach Los Angeles zurückkehrte, nahm ich das Wissen und die Erfahrung mit, daß Brughs Philosophie die Essenz vieler Religionen und vor allem das Konzept der bedingungslosen Liebe enthielt. Das war der Hintergrund für das, was er mit Debbie getan hatte, der Geist, in dem er ihr Leben betrachtet hatte. Für ihn waren übersinnliche Erlebnisse kein Selbstzweck, sondern vielmehr Bestandteil eines mitfühlenden Bewußtseins. Durch Meditation konnte dieses Bewußtsein geübt und genährt werden. Bedingungslose Liebe war für ihn kein intellektuelles Konstrukt, sondern eine Lebenseinstellung, ein großes Geschenk, das Brugh in seinen Worten und durch seine Hände weitergeben konnte. Ich hatte schon viele Heiler getroffen, wie zum Beispiel Jack und andere in Thelmas Labor, doch noch niemanden, der so stark diese Kraft der Liebe erzeugen und anderen Menschen zugute kommen lassen konnte.

Ich hatte eine Kostprobe bedingungsloser Liebe erhalten, das geistige Bindeglied, das mir so lange gefehlt hatte. Während des Seminars bekam ich einen Eindruck davon, was es heißt, ein offenes Herz zu haben, das Beste in anderen zu sehen und ihnen zu helfen, ihre wahren Bedürfnisse zu erkennen. Es war eine große Erleichterung für mich, andere Menschen plötzlich nicht mehr kritisieren oder verurteilen zu müssen. Ich hatte mich so daran gewöhnt, mich auf die Fehler der Menschen zu konzentrieren, daß ich eine Art Blindheit entwickelt hatte, in die ich automatisch verfiel und die letzten Endes auf Angst beruhte.

Ich hatte damals noch keine Ahnung, wie lange es dauern würde, meine ängstliche Selbstbezogenheit hinter mir zu lassen, wußte nicht, wie viele Male ich noch kapitulieren mußte, um diese Liebe zulassen zu können. Bedingungslose Liebe ist etwas, das man erst nach langer und engagierter spiritueller Lebensweise erreicht, und ich stand erst am Anfang. Jedoch hatte ich die Möglichkeit dessen, was ich gesucht hatte, gefunden, und Brugh war mir in dieser Hinsicht ein Vorbild. Als das Seminar vorbei war und ich zurück nach Los Angeles fuhr, bereit, die Integration des Übersinnlichen in meinem Leben fortzuführen, konnte ich nicht ahnen, daß der Glanz dieser bedingungslosen Liebe, die ich gefühlt hatte, in der normalen Welt schnell verblassen würde, ohne Brugh und die anderen, die diese Liebe hervorgebracht und unterstützt hatten. Die größte Herausforderung für mich bestand darin zu lernen, diese Liebe in mir wiederzufinden und in mir lebendig zu halten.

Drei Wochen nach meiner Rückkehr jährte sich der Todestag meines Großvaters. Am Freitagabend, nachdem ich eine Jahrzeit-Kerze ihm zu Ehren angezündet hatte, wollte ich noch etwas Besonderes tun, um diese Gelegenheit zu feiern. Ich hatte mich nie viel mit meiner Religion beschäftigt, abgesehen von den Gottesdiensten an den jüdischen Feiertagen, an denen ich mit meinen Eltern in die Synagoge ging. Doch kurz vor Sonnenuntergang an diesem Freitag entschloß ich mich, einen Spaziergang zur orthodoxen Synagoge in Venice Beach zu machen. An der Tür wurde ich von einem nicht sehr großen, gelehrt aussehenden Mann Mitte Dreißig begrüßt, der hier offensichtlich eine gewisse Autorität besaß. Er hatte volles braunes Haar und trug eine Drahtbrille auf dem Kopf und einen blauweißen Seidentallit über seiner Schulter. Nachdem er mich zu einem leeren Sitz in der Frauenabteilung geführt hatte, nahm er auf der gegenüberliegenden Seite bei den anderen Männern Platz. Nach dem Gottesdienst kam er auf mich zu, stellte sich vor – er hieß Richard – und lud mich zum Sabbatmahl zu sich nach Hause ein.

Bald danach waren wir ein Paar. Richard war ein erfolgreicher Anwalt in der Filmbranche und seit kurzem geschieden. Zudem war er ein frommer Jude und versuchte, seine religiösen Überzeugungen mit seinem Beruf in Einklang zu bringen. Ich verliebte mich schnell in ihn, und die nächsten drei Monate ging ich jeden Freitag in die Synagoge und betete mit den anderen Frauen, einen Schal über dem Kopf, wie es der orthodoxe Brauch vorschreibt. Da Richard am Sabbat nicht mit dem Auto fuhr, gingen wir danach stets zu Fuß zu einem der Gemeindemitglieder, um dort gemeinsam das Sabbatmahl einzunehmen.

Ich wußte wenig über die jüdisch-orthodoxe Gemeinde, da ich nie Zugang zu ihr gehabt hatte. Eines Freitagabends begann Richard, mir Fragen bezüglich meiner Familie zu stellen, und das Gespräch kam auf meinen Großvater. Da ich erst kurz vorher an Brughs Seminar teilgenommen hatte, fühlte ich mich offen und war bereit, über alles zu sprechen. Also erzählte ich Richard von meinem Traum, in dem ich den Tod meines Großvaters vorhergesehen hatte. Während ich noch sprach, sah ich, daß Richards Gesichtsausdruck sich veränderte; dann erkundigte er sich eine Spur zu höflich, ob ich noch andere Erlebnisse dieser Art gehabt hätte. Begeistert berichtete ich ihm alles, was ich in dieser Hinsicht erlebt hatte, und übersah dabei sein offensichtliches Unbehagen, in der Hoffnung, er würde mich verstehen. Er verstand nicht. Als der Abend vorbei war und er ging, stand eine Wand zwischen uns.

In der darauffolgenden Woche erhielt ich einen langen Brief von ihm, in dem er mir mitteilte, daß wir uns nicht mehr sehen könnten. Vollkommen verstört rief ich ihn an und wollte wissen, warum. Er sagte, ich sei Psychiaterin und er wolle keine Beziehung mit einer Frau, die einen solch anspruchsvollen Beruf hatte. Doch ich glaubte ihm nicht; ich wußte, es gab einen anderen Grund. Ich fragte meine Freundin Ruth, die zur selben Synagoge gehörte, ob sie wußte, was passiert war. Es war so, wie ich vermutet hatte. Ruth berichtete, daß Richard so verstört über meine Vorhersagen gewesen war, daß er seinen Rabbi konsultiert hatte, einen älteren Mann osteuropäischer Herkunft, der ihm sagte, ich sei eine Hexe und er solle jeglichen Kontakt mit mir sofort abbrechen. Einige Male ging ich noch am Freitagabend in die Synagoge, doch offenbar hatte sich das Gerücht ausgebreitet. Leute, die vorher freundlich zu mir gewesen waren, zogen sich zurück. Ich bekam keine Einladungen mehr zum Sabbatmahl und war ganz offensichtlich aus der Gemeinschaft ausgestoßen worden.

Vor dem Seminar mit Brugh hätte eine solche Demütigung mich davon abgehalten, mich weiterhin mit dem Übersinnlichen zu beschäftigen. Doch ich war widerstandsfähiger geworden. Obwohl mich Richards Rückzug und die Reaktion der Synagoge verletzt hatten, benutzte ich dies nicht als Entschuldigung dafür, meine Fähigkeiten zu verleugnen.

Eine Möglichkeit, meine neue Entschlossenheit auf die Probe zu stellen, präsentierte sich schnell. Anna, eine meiner Patientinnen, arbeitete als Empfangssekretärin bei einem Herzspezialisten im selben Haus, in dem ich meine Praxis hatte. Sie war geschieden und lebte seit Jahren allein in einem kleinen Haus in Culver City. Sie war Anfang Sechzig, klein, hatte glatte, graue Haare und klare blaue Augen. Sie war in Orange County in der Nähe von Los Angeles geboren und aufgewachsen, hatte ein ruhiges, unauffälliges Leben geführt, war nie gereist und folgte einer täglichen Routine von Arbeiten, Heimgehen und Fernsehschauen.

Anna begann mit der Psychotherapie bei mir, weil sie die äußerst schwierige Beziehung zu ihrem Sohn besser verstehen wollte. Während der Zeit der Therapie bekam sie eine besonders aggressive Form von Lungenkrebs, die Metastasen breiteten sich schnell bis in ihr Gehirn aus. Selbst nach massiven Strahlendosen und Chemotherapie verbesserte sich ihr Zustand nicht. In knapp sechs Monaten verwandelte sie sich von einer gesunden, vitalen Frau in eine Kranke, die das Bett nicht mehr verlassen konnte. Zudem hatte sie nach einer chemotherapeutischen Behandlung einen Schlaganfall erlitten, der es ihr unmöglich machte zu gehen.

Nach ihrem Schlaganfall war es für Anna zu anstrengend, in meine Praxis zu kommen, doch wir blieben telefonisch in Kontakt. Trotz der negativen Entwicklung hatte ihr Arzt die Hoffnung noch nicht aufgegeben, daß eine vollständige Remission eintreten könnte. Eines Abends besuchte ich Anna zu Hause. Vor diesem Abend hatten wir nie viel über die Möglichkeit ihres Todes gesprochen, sondern uns vielmehr auf ihre Genesung konzentriert. Doch obwohl ihr physischer Zustand im Moment stabiler war als in den letzten Monaten, hatte sie am frühen Morgen dieses Tages eine Vorahnung gehabt, daß sie bald sterben würde. Es handelte sich dabei nicht um einen unbestimmten Eindruck oder einfach um Angst. Als wir an jenem Abend miteinander sprachen, war es ohne den geringsten Zweifel klar, daß Anna wußte, daß ihr Leben innerhalb der nächsten vierundzwanzig Stunden zu Ende sein würde. Und dieses unerschütterliche Wissen erfüllte sie mit Entsetzen.

In der Vergangenheit hätte ich Anna versichert, daß ihre Angst vor dem Tod in Anbetracht der Schwere ihrer Krankheit natürlich sei. Nachdem sie ihren Gefühlen freien Lauf gelassen hätte, hätte ich dann die kürzlich eingetretenen positiven Veränderungen ihres Zustandes betont. Doch hatte ich das starke Gefühl, daß Annas Vorahnung richtig war. Es hörte sich so wahr an wie das, was ich sechs Monate vorher bei Christine gespürt hatte. Doch anstatt wieder meine Intuition in Frage zu stellen, entschied ich mich diesmal, sowohl Anna als auch meinem eigenen Instinkt zu vertrauen. Ich hörte nicht auf den Teil von mir, der warnte: »Riskiere es nicht. Du bist dabei, einen großen Fehler zu begehen!« Ich hatte dieser Stimme schon einmal nachgegeben und einen zu hohen Preis dafür bezahlt. Anstatt den Versuch zu machen, die Vorahnung zu interpretieren oder zu ignorieren, erlaubte ich ihr, mich zu leiten. Nachdem diese Entscheidung einmal getroffen war, hörte ich eine Stimme in meinem Inneren, die mir sagte: »Zeige Anna den Weg zu ihrem eigenen Tod.«

Zunächst verstand ich nicht, doch dann hatte ich eine Idee. Wenn ich Anna durch eine geführte Meditation leiten würde, um ihr zu helfen, ihren baldigen Tod anzunehmen, wenn sie ihrem Tod von Angesicht zu Angesicht ins Auge schauen könnte, dann – das wußte ich – würde sie irgendwie getröstet sein. Ich hatte erst vor wenigen Monaten mit regelmäßiger Meditation begonnen und nie zuvor so etwas versucht. Dennoch fühlte ich mich seltsam zuversichtlich und war sicher, den richtigen Schritt zu tun, so als würde ich von einer intelligenten Kraft geführt, die mir zeigte, was zu tun war.

Was Anna betraf, war sie so verzweifelt, daß sie nach einigem Zögern bereit war, sich auf einen Versuch einzulassen. Ich bat sie, sich hinzulegen und ihre Augen zu schließen. Dann begann ich, sie durch ein paar Atemübungen zu führen, um ihr dabei zu helfen, ihre Anspannung loszulassen. Als sie sich etwas entspannt hatte, sagte ich so sanft wie möglich zu ihr: »Stell Dir Deinen eigenen Tod vor. Beschreibe mir, wie er aussieht.«

Anna zuckte zusammen. Ich wußte, daß dies hart für sie war. Anna ging nicht davon aus, daß Sterben friedlich sein konnte, vielmehr betrachtete sie den Tod als eine schmerzhafte, endgültige Trennung von den Menschen, die sie liebte. »Ich habe Angst, mir den Tod überhaupt nur vorzustellen«, sagte sie. »Wenn nun gar nichts mehr da ist?« Ich versuchte, sie zu beruhigen. Dann, mit geschlossenen Augen, fuhr sie fort: »Ich sehe nur Dunkelheit. Eine große Leere. Nichts. Eine furchtbare Stille. Ich bin kalt, gefühllos. Es gefällt mir hier überhaupt nicht.« Tränen rannen über ihre Wangen. Sie drückte meine Hand. »Ich möchte aufhören«, sagte sie.

Ruhig bat ich sie, weiterzugehen, sich auf ihre Vision zu konzentrieren. Obwohl es ihr unangenehm war, glaubte ich, daß sie etwas Wichtiges entdecken würde. Ich hoffte, sie würde dabeibleiben und nicht aufgeben. Eine Zeitlang blieb Anna allein in der Dunkelheit. Ich saß still neben ihr und spürte, daß es ihr gut ging, doch wollte ich sie nicht unterbrechen. Ungefähr zehn Minuten vergingen.

Plötzlich begann Anna zu sprechen: »Es ist sehr eigenartig«, sagte sie. »Ich kann ein schwaches, goldenes Licht sehen, es glüht wie ein Feuer hinter der Dunkelheit. Es ist so wunderschön, ich kann meine Augen nicht von ihm abwenden. Es wird immer heller und zieht mich zu sich.« Während Anna weiter das herannahende Licht betrachtete, kam eine tiefe Ruhe über sie. Ihr Atem verlangsamte sich, ihr Körper war entspannt und ruhig. In diesem Zustand blieb sie eine halbe Stunde, und mit der Meditation war auch ihre Angst vorbei.

»Sie haben recht«, flüsterte sie und öffnete kurz ihre Augen. »Wenn der Tod so ist, muß man sich nicht vor ihm fürchten.« Dann schloß sie ihre Augen wieder und fiel in einen tiefen Schlaf.

Ich fand dies sehr eindrucksvoll, nicht nur in bezug auf Annas Worte, sondern auch, weil sie kein religiöser Mensch war, sich nie mit metaphysischer Literatur beschäftigt hatte und nicht an ein Leben nach dem Tod glaubte. Dennoch hatte sie in unmittelbarem Erkennen den Tod als strahlendes Licht gesehen und seine Leuchtkraft und Ruhe gespürt. Ohne daß ich sie darauf aufmerksam gemacht hätte, hatte sie sowohl meine eigene direkte Erfahrung als auch Berichte von Heilern bestätigt, die Menschen in ihrer Todesstunde beigestanden hatten.

Das war das letzte Mal, daß ich Anna sah. Am nächsten Morgen rief ihr Sohn mich in der Praxis an und teilte mir mit, daß seine Mutter gestorben war. Er sagte, ihr Tod sei sehr friedlich gewesen. Die ganze Familie war bei ihr gewesen. Ich legte den Hörer auf und ließ die Nachricht langsam einsinken. Anna und ich hatten über ein Jahr lang zusammengearbeitet. Wir standen uns nahe, und ich würde sie vermissen. Es tat mir jedesmal weh, wenn jemand, den ich gern hatte, starb. Ich rechnete immer damit, ihnen irgendwo zu begegnen, ihr Lächeln zu sehen oder ihre Stimme zu hören. Ich wußte, daß ich eine Zeitlang Annas Abwesenheit schmerzlich spüren würde. Ich war traurig, daß sie gegangen war, doch gleichzeitig erleichtert. Wenn ich mich an die Hingabe auf Annas Gesicht erinnerte, als wir uns das letzte Mal sahen und voneinander verabschiedeten, wußte ich, daß ich das Richtig getan hatte.

Das erste Mal seit langer Zeit war ich meiner inneren Stimme rückhaltlos gefolgt, hatte auf sie gehört und dadurch Anna Trost bringen können. Obwohl ich wußte, daß ich ein großes Risiko eingegangen war, fühlte ich mich froh, beinahe euphorisch: Nachdem ich es einmal getan hatte, würde es das nächste Mal einfacher sein. Ich hätte mir keine positivere Bestätigung wünschen können.

Als ich an jenem Abend nach Hause fuhr, öffnete ich die Fenster meines Wagens und atmete tief die Nachtluft ein. Die Sterne schienen heller zu leuchten als sonst, die Luft war frischer, mein Gehör klarer. Mit einer kühlen Brise, die durch mein Haar strich, und einem Lied von Willie Nelson im Radio im Hintergrund, fuhr ich über den Olympic Boulevard Richtung Meer. So wie Anna Frieden in ihrem Tod gefunden hatte, hatte ich eine neue Klarheit in meinem Leben gefunden.

Kapitel 5

Das Mischen der Medizin

Auch wenn die Wissenschaft in erster Linie eine Art der Erkenntnis verfolgt, muß sie nicht alle anderen verleugnen. Alle großen Wissenschaftler haben dies verstanden.

MARGARET MEAD

Während ich mir das Foto eines Mannes auf dem Titelblatt einer Wochenzeitung von Los Angeles anschaute, bekam ich plötzlich eine Gänsehaut. Ich hatte diesen Mann noch nie gesehen und auch noch nie von ihm gehört. Trotzdem registrierten alle Zellen meines Körpers meine Vertrautheit mit ihm. Schnell blätterte ich zu dem Artikel über ihn im Inneren der Zeitung.

Er hieß Stephan Schwartz, las ich, und war Parapsychologe, Gründer und Leiter der Mobius-Gruppe, einer Organisation in Los Feliz, einem Stadtteil von Los Angeles, die Forschungen im Bereich des Übersinnlichen durchführte. Unterstützt von einer festen Gruppe medial veranlagter Mitarbeiter hatte er sowohl mit der Polizei zusammengearbeitet als auch mit Versicherungsgesellschaften und Privatleuten, um Verbrechen aufzuklären und verborgene archäologische Kostbarkeiten zu orten, von denen manche tief im Ozean versunken lagen. Ich schrieb ihm sofort einen Brief, in dem ich von meinen eigenen Erlebnissen berichtete, und schickte ihn noch am selben Tag ab. Ich war sicher, daß er nach diesem Artikel von einer Unmenge von Briefen überhäuft würde, und erwartete nicht, daß ich bald von ihm hören würde, wenn überhaupt. Doch bereits eine Woche später rief Stephan selbst mich an. Wir sprachen ein paar Minuten miteinander und einigten uns dann darauf, uns in seinem Haus zu treffen.

In dem Moment, als wir uns zum ersten Mal sahen, hatten wir beide sofort ein Gefühl des Wiedererkennens; es war, als wären wir uns seit ewigen Zeiten vertraut. Ich wußte gleich, daß er einen wichtigen Einfluß in meinem Leben darstellen würde. Während wir miteinander sprachen, wirkte er auf mich wie ein blaublütiger Engländer, der soeben von seinem Landsitz gekommen war. Ich verliebte mich schnell in seine elegante Erscheinung, seine Intelligenz und seine großartige Fähigkeit, sowohl mit Wissenschaftlern als auch mit medial veranlagten Menschen zu kommunizieren und von beiden gleichermaßen respektiert zu werden. Es war offensichtlich, daß Stephans tiefsitzender Glaube an die Spiritualität ihn zu einem jener seltenen Menschen hatte werden lassen, die sich mit Eleganz und Grazie in vielen verschiedenen Welten gleichzeitig bewegen können.

Ich erzählte Stephan, daß meine medialen Fähigkeiten lange Zeit brach gelegen hatten, doch das schien ihn nicht im geringsten zu stören. Er meinte, daß das Wiederauftauchen von Bildern, wie es während des Seminars mit Brugh vor ein paar Wochen passiert war, durch meine regelmäßige Meditationspraxis beschleunigt würde. Der nächste Schritt bestünde darin, diese Bilder praktisch zu nutzen, indem ich an einem medialen »Fern-Sicht-Experiment«, wie er es nannte, teilnahm. Er war bereit, mich diese Technik zu lehren, die dazu diente, vergangene, gegenwärtige und zukünftige Ereignisse zu sehen, von denen der Betreffende vorher nichts wußte. Er sagte, daß ich durch das Erreichen eines meditativen Zustandes und die spezielle Führung eines Begleiters lernen könnte, meine übersinnlichen Fähigkeiten bewußt einzusetzen. Stephan war dabei, dort weiterzumachen, wo Thelma aufgehört hatte. Er bot mir an, mich in seine Gruppe medial veranlagter Mitarbeiter aufzunehmen. Ich sagte sofort zu, und bald war ich bei der Arbeit dabei.

Die Fern-Sicht-Experimente wurden in Teamarbeit durchgeführt. Die verschiedenen Aussagen der Teilnehmer wurden dann im Hinblick auf Übereinstimmungen analysiert. Stephan hatte diese Gruppe ausgewählt, weil jeder einzelne von uns eine Spezialität besaß, in der er oder sie besonders talentiert war und die normalerweise im Zusammenhang mit dem Beruf des Betreffenden stand. Der innere Kern der Gruppenmitglieder bestand aus Jack, einem Ingenieur, Hella, einer Kunstfotografin, dem Musiker André, Ben, von Beruf Produzent und Dokumentarfilmer, Alan, einem Parapsychologen, John, einem Fotojournalisten, und Rosalyn, Erzieherin und Heilerin. Stephan hatte das Gefühl, daß ich zu ihrer Arbeit einen Teil beitragen würde, das ihnen gefehlt hatte.

Tagsüber setzte ich meine Praxisarbeit fort. Und abends nahm ich mehrere Male im Monat an Fern-Sicht-Experimenten der Mobius-Gruppe teil als einer Möglichkeit, meine medialen Fähigkeiten zu üben. In der Vergangenheit hatte ich immer das Gefühl gehabt, einen Teil meines Selbst für das Wohl eines anderen Teils opfern zu müssen. Es hatte nie genug Raum in mir gegeben, um beide Teile gleichzeitig bestehen zu lassen. Während ich ursprünglich darauf geachtet hatte, eine Trennung zwischen diesen beiden Hauptaspekten meines Wesens zu machen, war ich nun in eine neue Phase eingetreten und war voll aktiv in der wissenschaftlich-medizinischen wie auch der parapsychologischen Welt.

Eines Tages, gegen Ende eines erdrückend heißen Donnerstags, lud mich Stephan zu einem Fern-Sicht-Experiment ein. Es war einer jener erstickend heißen Spätsommertage in Los Angeles, an denen jeder nur noch träge und bewegungslos an seinem Swimmingpool lag. Auf meinem Weg zum Mobius-Büro fuhr ich im Schrittempo mit offenen Fenstern durch den dichten Feierabendverkehr von Hollywood nach Los Feliz. Der Schweiß rann mir den Nacken hinunter. Ich war erschöpft, denn ich hatte seit neun Uhr morgens ohne

Unterbrechung Therapiesitzungen gehabt. Das einzige, was mir in diesem Moment verlockend erschien, war die Vision meines kühlen Bettes.

Meistens fühlte ich mich so, wenn ich nach einem langen Tag zum Mobius-Büro fuhr, um an einem Experiment teilzunehmen. Mein Leben war sehr anstrengend geworden. Mein Summer ertönte während aller möglichen Tag- und Nachtstunden. Am meisten erschöpften mich die Konsultationen im Krankenhaus, wo ich mich mit Versicherungsgesellschaften herumschlagen und verzweifelte Hilferufe von Patienten und deren Familien beantworten mußte. Es gab ständig Notfälle und kaum Zeit für irgend etwas anderes. Die Abende, an denen ich zu Stephan und seiner Gruppe ging, waren die einzigen Stunden, die ich für mich selbst erübrigen konnte. Die Fahrt von meiner Praxis nach Los Feliz dauerte knapp eine Stunde. Doch so ausgebrannt und gereizt ich mich auch fühlen mochte, sobald ich die Straße erreicht und meinen Wagen geparkt hatte, war ich wieder bei Kräften. Ich wußte das, und es half mir durch den Verkehr. Außerdem wußte ich, daß es wichtiger für mich war, bei Mobius zu sein, als zu schlafen.

Ich parkte meinen Wagen auf dem Platz vor dem Büro. Dankbar sah ich an dem bescheidenen zweistöckigen Gebäude hinauf. Langsam spürte ich, wie mein Bauch sich entspannte und mein Kopf sich klärte. In der Vergangenheit, als ich so angestrengt versucht hatte, meine Visionen zu unterdrücken, die allgegenwärtig waren und ständig an die Oberfläche kommen wollten, hatte ich mich oft gefühlt, als sei ich in eine winzig kleine Schachtel eingesperrt. Doch während ich als Hellseherin bei Mobius arbeitete, begannen sich die Wände dieser Schachtel aufzulösen. Plötzlich fand ich mich in einer Wirklichkeit wieder, die so allumfassend und grenzenlos war, daß alle Einschränkungen verschwanden und mir klar wurde, daß alles möglich war. Hier erlebte ich Myriaden von Visionen, Bildern, Gefühlen und Lauten, die außerhalb des Bereiches meines normalen Wahrnehmungsvermögens lagen. Hier bei Mobius konnte ich alle begrenzenden und einschränkenden Konzepte meines Selbst aufgeben und zu etwas werden, das weit darüber hinausging.

Und nicht zu vergessen Stephan. Eines Abends nach dem Essen in seinem Apartment, als wir unter uns die endlos sich ausdehnenden funkelnden Lichter von Los Angeles betrachteten, erzählte ich ihm einen meiner Träume. Ich vertraute ihm bereits genug, um es zu riskieren. Für mich sind Träume der persönlichste Teil meines Selbst, den ich mit anderen Menschen teilen kann. Sofort war er auf derselben Wellenlänge und folgte mir Wort für Wort mit Erklärungen und Deutungen, die ich selbst nicht gesehen hatte. Stephan hat die beinahe unheimliche Fähigkeit, solche Bereiche mit mir zu bereisen, und ich mit ihm. Seit jenem Tag haben wir eine Freundschaft, die immer schön, problemlos und stark geblieben ist.

Als ich am Abend des Fern-Sicht-Experiments ins Mobius-Büro kam, saß Stephan noch hinter seinem Schreibtisch und begrüßte mich. Amüsiert beobachtete ich ihn, wie er telefonierte, dabei den Hörer zwischen Ohr und Schulter klemmte und gleichzeitig den Computer bediente, der neben hohen Stapeln von Papier und Akten vor ihm auf dem Tisch stand. Hier war er also, geschäftig wie immer und in der Lage, verschiedene Dinge zur gleichen Zeit zu erledigen. Sein Leben war wie ein Zirkus mit drei Manegen, und er war der Meisterjongleur. Als ich ihn das erste Mal in seinem Büro besuchte, hatte ich eine intuitive Vision von ihm, in der er von Büchern und Manuskripten, die überall auf dem Boden herumlagen, umgeben war. Er war voll bekleidet und nahm eine Dusche mitten in seinem Wohnzimmer. Doch anstelle von Wasser strömte pures weißes Licht aus dem Wasserhahn. Er sorgte sich, daß seine Papiere naß werden könnten, doch ich versicherte ihm, daß sie in dem weißen Licht sicher waren.

Schließlich legte Stephan den Hörer auf, schaute mich an und lächelte. Die Fern-Sicht-Experimente fanden immer in seinem Büro statt, einem kleinen Konferenzzimmer mit Blick auf einen üppigen, wunderschön bepflanzten Garten. Es gab nur ein Bild an der Wand, und zwar eine zwei Meter breite gerahmte Landkarte der ägyptischen Stadt Alexandria, wo 1980, fünf Jahre zuvor, kostbare Schätze durch die hellseherische Arbeit der Mobius-Gruppe gefunden worden waren. Neben der Karte befanden sich mehrere Regale, die vom Boden bis zur Decke reichten, angefüllt mit wissenschaftlichen Werken und Büchern über Parapsychologie und Kunst. Ein Regal enthielt ausschließlich Übersetzungen religiöser Texte und Epen. Der Stapel von Papieren auf Stephans Schreibtisch enthielt Briefe aus den entferntesten Ecken der Welt, geschrieben von Menschen, die die Richtigkeit ihrer übersinnlichen Erlebnisse bestätigt wissen wollten. Obwohl offensichtlich nicht sehr organisiert, war Stephan doch äußerst gründlich, und früher oder später würde er alle diese Briefe persönlich beantworten.

Als wir mit dem Experiment begannen, erwähnte Stephan, daß wir an diesem Abend versuchen wollten, eventuelle Schiffswracks zu lokalisieren, doch um mich nicht zu beeinflussen, teilte er mir keine näheren Einzelheiten mit. Dann stellte er die Telefone ab und trug seinen Mitarbeitern auf, dafür zu sorgen, daß wir nicht gestört wurden. Mir waren die einzelnen Schritte zur Vorbereitung des Fern-Sicht-Experiments schon vertraut, da ich bereits an mehreren teilgenommen hatte. Stephan hatte mich dabei genau beobachtet und mich dann als die geeignete »Seherin« für dieses besondere Projekt ausgewählt. Nachdem wir unsere gewohnten Plätze in den bequemen Sesseln an den gegenüberliegenden Seiten des Tisches eingenommen hatten, stellte er ein Tonbandgerät vor mir auf, um damit die Sitzung aufzunehmen, und legte Bleistifte und Kugelschreiber, ein leeres Blatt Papier und vier verschiedene Seekarten hin.

Nachdem alles vorbereitet war, schloß ich meine Augen und wurde ruhig. Stille füllte den Raum, und die Hitze und der Streß des Tages fielen von mir ab, als ich langsam in einen meditativen Zustand glitt. Ich leerte meinen Geist von allen Gedanken. Der traditionelle Verstand war jetzt nicht gefragt. Kein Analysieren mehr. Totale Empfänglichkeit war angesagt. Nichtdenken. Es ging darum, den zen-buddhistischen Zustand der leeren Reisschüssel zu erreichen, damit das Universum sie füllen konnte. Dann war ich die Reisschüssel. Ich war leer. Ich war bereit. Ich hörte einen Laut, eine Stimme von weit her. Es war Stephan. Er instruierte mich, die unmarkierte Seekarte umzudrehen und damit anzufangen, die verschiedenen Orte aufzuzeigen, an denen versunkene Schiffe auf dem Meeresboden lagen. Er bat mich, meine Aufmerksamkeit besonders auf eine vermißte spanische Galeere aus dem sechzehnten Jahrhundert zu richten. Neben der Lage der Wracks sollte ich ihm sagen, ob es dort irgendwelche geographischen Besonderheiten gab, und ihm detailliert erklären, was dort zu finden war.

Während ich die Karten durchblätterte und in eine leichte Trance verfiel, beobachtete ich, wohin sich meine Hände bewegten. Nichts. Ich wartete geduldig, da ich wußte, daß Eindrücke sich nicht immer sofort einstellen. Noch immer nichts. Eine Minute verging, vielleicht auch zwei. Ich konnte nicht mehr in Zeitbegriffen denken. Plötzlich schien mein Körper lebendig zu werden; ich wurde munterer, wacher, offener. Ohne mich auf irgendwelche Bilder zu fokussieren oder zu denken, war ich auf einmal erfüllt von Gefühlen. Meine Hand glitt über die Karten, und manche Stellen fühlten sich heißer an als andere; dort empfand ich so etwas wie ein Kitzeln, eine gesteigerte Intensität, ein klares, kreisendes Gefühl, als würden Millionen von Atomen in Harmonie vibrieren. Eine Welle von belebender Hitze breitete sich in meinem gesamten Körper aus, während meine Hand weiter über die Karte glitt. Ich fühlte mich, als wäre ich an eine elektrische Steckdose angeschlossen, Schweiß brach mir aus allen Poren. Meine Hand war wie magnetisiert und wurde zu bestimmten Stellen hingezogen. In einer unbewußten Kommunion verband ich mich mit dem Land und dem Wasser.

»Dieses Gebiet ist sehr reich, es hat eine hohe Energie«, sagte ich. »Meine Hand fühlt sich an, als würde sie verbrennen.«

»Wie sieht es dort aus?« fragte Stephan.

»Dies sind Landmassen.« Ich zeigte auf einen Punkt auf der Seekarte. »Dort herrscht eine hohe Frequenz, wie eine Schallwelle, die an den Landmassen auf und ab gleitet.«

Stephan war zufrieden mit meiner Antwort, und ein wenig unbeteiligt beobachtete ich meine Hand, die noch immer vor Hitze prickelte, wie sie auf der Karte drei Gebiete von etwa einem Kilometer Durchmesser markierte.

»Mach weiter, Judith«, forderte Stephan mich auf. »Zeichne ein Bild von den Objekten, die Du dort zu finden glaubst.«

Ich hatte keine Ahnung, ob meine Zeichnungen irgendeinen Sinn ergeben oder einfach eine unzusammenhängende Anhäufung von Kritzeleien darstellen würden. Ich selbst war lediglich Zeuge dieser kreisenden Bewegungen und langen, ausladenden Linien, die sich nach ihrem eigenen Rhythmus verbanden. Während ich das leere Papier betrachtete, sah ich, wie meine Hand zunächst einen Anker zu zeichnen begann, dann ein kreuzförmiges Medaillon und einige Medizinfläschchen.

Als diese Zeichnungen vollendet waren, hörte die Bewegung meiner Hand auf. Ich wußte, ich konnte sie nicht erzwingen, ich wußte auch, daß es sinnlos war, das zu zeichnen, was mein Verstand sehen wollte, anstatt mich führen zu lassen. Also hörte ich auf und legte den Bleistift aus der Hand. Für den Rest der Sitzung beantwortete ich Stephan einige detailliertere Fragen im Hinblick auf den genauen Lageplatz der Schiffe und ihre Fracht. Nach ungefähr einer Stunde waren wir fertig. Stephan beschriftete das Tonband mit meinem Namen und dem Datum und legte es dann ab.

Wie er mir später erklärte, hatten wir damit mit der ersten Stufe des *Seaview*-Projektes begonnen. Ein kalifornischer Unternehmer hatte ihm einen Vorschlag gemacht: Zusammen mit dem Einsatz von Suchflugzeugen und traditionellen Magnetmeßgeräten, die Metall aufspüren können, sollte Mobius versuchen, durch Einsatz von »Fern-Sicht« ein 1500 Kilometer großes Gebiet der Großen Bahamabank nach versunkenen Schiffen und vergrabenen Schätzen abzusuchen. Stephan war an dem Projekt interessiert, doch wußte er, daß die Kosten für solch ein Unternehmen immens sein würden. Durch schiere Willenskraft brachten Stephan und einige seiner Mitarbeiter eine Million Dollar auf, um das Projekt zu subventionieren. So etwas hatte es noch nie gegeben, da in der Vergangenheit der Bereich der Parapsychologie notorisch unterfinanziert war. Doch Stephan war in der Lage, das Unmögliche möglich zu machen; er war ohne Frage ein echter Pionier.

Im August 1985, nach monatelangen historischen Forschungen, beschrieb unsere Gruppe ein Gebiet in der Karibik, in dem höchstwahrscheinlich einige versunkene Schiffswracks zu finden waren. Daraufhin besorgte sich Stephan eine Lizenz der Regierung der Bahamas, die es ihm gestattete, Untersuchungen in diesem Gebiet vorzunehmen. Später fertigte er einige Karten der näher bestimmten Standorte an, die er mir und elf anderen Mitgliedern der Mobius-Gruppe gab. Im Laufe der nächsten zwei Jahre, in denen wir in dieses Projekt involviert waren, interviewte er jeden einzelnen von uns mehrere Male. Um unsere Unbefangenheit nicht zu gefährden, einigten wir uns wie gewöhnlich darauf, unsere Sitzungen sowie alles, was mit dem Experiment zu tun hatte, nicht untereinander zu diskutieren.

Nachdem alle notwendigen Fern-Sicht-Experimente abgeschlossen waren, wurden die Karten der einzelnen Teilnehmer auf Übereinstimmungen untersucht. Unabhängig voneinander und ohne von unseren Befragern darauf hingewiesen worden zu sein, hatten wir alle verschiedene identische Lagepunkte gewählt. Diese sechs übereinstimmenden Bereiche zeigten uns die Richtung an, in der wir mit unserer Arbeit vor Ort beginnen konnten.

Im ersten Interview mit Stephan hatte ich zum Beispiel unter anderem die Insel Beak's Cay als Ort identifiziert, an dem ein Wrack zu finden sei. Wie ich später erfuhr, hatten sechs andere Hellseher unserer Gruppe den gleichen Platz genannt. Unsere Beschreibungen waren erstaunlich ähnlich: »Es ist wie die Spitze eines unbewohnten Sandberges, die über das Wasser hinausragt und sich nach unten fortsetzt«, hatte ich Stephan gesagt, wobei ich bemüht war, ihm so viele Einzelheiten wie möglich mitzuteilen. »Eine Reihe von unter Wasser befindlichen Flußarmen«, berichtete André, »keine richtigen Inseln, obwohl sie über einen Kilometer lang sind.« Und Hella hatte Stephan wissen lassen, daß sie »wie niedrige Riffe aussehen, von denen Felsen über die Wasserfläche hinausragen, die unbewohnt sind, doch leichte Vegetation aufweisen.«

Nachdem wir uns auf die gemeinsam beschriebenen Stellen geeinigt hatten, waren wir bereit, uns auf den Weg nach Miami zu machen. Unglaublicherweise war die Expedition Realität geworden. Nicht nur handelte es sich hier um ein einmaliges Abenteuer, sondern alle unsere Reisekosten wurden bezahlt und darüber hinaus würde jeder von uns einen Anteil des gefundenen Schatzes erhalten. Meine Eltern konnten es nicht fassen. Sie hatten gemischte Gefühle hinsichtlich meiner Zusammenarbeit mit Mobius. Was auch immer bei der

Reise herauskommen würde, mein Vater bezeichnete nach wie vor Dinge wie mediales Sehen als »anders«. Doch sie freuten sich über den Erfolg meiner Praxis – ich hatte mehr Anfragen von Patienten, als ich behandeln konnte –, und da mein Vater sah, daß meine sonstigen Fähigkeiten mir nicht schadeten, war er für alles offen. Doch am wichtigsten war, daß er Vertrauen in meine Entscheidungen hatte. Selbst wenn mein Vater nicht an das Übersinnliche glaubte, so glaubte er doch an mich.

Meine Mutter war trotz ihrer Vorbehalte fasziniert von Mobius. Sie unterstützte die Gruppe ganz offiziell, obwohl sie mich gleichzeitig warnte, damit nicht »zu weit zu gehen«. Wie üblich war sie besorgt, was andere Ärzte darüber denken könnten, und fürchtete, daß ich den Erfolg meiner Praxis durch meine Mitarbeit bei Mobius gefährden würde. Doch in dem Maße, wie ich als Frau, Ärztin und Hellseherin mehr Selbstvertrauen gewann, wurden die unerbittlichen Ansichten meiner Mutter weniger bedrohlich. Im Laufe der Jahre hatten wir daran gearbeitet, uns näher zu kommen, und über unsere Schwierigkeiten offen miteinander gesprochen. Wir waren beide starke Frauen und hatten gelernt, die Bedürfnisse des anderen zu respektieren. Mit meinem beruflichen Erfolg verschwanden einige ihrer Ängste. Obwohl es ihr nach wie vor schwer fiel, meine Identität als Hellseherin zu akzeptieren, empfand sie diese nicht mehr als unüberwindliches Hindernis. Meine Mutter wollte aktiv an meinem Leben teilnehmen, in dem Mobius nun eine wichtige Rolle spielte. Daher beobachtete sie vorsichtig, doch mit echtem Interesse, meine Arbeit bei der Gruppe und wollte alle Einzelheiten unserer Projekte wissen.

Im September 1987, nachdem ich mich von meinen Eltern und Freunden verabschiedet hatte, flog ich von Los Angeles nach Miami, um dort Stephan zu treffen, Hella, Alan und die anderen der Gruppe auf der *Seaview*. Ich hatte herrliche Dinge über diese vierzig Meter lange Yacht gehört: Sie bot Platz für zweiundzwanzig Passagiere, war mit einem erstklassigen Navigationssystem ausgestattet und hatte komplette Taucherausrüstungen an Bord.

Stephan holte mich am Flughafen ab und fuhr direkt mit mir zu der Schiffswerft, wo die *Seaview* vor Anker lag. Meine Erwartungen lagen jedoch voll daneben. Bei der *Seaview* handelte es sich nicht um eine Luxusyacht, sondern sie war ein einfach konstruiertes Nutzschiff, das die Ölplattformen außerhalb des Golfs von Mexiko versorgt hatte, bevor sie für Forschungszwecke umgebaut worden war. Ich warf einen Blick darauf und wollte sofort umkehren, doch zügelte ich diesen Impuls und folgte Stephan an Bord.

Das Hauptdeck sah aus wie ein Schrottplatz, übersät mit Werkzeugen und lärmenden Maschinen. Oberhalb der Zwillingsmotoren des Schiffs befand sich ein Paar riesiger Metallschieber, die Löcher in den Meeresboden graben konnten, falls wir ein Wrack entdecken sollten. Die Kajüten im Unterdeck bestanden aus mehreren Reihen schmaler Holz-Etagenbetten, die eng beieinanderstanden. Das hieß, daß Crew, Taucher und Mobius-Mitglieder alle zusammengepfercht schlafen würden, ohne irgendeine Abtrennung zwischen den Betten oder die Möglichkeit einer Privatsphäre. Es gab nur drei Duschen an Bord und nicht viel heißes Wasser. Man forderte uns auf, die Toiletten nur dann zu spülen, wenn sie komplett voll waren. Und als wenn das alles nicht schon schlimm genug gewesen wäre, so mußten wir auch noch Tag und Nacht den unaufhörlichen Lärm der Schiffsmotoren über uns ergehen lassen. Ich war sicher, keinen einzigen Augenblick schlafen zu können.

In Miami war Sturmwarnung gegeben worden, also verließ ich die *Seaview* und mietete mich im örtlichen Holiday Inn ein. Ich brauchte Zeit, um mich an die Idee zu gewöhnen, auf einem Schiff zu leben. Ich war nie ein Fan von Abenteuerausflügen und primitiven Lebensbedingungen gewesen, sondern schätzte meine Privatsphäre und liebte heiße Bäder. Doch ein paar Tage später, als sich die Wetterlage gebessert hatte, zog ich, wenn auch lustlos, mit den anderen auf die *Seaview*. Wir befestigten Vorhänge zwischen den einzelnen Betten, um wenigstens etwas Privatraum zu gewährleisten, und lichteten um fünf Uhr morgens den Anker.

Unser Ziel waren Bimini und die Große Bahamabank. Während ich den Hafen von Miami in der Ferne immer kleiner werden sah, beseitigte eine Welle der Begeisterung all meine Befürchtungen. Später am Nachmittag, als ich im Sonnenuntergang auf dem Bug saß und Wärmeblitze über den Himmel schießen sah, dachte ich darüber nach, wie ich hierher gekommen war. Mit den nackten Füßen über die Reling des Schiffes baumelnd, nur mit ein Paar Shorts und einem T-Shirt bekleidet, fühlte ich mich zum ersten Mal seit Jahren wirklich frei.

Die *Seaview* war eine Miniatur-Stadt, berstend vor Aktivität und angetrieben von dem besonderen Geist einer gemeinsamen Aufgabe. Wir alle verschmolzen zu einer – wie Stephan es formulierte – »funktionierenden Einheit miteinander verbundener Seelen, Körper und Geister, verbunden mit dem Großen Geist«. Wir hatten ein konkretes Ziel, doch das ganze Projekt war durchdrungen von einem spirituellen, wenn auch nicht übermäßig religiösen Impuls. Wir alle, von Stephan ausgewählt, teilten den Glauben an eine göttliche Intelligenz und die Verbundenheit aller Dinge untereinander. Die Absicht unserer Mission war es, eine spirituelle wie auch wissenschaftliche Gemeinschaft zu bilden. Wir begannen jeden Tag mit einer Gruppenmeditation, wobei wir darum baten, in Übereinstimmung mit dem göttlichen Plan geführt zu werden.

Wir fingen um acht Uhr morgens mit der Arbeit an und waren oft erst lange nach Einbruch der Dunkelheit fertig. Wir alle befanden uns im ständigen Einsatz, planten unsere Aktivitäten, hielten Fern-Sicht-Sitzungen ab und sprachen über unsere Erfahrungen im Hinblick auf die Zusammenarbeit von Wissenschaft und Übersinnlichem. Die Aufregung war ansteckend; mindestens einer von uns hatte immer eine neue Theorie, Hoffnung oder einen Traum. Am Ende jedes Tages war ich glücklich erschöpft, und trotz des unaufhörlichen Motorenlärms, der mein Bett in ständige Vibration versetzte, schlief ich tiefer als je zuvor in meinem Leben.

Als wir den ersten markierten Übereinstimmungsbereich erreicht hatten, nahm jeder der Hellseher noch einmal ein genaueres Fern-Sicht-Experiment vor, um den Ort möglicher Schiffswracks so exakt zu lokalisieren, daß die Taucher mit ihrer Suche beginnen konnten. Wir sollten dann einzelne Erkundungsfahrten unternehmen, um intuitiv zu erfühlen, wo sich ein Wrack befand. Bojen sollten dort ausgesetzt werden, und die Taucher würden später das Gelände darunter erkunden. Während einige von uns damit beschäftigt waren, versuchten sich andere im medialen Sehen anderer Gegenden.

Eines Morgens kurz nach Sonnenaufgang war das Meer von einer so intensiv türkisen Farbe und so transparent, daß man Schwärme schillernder Fische und Schildkröten unter der Wasseroberfläche schwimmen sehen konnte. Einer der Taucher und ich bestiegen ein kleines Schlauchboot, das mit einem Radarreflektor ausgestattet war. Wir saßen mitten im Ozean, zwanzig Meilen entfernt von der Küste Biminis. Ich schloß meine Augen, und während ich auf das leise Geräusch der kleinen Wellen hörte, die sanft gegen den Bug unseres Bootes schlugen, konzentrierte ich mich auf die anstehende Arbeit. Innerhalb von Sekunden tauchte das Bild eines Ortes vor meinem inneren Auge auf. Das mediale Sehen war so viel einfacher, während man im Sonnenschein auf dem warmen Wasser schaukelte; die Visionen kamen schneller und natürlicher als auf dem

Land und nahmen einen gewissen Rhythmus an, eine Nahtlosigkeit, die ich in der Stadt nie empfunden hatte. Indem ich einfach nur das Wasser betrachtete und den Wellen zuhörte, wurden mir Dinge gezeigt. Als die Bilder sich in meinem Kopf zu formen begannen, sah ich so etwas wie eine Unterwasserwand, unmittelbar neben einer warmen, sprudelnden Strömung. Sie befand sich in der Nähe eines Bereiches, den wir auf unserer Karte als 41 Grad Nord und 47 Grad Ost markiert hatten. Es kam selten vor, daß ich Zahlen aufgriff, daher überraschte mich die Klarheit dieser Wahrnehmung.

Eine Viertelstunde später hatten wir die Stelle gefunden, vermerkten sie auf unserer Arbeitskarte und setzten eine Boje aus. Danach ging der Taucher hinunter, um die Gegend zu untersuchen, und ließ mich allein in unserem kleinen Boot zurück. Die *Seaview* war jetzt nicht mehr zu sehen; auf allen Seiten war ich von einer endlosen Wasserfläche umgeben. Die Sonne schien auf meine Schultern, und das Meer glänzte wie ein leuchtendes Juwel. Wie aus dem Nichts erschien plötzlich eine Gruppe von sieben blaugrauen Delphinen. Sie alle tauchten auf einmal auf und umkreisten mein Boot, wobei sie im Einklang mit ihren Schwanzflossen schlugen und in hohen, zirpenden Tönen sangen, die mich an einen unvergeßlichen Klang erinnerten, den ich vor langer Zeit in einem Traum gehört hatte. Ein paar köstliche Augenblicke lang glaubte ich, im Himmel zu sein, und war wunschlos glücklich.

Plötzlich erschien der Kopf des Tauchers über dem Wasser, und er schrie: »Ich habe ein Schiff gefunden!« Ich war begeistert und außer mir vor Freude, daß meine Vision richtig gewesen war. Er kletterte ins Boot zurück und erzählte mir, daß ein etwa fünfzehn Meter langes Segelschiff, das nicht älter als zehn Jahre sein dürfte, auf einer erhöhten Sandbank lag. Obwohl das Boot keine archäologische Signifikanz besaß, war es ein ermutigendes Zeichen, daß wir bereits am ersten Tag unserer Arbeit vor Ort auf der richtigen Spur waren. Der einzige Fehler, den ich gemacht hatte, war der, daß ich mein Ziel während des medialen Sehens nicht spezifiziert hatte. Ich hatte mich darauf konzentriert, ein versunkenes Schiff zu finden, doch hatte ich die Art des Schiffes nicht genauer detailliert.

Während der ganzen Reise arbeitete unser Team von Hellsehern vier Stunden lang, machte dann eine Pause, um danach weitere vier Stunden zu arbeiten – entweder indem wir die Karten studierten und Fern-Sicht-Experimente unternahmen oder mit den Tauchern hinausfuhren. Stephan beschrieb es so, daß wir einen Gruppengeist und damit einen außergewöhnlichen Energiestrom gebildet hatten: Die Hellseher stellten den intuitiven Aspekt des Geistes dar, die Wissenschaftler den analytischen Verstand, die Crew die physische Kraft, und Stephan war der Koordinator. Untereinander waren wir unsichtbar, doch sehr stark miteinander verbunden, vereint durch unser gemeinsames Ziel und die intensive körperliche Nähe.

Die Hellseher hatten alle viel Erfahrung mit dem medialen Sehen, doch hatten sie alle auch besondere Fähigkeiten, die sich gegenseitig ergänzten. Denn die Talente, die wir in unserem normalen Leben besaßen, neigten dazu, unsere übersinnlichen Impressionen zu formen. Hella, Malerin und Fotografin, hatte eine Gabe für genaue Beschreibungen und konnte deutlich geometrische Formen, Farben, Schatten und Verzierungen sehen. Über ein gesunkenes Schiff, das wir später tatsächlich fanden, sagte sie: »... Zylindrische Balken ragen auf und bilden den Mast. Im unteren Deck, eingehüllt in Dunkelheit, sind rechteckige Planken, die den Boden des Schiffes bilden.« Jack, von Beruf Ingenieur, hatte ein Talent für die Beschreibung technischer Details und sah »metallene Gelenke, die Teile der Takelage an den Spannungspunkten miteinander verbinden und einen rechten Winkel bilden, um größtmögliche Beweglichkeit und maximale mechanische Flexibilität zu gewährleisten.« Michael, der Autor und Regisseur, den ich auf Brughs Seminar kennengelernt hatte, besaß eine Gabe, räumliche Beziehungen zu visualisieren, und er beschrieb »mottenzerfressene, rechteckige Balken, die so übereinander liegen, daß sie eine Pyramide formen.« Ben, Fernsehregisseur, konnte wunderbar die ganze Situation beschreiben, so als würde er durch die Linse einer Kamera schauen, um sich einen Überblick über eine Szene zu verschaffen: »Ich sehe ein Schiff mit zwei Decks. Die Schlafquartiere befinden sich im Unterdeck, außerdem eine kleine Küche mit Vorratsraum auf der Backbordseite. Das Oberdeck ist riesig, ungefähr dreißig Meter lang, wenn nicht länger.« Und ich, als trainierte Zuhörerin und Psychiaterin, die sich vor allem mit den Gefühlen ihrer Patienten beschäftigte, bemerkte die Überreste eines Sklavenschiffes, wobei die Intensität des Elends dieser Sklaven mich unweigerlich dazu führte, die Lage des Wracks genau zu bestimmen. Ich konnte die Qual der Gefangenen spüren; ich sah sie gefesselt, halb verhungert und krank, in trostlosester Verzweiflung und Angst.

Gegen Ende der Woche nahm die *Seaview* Kurs nach Norden, um die Übereinstimmungszone, die sich etwa sechzehn Kilometer um Beak's Cay herum ausdehnte, zu untersuchen. An einem regnerischen Abend, mit drohenden Sturmwolken über unseren Köpfen, warfen wir drei orangefarbene Bojen ins Meer, unweit einer kleinen, unbewohnten Sandsteininsel, die fast genauso aussah, wie es unser Hellseher-Team in Los Angeles beschrieben hatte. Stephan wollte zunächst diese Gegend nicht näher untersuchen, da sie ein beliebter Tummelplatz für Sporttaucher war und seit Jahrhunderten eines der am meisten geplünderten Gebiete der Bahamabank. Außerdem hatte das Magnetmeßgerät nicht genügend angezeigt, um sicher sein zu können, daß dort ein größeres Schiffswrack zu finden war. Auch waren wir unsicher, ob das Wetter mitspielen würde. Es gab also genug Gründe, diese Gegend nicht zu untersuchen. Doch was unsere Expedition so besonders machte, war die Tatsache, daß sie nicht nur von logischen Überlegungen bestimmt wurde.

Beim Abendessen drängten Hella, Alan und ich Stephan, nicht einfach an diesem Platz vorbeizufahren. Als er uns einzeln zur Seite nahm und nach unseren jeweiligen Eindrücken befragte, sagten wir alle unabhängig voneinander, daß wir glaubten, am nächsten Tag vielleicht etwas Wertvolles zu finden. Trotz des Wetters und der schwachen Angaben des Meßgerätes sagte uns unser Instinkt, daß es besser war, nicht weiterzufahren. Stephan hörte auf uns. Er betrachtete uns Hellseher als sein Radarsystem, seine Antennen, und war einverstanden, weitere vierundzwanzig Stunden in Beak's Cay zu bleiben.

Nach den intuitiven Readings sowohl in Los Angeles als auch vor Ort mußte sich ganz in der Nähe ein versunkenes Schiff von beträchtlichem Wert befinden. Die Taucher suchten gründlich den sandigen Meeresgrund ab, doch sie fanden nichts. Doch gerade als sie aufgeben und zur *Seaview* zurückschwimmen wollten, bemerkte einer von ihnen eine Reihe von Feuerkorallen, die von dickem Seetang bedeckt waren. Obwohl es keinen Hinweis auf ein Schiffswrack gab, folgte er seiner Intuition und brach mit einem Hammer ein Stück der Korallen ab, woraufhin eine Reihe von Eisenhaken sichtbar wurde, mit denen man früher die Rippen eines Bootes mit dem Kiel verbunden hatte. Als sie auftauchten, schwenkten die Taucher begeistert die kleinen Metallstücke in der Luft. Aufgeregt versammelten wir uns alle an Deck, um sie zu begrüßen, wie Helden, die aus dem Krieg heimkehrten. Die Atmosphäre war absolut euphorisch.

Leider war Hurrikansaison auf den Bahamas. Ein großer Sturm näherte sich von der Küste Südamerikas und konnte jeden Moment zuschlagen. Nach zwölf Tagen auf See wurden Hella, Alan und ich schließlich von einem Privatboot abgeholt, um unsere Heimreise anzutreten. Trotz der bedrohlichen Wetterbedingungen blieb die *Seaview* noch eine Woche draußen, in der Stephan und die anderen Taucher weitere Proben von Metall, Holz und Nägeln sammelten. Dann kehrte das Schiff nach Miami ins Trockendock zurück, wo verschiedene Veränderungen und Anbauten vorgenommen wurden. Sechs Wochen später kehrte die Crew ohne die Hellseher zu Beak's Cay zurück und legte ein unzerstörtes, mehr als dreißig Meter langes Schiff frei, das unter einer dicken Decke von Sand und Seetang gelegen hatte. Später wurde festgestellt, daß es sich dabei um die *Leander*, ein mit Waffen ausgerüstetes amerikanisches Handelsschiff handelte, das 1834 in der Nähe von Beak's Cay untergegangen war.

Die Entdeckung dieses Schiffes nach 150 Jahren und vielen vergeblichen Suchexpeditionen stellte eine archäologische und historische Sensation dar, da die *Leander* eines der am besten erhaltenen versunkenen Schiffe war, die je im Bereich der Bahamabank gefunden wurden. Sie hatte mehr als ein Jahrhundert lang ungestört im Meeresboden vergraben gelegen. Welch eine Vorstellung, ein ganzes Schiff auszugraben, das fast noch genauso aussah wie damals, bevor es versank. Es vermittelte nicht nur Wissen darüber, wie Segelschiffe im frühen 19. Jahrhundert konstruiert waren, sondern überraschte uns mit einer Reihe persönlicher Gegenstände, die zur damaligen Zeit benutzt wurden. Es wurden sehr persönliche Objekte, die den Passagieren gehört hatten, aus dem Wrack geborgen, die unsere Gruppe von Hellsehern beschrieben hatte: ein Rasierer mit Perlmuttgriff, Teile eines Zeichenkastens, ein Zinnkrug. Besonders interessant waren einige kleine Flaschen an Bord, da Glas wegen der konstanten Bewegung der Wellen und der Sandbänke selten intakt bleibt.

Die Suche nach weiteren versunkenen Schiffen wurde fortgesetzt. Insgesamt wurden achtzehn Wracks gefunden, die meisten neueren Datums, von denen viele von den Hellsehern medial gesichtet und danach von Magnetmeßgeräten bestätigt worden waren. Am meisten erstaunte mich dabei, daß die entsprechenden Stellen von unserer Gruppe zwei Jahre, bevor wir überhaupt zum ersten Mal auf die Bahamas reisten, so exakt beschrieben worden waren. Zeit und Raum behinderten uns offensichtlich nicht. Die Information existierte und konnte daher medial empfangen werden.

Zu einem späteren Zeitpunkt unserer Expedition legte unsere Crew eine lange Reihe von Farbhölzern frei, die den Meeresboden bedeckten. Mit Hilfe dieser besonderen Holzarten war es möglich, das tiefe Schwarz und die satten Rottöne zu kreieren, die typisch für die Malerei der Renaissance sind. Sie wurden aus der Neuen Welt nach Spanien gebracht und waren so wertvoll, daß nur Galeonen und reiche Handelsschiffe sie transportierten. Folglich deutete die Reihe von Farbhölzern darauf hin, daß sich in der Nähe eine spanische Galeone aus der Zeit des 15. oder 16. Jahrhunderts befand.

Das Ganze war um so aufregender, als Farbholz keinerlei metallene Bestandteile hat – das heißt, daß kein technologisches Gerät es hätte aufspüren können. Hier handelte es sich um ein außergewöhnliches Beispiel dafür, wie das Übersinnliche als ein essentieller Teil unseres Projektes funktionierte. Andere Mitglieder unseres Teams, die Historiker und Archäologen, datierten dann das Farbholz und bestätigten seine Signifikanz. Das Übersinnliche, die Analytik und die Technologie arbeiteten harmonisch zusammen. (Damals wußte ich es nicht, doch bald darauf war das Kapital für unser Projekt aufgebraucht. Mittlerweile wurde die Suche nach der spanischen Galeone jedoch wieder aufgenommen. Ein Wrack ist in der Nähe des Farbholzes gefunden worden, das mehrere Dutzend Smaragde an Bord hatte. Die Arbeit wird fortgesetzt.)

Am Tag meines Abflugs von den Bahamas hatte ich das Gefühl, als ließe ich einen Teil von mir dort zurück. Beim Start in Bimini in einem zweimotorigen, weißen Wasserflugzeug sah ich traurig die goldene Silhouette der Inseln hinter mir verschwinden. Doch gleichzeitig fühlte ich mich stolz und glücklich, erfüllt von dem Abenteuergeist des Projektes, der engen Kameradschaft, die sich zwischen uns allen entwickelt hatte, dem Wissen darum, wie wunderbar Wissenschaft und Intuition sich verbunden hatten. An Bord der *Seaview* war ich ein respektiertes Mitglied einer geistigen Familie gewesen – das Gegenteil meiner Kindheitserfahrungen, eine Rehabilitation. Ich war tief berührt von der Verbundenheit, der Gemeinsamkeit auf unserer unglaublichen Reise. Aus einem Traum geboren, war die *Seaview* Wirklichkeit geworden.

Auf dem Flug nach Hause besprachen wir unser Experiment noch einmal und waren alle sehr stolz. Unser Ziel war es gewesen, ein mediales archäologisches Projekt durchzuführen. Es war uns gelungen – wir hatten den praktischen Nutzen von medialem Sehen bewiesen, indem wir damit achtzehn Schiffe lokalisiert hatten. Doch unsere Expedition hatte uns noch viel mehr bedeutet. Die Reise auf der *Seaview* war eine spirituelle Pilgerfahrt geworden, eine Mission, in die wir uns mit Herz und Seele eingebracht hatten. Die Kraft, die aus einem so inspirierten Gruppenunternehmen resultiert, ist ungeheuer. Wir lernten, daß das Übersinnliche eine wirkungsvolle technische Begabung ist, die manchmal sogar die Fähigkeiten von Radar, Sonar und Magnetmeßgeräten übertrifft. Doch am wichtigsten war, daß das Übersinnliche uns etwas Wesentliches über die menschliche Natur zeigte: daß wir alle Teil eines miteinander verbundenen Netzwerkes sind, in der Lage, Informationen aufzunehmen, die jenseits der Grenzen des rationalen Verstandes liegen. Indem wir den übersinnlichen Aspekt unseres eigenen Selbst erforschen, entdecken wir unsere Verbundenheit mit einem größeren Ganzen, eine Weisheit, die es uns erlaubt, die Größe und die Möglichkeiten zu sehen, die Menschen erreichen können.

Ich hatte einen flüchtigen Blick auf das große Mysterium werfen dürfen, und mir wurde staunend bewußt, wieviel wir noch nicht wissen. Ich stellte fest, daß wir Menschen gerade erst angefangen haben zu lernen, wie wir unsere intuitive Seite nutzen können. Mein Kopf war voller Fragen: Woher kommen eigentlich diese Informationen? Wo sind sie gespeichert? Was können wir tun, damit wir immer Zugang zu ihnen haben? Und noch faszinierender: Wie konnte ich mediales Sehen in meiner Arbeit als Psychiaterin einsetzen? Bis jetzt war ich sehr vorsichtig gewesen und hatte nur selten das Übersinnliche in die Therapie mit meinen Patienten inkorporiert. Hatte ich eine eindeutige Vorahnung, so hörte ich auf sie, doch das passierte nur ab und zu. Ich besaß keine erprobte Vorgehensweise, um die subtileren Aspekte der Intuition zu integrieren. Es hatte einige Jahre Arbeit mit Mobius gebraucht, bis ich meinen eigenen Fähigkeiten wirklich vertraute. Und meine Praxis war mir heilig. Ich wollte nicht mit irgendeiner Technik experimentieren, bevor sie mir vollkommen vertraut war. Doch meine Erfahrungen auf der *Seaview* hatten eine Gewißheit in mir geweckt: Ich war jetzt bereit, eine neue Phase in meiner Arbeit zu beginnen.

Da ich also während des medialen Sehens einen weit entfernt lebenden Menschen, einen Ort oder ein Geschehen genau beschreiben konnte, bevor ich ihn kannte und bevor das Ereignis eingetreten war, erschien es mir nur logisch, daß ich das gleiche Prinzip anwenden konnte, um Informationen über meine Patienten zu bekommen, insbesondere die, die das erste Mal zu mir in die Praxis kamen. Also beschloß ich, daß ich vor meiner ersten Begegnung mit einem Patienten versuchen würde, mich medial auf ihn einzustimmen. Dann konnte ich anschließend die so gewonnenen Informationen mit den tatsächlichen Fakten, die sie mir gaben, vergleichen. Solch eine erste Prüfung war eine ideale Möglichkeit, um die Zuverlässigkeit des medialen Sehens im Hinblick auf meine psychiatrische Arbeit zu testen.

Nachdem ich einige Monate lang Fern-Sicht-Experimente mit meinen Patienten gemacht hatte und diese zutreffend gewesen waren, hinterließ eines Morgens eine Frau namens Robin eine Nachricht für mich auf meinem Anrufbeantworter. Sie sagte, daß sie auf der Suche nach einem neuen Therapeuten sei, und sie wollte einen Termin mit mir vereinbaren. Ich war ihr von niemandem empfohlen worden, noch hatte sie erklärt, warum sie einen Therapeuten suchte. Sie hinterließ lediglich ihren Vornamen und eine Telefonnummer im San Fernando Valley.

Ich notierte mir die Nummer und legte sie auf meinen Schreibtisch. In der Mittagspause, meiner ersten Unterbrechung an diesem arbeitsreichen Morgen, nahm ich mir zehn Minuten Zeit, um mich medial auf Robin einzustimmen. Ich stellte das Telefon ab, legte mich auf die Couch und schloß die Augen. Passiv fokussierte ich mich nur auf ihren Namen. Ich zog meine Aufmerksamkeit von den Geräuschen, Gerüchen und dem Anblick meiner materiellen Umgebung ab und leerte meinen Geist. Ich hatte keine spezifischen Fragen; ich blieb einfach offen für alle Impressionen, die ich vielleicht empfangen würde.

Innerhalb von Sekunden überfiel mich eine starke Unruhe. Ich war auf eigenartige Weise unangenehm berührt von Robin und hatte das Gefühl, gleichzeitig in entgegengesetzte Richtungen gezogen und gestoßen zu werden. Sie hatte etwas an sich, das mir nicht geheuer war; ich fragte mich, warum sie ausgerechnet mich sehen wollte. Obwohl ich es nicht begründen konnte, hegte ich den Verdacht, daß sie nicht ehrlich mir gegenüber sein würde. Das einzige, was ich deutlich erkennen konnte, war eine Flasche Scotch auf einem Küchentisch und der Geruch von Alkohol, der in der Luft hing.

Ich notierte meine Eindrücke in einem Notizblock mit der Absicht, sie mit dem zu vergleichen, was Robin mir erzählen würde. Doch hatte mich das Reading so irritiert, daß ich nicht sicher war, ob ich überhaupt einen Termin mit ihr ausmachen wollte. So etwas kam so gut wie nie vor. Selbst meine schwierigsten Patienten riefen nicht solche lauten Alarmsignale hervor. Die Tatsache, daß meine Fern-Sicht-Experimente bisher so zutreffend gewesen waren, trug zu meiner Entscheidung bei, vorerst keinen Kontakt mit Robin aufzunehmen. Statt dessen wartete ich ab.

Ein paar Stunden später erhielt ich einen Anruf von einem Mr. Young vom Büro des Staatsanwaltes für den Bereich Los Angeles. Er sagte mir, daß ihm ein Prozeß gegen Robin zugeteilt worden sei.

»Robin hat die gerichtliche Auflage erhalten, sich einer Psychotherapie und Behandlung ihrer Alkohol- und Drogenabhängigkeit zu unterziehen«, erklärte er mir. »Außerdem sollten Sie wissen, daß der Staatsanwalt Beschwerden von zwei Psychotherapeutinnen vorliegen hat, die mit Robin gearbeitet haben. Es sieht so aus, als hätte sie in beiden Fällen ein obsessionsartiges Verhältnis entwickelt. Die Therapeutinnen bezichtigen sie der fortgesetzten Belästigung.«

Mr. Young beschrieb, wie Robin unangemeldet in die Praxis der Therapeutinnen kam und sie zu allen Tag- und Nachtstunden anrief. Schließlich war ihr vom Gericht eine Order zugestellt worden, sich nicht mehr im Umkreis der Praxen antreffen zu lassen. Da Mr. Young erfahren hatte, daß Robin beabsichtigte, eine Therapie bei mir zu beginnen, riet er mir davon ab und meinte, sie sei wahrscheinlich besser bei einem männlichen Therapeuten aufgehoben.

Ich stimmte ihm zu und dankte ihm, ohne ihm von meinen medialen Eindrücken zu berichten. Ich war froh, so leicht davongekommen zu sein. Robin hörte sich an wie der Alptraum eines jeden Psychiaters. Das Ganze hätte sehr unangenehm werden können. Doch dank meiner medialen Einstimmung auf Robin und Mr. Youngs zufälligem Anruf blieb mir unnötiger Kummer erspart.

Später rief ich Robin an und sagte ihr, warum ich sie nicht behandeln konnte. Ich teilte ihr mit, daß ich mit Mr. Young gesprochen hatte und daß wir beide es für besser hielten, wenn sie sich einen männlichen Therapeuten suchte. Obwohl sie diesen Vorschlag zunächst wütend ablehnte, erfuhr ich einige Zeit später von Mr. Young, daß sie ihn doch befolgt hatte. Wir hatten beide die Hoffnung, daß Robin mit der Hilfe dieses Therapeuten Fortschritte machen würde.

Von da an machte ich es mir zur Gewohnheit, jeden neuen Patienten vor der ersten Begegnung zu »lesen«. Das gab mir einen schnellen und zuverlässigen Eindruck der Grundthemen, sowohl physisch als auch emotional, und zeigte mir, welchen Kurs die psychotherapeutische Behandlung nehmen mußte, um den größtmöglichen Erfolg zu erzielen. Im Laufe der Zeit erwies sich dieses mediale Sehen als ein Gottesgeschenk. Es half mir, schnell die vielen Anrufe einzuordnen, die ich jeden Tag bekam. Wenn ich während des medialen Sehens feststellte, daß ich mit einem Patienten nicht gut klarkam, lehnte ich eine Behandlung ab. Jedoch versuchte ich jedes Mal, den Anrufer an einen anderen Therapeuten weiterzuleiten, von dem ich intuitiv annahm, daß er mit ihm besser zurechtkommen würde. Dies ersparte dem Patienten nicht nur unnötige Ausgaben, sondern war auch für beide Teile zeitsparend. Spätere Rückmeldungen zeigten mir, daß ich eine gute Vermittlerin war: Die therapeutischen Verbindungen, die ich initiiert hatte, funktionierten in der Regel gut.

Durch die Experimente bei Mobius und den Gebrauch des medialen Sehens bei der Auswahl meiner Patienten bekam ich langsam immer mehr Vertrauen in meine medialen Fähigkeiten. Dadurch, daß ich sie ständig einsetzte, nährte ich die Flamme, die sie am Leben hielt. Und sowie ich sie immer öfter in meiner Arbeit zu Hilfe nahm, fühlten sie sich zusehends weniger fremd an. Am Anfang waren mir meine übersinnlichen Eindrücke oft verdächtig, wie etwas Fremdes, Unbekanntes, und wachsam prüfte ich sämtliche Einzelheiten. Doch im Laufe der Zeit erkannte ich, daß sie sich nicht gegen mich kehrten und daß meine Arbeit qualitativ besser wurde. Ich mußte nicht mehr auf der Hut sein und konnte mich entspannen. Ich war immer noch sehr vorsichtig, doch hatte ich so oft die positiven Ergebnisse meiner Fern-Sicht-Experimente erlebt, daß ich mehr Selbstvertrauen gewann und einen Schritt weitergehen konnte.

Mediales Sehen hatte sich als Instrument von unschätzbarem Wert erwiesen, wenn es darum ging, einen neuen Patienten anzunehmen. Wieso konnte ich es nicht auch benutzen, um jemanden zu »lesen«, der eine Therapie bei mir machte? Genau wie ich es mit Robin getan hatte, so stellte ich mich geistig auf die Namen einiger meiner Patienten ein. Doch jetzt gestattete ich es mir, mehr zu experimentieren. Anstatt mich auf mein Büro zu beschränken, versuchte ich das mediale Sehen an jedem ruhigen Ort, an dem ich mich wohl fühlte: zu Hause vor meinem Altar, am Meer und bei Kerzenlicht in meiner Badewanne. Zunächst brachte ich mich in einen Zustand vollkommener Leere, ohne Gedanken oder Pläne. Wenn mein Verstand zur Ruhe gekommen war, richtete ich meine Aufmerksamkeit auf einen Namen und öffnete mich den Eindrücken, die ich erhielt. So als würde ich eine Tür öffnen, um jemanden hereinzulassen. Keine Erwartungen. Keine Vorurteile. Ich war ein Zeuge, der Szenen beobachtete, die sich vor mir abspielten. Das passive Konzentrieren auf einen Namen schaffte eine offene Atmosphäre, wie geschaffen dazu, klare Bilder und intensive Gefühle aufkommen zu lassen.

Durch die Begegnung mit Brugh und die nachfolgenden Jahre des Studiums bei einem indischen Meditationslehrer in Los Angeles kam ich zu der Überzeugung, daß durch Meditation eine Verbindung mit dem Göttlichen geschaffen wird, was eine Erweiterung unseres übersinnlichen Bewußtseins herbeiführt und es uns ermöglicht, klarer in die Seele der Menschen zu schauen. Daher ging ich jedes Mal, wenn ich mich auf einen anderen medial einstimmte, mit einem Gefühl tiefen Respektes vor und hielt seinen Namen in Ehren.

Cynthia war seit einem Jahr bei mir in Therapie. Sie war eine sechsundzwanzigjährige Harvard-Absolventin und aufgeweckte Journalistin und machte eine Therapie, weil sie Probleme mit ihrem Freund hatte, einem Redakteur bei der gleichen Zeitung, bei der auch sie arbeitete. Sie hatten seit fünf Jahren eine schwierige, unbeständige Beziehung. Er wollte, daß Cynthia ihr Arbeitsvolumen reduzierte, damit sie mehr Zeit miteinander verbringen konnten. Zehn Jahre älter als sie, wollte er so schnell wie möglich eine Familie haben, doch sie verteidigte ihr Recht auf eine anspruchsvolle Stelle und wollte noch ein paar Jahre warten. Wütend warf er ihr vor, daß sich nie etwas ändern würde. Dann entschuldigte er sich, sie vertrugen sich wieder und die Leidenschaft kehrte zurück. Danach ließ er das Thema ein paar Wochen lang fallen, bis unweigerlich die nächste Auseinandersetzung stattfand.

Eines Abends, nach einem besonders heftigen Streit, teilte Cynthias Freund ihr mit, daß er sie verlassen würde. Ein paar Tage später holte er seine Sachen aus ihrem gemeinsamen Apartment ab. Er weigerte sich, ihre Anrufe entgegenzunehmen oder in der Redaktion mit ihr zu sprechen. Cynthia fühlte sich betrogen und verlassen. Trotz ihrer unterschiedlichen Ansichten und ihrer Auseinandersetzungen liebte sie diesen Mann und klammerte sich an die Hoffnung, daß sie ihre Probleme bewältigen konnten. Doch er war nicht bereit, es noch einmal zu versuchen. Sie war verzweifelt und trauerte monatelang um ihn.

Ich wußte, daß es wichtig für sie war, ihren Schmerz zuzulassen. Sie wurde zusehends depressiver und richtete all ihre Hoffnung auf eine Versöhnung, die mehr als unwahrscheinlich schien. Ich wollte ihr gerne helfen, doch brauchte ich mehr Informationen und beschloß, einen Versuch mit dem medialen Sehen mit ihr zu machen, um Anleitung für das richtige Vorgehen zu bekommen. Zu Hause setzte ich mich vor meinen Altar und begab mich in eine Meditation, wobei ich mich auf Cynthias Namen einstimmte. Nach einigen Minuten sah ich das klare Bild ihres Freundes vor mir. Ich war ihm einmal begegnet, als er zu einer Paarsitzung in die Praxis gekommen war. Er sah glücklich aus und hatte seine Arme um die Schultern einer anderen Frau gelegt. Sie schienen sehr verliebt zu sein, und die Frau war schwanger!

Ich schaute noch einmal genauer hin, um sicher zu sein, daß ich mich nicht geirrt hatte. Cynthias Liebhaber in einer neuen Beziehung, und ein Baby unterwegs? Mein kritischer Verstand wollte nicht wahrhaben, was ich sah, und versuchte, es wegzuerklären. Doch stoppte ich mich selbst beim Überanalysieren des Bildes, da ich meine Konzentration nicht unterbrechen und neutral bleiben wollte. Ich wartete darauf, daß das Bild sich verflüchtigen, sich verändern oder noch deutlicher werden würde. Doch es blieb so, wie es war – scharf, klar, unmißverständlich.

Mit geschlossenen Augen, versunken in meine Meditation, betrachtete ich das Bild, das vor meinem inneren Auge schwebte, und erkannte, daß Cynthias Freund den aufrichtigen Wunsch hatte, daß ich seine Situation verstehen würde und somit Cynthia helfen könnte. Entgegen meinen Erwartungen, die in erster Linie aus ihren Erzählungen über ihn resultierten, strahlte er keinerlei Groll oder Böswilligkeit aus, sondern wollte nur das Beste für sie. Dieser Eindruck von Liebe war für mich ein Beweis für die Authentizität der Vision. Doch sein Standpunkt war klar und vermittelte mir: »Dies ist mein Leben; so will ich es, und nichts wird sich ändern.«

Ich mußte dieser Botschaft vertrauen und sie den Kurs meiner Therapie mit Cynthia bestimmen lassen. Danach konnte ich nicht länger ihren Glauben an die Möglichkeit unterstützen, daß sie wieder zusammenkommen würden. Doch obwohl Cynthia an das Übersinnliche glaubte und wußte, daß ich es in meiner Arbeit einsetzte, beschloß ich, ihr vorläufig nichts von meinem Erlebnis zu erzählen. Sie war niedergeschlagen und verletzbar; das Wissen um meine Vision hätte ihr zu diesem Zeitpunkt nur Schmerzen bereitet.

Die Frage, ob man jemandem eine medial erlangte Information zukommen lassen soll, ist immer schwierig. Ich bin mir der ethischen Verpflichtung einer entsprechenden Mitteilung bewußt, das heißt, einem Patienten die Wahrheit so zu sagen, wie ich sie verstehe. Noch wichtiger ist es mir jedoch, niemals absichtlich etwas zu tun, was einem Patienten Schaden zufügen könnte. Ich werde oft vor harte Entscheidungen gestellt. Doch letztlich lasse ich mich immer von dem Gedanken leiten, ob es sinnvoll ist, daß ein Patient etwas erfährt, und ich achte darauf, daß ich mich selbst nie als absolute Autorität präsentiere oder das Übersinnliche als unfehlbar. Wenn ich zum Beispiel mit jemandem arbeite, der nicht an das Übersinnliche glaubt, ist es normalerweise nicht sinnvoll, dieses Thema überhaupt anzuschneiden. Ich verlasse mich dann vielmehr auf meine Impressionen als Hintergrundmaterial, das mir hilft, gewisse Fragen zu stellen oder Lücken zu schließen. Wenn ein Mensch offen dafür ist, kann ich direkter sein. In jedem Fall ist es jedoch notwendig, in dieser Hinsicht eine individuelle Entscheidung zu treffen.

Was ich durch meine Meditation erfahren hatte, veränderte meine Perspektive als Cynthias Therapeutin. Indem ich eine subtile Veränderung in meiner Einstellung und dem Grundthema der Therapie vornahm, ermutigte ich sie dazu, die Hoffnung auf eine Wiederaufnahme der alten Beziehung aufzugeben. Dies ermöglichte Cynthia, eine neue, bessere Verbindung einzugehen. Ein paar Monate später und wieder etwas selbstsicherer geworden berichtete sie mir, daß sie gehört hatte, ihr ehemaliger Liebhaber würde demnächst heiraten und daß seine zukünftige Frau schwanger sei. Zunächst hatte diese Entdeckung sie verblüfft und den alten Schmerz wieder aufleben lassen, doch war sie jetzt besser in der Lage, damit umzugehen. Ich spürte, daß der Augenblick gekommen war, und erzählte ihr von meiner Vision – nicht um ihr zu zeigen, wie gut ich etwas vorhersehen konnte, sondern um die Richtigkeit dessen zu unterstreichen, was sie gehört hatte. Als ich ihr erklärte, warum ich so lange damit gewartet hatte, empfand sie mein Zögern nicht als fälschlicherweise vorenthaltene Information. Vielmehr war sie froh, daß ich ihr vorher nichts gesagt hatte. Es hätte nur ihren Schmerz verstärkt. Cynthias Reaktion war ungeheuer wichtig für mich, da sie bestätigte, daß ich die richtige Wahl getroffen hatte.

Im Laufe der Zeit wurde es mir möglich, Patienten medial zu »lesen«, während ich mit ihnen in der Praxis war. Es fiel mir zusehends leichter, nach Bedarf die Ebenen meines Bewußtseins zu verändern, ohne eine besondere Zeit dafür freihalten zu müssen. Das Übersinnliche wurde ein wichtiger Aspekt der Art und Weise, wie ich einem Menschen zuhörte. Es handelte sich dabei um einen kontinuierlichen Prozeß, doch es gelang mir immer besser, meine Aufmerksamkeit gleichzeitig auf mehrere Bewußtseinsebenen zu richten. Oft meldeten sich mitten in einer Sitzung intuitive Eindrücke. Manchmal handelte es sich nur um ein einziges Bild, manchmal erschienen mehrere. Ich stellte fest, daß die Anzahl oder Komplexität nicht von Bedeutung war – einfache, direkte Eindrücke können oft die aufschlußreichsten sein.

Während der nächsten Jahre wurde mir das mediale Sehen immer vertrauter. Ich setzte es bei vielen Patienten ein und stellte fest, daß es der Schulmedzin etwas Entscheidendes zu offerieren hatte. Zum Teil lag das auch an den beeindruckenden Forschungsarbeiten, die von angesehenen Wissenschaftlern sowohl in den USA als auch in der damaligen Sowjetunion durchgeführt wurden. Vor allen Dingen fühlte ich mich zu der Arbeit der Physiker Russell Targ und Harold Putoff am Forschungsinstitut der Stanford-Universität hingezogen. Subventioniert von der amerikanischen Regierung führten sie mediale Fern-Sicht-Experimente durch und bewiesen, daß sogar Anfänger in dem kontrollierten Umfeld eines Labors lernen konnten, übersinnliche Fähigkeiten zu entwickeln. Die Bedeutung dieser Entdeckung ging weit über den akademischen Nutzen hinaus: Targ und Putoff lehrten ihre Versuchspersonen außerdem, wie sie durch mediales Sehen Material über Vergangenheit, Gegenwart und Zukunft erhalten und wie sie diese Technik in ihr persönliches Leben integrieren konnten.

Darüber hinaus war ich vor allem von Albert Einsteins Vorwort zu Upton Sinclairs Buch *Mental Radio* (1930) beeindruckt, in welchem Sinclair die medialen Fähigkeiten und Experimente seiner Frau dokumentiert, die Vorläufer des medialen Sehens. Wie Einstein schrieb: »Die Resultate der telepathischen Experimente..., die in diesem Buch beschrieben werden, gehen weit über das hinaus, was ein erfahrener Forscher für möglich hält.« Ganz besonders beeindruckte es mich, daß ein Genie wie Einstein – dessen Theorien schließlich in der praktischen Welt bestätigt wurden – öffentlich die Beschäftigung mit der Natur des Übersinnlichen unterstützte. Ich war berührt von seiner Vision, daß Realität auch jenseits dessen, was die Wissenschaft für möglich hielt, anzutreffen ist.

Durch mediales Sehen erfuhr ich, daß ich jede Menge Informationen über meine Patienten erlangen konnte – ihre Gesundheit, Beziehungen, berufliche Laufbahn, Kindheit – und so Hindernisse entdecken konnte, die an der Oberfläche nicht sichtbar waren, doch klar wurden, wenn man sie vor dem geistigen Auge sah. Wenn eine Patientin in ihrem Leben in eine Sackgasse geraten war und die Therapie keine Besserung brachte, konnte ich die Situation durch mediales Sehen noch einmal überprüfen. Während der Intellekt sich endlos im Kreis drehte und Theorien formulierte, konnte das Übersinnliche sich wie ein Laser auf den Kern des Problems einschießen. Es hatte die Wirkung eines überaus starken Vergrößerungsglases, das Informationen lieferte, die mir vorher unzugänglich waren. Ich verband das Übersinnliche mit meiner medizinischen Arbeit und konnte so beide Welten benutzen.

Ein enormer Zuwachs an Energie und ein starkes Gefühl von Freiheit waren das Ergebnis der Beseitigung von Barrieren, die früher den übersinnlichen Teil meines Wesens so abgetrennt gehalten hatten. Mehr und mehr fühlte ich mich wie der Dirigent eines wunderbaren Orchesters mit begnadeten Musikern und gutgestimmten Instrumenten, die ihr ganzes Talent entfalteten. Die Musik, die ich kreierte, und die Harmonie in meinem Inneren erfüllten mich mit dem Glauben daran, daß ich den richtigen Weg gewählt hatte. Lange Zeit hatte ich gesucht, und endlich war ich zu Hause angekommen.

Je weniger ich mich hin- und hergerissen fühlte, desto mehr begann ich mich zu verändern. Zum Beispiel hatte ich jahrelang Angst vor Dunkelheit gehabt. Nicht der Dunkelheit, die entsteht, wenn man nachts das Licht ausmacht, sondern der Dunkelheit, die in den Abgründen der Canyons, am Rand von Klippen oder tief in den Wäldern herrscht. Ich mochte nie nachts spazierengehen, nicht einmal bei Vollmond mit Freunden. Ich hatte Angst, die Macht der Dunkelheit an entlegenen, von Schatten erfüllten Orten könne mich irgendwie verschlingen und unsichtbar machen.

Während ich bei Mobius arbeitete und langsam zuließ, daß das Übersinnliche in meine Arbeit mit Patienten einfloß, verschwand plötzlich meine Furcht vor der Dunkelheit. Ich erinnere mich an einen Abend, als ein Freund anläßlich seines vierzigsten Geburtstages mich bat, mit ihm im Topanga State Park spazierenzugehen. Als wir auf einem schmalen Plateau saßen, das sich über einem tiefen Abgrund befand, stellte ich fest, daß meine Angst verschwunden war. Ich hatte in mir selbst entdeckt, was Joseph Campbell einen »inneren Kompaß« nannte, den ich immer bei mir hatte. Die Nacht hatte plötzlich neue Dimensionen; ich fühlte mich nicht länger in ihr verloren. Statt dessen stellte ich fest, daß sie ihre ganz eigene Leuchtkraft besaß.

Ungefähr sechs Monate nach meiner Rückkehr von der *Seaview*-Expedition im Jahre 1987 hatte ich eine Serie von fünf aufeinanderfolgenden Träumen, die ich mir nicht erklären konnte. In jedem Traum besuchte mich ein etwa dreißigjähriger Mann mit blonden Haaren und einer Brille. Er sah Terry sehr ähnlich, meinem ehemaligen Freund, und wir unterhielten uns angeregt in meinem Wohnzimmer. Wie Terry, so war auch dieser Mann überaus kreativ und ein erfolgreicher Künstler. Die Träume waren mir ein Rätsel: Es war mehr als fünf Jahre her, seit ich Terry zum letzten Mal gesehen hatte.

Dann kam eines Tages Josh in meine Praxis, und die Träume hörten auf. Als ich ihn zum ersten Mal in meinem Wartezimmer sah, bekleidet mit einem adrett gebügelten weißen Hemd und einer rostfarbenen Cordjacke, glaubte ich beinahe, meinen Augen nicht trauen zu können. Er hätte Terrys Zwilling sein können. Der Traum hatte sein Erscheinen angekündigt.

Josh war Filmproduzent und Maler. Er war zu mir gekommen, weil er mit seiner Karriere unzufrieden und daher depressiv war. Bei dem Versuch, sowohl seinen Agenten als auch seine Familie zufriedenzustellen und ausreichend Geld zu verdienen, übernahm er oft Projekte, an die er nicht glaubte. Josh hatte davon geträumt, ein besonders guter Filmemacher zu werden, doch hatte er das Gefühl, nur Mittelmäßiges zu vollbringen. Es fehlte ihm das Vertrauen in seine Entscheidungen, da er zu oft dem Druck von außen nachgegeben hatte, anstatt auf sein Inneres zu hören. Er glaubte, daß er sich verkauft und seine künstlerische Vision verloren hatte und als Folge davon einen hohen Preis in seiner Familie und seiner Karriere bezahlen mußte. Seine Intuition, die ihn früher geleitet hatte, war verschwunden, unerreichbar geworden. Er wollte, daß ich ihm dabei half, sie wiederzufinden.

Josh war einer jener Menschen, die – wenn sie sich einmal zur Therapie entschlossen haben – in einer sehr kurzen Zeit enorme Erfolge erzielen. Reif für eine Veränderung, war er bereit, in seine Vergangenheit zu schauen und herauszufinden, wo und warum er den Glauben an sich selbst und an seine Prioritäten verloren hatte. Mit der Unterstützung seiner Frau gab er sich selbst die Erlaubnis, Projekte abzulehnen, wenn sie sich nicht richtig anfühlten, und auf solche zu warten, die ihn inspirierten. Er begann damit, auf seinen Körper zu hören – die subtilen Kopfschmerzen, die er bekam, wenn er eine falsche Entscheidung getroffen hatte, die Welle von Kraft, die er fühlte, wenn er an dem festhielt, was ihm wichtig war. Innerhalb der nächsten paar Monate wurde Josh immer empfindsamer seinen eigenen Bedürfnissen gegenüber. Und schließlich erhielt er ein

Drehbuch, das ihm zusagte, und er war bereit, den Film zu produzieren.

Ich hatte nur wenigen meiner Patienten von meinen Erlebnissen auf der *Seaview* erzählt, da ich befürchtete, sie würden mir nicht glauben oder nicht verstehen, wovon ich sprach. Doch da ich wußte, daß Josh in sich gefestigt war und seine intuitiven Kräfte entwickeln wollte, beschloß ich, ihm davon zu berichten. Er war begeistert von meiner Beschreibung der Fern-Sicht-Experimente. Die Dreharbeiten für seinen nächsten Film sollten in einigen Wochen in South Carolina beginnen, doch selbst nach vielen Gesprächen mit potentiellen Regisseuren hatte er den richtigen noch nicht gefunden. Die Zeit wurde knapp; er mußte sich entscheiden. Er wollte ausprobieren, ob er das mediale Sehen als Entscheidungshilfe benutzen konnte, indem er sich auf die Namen der drei in die engere Wahl genommenen Kandidaten konzentrierte.

Dies war etwas ganz Neues. Ich hatte noch nie einem Patienten gezeigt, wie man an mediales Sehen herangeht. Was hatte dies noch mit Psychotherapie zu tun? Und selbst wenn ich es versuchen würde, würde es funktionieren? Ich wollte meine Patienten nicht als Versuchskaninchen behandeln. Ich wußte, daß Vorsicht angebracht war, doch vertraute ich gleichzeitig der Gültigkeit meiner Experimente bei Mobius. Vorsichtig schätzte ich die Situation ein. Wenn Josh auch nur im geringsten instabil gewesen wäre, hätte ich seine Bitte sofort abgelehnt. Doch war er ein starker, emotional ausgeglichener Mann, und ich war einverstanden, daß wir es ausprobierten. Wir betrachteten unser Vorhaben als ein Experiment, den gemeinsamen Versuch, eine neue Technik zu erforschen. Sollte es uns nicht gelingen, hatten wir keine negativen Folgen zu befürchten.

Josh lernte schnell. Als Künstler war er es gewohnt, detaillierte Visionen zu haben, daher bereitete ihm das mediale Sehen keine Schwierigkeiten. Er war offen für neue Erfahrungen, ein Sucher, der sich zu allem Ungewöhnlichen hingezogen fühlte. Er hatte keine Angst vor dem Übersinnlichen. In einer einzigen Sitzung brachte ich ihm die Grundlagen dessen bei, was Stephan mich gelehrt hatte.

»Beim medialen Sehen«, erklärte ich ihm, »besteht der erste Schritt zunächst immer darin, vom ständigen Denken in einen ruhigen, meditativen Zustand zu gelangen und dabei offen zu bleiben für visuelle Eindrücke, körperliche Empfindungen und sonstige Gefühle, die an die Oberfläche kommen.«

Um Josh in Kontakt mit seiner Intuition zu bringen, hatte ich ihn bereits mit der Idee der Meditation vertraut gemacht, und es war ihm bald möglich gewesen, seinen Verstand zu beruhigen. Der konstante innere Dialog war zwar immer noch da, doch die Konzentration auf seinen Atem half ihm, sich immer weniger davon ablenken zu lassen – eine Herausforderung nicht nur für Josh, sondern für jeden, der mit der Praxis der Meditation beginnt.

»Der nächste Schritt«, fuhr ich fort, »besteht für Dich darin, Deine Frage ohne Umschweife kurz und bündig zu formulieren, damit Du eine möglichst direkte Antwort bekommst. Schließ Deine Augen, atme ein paarmal tief durch und fange an zu meditieren.« Er zog seine Schuhe aus, setzte sich im Schneidersitz auf den Sessel und machte es sich so bequem wie möglich. Ich fuhr fort: »Wenn Du bereit bist, laß mich Deine Frage wissen. Sei so spezifisch wie möglich. Das hilft Dir beim medialen Sehen und bringt es in den richtigen Zusammenhang.«

Einen Moment lang war Josh ruhig, dann fragte er: »Welcher Regisseur ist der beste für dieses Projekt?«

Ich forderte ihn auf, den ersten Namen laut zu sagen und darauf zu achten, welche Eindrücke er erhielt, egal wie ungewöhnlich sie sein mochten. Zunächst hatte Josh damit seine Schwierigkeiten. Anstatt nur einen der

Kandidaten vor seinem inneren Auge zu sehen, sah er alle drei zusammen auf einer Bühne.

»Ist es in Ordnung, wenn alle drei da sind?« fragte er.

»Es wäre wesentlich einfacher, jeden einzeln zu sehen«, antwortete ich. »In der Regel ist es besser, eine klare Unterscheidung zwischen den Menschen, die Du lesen willst, einzuhalten. Sonst können sich ihre Charakteristika vermischen, was verwirrend wäre.«

Nach einem langen Moment der Stille begann Josh. Er isolierte einen Kandidaten, indem er vor seinem inneren Auge die zwei anderen verschwimmen ließ, so als seien die auf sie gerichteten Bühnenscheinwerfer abgeblendet. Ich war fasziniert von Joshs kreativer Lösung. Ohne von mir angeleitet worden zu sein, benutzte er instinktiv sein künstlerisches Talent, um dieses logistische Problem zu lösen, genauso wie es die Hellseher bei dem *Seaview*-Projekt getan hatten.

Dann sagte Josh den Namen des ersten Kandidaten, Keith. Ich empfahl ihm, sich mit jedem einzelnen Kandidaten nur ein paar Minuten zu beschäftigen. Wenn nämlich ein Zeitlimit gesetzt wird, kommen die Bilder schneller und haben eine größere Deutlichkeit.

»Was soll ich erwarten?« fragte Josh. »Wird einfach ein Bild von alleine auftauchen? Oder muß ich irgend etwas dazu beitragen?«

»Das Wichtigste ist, sich zu entspannen und zu warten«, erwiderte ich. Lange Zeit geschah nichts. Schließlich sah er einen kleinen See. Keith stand am Ufer und hatte Angst, hineinzugehen – er konnte nicht schwimmen.

»Wow!« rief Josh. »Das deutet wohl darauf hin, daß wir beide nicht so gut zusammenarbeiten können.«

»Versuche, die Bilder nicht gleich zu analysieren, denn sonst bringst Du Deinen Verstand wieder ins Spiel. Konzentriere Dich jetzt auf den zweiten Kandidaten.«

Im gleichen Moment sagte Josh »Diana«. Ein Lächeln überzog sein Gesicht, und er seufzte erleichtert.

Er fühlte sich zu ihr hingezogen, spürte eine Affinität. Er empfand sie als kreativ, intelligent, eine ideale Partnerin bei seinem Projekt.

»Gut«, sagte ich. Jetzt laß das Image von Diana los und fokussiere Dich auf den letzten Kandidaten.«

Der dritte Name war »Cheryl«. Josh mochte auch sie und spürte, daß sie sich gut ergänzen würden. Doch als er ihr Gesicht näher betrachtete, hatte er plötzlich das irritierende Bild vor Augen, wie sie einen Mann mit einem Schwert köpfte. Er lachte: »Ich glaube, ich muß vorsichtiger sein, als ich dachte.«

Josh war begeistert. Wie ein aufgeregter Schuljunge, der gerade das Lesen lernt, hatte er sich jeden Namen genau angeschaut und war erstaunt, wie unterschiedlich sich jeder von ihnen anfühlte, wie deutlich verschieden ihre charakteristischen Eigenschaften waren. Er spürte das Gefühl der Vertrautheit, das durch mediales Sehen entsteht, die belebende Kraft des Verbundenseins mit einem anderen Menschen auf dieser Ebene. Als wir mit unserem Versuch fertig waren, wußte er, daß Diana die Regisseurin seiner Wahl war.

In der darauffolgenden Woche vereinbarten Josh und eine Gruppe von leitenden Studioangestellten Treffen mit Keith, Diana und Cheryl. Er würde in der Lage sein zu sehen, ob seine medialen Eindrücke zutreffend waren. Bei seiner Begegnung mit Keith fühlte Josh, daß dieser nicht genug Selbstvertrauen besaß. Cheryls Lebenslauf und Erfahrungen waren beeindruckend, doch spürte Josh einen tiefsitzenden Ärger unter ihrer freundlichen Fassade. Schließlich entschied er sich für Diana, sowohl wegen ihrer Qualifikation als auch wegen der guten Kompatibilität mit ihr, die er während des medialen Sehens empfunden hatte.

Ein paar Wochen nach Drehbeginn rief er mich an. »Hi, Judith«, sagte er. »Ich wollte Dir noch einmal danken. Diana ist eine wunderbare Regisseurin. Wir kommen mit der Arbeit wunderbar voran, und die Tagesproduktionen sind sehr vielversprechend. Ich dachte, es würde Dich vielleicht interessieren, welche Folgen unser Experiment hatte.«

Wieder einmal hatte sich mein Instinkt bewahrheitet. Statt der üblichen Flut von Fragen und Zweifeln hatte ich eine direkte Bestätigung für das gefunden, woran ich glaubte. Dieses Gefühl erinnerte mich an eine lange Reise in den Yosemite Nationalpark, als ich neun Jahre alt war. Nach vielen Stunden im Auto hielten meine Eltern endlich an und ließen mich auf einer wunderschönen Wiese herumtollen. Wie ein wildes, ungezähmtes Pferd rannte ich hin und her, voll überschwenglicher Freude über meine Freiheit, bis alle Spannung in meinem Körper aufgelöst war.

Joshs Erfolg gab mir das gleiche Gefühl der Befreiung. Obwohl das mediale Sehen nicht Bestandteil meiner medizinischen Ausbildung gewesen war, half es mir dabei, meinen eigenen Behandlungsstil zu entwickeln. Nach einer Periode des Ausprobierens und Lernens war ich dabei, den Übergang vom Schüler zum Lehrer zu vollziehen. Jetzt konnte ich meine Erfahrungen mit meinen Patienten teilen. Die schmerzhafte Trennung meiner inneren und äußeren Welt war vorbei; sie waren dabei, miteinander zu verschmelzen. Ich hatte etwas Neues versucht, es hatte Josh geholfen, und ich hatte ein zusätzliches therapeutisches Mittel gewonnen. Ich legte den Hörer auf, lehnte mich in meinen Sessel zurück und lächelte.

Nach dieser Erfahrung mit Josh lehrte ich viele meiner Patienten mediales Sehen. Ich stellte fest, daß es ihnen in allen Situationen ihres Lebens nützlich sein konnte. Eine der größten Schwierigkeiten für einen medial veranlagten Psychotherapeuten besteht darin, daß andere sich selbst schwach machen und nicht glauben, daß auch sie übersinnliche Fähigkeiten haben. Oder sie betrachten jemanden wie mich als einzigartig. Für solche Patienten ist mediales Sehen die perfekte Methode.

Jeder kann es anwenden, und die Möglichkeiten sind endlos. Nehmen wir an, Sie wollen einen neuen Mitarbeiter einstellen oder sich einen anderen Job suchen, Sie sind dabei, eine neue Beziehung einzugehen bzw. Sie befinden sich an einem Wendepunkt in Ihrem Leben und müssen eine Entscheidung treffen. Mediales Sehen kann Ihnen dabei helfen, unbekannte Faktoren zu erkennen, eine bessere Perspektive zu gewinnen oder Nuancen zu erkennen, die Sie vorher nicht berücksichtigt hatten. Das sage ich nicht, um das mediale Sehen zu trivialisieren, sondern um seine vielfältigen Möglichkeiten aufzuzeigen. Wenn es mit Integrität und Wahrhaftigkeit durchgeführt wird, werden zusätzliche Informationen zugänglich, die es Ihnen leichter machen, sinnvolle Entscheidungen in Ihrem Leben zu treffen.

Da ich das Übersinnliche als eine direkte Erweiterung des Spirituellen betrachte, habe ich mediales Sehen nie als isolierte Fertigkeit gelehrt. Obwohl es dem Menschen möglich ist, seine Intuition ohne einen spirituellen Hintergrund zu entwickeln, kann die Macht, die daraus resultiert, verführerisch sein und das Ego außer Kontrolle geraten lassen. Daher ist die Einhaltung ethischer Werte beim Einsatz medialer Fähigkeiten sehr wichtig, damit diese für den Dienst am Nächsten und nicht als Machtspiel benutzt werden und damit stets ihre göttliche Quelle in Erinnerung bleibt. Dies ist die Grundlage meines Glaubens.

Rosalyn Bruyere war die erste Heilerin, die ich traf, die bei ihren Behandlungsstunden einen Trainingsanzug trug. Mit perfekt manikürten roten Fingernägeln, tadellosem Make-up und farblich aufeinander abgestimmten Trainingshosen und -pullovern sah sie aus wie eine Mischung zwischen einer Reklame-Hausfrau und einer Aerobic-Lehrerin. Früher war sie ziemlich dick gewesen, doch hatte sie in letzter Zeit viel Gewicht verloren und strafte damit den beliebten Volksglauben Lügen, daß medial Veranlagte – um mit beiden Beinen auf der Erde zu bleiben – übergewichtig sein müssen. Sie war eine der Hellseherinnen bei Mobius gewesen und hatte ein »Zentrum des heilenden Lichtes« gegründet, eine Klinik und Schule für Heilung in Glendale. Als sie von Mobius' neuestem Projekt hörte, bot sie uns die Benutzung ihrer Einrichtung an.

Mir war Rosalyns Arbeit bereits bekannt: Sie hatte mich in den letzten Monaten wegen meiner Magenprobleme behandelt. Während sie ihre Hände auf meinen Körper legte und Energie in meinen Magen sandte, plauderte sie über ihre Kinder, ihre Arbeit und sonstige Themen, die ihr gerade einfielen. Das Heilen war ihr so zur zweiten Natur geworden, daß sie keinerlei besondere Verhaltensweisen dabei an den Tag legte. Meine physischen Symptome verbesserten sich während dieser Behandlungen zusehends. Rosalyn sorgte nicht nur dafür, daß die Verkrampfung in meinem Bauch sich auflöste, sondern die Sitzungen mit ihr gaben mir ein Gefühl äußersten Wohlbefindens, das noch Stunden später anhielt.

Unser laufendes Projekt bei Mobius betraf die chemische Veränderung von Wassermolekülen in einer Heilungssituation. Basierend auf den Forschungen des Biologen Bernard Grad von der McGill-Universität in Kanada »behandelten« Heiler Gläser mit Wasser und erhöhten dadurch nachweislich die Vitalität von Zellkolonien, Enzymen und Sämlingen. Wir wollten ein Experiment gestalten, mit dem wir Dr. Grads Arbeit weiterentwickeln konnten. Unsere Absicht war, herauszufinden, ob Wasser, das ein Heiler während einer Behandlung in der Hand hielt, tatsächlich eine bedeutende Veränderung erfuhr. Indem wir die Veränderungen in dem Wasser durch Infrarot-Spektrometrie maßen, wollten wir beweisen, daß alternatives Heilen mehr war als nur ein Placebo.

Stephan hatte die Absicht, verschiedene Heilungstechniken einzusetzen: therapeutische Berührung (in der Regel hauptsächlich durchgeführt in nichtreligiösem Kontext wie zum Beispiel in medizinischen Situationen oder bei der Krankenpflege), Handauflegen (auch als Heilung durch Glauben bekannt), spontane, religiös induzierte Heilung, und Heilung durch Trance. Einige der Praktizierenden hatten viel Erfahrung, andere, zu denen auch ich gehörte, waren zwar medial veranlagt, hatten aber keine besondere Ausbildung zum Heiler erhalten. Mich an den Gedanken zu gewöhnen, daß ich solche Arbeit tun könnte, fiel mir nicht leicht. Ich glaubte, sie sei nur etwas für ein paar begnadete Auserwählte. Noch verstand ich nicht, daß es sich dabei nur um einen bestimmten Ausdruck übersinnlicher Fähigkeiten handelte, ähnlich wie beim medialen Sehen, eine Kunst, die erlernt werden konnte.

Am Nachmittag des Experiments fuhr ich schon frühzeitig in Rosalyns Zentrum. Ich wollte den anderen Heilern bei ihrer Arbeit genau zusehen und hoffentlich einige ihrer Geheimnisse entdecken. Obwohl es mir nicht erlaubt war, bei den einzelnen Sitzungen anwesend zu sein, wartete ich im Empfangsraum und machte mir mentale Notizen, wann immer jemand Neues hereinkam. Keiner von ihnen hatte die auffallende Erscheinung von Rosalyn; es war ihre Durchschnittlichkeit, die auffällig war. Sowohl die Männer als auch die Frauen waren einfach und konservativ gekleidet, so als lebten sie noch in den fünfziger Jahren, und sie hielten sich meist für sich. Altersmäßig zwischen dreißig und sechzig Jahren, hätten sie alle ohne weiteres Mitglieder eines gewöhnlichen Bridge-Clubs sein können.

Meine einzige Erfahrung mit direktem Handauflegen seit Brughs Seminar hatte ich gehabt, als ich dies ein paarmal mit einer Freundin zu Hause versucht hatte. Wir hatten es beide als angenehm empfunden, doch war ich mir nicht sicher, ob tatsächlich irgendeine Veränderung eingetreten war. Wir fühlten uns wie Kinder, die verlegen mit etwas spielten, das wir nicht kannten. Es erschien zu einfach, jemanden nur durch liebevolles Berühren heilen zu können. Ich wußte, daß es so funktionieren sollte, doch fiel es mir schwer zu glauben, daß es tatsächlich nicht komplizierter war.

Als ich an der Reihe war, folgte ich Stephan in ein kleines Büro und hoffte, etwas Gutes tun zu können. An der Wand vor mir hing ein Bild von Buddha in der Lotusposition. Aufmerksam lauschte ich Stephans Anweisungen: »Erlaube Dir, in einen ruhigen Zustand zu gelangen, ähnlich wie beim medialen Sehen«, sagte er. »Richte Dein Bewußtsein auf die reine Absicht zu heilen.«

Mein Patient hieß George, ein kräftiger Mann Ende Fünfzig. Er sah aus wie ein typischer Lastwagenfahrer. Er hatte einen Raucherhusten, einen grauen Stoppelbart und trug ein verwaschenes, violett- und goldfarbenes T-Shirt. George litt unter unablässigen Schmerzen im unteren Rückenbereich, hervorgerufen durch einen Bandscheibenvorfall an der Basis der Wirbelsäule. Fünfundvierzig Minuten lang sollte ich seinen Körper überall da berühren, wo ich fühlte, daß es seine Schmerzen erleichtern würde. Das hörte sich einfach genug an, trotzdem war ich nervös. Ich fühlte mich wie eine Betrügerin, da ich so wenig unmittelbare Erfahrung auf diesem Gebiet hatte, doch versuchte ich, mich nicht von dieser Angst überwältigen zu lassen. Es dauerte nicht lange, und die Herausforderung des Experiments gewann die Oberhand.

Bevor ich anfing, befestigte Stephan ein Röhrchen mit sterilem Wasser mittels eines Spezialhandschuhs an meinem rechten Handgelenk. In Abständen von fünf, zehn und fünfzehn Minuten würde er die Röhrchen auswechseln und ihren Inhalt untersuchen. Ich erinnerte mich an die Instruktionen, die ich zur Beruhigung meines kritischen Verstandes erhalten hatte – daß es besser war, nicht zuviel darüber nachzudenken, was ich gerade tat.

Ich bat George, sich auf dem Untersuchungstisch auf den Bauch zu legen, und plazierte ein kleines Kissen unter seinem Kopf. Dann legte ich zögernd meine Hand auf den unteren Teil seines Rückens. Ich hatte nicht den Eindruck, daß irgend etwas Außergewöhnliches geschah, doch ließ ich meine Hand dort liegen. Einige Minuten verstrichen.

»George, geht es Ihnen gut?« fragte ich in der Hoffnung, etwas Positives zu hören. Er seufzte und antwortete schließlich: »Ihre Hand fühlt sich gut an. Was immer Sie tun, hören Sie nicht auf damit.«

Während ich meine Hand zu anderen Teilen seines Körpers gleiten ließ, erinnerte ich mich daran, wie meine Mutter mir als kleines Mädchen Gutenachtlieder gesungen und mir übers Haar gestreichelt hatte, bevor ich einschlief. Die Zärtlichkeit ihrer Fingerspitzen und die Wärme ihres Körpers auf der Bettdecke neben mir hüllte mich ein wie in einen sicheren, beschützenden Kokon. Ich genoß dieses Bild, und die süße Liebe, die ich damals empfunden hatte, begann durch meine Hände in George hineinzufließen. In diesem Moment war eine deutliche Strömung zwischen uns spürbar, eine Hitze wie von Sonnenstrahlen an einem Sommertag. Es brachte uns einander seelisch näher. Wir entwickelten eine Beziehung, die keiner von uns erwartet hatte, doch die direkt aus dem Heilungsprozeß selbst zu kommen schien.

Am Ende der Sitzung sah George viel besser aus. Sein Gesicht hatte alle Spuren von Streß verloren, seine Rückenschmerzen waren weg. Obwohl ich schon immer davon überzeugt gewesen war, daß es etwas Besonderes ist, einen Menschen liebevoll zu berühren, hatte die Erfahrung mit George dieses Gefühl noch verstärkt. Es war wunderbar zu wissen, daß ich durch meine Hände Liebe vermitteln konnte. Es schien so einfach, so menschlich, einen anderen auf diese Weise positiv beeinflussen zu können. Ich erkannte, daß wir einander mehr helfen können, als wir gemeinhin annehmen. Um diese Art des Heilens zu meistern, ist keine jahrelange Ausbildung nötig. Vielmehr erfordert sie unser Mitgefühl und daß wir vorübergehend unsere Ängste beiseiteschieben, um einem anderen Menschen unsere Liebe zu geben. Wie viele von uns gehen durchs Leben, aufgefressen vom Beruf, isoliert vom Rest der Welt, ohne auch nur ein einziges Mal während des Tages berührt worden zu sein? Hungernd gehen wir unserer Wege, ohne jene Süße der Berührung, die uns so leicht erquicken könnte.

An jenem Abend fuhr ich nach Hause und fühlte mich wie neugeboren. Es war mein Wunsch gewesen, etwas für George tun zu können, doch hatte ich nicht erwartet, daß er mir auch etwas zurückgeben würde. Die Heilung war beiderseitig gewesen. Anstatt mich erschöpft zu fühlen, wie es oft nach einem langen Tag mit meinen Patienten der Fall war, war ich voller Vitalität und Freude. Die Liebe, die ich George gegeben hatte, war eine regenerierende Kraft, die unmittelbar zu mir zurückgeflossen war. Es handelte sich dabei nicht um einen begrenzten Vorrat: Je mehr ich gab, desto mehr schien es davon zu geben.

Im Laufe der nächsten Monate analysierte Stephan die Resultate des Experiments und fand bei der Messung der atomaren Struktur des Wassers heraus, daß es eine auffällige Differenz zwischen normalem Wasser und den Röhrchen mit dem behandelten Wasser gab. Die dramatischsten Veränderungen traten in den ersten fünf Minuten der Heilung auf, was darauf hindeutete, daß das Heilen keine konstante Angelegenheit war und seine Wirkung sich nicht unbedingt mit der Zeit steigerte. Wie erwartet, erzielten die erfahrenen Heiler bessere Ergebnisse als die Neulinge. Dennoch traten auch bei den untrainierten Versuchspersonen signifikante Resultate auf. Dies wies auf die Möglichkeit hin, daß sich die Zusammensetzung von Wasser bereits dann verändert, wenn nur eine therapeutische Absicht besteht. Der Heiler in mir war durch die Arbeit mit George bestätigt worden, doch jetzt war auch der Mediziner in mir beruhigt.

In der Psychiatrie ist die körperliche Berührung des Patienten ein Tabu. Doch hatte das Heilungsexperiment meine Neugier geweckt, inwiefern der therapeutische Einsatz von Berührungen in meine Arbeit integriert werden konnte. Als ich vor Jahren Jacks Sitzungen im Labor der Universität von Los Angeles beiwohnen durfte, hatte diese Erfahrung mich zutiefst berührt. Doch in meiner eigenen Praxis befürchtete ich, daß mein Berühren eines Patienten falsch verstanden werden könnte. Und wenn nicht Lilly erschienen wäre, eine junge Frau, die ich durch Mobius kennengelernt hatte, hätte ich wahrscheinlich nie damit experimentiert. Doch sie bat ausdrücklich darum, daß Handauflegen ein Teil ihrer Therapie sein sollte.

Lilly war die Kusine eines bei Mobius tätigen Forschers und so schön, daß man sie für ein Fotomodell halten konnte. Unglücklicherweise litt sie unter einer schmerzhaften rheumatoiden Arthritis, und aufgrund der daraus resultierenden Gelenkprobleme in beiden Beinen mußte sie am Stock gehen.

Während unserer zweiten Sitzung in meiner Praxis hatte Lilly plötzlich eine schwere Panikattacke. Hyperventilierend und überwältigt von Angst, ihr Gesicht kalkweiß, war sie davon überzeugt, daß ihre Krankheit ihr Leben zerstörte. Dies war nicht der erste Anfall dieser Art. Die Ärzte hatten ihr Valium verschrieben, um sie damit vorübergehend zu beruhigen, doch war die Angst immer wiedergekommen. Als ich Lilly beobachtete, die wie gehetzt im Zimmer auf- und ablief und dabei mit den Händen rang, versuchte ich, sie zu trösten. Doch das Gegenteil trat ein: trotz meiner Beruhigungsversuche eskalierte ihre Panik.

Gesprächstherapie und Medikation helfen nur bis zu einem gewissen Punkt. Tiefsitzende Angst kann wie ein Erdbeben aufbrechen, das die Grundfesten eines Menschen erschüttert. Sie kümmert sich nicht um Logik, sie braucht keinen äußeren Anlaß und kehrt immer wieder, manchmal monate- oder jahrelang, bis die ihr zugrundeliegende Ursache geheilt ist. Für Lilly war Valium keine Lösung, sondern bestenfalls ein kleines Pflaster, das eine riesige Wunde abzudecken versuchte. Sie brauchte mehr als das; ich mußte schnell handeln. Ich überredete sie, ihre Sandalen auszuziehen und sich auf die Couch zu legen. Ich erinnerte mich an die Erleichterung in Georges Augen. Warum sollte die Übertragung von Liebe durch meine Hände nicht genausogut bei Angst funktionieren?

Lillys Körper sah dünn und zerbrechlich aus, sie zitterte wie ein erschrockener Vogel. Panik kann ansteckend sein. Ich versuchte, mich nicht von ihrer Intensität überwältigen zu lassen. Ich legte eine Hand auf ihre Herzgegend, ungefähr drei Zentimeter oberhalb ihres Zwerchfells, und die andere direkt auf ihren Bauch. Ich fühlte das unregelmäßige Rasen ihres Herzschlags unter meinen Fingern. Meine Handflächen wurden immer wärmer, und ich spürte große Klarheit und Ruhe in mir. Ich saß einfach neben ihr auf der Couch, meine Hände auf Lillys Körper, und wurde zu einem Kanal, durch den Liebe fließen konnte. Heilen setzt eine Durchlässigkeit voraus, mehr eine passive Empfänglichkeit als irgendeine absichtliche Anstrengung. Genau wie beim medialen Sehen hatte ich meinen Kopf von allen Gedanken frei gemacht. Doch anstatt mediale Informationen zu empfangen, floß ein starkes Gefühl von Liebe durch mich hindurch.

Zunächst reagierte Lilly nicht. Doch eine innere Stimme sagte mir: »Gib nicht auf. Laß Deine Hände auf ihrem Körper liegen und hab Geduld.« Ich vertraute darauf und wartete. Langsam fühlte ich, wie Liebe durch mich hindurch und in Lilly hineinfloß. Anfangs nicht sehr stark, doch immer kräftiger, bis sie einen wunderbaren Höhepunkt erreichte, der sich wie ein Segen anfühlte. Innerhalb von Minuten wurde Lillys Körper weich, ihr Atem beruhigte sich, und die Spannung begann sich aufzulösen. Eine halbe Stunde später, als ich meine Hände von ihrem Körper nahm, sah ich ein wunderschönes, klares Licht in Lillys Augen.

Sie sagte mir, daß sie während unserer Sitzung in eine Art Tagtraum hineingeglitten war. Darin ging sie an einem strahlenden Frühlingsmorgen einen Bergweg hinunter. Eine sanfte Brise fächelte durch das Laub der Bäume. Mit jedem neuen Schritt, den sie tat, nahm die Brise ihr ein Stück ihrer Angst. Als wir mit der Sitzung fertig waren, hatte sich die Angst vollständig aufgelöst. Ich hatte noch nie ein so schnelles Verebben einer Panikattacke ohne Valium oder ähnliche Medikamente erlebt. Keiner von uns hatte ein solch dramatisches Resultat erwartet, doch es bestand kein Zweifel daran, daß Lilly meine Praxis wesentlich ruhiger verließ, als sie gekommen war. War Lilly einfach nur extrem beeinflußbar? Ich wußte es nicht, doch für den Augenblick fühlte sie sich besser, und ich war damit zufrieden.

In den nachfolgenden Therapiestunden sprachen wir ungefähr dreißig Minuten miteinander, und für den Rest der Stunde legte ich ihr die Hände auf. Oftmals, wenn sie ruhig dalag, kehrte die gleiche stille Brise zurück. Je mehr sich Lilly an das damit einhergehende Gefühl gewöhnte, desto mehr war sie in der Lage, es selbst herbeizuführen, wann immer sie Angst oder Schmerz empfand. Indem sie lernte, sich ihre Erfahrungen in unseren Sitzungen zunutze zu machen, war es ihr bald möglich, sie in ihr tägliches Leben zu übertragen. Nach sechs Monaten war die Therapie beendet. Lilly hatte begonnen, sich selbst zu heilen.

Für mich enthielt Lillys Erfolg mehrere wichtige Komponenten. Zunächst einmal bekam ich die Bestätigung der zusätzlichen Dimension, die das Heilen in die traditionelle Psychiatrie bringt, und das trug zu meinem persönlichen Gefühl von Kompetenz bei. Zum anderen war ich in der Lage, meinen Patienten auf neue Art zu helfen, Kraft und Heilung zu finden.

Seit der Therapie mit Lilly habe ich gesehen, auf wie mannigfache Weise solch ein Heilen stattfinden kann, nicht nur im Zusammenhang mit der Psychiatrie, sondern auch im alltäglichen Leben. Der Trost, der dadurch entsteht, kann ein Segen für uns alle sein. Wenn es uns aus irgendeinem Grund nicht gutgeht, kann das einfache Auflegen unserer Hände auf dem Herzen uns beruhigen. Wir können sowohl uns selbst Liebe geben als auch sie an andere weiterfließen lassen. Wenn wir das tun, schaffen wir Gelassenheit und Ruhe, gleichgültig, wie schwierig die Situation ist. Liebe ist der universelle Heiler. Sie hat die Macht, uns zu beruhigen wie nichts sonst. Indem wir bewußt nach ihr rufen, damit sie uns helfen möge, gewinnen wir Kraft und den Glauben an unsere Fähigkeit zu heilen. Tatsächlich können wir alle dies tun, obwohl viele von uns dies nie erkennen. Allzuschnell laufen wir zu Ärzten, Krankenschwestern und Therapeuten; wir vergessen, nach innen zu schauen. Die Gabe, mit unseren Händen zu heilen, ist eine natürliche Anlage. Wenn wir einmal den Zugang dazu gefunden haben, wird ein lange verborgenes Potential zur Realität.

Mein Ziel ist es, Patienten zu zeigen, wie sie für sich selbst und für andere sorgen können, indem sie ihre eigenen Heilungsfähigkeiten finden. Liebe zu erfahren und Mitgefühl zu entdecken stellt dabei die Essenz dar, eine Einstellung zum Leben, die durch Berührungen vermittelt werden kann. Wenn wir alle diese Liebe hervorrufen und weitergeben können, werden wir eine harmonischere, hilfsbereitere Gesellschaft kreieren, wenn nicht sogar eine bessere Welt. Doch zuerst – wie immer – müssen wir diese Liebe in uns selbst finden.

Nicht lange nach Lillys letzter Therapiestunde klingelte mich eines Morgens mein Wecker aus einem vertrauten Traum. Er war seit 1983, als ich meine Praxis eröffnete, viele Male wiedergekehrt, hatte jedoch nie eine Erklärung geboten. An diesem Morgen wußte ich, daß ich den Traum nie wieder haben würde.

Er fing immer gleich an. Ich stehe am frühen Abend am Fenster meines Büros und blicke zum Ozean hinüber. Die blasse Sichel des Mondes ziert den Himmel im Westen. Als ich den Traum zum ersten Mal hatte, erschien mir das Wasser am Horizont neben der Skyline von Santa Monica so, wie es wirklich war: ein paar Kilometer entfernt. Im Laufe der Jahre, als der Traum sich immer öfter wiederholte, kamen die Wellen allmählich näher und mit ihnen ein Schwarm von Möwen. Ich beobachtete sie, wie sie durch die Luft glitten und den frühen Abendwind dazu nutzten, die achtzehn Stockwerke bis zu meinem Büro hinaufzufliegen. Doch dieses letzte Mal, als ich den Traum hatte, war die Trennung zwischen mir und dem Meer verschwunden. Wasser glitzerte auf allen Seiten, doch stellte es keine Bedrohung dar. Ich fühlte mich so vertraut mit ihm, wie ich mich endlich in meiner inneren Verbindung von Medizin und Medialität fühlte. Meine Praxis und der Ozean waren endlich verschmolzen.

Kapitel 6
Die weibliche Abstammungslinie

> *Seit tausend Jahren umkreise
> ich den ewig alten Turm.*
>
> Rainer Maria Rilke

Mütter und Töchter. Ich war gerade vierzig geworden und seit zehn Jahren praktizierende Psychiaterin, Mitglied der medizinischen Fakultät am Universitätskrankenhaus, dem St. Johns Hospital und am Cedars-Sinai-Krankenhaus. Daß ich einen Beruf gewählt hatte und mit Liebe ausführte, den meine Mutter verstand und respektierte, war für sie von großer Bedeutung. Wir hatten beide kompromißbereit sein müssen, doch schließlich hatten wir in Gesprächen über Medizin ein sicheres Terrain gefunden, in dem wir uns miteinander verständigen konnten. Meine Mutter empfahl Patienten an mich weiter, und wir diskutierten die entsprechenden Behandlungsmethoden. Es war einfacher, persönlichere Themen beiseite zu lassen, wie etwa unsere Beziehung oder meine Liebhaber. In ihren Augen war nie jemand gut genug für mich; sie waren entweder zu alt oder zu jung, nicht jüdisch, oder sie hatten nicht genug Geld … Sonst hätten wir uns gestritten, wären in die Defensive gegangen, hätten entgegengesetzte Positionen eingenommen, auf die unweigerlich Wutausbrüche gefolgt wären. Also lernten wir, unsere Diskussionen über medizinische Themen als neutralen Boden zu benutzen, wo gegenseitiges Vertrauen herrschte.

Im Laufe der Jahre, in denen ich meine Eltern zum wöchentlichen Sabbatmahl besuchte, gelang es meiner Mutter und mir immer besser, auch über andere Dinge zu sprechen. Wir hatten eine zärtlichere Beziehung zueinander gefunden. Langsam wurde sie eine enge Freundin, meine Vertraute. Ich war selbstsicherer geworden und fühlte mich nicht mehr von der Stärke meiner Mutter überschattet. Ich konnte offen sein, meinen Gefühlen Ausdruck verleihen und zuhören, ohne ständig auf der Hut sein zu müssen. Ich erkannte, wie wichtig mir meine Eltern waren, und war entschlossen, die Liebe, die wir füreinander hatten, zu genießen. Was meine Mutter betraf, so hatte sie stets Angst vor meinem Zorn gehabt, davor, wie sehr ich sie verletzen konnte, wenn wir nicht übereinstimmten. Sie hatte – vielleicht zu gut – gelernt, solche Auseinandersetzungen zu vermeiden. Doch da sie gespürt hatte, daß unsere Zeit nicht ewig währen würde, war sie in den letzten Jahren das Risiko eingegangen, mir entgegenzukommen.

Im Winter 1990 wurde meine Mutter krebskrank. Zwanzig Jahre vorher war bei ihr ein langsam wachsender Typ von Lymphoma diagnostiziert worden, doch ihre Symptome – kleine Knoten im Nacken – waren mit minimalen Strahlungsdosen behandelt worden. In der letzten Zeit jedoch hatte sie immer öfter niedriges Fieber gehabt, ein Zeichen dafür, daß die Krankheit fortgeschritten war.

Eines Abends im Februar, als meine Mutter und ich in ihrem Wohnzimmer Tee tranken, dabei plauderten und uns besonders nahe fühlten, fing sie an, mir von ihrer Mutter, Rose Ostrum, zu erzählen. Obwohl sie in der Vergangenheit von Großmutter als einem Freigeist und einer leidenschaftlichen Feministin gesprochen hatte, kannte ich Rose bis kurz vor ihrem Tode nicht, denn sie lebte den größten Teil ihres Lebens in Philadelphia, während meine Eltern mit mir nach Los Angeles gezogen waren, als ich sechs war.

»Ich möchte Dir etwas über Großmutter erzählen«, begann meine Mutter. »Du weißt, sie war immer extravagant. Ein Wirbelwind von Energie mit ausgeprägten

Ansichten. Sie war klug und voller Selbstvertrauen und führte unsere Apotheke. Und zu einer Zeit, als Frauen nicht studierten, schickte sie zwei ihrer Töchter auf die Universität.«

Plötzlich bemerkte ich einen Unterton von Dringlichkeit in der Stimme meiner Mutter, als sie kurz innehielt, so als würde sie sich sammeln für das, was sie mir sagen wollte.

»Judith, ich weiß nicht recht, wie ich es Dir sagen soll.« Einige Augenblicke verstrichen. »Es ist so... Deine Großmutter hatte einen ungewöhnlichen Ruf bei ihren Nachbarn, den Ruf... eine Heilerin zu sein.«

»Was?« platzte ich heraus. Ich wollte meinen Ohren nicht trauen. »Willst Du mich auf den Arm nehmen?«

Meine Mutter fuhr entschlossen fort mit dem, was sie mir sagen wollte. »Grandma hatte auch ein Talent dafür, Ereignisse vorauszusagen, die dann eingetreten sind. Sie war als Jüdin erzogen worden und führte einen koscheren Haushalt, doch sie glaubte, daß ihre Fähigkeit, zu heilen und in die Zukunft zu sehen, nichts mit Religion zu tun hatte. Diese Gaben wurden von Generation zu Generation weitergegeben, von Frau zu Frau. Es war die Zeit der Wirtschaftskrise. Viele ihrer Nachbarn konnten sich keinen Arzt leisten. Also kamen sie zu Deiner Großmutter, wenn sie krank wurden. Sie nahm sie mit in eine kleine, ungeheizte Holzhütte hinter unserem Haus, ließ sie sich auf einen hölzernen Tisch legen und legte ihnen die Hände auf. Wärme strömte aus ihren Händen, die den Patienten unter die Haut ging. Wenn sie sich wieder aufsetzten, gab meine Mutter ihnen Tees aus Kräutern, die sie selbst angepflanzt hatte. Die Rezepte waren ihr von ihrer Mutter weitergegeben worden.«

Mir war schwindlig, und ich merkte, wie mir eine starke Röte ins Gesicht stieg. Meine Großmutter eine Hellseherin und Heilerin? »Mutter«, rief ich in einem Anflug von Bitterkeit aus, »warum hast Du mir nie etwas davon erzählt?«

Der traurige Ausdruck auf dem Gesicht meiner Mutter ließ mich innehalten. »Versuch bitte, mich zu verstehen. Ich wollte nur das Beste für Dich. Deine Großmutter war exzentrisch. Obwohl sie bei den meisten unserer Nachbarn beliebt war, dachten einige andere, sie sei unheimlich. Ich hatte Angst um Dich.«

»Aber konntest Du nicht sehen, daß es mir geholfen hätte, mich nicht so allein zu fühlen?«

Sie bemerkte den Aufruhr in meinen Augen und lehnte sich vor, um meine Hand zu berühren. »Oh, Judith. Als Du ein junges Mädchen warst und ich herausfand, daß Du hellseherisch bist, wollte ich das nicht unterstützen. Ich wollte vermeiden, daß du – so wie es Deiner Großmutter oft passiert ist – von anderen verspottet und lächerlich gemacht wirst.«

Ich war überwältigt von widersprüchlichen Gefühlen. Ich war verblüfft und verletzt. Ich fühlte mich um die Nähe betrogen, die wir hätten teilen können. Welch einen Unterschied das bedeutet hätte, als ich noch ein Kind war. Es jetzt erst zu erfahren, schien viel zu spät.

»Vielleicht habe ich einen Fehler gemacht«, fuhr meine Mutter fort. »Doch war ich nur um Dein Wohlergehen besorgt. Ich war hin- und hergerissen und habe Deine Fähigkeiten nur heruntergespielt, um Dich zu beschützen.«

»Und was veranlaßt Dich, heute abend darüber zu sprechen? Was hat sich geändert?«

»Judith, mein Schatz, bitte hör mich bis zu Ende an. Unser Leben ist heute so anders. Du bist Deinen Überzeugungen treu geblieben und hast Deinen eigenen Weg gefunden, obwohl es nicht der ist, den ich für Dich ausgesucht hätte. Doch respektiere ich Deine Entscheidung. Wir befinden uns nicht mehr im Krieg miteinander. Und ich habe nicht mehr viel zu verlieren.«

Ich war vollkommen durcheinander. Eine alte Leere war wieder aufgebrochen, ein schrecklich vertrautes, entnervendes Gefühl, das ich als Kind so oft gespürt hatte. Während diese dunklen Gedanken durch meinen Kopf gingen, kämpfte ich gegen meine Tränen an. Meine größte Angst war, daß meine Wut meine Mutter zum Schweigen bringen würde. Ich erkannte, was für ein außergewöhnlicher Moment dies war – daß meine Mutter sich endlich dazu gedrängt fühlte, meine übersinnlichen Fähigkeiten in einen Zusammenhang zu bringen und mir meine wahre Abstammung zu zeigen – und auch den Wunsch hatte, ihre eigene Position deutlich zu machen und mir ihre Beweggründe für ihr Verhalten zu erklären. Außerdem hatte sie mir auf diese Art unmißverständlich gezeigt, daß sie sehr krank war, mit allem, was das beinhalten mochte.

Meine Mutter und ich schauten schweigend auf die tanzenden Schatten, die die Flammen des Kaminfeuers an die Wände malten.

Ich versuchte, mich zu sammeln. Als ich meine Mutter ansah, wie sie so klein und zerbrechlich dasaß, merkte ich, wie mein Zorn sich verflüchtigte und von Mitgefühl ersetzt wurde. Es würde mir überhaupt nichts bringen, sie anzuklagen und ihr die Schuld zu geben. Während sie ihren Kopf zurücklehnte und die Augen schloß, traf ich eine Entscheidung: Ich würde meinem Ärger nicht erlauben, die Zeit, die uns noch blieb, zu vergiften.

Durch meine spirituelle Suche hatte ich in der Vergangenheit gelernt, daß es für alles im Leben eine Zeit und einen Sinn gibt. Es war kein Fehler, daß ich vorher so gut wie nichts von meiner Großmutter gewußt hatte. Es war für mich notwendig gewesen, zu kämpfen, zu wachsen und stark zu werden, um die Frau zu werden, die ich heute war. Ich begann zu verstehen, daß mein Kampf um die Integration meiner medialen Fähigkeiten von entscheidender Wichtigkeit für mein inneres Wachstum gewesen war. Es war hart, ein Kampf, den ich genausogut hätte verlieren können. Um ihn zu gewinnen, hatte ich bis an meine Grenzen gehen müssen und darüber hinaus. Dabei war meine Mutter einer meiner größten Lehrer gewesen. Ihre kompromißlose Hingabe an ihre Überzeugungen hatte mich immer wieder dazu gezwungen, meinen eigenen Standpunkt zu finden und zu behaupten. Dennoch hatte ich mein ganzes Leben lang darauf gewartet, diese Worte zu hören.

Meine Mutter lehnte sich zu mir herüber, und ihr Gesicht strahlte nur Liebe aus. Ihr Verhalten in der Vergangenheit hatte mich viel gekostet, doch in diesem Moment wußte ich, daß sie keine ihrer Entscheidungen aus böser Absicht getroffen hatte. Sie hatte ihr Bestes getan. So schwer es auch war, diese Tatsache zu akzeptieren, und so wütend ich auch gerne sein wollte, konnte ich doch nicht leugnen, daß ich ein tiefes Gefühl der Erleichterung verspürte. Endlich ließ sie mich die Wahrheit wissen. Auch war ich ihr dankbar dafür, daß sie es riskiert hatte, von mir nicht verstanden zu werden. Ich erkannte, daß sie auf die Widerstandsfähigkeit unserer Liebe vertraute, auf die Nähe, die wir unter so großen Mühen endlich erreicht hatten.

Während wir schweigend dasaßen, fiel mir ein immer wiederkehrender Traum ein, der mit meiner Großmutter zu tun hatte. Nackt, ihr Körper weich und wohlgerundet wie der einer Renaissance-Schönheit, führte sie mich durch ein Labyrinth dunkler, unterirdischer Tunnel. Wir gingen dunkle Pfade entlang, ohne das geringste Licht, um uns den Weg zu zeigen. Ich hielt ihre Hand fest und vertraute darauf, daß sie wußte, wohin wir gingen. Unsere Nähe hatte eine Qualität von Sehnsucht und Zeitlosigkeit. Ich sah, daß wir immer durch ein unsichtbares Band verbunden gewesen waren. Wann immer ich diesen Traum hatte, war meine Großmutter meine Führerin gewesen.

»Weißt Du«, sagte meine Mutter und brachte mich damit in die Gegenwart zurück, »oft, als ich noch ein

Kind war, ließ meine Mutter mich auf die Couch legen, und mit einer weit ausholenden Bewegung ließ sie dann ihre Hand dreimal von Kopf bis Fuß über meinen Körper gleiten. Anschließend schüttelte sie meine Füße auf und ab, was mich kichern und erschauern ließ. Und während sie dies tat, wiederholte sie ständig die jiddischen Worte »*Grace, Grubb, Gizunt*«. Durch ihre Hände übertrug sie – wie die Worte sagen – Größe, Widerstandskraft und Gesundheit. Sie wollte mir dabei helfen zu wachsen. Sie tat das bei Kindern, um ihnen ein langes Leben und Schönheit zu geben. Es war eine Erweiterung der Heilkünste, die sie im Schuppen hinter unserem Haus ihren Patienten zukommen ließ.«

Ich war zutiefst berührt. Plötzlich erinnerte ich mich daran, daß meine Mutter mit mir genau das gleiche getan hatte, als ich noch ein Kind war. Wie sehr liebte ich es, wenn sie mich so berührte, den leichten Geruch ihres Parfums, die Wärme ihrer Hände und die köstliche Ruhe danach. Es war nicht einfach für mich, es zuzugeben, doch meine Mutter hatte gewußt, daß sie Energie übermittelte, obwohl sie sich weigerte, in dieser Form darüber zu sprechen.

Mir wurde bewußt, daß viele Eltern in der Lage sind, durch ihre Hände Liebe zu geben, doch sehen sie dies einfach als einen natürlichen Ausdruck ihrer Zuneigung an. Sie betrachten ihre Berührungen nicht als Heilung, doch genau das ist es. Wenn eine Mutter ihr Neugeborenes in den Armen hält, werden ihre Freude und Hingabe direkt durch ihre Berührungen übertragen. Wenn unser Kind sich wehtut, laufen wir zu ihm hin und nehmen es in den Arm, um es zu halten und seinen Schmerz zu lindern. Unser Impuls zu trösten und unser Bedürfnis nach körperlichem Kontakt beruhen auf dem natürlichen Wunsch, Liebe zu geben und zu empfangen. Das ist die Essenz des Menschseins: unsere Herzen einander zu öffnen, Wärme zu geben und füreinander zu sorgen.

Als ich noch klein war, setzte sich meine Mutter häufig vor dem Einschlafen – und immer, wenn ich krank war – zu mir aufs Bett und streichelte zärtlich meinen Bauch, wobei sie mich sanft hin- und herschaukelte, bis ich entweder einschlief oder mich besser fühlte. Ich empfand das Gefühl der Liebe, die von ihr in meinen Körper floß, als sehr beruhigend.

»Ja«, sagte meine Mutter. »Das habe ich von Deiner Großmutter gelernt. Ich wußte, daß es eine Art von Heilung war, doch wollte ich nicht, daß sich irgendwelche seltsamen Ideen in Deinem Kopf festsetzten.«

Ich atmete tief und dachte daran, wie meine Großmutter gestorben war. Mit achtzig Jahren hatte sie die Alzheimersche Krankheit bekommen, hatte ihr Gedächtnis verloren und sich in den Zustand eines Kindes zurückentwickelt. Sie war einige Jahre zuvor nach Los Angeles gezogen und verbrachte die letzten Jahre ihres Lebens in einem Altersheim , nicht weit von uns entfernt. In der Nacht, in der sie starb, wurde ich benachrichtigt, da meine Eltern in Europa waren und nicht kontaktiert werden konnten. Man erzählte mir, daß Rose in ihrem Lieblingsschaukelstuhl gesessen hatte und ein Vanilleeis gegessen hatte. Als sie damit fertig war, bemerkte sie zu ihrer Freundin, daß es köstlich geschmeckt habe, und sank dann langsam vornüber. Kein Fanfarenstoß, kein Aufhebens. Der perfekte Abschied. Doch abgesehen von diesem Bild kannte ich meine Großmutter kaum. Ich hatte unendlich viel versäumt.

Im Verlauf jenes Winters gab mir meine Mutter immer mehr Einblick in meine mediale Erbschaft. Sie erzählte, daß bei meiner Kusine Sindy in ihrer zweiten Schwangerschaft eines Nachts unvermittelt die Wehen einsetzten. Melissa, ihre vierjährige Tochter, schlief fest und wußte nicht, daß ihre Eltern ins Krankenhaus geeilt waren und sie in der Obhut von Phyllis, Sindys Mutter, gelassen hatten. Um zwei Uhr morgens wachte Melissa auf und schrie: »Mama ist was Schlimmes passiert!« Jeder Versuch, sie zu beruhigen, schlug fehl. Und tatsächlich, genau in diesem Moment waren Komplikationen aufgetreten. Das Schmerzmittel, das die Ärzte Sindy gegeben hatten, war zu hoch dosiert gewesen; sie bekam nicht mehr genug Sauerstoff, und es mußte ein Schlauch in ihre Luftröhre gelegt werden, damit sie atmen konnte. Obwohl Sindy keine schädlichen Folgen davongetragen hatte und das Baby gesund war, hatte Melissa die Gefahr gespürt, in der beide schwebten. Da Sindy selbst auch eine gewisse übersinnliche Veranlagung besaß, war sie nicht von Melissas Vorahnungen beunruhigt, sondern erkannte, daß ihre Tochter wohl ebenfalls mediale Fähigkeiten hatte.

Diese Gespräche über unsere Familie wurden zu einem abendlichen Ritual. Jeden Freitagabend fuhr ich nach Praxisschluß zum Haus meiner Eltern. Nach dem Essen begab sich mein Vater – glücklich darüber, daß meine Mutter und ich uns endlich so gut verstanden und unsere Kämpfe vorbei waren – jedes Mal hinüber ins Nebenzimmer, um sich ein Fußballspiel im Fernsehen anzuschauen. Mit einer Kanne Pfefferminztee machten es sich meine Mutter und ich im Wohnzimmer bequem.

Obwohl meine Mutter stets zu allem ihre Meinung gesagt hatte, bedeutete es einen großen Schritt für sie, mir von den übersinnlichen Fähigkeiten ihrer Mutter zu erzählen. Bald fand ich jedoch heraus, daß sie dabei etwas noch viel Intimeres zurückgehalten hatte – etwas, das ihr eigenes Leben betraf: ihr bestgehütetes Geheimnis.

»Als ich meine Praxis eröffnete«, begann sie eines Freitagabends, »stellte ich fest, daß auch ich eine übersinnliche Gabe und Heilkräfte habe. Sie waren nicht so stark entwickelt wie bei Dir oder Deiner Großmutter, doch waren sie eindeutig vorhanden.«

Meine Mutter eine übersinnlich veranlagte Heilerin? Ich starrte diese kleine, entschlossene Frau neben mir an und wunderte mich, wer sie wohl war. Sie hatte diesen Teil ihrer selbst versteckt, genau wie ich es getan hatte, als ich meine Praxis eröffnete.

»Ich wußte, daß die moderne Medizin nicht alle Antworten hat«, fuhr sie fort. »Seit dem Beginn meiner Krankheit vor zwanzig Jahren riet mir mein Arzt, den Lymphdrüsenkrebs mit intravenöser Chemotherapie zu bekämpfen. Doch ich habe mich entschieden, die Krankheit mit meinem Willen in Schach zu halten. Ich habe es nie jemandem erzählt, doch jeden Morgen nach dem Aufwachen legte ich mir die Hände auf den Körper und sandte positive Gedanken durch sie hindurch, während ich mir vorstellte, wie die Tumore schrumpften. Ich bin davon überzeugt, daß ich mich auf diese Weise gesund gehalten habe: Wenn es nach den Statistiken ginge, wäre ich heute nicht mehr am Leben.

»Warum hast Du mir nie etwas davon gesagt?« wollte ich wissen. »Ich hätte es verstanden.«

Meine Mutter warf mir einen ungläubigen Blick zu. »Wenn Du Dich erinnerst: Als meine Diagnose 1970 zum ersten Mal gestellt wurde, haben wir beide uns so in den Haaren gelegen, daß es mir nicht ratsam schien, Dir davon zu berichten. Du hattest Dich zurückgezogen und warst unerreichbar. Ich habe Dich nicht als Stütze sehen können. Außerdem war meine Heilung eine persönliche Angelegenheit. Wenn ich mit jemandem darüber gesprochen hätte, hätte sie ihre Wirksamkeit verloren.«

Szenen unserer vielen Auseinandersetzungen tauchten vor meinen inneren Augen auf: zugeschlagene Türen, böse Worte und Anschuldigungen, Drohungen, wegzugehen und nie zurückzukommen. Wir waren beide dickköpfig und stur, gefangen in einem Kampf von Willen gegen Willen. Ich verstand, warum sie mir nicht vertraut hatte.

»Ich habe Zurückhaltung auf die harte Art gelernt«, sagte sie weiter. »Als ich heranwuchs, sprach Deine

Großmutter oft über ihre Gabe. Und ihre Vorahnungen schienen wirklich weit hergeholt. Rose sah das Jet-Zeitalter voraus, die Entwicklung von Schnellbahnen, den Gebrauch von Laserstrahlen in der Medizin. Doch in den zwanziger Jahren glaubte ihr keiner. Ich habe sie sehr geliebt, doch war ich ein Kind. Ich schämte mich ihrer. Ich wollte normal sein. Rose hatte kein Verständnis dafür.«

Mütter und Töchter. Ich erkannte, daß wir beide unsere eigene Form der Rebellion gelebt hatten. Sie hatte auf ihre Mutter reagiert, indem sie konservativ geworden war und ihre Fähigkeiten verleugnete; ich hatte darum gekämpft, meine übersinnliche Veranlagung auszudrücken und erstrahlen zu lassen.

Je mehr meine Mutter sprach, desto blauer schienen ihre Augen zu werden. »Als ich zehn Jahre alt war«, fuhr sie fort, »hatte ich die Vorahnung, daß ich Ärztin werden würde. Nichts hätte mich aufhalten können. Doch hier war ich, in einer Gesellschaft, die mißtrauisch auf jeden herabschaute, der anders war. Meiner Mutter war es egal, was die Leute von ihr dachten, aber mir nicht. Ich wollte ihre Fehler nicht wiederholen, also entschied ich mich, meine Fähigkeiten geheimzuhalten.«

Ich wußte, daß ihre Entscheidung einen guten Grund hatte. 1942, als sie am Hahnemann Medical College in Philadelphia zu studieren begann, wurde der Bereich der Medizin von Männern dominiert. Nur eine kleine Quote von Frauen wurde zum Studium zugelassen, im Gegensatz zu heute, wo sie vierzig Prozent ausmachen. Und selbst während meiner eigenen Zeit als Assistenzärztin, mehr als dreißig Jahre später, hatte ich nicht das Gefühl, mediale und übersinnliche Fähigkeiten mit meinen Kollegen diskutieren zu können, aus Angst davor, verurteilt und gemieden zu werden. (Als meine Mutter am Hahnemann College studierte, beinhaltete der Lehrplan sowohl die traditionelle als auch die homöopathische Medizin. Und obwohl es ihr möglich war, ganz legitim das zu studieren, was ihre Mutter daheim mit Kräutern getan hatte, lag die Homöopathie doch bereits außerhalb der zeitgenössischen Medizin.)

In den letzten dreißig Jahren, seit wir nach Los Angeles gekommen waren, war meine Mutter eine schulmedizinische Familienärztin gewesen, mit einer Praxis in Beverly Hills. Ihre Patienten wurden zu ihrer erweiterten Familie, und sie war die Glucke. Ärztin zu sein bedeutete ihr alles; sie würde nie etwas tun, das ihren Beruf gefährdete. Doch ohne es ihren Patienten zu sagen, übermittelte sie ihnen bewußt durch ihre Hände Liebe. Das war ihr so zur zweiten Natur geworden, daß sie nie darüber nachdachte. Ich fand es schade, daß sie nicht offen über ihre Fähigkeiten hatte sprechen können, doch respektierte ich ihre Entscheidung, im Rahmen der herkömmlichen Medizin zu heilen. Genau wie »Psychiaterin« ein Begriff war, den ich mir erst zu eigen machen mußte, hätte meine Mutter es nie fertiggebracht, sich als »Heilerin« zu bezeichnen. Dennoch war ich traurig, daß sie es für nötig gehalten hatte, einen so wichtigen Teil ihrer Person zu verstecken und sich selbst ihr kostbares Talent zu versagen.

»Manchmal wußte ich Dinge über meine Patienten, bevor sie überhaupt darüber sprachen«, sagte sie. »In meinem Kopf ist eine kleine Stimme, auf die ich höre. Sie irrt sich nie. Meine Patientin Rita ist dafür ein gutes Beispiel. Sie kam einmal mit einer starken Erkältung in die Sprechstunde. Als ich ihr Fieber maß, wies mich die Stimme an, ihre Brüste zu untersuchen. Normalerweise tat ich das bei einer Erkältung nicht, doch ich folgte meiner Eingebung. Ihre rechte Brust war in Ordnung, doch in der linken fand ich einen kleinen, harten, erbsengroßen Knoten. Ich wußte, daß er vorher nicht dagewesen war, also schickte ich sie in ein Labor, um eine Mammographie und Biopsie machen zu lassen.«

»Was geschah weiter?« Ich war fasziniert.

»Der Knoten war bösartig. Innerhalb einer Woche wurde er operativ entfernt, und sie begann mit Strahlenbehandlung und Chemotherapie. Das war vor zwei Jahren. Seitdem ist Rita krebsfrei. Hätte ich nicht instinktiv den Knoten so früh aufgespürt, hätte sich der Krebs sehr wahrscheinlich ausgebreitet. Ich bin sicher, daß ich Ritas Leben rettete, indem ich auf die leise Stimme in meinem Kopf gehört habe.«

Meine Mutter erschien mir nun in einem ganz anderen Licht. Mein Versuch, das Übersinnliche in meine Arbeit als Psychotherapeutin zu integrieren, war etwas, das sie bereits erreicht hatte! Ohne es zu wissen, war ich in ihre Fußstapfen getreten und hatte eine Familientradition fortgesetzt. Ich hatte seit jeher nach einem Gefühl der Richtigkeit in meinem Leben gesucht, und jetzt erhielt ich die Bestätigung für die Richtigkeit des Weges, den ich instinktiv eingeschlagen hatte.

Später fand ich heraus, daß die jüngere Schwester meiner Mutter, Phyllis, Internistin in Philadelphia, ebenfalls mediale Fähigkeiten hat. Trotz ihrer Zuneigung zueinander hatte von Anfang an eine gewisse Rivalität zwischen ihnen bestanden. Doch das Übersinnliche war etwas, das sie miteinander verband: Wenn sie mit niemandem sonst reden konnten, riefen sie sich des Nachts an und führten stundenlange Telefonate, in denen sie über ihre übersinnlichen Erlebnisse sprachen.

»1963«, erzählte mir meine Mutter, »hatte Phyllis' Ehemann seinen ersten Herzinfarkt. Während er noch im Krankenhaus lag, träumte sie, daß sie mit einer Gruppe von Ärzten Krankenbettvisiten machte. Nachdem sie gemeinsam die Behandlungsmethoden für Herzinfarkte überprüft hatten, wußte sie plötzlich, daß subkutan verabreichtes Heparin die richtige Medikation für ihren Ehemann war.«

»Was ist an diesem Traum übersinnlich?« fragte ich. »Man gibt Herzpatienten immer Heparin, um Blutgerinnsel zu vermeiden.«

»In den frühen sechziger Jahren wurde Heparin noch nicht dafür benutzt«, antwortete meine Mutter. »Es gab keine klinischen Dokumentationen, aus denen hervorging, daß Heparin ein wirksames Mittel bei der Nachbehandlung von Herzinfarkten ist. Es dauerte noch viele Jahre, bevor die Behandlung mit Heparin Standard wurde. Als Phyllis dem Kardiologen sagte, er solle ihrem Mann Heparin geben, lehnte er das ab. Also beschloß sie, es ihm selbst zu verabreichen. Phyllis hatte nicht viele solcher Träume, doch wenn sie welche hatte, waren sie fast immer zutreffend.«

»Hat sie jemals anderen Menschen von diesem Traum erzählt?«

Meine Mutter schüttelte den Kopf. »Einmal erwähnte sie ihn gegenüber einem Kollegen, doch der schaute sie so befremdet an, daß sie nie mehr davon sprach. Er verlangte einen wissenschaftlichen Beweis, den sie selbstverständlich nicht erbringen konnte.«

Als Phyllis und ihr Mann, ein Gynäkologe, heirateten, hatte dieser nicht das geringste Interesse an übersinnlichen Phänomenen. Anfangs spürte sie, daß ihm ihre Vorahnungen Angst machten. Er war mit dem Glauben an die traditionelle Rolle des Mannes aufgewachsen, und sie wußte, daß er sein Bedürfnis nach Kontrolle gefährdet sah. Doch im Laufe der nächsten fünfzehn Jahre merkte sie, daß er ihre Vorahnungen langsam akzeptieren konnte. Nachdem die meisten sich als zutreffend herausgestellt hatten, betrachtete er sie nicht mehr als unhaltbar. Er hatte ihren Wert rechtzeitig erkannt und akzeptiert, so daß ihm seine Frau das Leben retten konnte.

Seit 1942 hatte es in unserer Familie fünfundzwanzig Ärzte gegeben: fünf Frauen und zwanzig Männer. Der instinktive Wunsch zu heilen galt für uns alle. Doch soweit meine Mutter wußte, hatte keiner der Männer je hellseherische Talente gehabt. Warum das so war, wußte sie nicht. Vielleicht gab es etwas den Frauen eigenes, das es ihnen einfacher machte, Zugang zu diesen Bereichen zu erlangen, oder vielleicht war es auch genetisch bedingt. Vielleicht hatten auch einige der Männer übersinnliche Fähigkeiten, doch erlaubten es ihnen die gesellschaftlichen und kulturellen Gegebenheiten noch weniger, sie auszudrücken, als es den Frauen möglich war. Wir wußten beide keine Antwort darauf.

Was ich jedoch wußte, war, daß ich mit jedem Gespräch, das ich mit meiner Mutter hatte, mir selber näherkam. Nach Jahren des Schwebens über mir selbst, von meinem Körper getrennt, hatte ich das Gefühl, als würde mich ein gigantischer Magnet auf die Erde zurückziehen. Der Boden unter meinen Füßen schien fester zu werden. Ich begann, mich selbst auf eine Art zu verwöhnen, wie ich es früher nie für möglich gehalten und als unnötig empfunden hätte. Ich kaufte mir neue Kleider, legte mir eine Dauerwelle zu, so daß mein Haar wild und lockig wurde, ließ mich regelmäßig von einer Kosmetikerin behandeln, und wenn ich besonders mutig war, tuschte ich mir sogar die Wimpern.

In meinem ersten Jahr auf der Highschool hatte ich meinen ersten Liebeskummer, der mein Selbstvertrauen stark erschütterte. Ich war damals vierzehn. Ohne die geringste Warnung verließ mich mein Freund wegen einer blonden, blauäugigen Schönheit, die einen roten Camaro fuhr. Ich gab mir selbst die Schuld daran, verlassen worden zu sein; ich entschied, daß ich nicht hübsch oder beliebt genug gewesen war, um ihn halten zu können. Es dauerte Monate, bis ich die Trennung verwunden hatte, doch meine Unsicherheit blieb mir noch lange und schwelte immer unter der Oberfläche. Nachdem ich die Geschichte meiner Familie erfahren hatte, änderte sich das. Wenn ich jetzt im Spiegel mein Modigliani-Gesicht ansah mit der olivfarbenen Haut und den braunen Augen, die immer ein wenig zu lang in die Menschen hineinschauten, gefiel mir, was ich sah. Die Entdeckung der übersinnlichen Gaben, die die Frauen in meiner Familie miteinander verband, hatte mir Kraft gegeben; endlich konnte ich es zulassen, daß sich meine Weiblichkeit entfaltete.

Im Frühjahr 1990 hatte ich einen Traum:

Ich befinde mich in einer ausgebombten, verlassenen Kapelle in einer wüstenähnlichen Umgebung. Über mir in der Höhe von etwa vier Stockwerken ist ein Kathedralendach mit riesigen, dreieckigen Fenstern an jeder Wand, durch die das Sonnenlicht hereinflutet. Die Reste eines kleinen Altars befinden sich im vorderen Teil des Raumes. Die Atmosphäre ist friedlich und hat etwas Tröstendes. Obwohl ich niemanden sehen kann, spüre ich die Gegenwart einer Gruppe ewiger, unsichtbarer Wesen, doch weiß ich nicht, wer sie sind.

Plötzlich bin ich überwältigt von Scham über meinen Zorn und die Rebellion, die ich empfand, weil ich auf der Welt war. Es hat immer einen Teil von mir gegeben, der nie das Gefühl hatte, hierher zu gehören, und daher fühlte ich mich nie dazu verpflichtet, voll und ganz zu kooperieren. Nie gab ich mich ganz hin; ich versteckte mich hinter dem Schatten meiner Mutter und sprach nicht über die Dinge, die ich wußte. Sie war der Star, und ich blieb anonym. Ich schäme mich für meinen Mangel an Mut.

Vorsichtig und sanft hebt mich die Gruppe der unsichtbaren Wesen hoch in die Luft und überschüttet mich mit einem Gefühl reiner Vergebung. Ich sehe mein Leben mit plötzlicher Klarheit, und ich verstehe, daß meine Sorgen wegen meiner Vergangenheit nicht nötig sind. Alles ist genauso, wie es sein soll. Ich habe Vergebung gefunden. Jetzt ist es an der Zeit, meine Erfahrungen mit anderen zu teilen.

Dieser Traum führte mich in meine Vergangenheit zurück. Während ich heranwuchs, besaß ich Notizbücher voller Gedichte, die ich geschrieben hatte. Sie handelten von meinem ersten Verliebtsein, von den Gefühlen gegenüber meiner Mutter, dem ersten LSD-Trip an der Highschool – und alles war durchzogen von einem Gefühl der Getrenntheit, das damals mein Leben bestimmte. Als ich vierzehn war, sagte mir meine Mutter, sie wolle diese Gedichte veröffentlichen. Offensichtlich war sie sehr stolz auf meine dichterischen Fähigkeiten und wollte sie mit der Welt teilen. Hungrig nach ihrer Anerkennung gab ich widerstrebend mein Einverständnis, eine Entscheidung, die ich nicht genug durchdacht hatte. Sie brachte die Gedichte in einem kleinen Band heraus, und bevor ich wußte, was geschah, hatte sie jedem in unserer Familie, ihren Freunden und sogar ihren Patienten eine Kopie gegeben. Einer ihrer Freunde, Musiklehrer am berühmten Juillard-Institut, vertonte sogar einige meiner Gedichte und schickte uns die Kassette. Ich war entsetzt. Mein Innenleben war öffentlich zur Schau gestellt worden. Den Blicken der Welt ausgesetzt und schamerfüllt wollte ich mich in einen kleinen Ball zusammenrollen und unsichtbar werden. Viele Jahre lang schrieb ich kein einziges Wort mehr.

Der Vergebungstraum brachte mir Freiheit. Es war, als ob ein einengender Mantel endlich entfernt worden war, von dem ich nicht einmal gewußt hatte, daß er mich bedeckt hatte. Am Morgen nach dem Traum nahm ich einen Schreibblock von meinem Schreibtisch und fing an zu schreiben. Die Gedanken flossen aus mir heraus wie eine Flutwelle, die durch einen Damm bricht. Die Stimme, die jahrzehntelang unterdrückt worden war, war befreit. Der Traum hatte mir die Erlaubnis gegeben, Risiken einzugehen, in neue Richtungen zu denken und meine Tagträume zu verwirklichen.

Während meine neugefundene Kraft zunahm, begann meine Mutter langsam dahinzuschwinden. Sie überlebte die nächsten zwei Jahre ausschließlich aufgrund ihrer wilden Leidenschaft fürs Leben. Ihr Körper wurde zusehends schwächer, doch gab sie sich nach außen hin immer noch stark und zuversichtlich. Niemand außer meinem Vater und einigen engen Freunden wußte um die Schwere ihrer Krankheit. Ihre Praxis lief nach wie vor auf Hochtouren, und sie blieb nicht einen einzigen Tag ihrer Arbeit fern. Jeden Morgen, tadellos gekleidet, mit perfekt sitzendem Haarschnitt und dezentem Make-up ging sie in ihre Praxis und kümmerte sich acht Stunden lang ohne Pause um ihre Patienten. Niemand hatte auch nur den leisesten Verdacht, daß irgend etwas mit ihr nicht in Ordnung war.

Obwohl ich wußte, daß der Krebs gewachsen war und ich sehen konnte, daß sie jeden Abend völlig übermüdet war, weigerte ich mich zu erkennen, wie krank meine Mutter wirklich war. Ich wollte es nicht wissen. Ich hatte erwartet, daß sie ewig leben würde. Meine Mutter war immer voller Unternehmungslust gewesen. Nichts liebte sie so sehr wie die Teilnahme an eleganten Festen und luxuriösen hochrangigen politischen Veranstaltungen. Wo immer sie sich hinbegab, war sie stets im Mittelpunkt gewesen und hatte den Respekt erhalten, der einer Matriarchin gebührt. Jetzt, da die Jahre des Kämpfens hinter uns lagen, hing ich leidenschaftlich an meiner Mutter. Die Möglichkeit, daß sie sterben könnte, war mir unvorstellbar. Ich sperrte diese Tatsache einfach aus.

Anfang Oktober 1992 besuchte mich meine Mutter in meiner Wohnung in Marina del Rey. Wir gingen zum Strand, legten uns auf eine Decke und sprachen miteinander. Sie stellte fest, daß ich nervös, gereizt und ausgebrannt war und seit acht Monaten nicht einen Tag Urlaub gemacht hatte. Es war mir immer schwergefallen, mir Zeit für mich selbst zu nehmen, also sahen wir uns meinen Terminkalender an und reservierten eine Woche gegen Ende des Monats. Ich versprach, mir diese Zeit freizunehmen, mich auszuruhen und zu erholen.

In der Nacht vor meinem Urlaub hatte ich einen Traum:

Ich bin ein Kind, das in einem frisch gemähten öffentlichen Park Tai-Chi-Bewegungen übt. Ein freundlicher, geduldiger alter Asiate leitet mich an. Ich erkenne ihn; er ist schon in früheren Träumen mein Lehrer gewesen. Er zeigt mir, daß ich durch bestimmte Bewegungen mit meinem Körper lernen kann, die Brücke zwischen Leben und Tod willentlich zu überschreiten. Ich versuche die Übung und bin begeistert von der Leichtigkeit, mit der ich diese beiden Bereiche durchqueren kann. Mein Lehrer sagt, daß ich als Vorbereitung für die Dinge, die auf mich zukommen werden, nicht vergessen darf, daß ich diese Fähigkeit besitze, und Vertrauen haben soll, daß der Tod nicht das Ende ist.

Ich blieb zusammengerollt unter meiner Bettdecke liegen und genoß im Halbschlaf das wunderbare Gefühl, zwischen zwei Welten hin- und herreisen zu können. Doch meine Hände und Füße wurden kalt, als ich langsam wach wurde und die tiefere Bedeutung meines Traumes zu begreifen begann. Er war ein klarer Hinweis darauf, daß meine Mutter bald sterben würde, und ich wollte es nicht wahrhaben. Trauer stieg in mir hoch, eine wahre Flutwelle, die mich zu verschlingen drohte. Doch ich mußte mich schützen. Dies war der erste freie Tag seit vielen Monaten. Ich war zu müde und erschöpft, um lange über den Inhalt meines Traumes nachzudenken. Mit soviel emotionaler Kontrolle, wie ich aufbringen konnte, unterdrückte ich meine Gefühle, bevor sie mich überwältigen konnten. Ich würde mir den Traum noch einmal genauer anschauen, sobald ich wieder mehr Kraft gewonnen hatte.

Die ganze Woche lang ruhte ich mich aus. Ich lag in der Sonne, las Anne Rices *Interview mit dem Vampir*, eine Flucht in die Welt des Übernatürlichen, meditierte jeden Tag eine Stunde, bis Hektik und Erschöpfung von mir abfielen und meine innere Ruhe wiederkehrte. Als mein Urlaub vorbei war, hatte ich neue Kräfte gewonnen, und mein Kopf war wieder klar. Ich freute mich darauf, meine Arbeit wiederaufzunehmen. Am Abend meines ersten Tages in der Praxis bewahrheiteten sich jedoch meine größten Ängste: Ich erhielt einen dringenden Anruf von meinem Vater. Seine Stimme war kaum zu hören; er hätte eine Million Meilen entfernt sein können.

»Judith, Deine Mutter ist mit über vierzig Grad Fieber zusammengebrochen. Sie liegt auf der Intensivstation im Cedars-Sinai-Krankenhaus.«

Ich strengte mich an, ihn zu verstehen, diese furchtbare Nachricht zu begreifen. Die Worte schienen endlos ausgedehnt zu sein, als spräche er im Zeitlupentempo. Ich war wie betäubt. Eine tödliche Stille herrschte. Von einem Augenblick zum anderen war mir der Boden unter den Füßen weggezogen worden. Ich hatte das Gefühl, endlos und ohne Halt zu fallen. Allein. Und vollkommen die Kontrolle zu verlieren.

Ich weiß nicht, wie ich es fertigbrachte, ins Krankenhaus zu fahren. Ich kann mich kaum daran erinnern. Woran ich mich erinnere, ist, daß ich wie benommen den langen Flur hinunterlief, mit verschwommenen Flecken moderner Malerei an den Wänden. Ich fuhr mit dem Fahrstuhl auf die Intensivstation im dritten Stock, wo mein Vater auf mich wartete. Obwohl ich in derselben Intensivstation selbst viele unheilbar kranke Patienten behandelt hatte, einige von ihnen im Koma, andere an der Schwelle des Todes, war ich nicht vorbereitet auf das, was ich sah. Da lag meine eigene Mutter, angeschlossen an ein Beatmungsgerät. Keine Fremde und keine Patientin. Die Frau, die mich geboren hatte, lag im Bett, mit Schläuchen in allen Körperöffnungen, einem Herzkatheter in ihrem Hals, an den Hand- und Fußgelenken festgebunden, um zu verhindern, daß sie die Schläuche herauszog. Sie war im Fieberdelirium, redete wirr und erkannte mich nicht mehr. Der Horror dieses Anblicks überwältigte mich, meine Hilflosigkeit und die Liebe, die ich für sie und meinen Vater empfand.

Lange nach Mitternacht fuhr ich nach Hause. Ich ging sofort ins Bett, konnte jedoch nicht schlafen. Ich stand auf, schaltete das Licht an und wühlte in meinen Schubladen, bis ich das alte, weiße Stoffkaninchen fand, mit dem ich als Kind immer geschlafen hatte. Dann ging ich ins Bett zurück, wickelte mich in meine Decke ein, und auf dem durchschwitzten Bettuch schaukelte ich hin und her, das Kaninchen fest an mich gedrückt. Der Schmerz war zu groß; ich wußte nicht, wie ich ihn jemals überleben konnte. Ich hatte furchtbare Angst davor, meine Mutter zu verlieren, vor dem riesigen Loch der Verlassenheit, das sich in meinem Bauch auszubreiten begann. Meine Gedanken jagten sich; es gelang mir nicht, ruhig zu werden. Ich stand wieder auf und kniete mich vor den Meditationsaltar in meinem Arbeitszimmer. Ich betete inbrünstiger als je zuvor in meinem Leben. Schließlich machte ich mir ein Bett neben dem Altar und schlief unter einer dicken, blauen Daunendecke. Hier fühlte ich mich sicherer als in meinem Schlafzimmer. Schließlich, um drei Uhr morgens, fiel ich in einen Traum:

Ich bin im Empfangsraum Gottes und warte darauf, vorgelassen zu werden. Seine Sekretärin, eine strahlende Brünette von etwa dreißig Jahren mit einem Kurzhaarschnitt sagt mir, daß Gott aufgehalten wurde, jedoch eine Botschaft für mich geschickt habe. Er entschuldigt sich für seine Verspätung und sagt, daß er heute sehr viel zu tun habe. Er hoffe, daß ich nicht böse auf ihn sei und einfach wieder gehe. Wenn er zurückkommt, verspricht er mir, so lange bei mir zu bleiben, wie ich will.

Als ich am Morgen aufwachte, war ich zwar noch erschüttert, hatte jedoch meine Orientierung wiedergefunden. Ich hatte um Hilfe gebeten und sie erhalten. Die unschuldige Zärtlichkeit meines Traums, die Zusicherung, daß Gott bei mir war, selbst wenn ich seine Gegenwart nicht immer spürte, war über alle Maßen beruhigend. Die Situation meiner Mutter war zwar nicht weniger kritisch, doch meine Panik und Verzweiflung waren verschwunden.

Innerhalb von vierundzwanzig Stunden ging das Fieber meiner Mutter zurück. Spät am Nachmittag besuchte ich sie im Krankenhaus. Sie war ganz schwach vor Erschöpfung und konnte kaum sprechen. In einem kurzen, klaren Moment sagte sie: »Judith, ich habe die Kraft an Dich weitergegeben. Sie gehört Dir, und ich weiß, daß Du sie benutzen kannst.«

»Bitte sei nicht so melodramatisch«, antwortete ich. Doch ich verstand sie. Ich sah ein Bild meiner Mutter, wie sie mir einen unbezahlbar kostbaren, goldenen Servierteller reichte, der voller herrlicher Früchte war, die immer reif bleiben würden. Das Geschenk von Generationen in meiner Familie – unsere mediale Erbschaft – war weitergegeben worden.

Für mich bestand die größte Schwierigkeit während der nächsten Zeit darin, die Intensität des Ärgers meiner Mutter über ihre Krankheit und den Verlust ihrer Kontrolle zu sehen. Sie wollte nicht sterben. Sie klammerte sich ans Leben mit der Ausdauer eines Boxchampions, der blutend am Boden liegt, um sich im nächsten Moment wieder in den Ring hochzuziehen. Manchmal, wenn ich nach einem langen Tag in der Praxis ins Krankenhaus kam, sah meine Mutter aus wie ein Dämon mit weitaufgerissenen Augen, der mir und meinem Vater Feuer entgegenspie und uns unablässig für alles kritisierte, was wir taten. Ich kämpfte darum, meine Geduld nicht zu verlieren; die paar Gelegenheiten, bei denen ich wütend wurde, machten die Situation zwischen uns nur noch schlimmer. Dann, eines Nachts, hatte ich wieder einen Traum:

> *Ich bin in einer Gefängniszelle, allein, und wüte gegen das Universum. Ich strecke meine Arme zum Himmel empor und schreie vor lauter Frustration: »Warum passiert mir dies alles?« Ohne eine Antwort zu erwarten, falle ich auf die Knie. Und dann – obwohl ich nicht erkennen kann, zu wem sie gehört – spricht eine sanfte, geschlechtslose Stimme zärtlich zu mir: »Während Du siehst, wie Deine Mutter mit ihrer Krankheit umzugehen versucht, lernst Du Mitgefühl. Das ist nicht leicht.«*

Es war schwierig, mitfühlend zu sein, wenn ich den Ärger meiner Mutter so persönlich nahm, doch der Traum ermöglichte es mir, ihr Verhalten in einem ganz anderen Licht zu sehen. Meine Mutter hatte furchtbare Angst vor ihrem Tod. Mitten in der Nacht wachte sie aus Alpträumen auf mit der Angst, daß sie gleich sterben würde. In einem ihrer Träume kamen ihre Eltern sie besuchen und fragten sie, ob sie mit ihnen gehen wollte. Sie stieß sie von sich und war wutentbrannt über ihr Angebot. Plötzlich verstand ich, daß ihr Ärger sich nicht gegen mich richtete. Vielmehr mußte sie so zornig wie möglich bleiben, weil Ärger die einzige ihr noch verbliebene Verbindung zum Leben war. Ich wußte, daß dies nicht eine bewußte Entscheidung ihrerseits war, sondern eine instinktive Reaktion auf ihre Gefühle spiritueller Leere. Der jüdische Glaube war ihr immer wichtig gewesen. Freitagabends und an den meisten jüdischen Feiertagen war sie zum Gottesdienst in die Synagoge gegangen, und das hatte ihr immer Trost gegeben. Seit sie jedoch krank geworden war, glaubte sie, daß Gott sie verlassen habe und war zutiefst enttäuscht darüber, daß Gott es gestattet hatte, daß sie so krank wurde. Während sie den Glauben an die Religion, die ihr vordem Kraft gegeben hatte, verlor, blieb ihr nur noch ihr Zorn. Um zu überleben, klammerte sie sich an ihm fest; er war wie die letzte Glut in einem erlöschenden Feuer.

Gleichzeitig jedoch bekam ihr Panzer Risse. In vielen Nächten schmolz sie in meinen Armen dahin und bat mich, ihr die Hände aufzulegen, damit sie schlafen konnte. Dies war ein natürlicher Teil unserer Beziehung geworden, und sie nahm bewußt daran teil. Ich fühlte mich geehrt, daß sie mir erlaubte, ihr zu helfen. Sie mußte sich nicht mehr verstecken, nicht mehr das Gesicht wahren. Sie reagierte auf meine Berührung und hatte gelernt, mir zu vertrauen. Einmal sang ich auf ihren Wunsch dasselbe Gutenachtlied, das sie mir gesungen hatte, als ich ein kleines Mädchen war, und ich sah, wie ihr Gesicht immer jünger wurde. Ohne Sorge darum, was andere über uns denken könnten, wurde sie weich wie ein Kind, während ich ihr durch meine Hände alle Liebe gab, die ich hatte und sie friedlich in meinem Schoß einschlief.

Jedem sagte sie stolz: »Meine Tochter ist eine Zauberin. Ich brauche keine Schlaftabletten, wenn sie mich besuchen kommt. Judith versetzt mich mit ihren Händen in Trance.«

Trotz des Lobes meiner Mutter wußte ich, daß dies etwas ist, was wir alle tun können. Ich hatte gelernt, nie die Kraft der Liebe zu unterschätzen. Wenn unsere Angehörigen oder Freunde verzweifelt oder schmerzerfüllt sind, brauchen wir nicht hilflos daneben zu sitzen. Unsere Liebe kann ihnen helfen. Wahre Heilung muß sich im täglichen Leben bewähren; dort können wir zeigen, was wir gelernt haben. Die Jahre meiner spirituellen Suche kamen mir nun zugute, als meine Mutter im Sterben lag. Es war, als hätte ich mich all die Zeit auf diesen Augenblick vorbereitet.

Wenn ich bei meiner Mutter saß, spürte ich oft die Anwesenheit meiner Großmutter im Raum. Drei Generationen von Frauen hatten sich am Totenbett meiner Mutter versammelt.

Vor dieser Zeit hatte ich einen Großteil meiner Energie darauf verwendet, Frieden mit meiner Mutter zu schließen und mit allen Mitteln zu versuchen, unsere Beziehung positiv zu gestalten. Zum ersten Mal in meinem Leben fühlte ich, daß wir eine Lösung gefunden hatten. Alle Hindernisse waren verschwunden. Und obwohl ich im Alter von vierzig Jahren akzeptiert hatte, daß ich kinderlos bleiben würde, sehnte ich mich jetzt danach, ein eigenes Kind zu haben. Ich wollte das Geschenk weitergeben und damit die Erblinie aufrechterhalten.

Am Weihnachtsabend 1992 fiel meine Mutter ins Koma. Als ich am Morgen gerade ihr Krankenzimmer verlassen wollte, drehte sie sich zu mir und flüsterte: »Ich liebe Dich, Judith.« Dies waren ihre letzten Worte. Als ich im Laufe der nächsten Woche jeden Abend ins Krankenhaus ging, um bei ihr zu wachen, wußte ich, daß wir unwiederruflich verbunden waren, ganz offensichtlich Mitglieder desselben Stammes. Ich war fasziniert von der Schönheit ihres Körpers, ihrem weichen, rosa Bauch, der sich mit jedem angestrengten Atemzug hob und senkte. Während ich mir die quer darüber laufende Kaiserschnittnarbe ansah, stellte ich mir vor, wie ich als neugeborenes Baby aus ihr herausgehoben und in die Welt gebracht worden war. Jetzt hatten sich die Grenzen zwischen uns aufgelöst. Kein Widerstand mehr, kein Unfriede. Wir waren so miteinander verbunden, daß es mir schwerfiel zu sagen, wo sie aufhörte und ich begann.

Meine Mutter lag zehn Tage lang im Koma, doch obwohl sie immer schwächer wurde, blieben ihre Lebenszeichen stabil. Ich hatte ihr hartnäckiges Festhalten am Leben unterschätzt; sie ließ ihren Körper nicht los. In der ersten Woche des neues Jahres erschien mir meine Mutter im Traum:

Wir stehen auf dem Dachgarten eines zweistöckigen Apartmenthauses auf dem Olympic Boulevard in Beverly Hills. Meine Mutter sieht zwanzig Jahre jünger aus und ist voller Energie. Mit einem neckischen Blick frage ich sie, ob sie fliegen möchte. Ohne zu zögern nimmt sie meine Hand, und wir erheben uns hoch in die Luft, steigen meilenweit über die Stadt hinauf und fliegen in Richtung Sonne. Sie ist erstaunt, wie mühelos unser Flug ist. Kühle Winde streifen unsere Gesichter. Wir sind beide wie berauscht.

Begeistert setzte ich mich im Bett auf, doch innerhalb von Minuten verflog dieses Gefühl. Das Bild vom Fliegen war eine treffende Metapher für den unmittelbar bevorstehenden Tod meiner Mutter Die Botschaft blitzte vor meinem inneren Auge auf wie ein riesiges buntes Neonzeichen: Sehr bald würde meine Mutter gehen. Jegliche Illusion, die ich noch in bezug auf ihre mögliche Gesundung hatte, verschwand mit diesem Traum. Ich mußte die unausweichliche Tatsache akzeptieren, daß selbst ihre unerschütterliche Entschlossenheit und ihr verbissener Widerstand nicht die Kraft hatten, ihren Tod zu verhindern. Obwohl der bevorstehende Verlust unerträglich war, wußte ich dennoch, daß endlich ihre Schmerzen vorbei sein würden, daß sie Freiheit finden würde, wenn der Kampf vorüber war. Die Zeit war gekommen. Ich würde ihr helfen.

Im Krankenhaus angekommen, setzte ich mich neben ihr Bett, und während mir die Tränen über die Wangen liefen, sprach ich zu meiner Mutter, davon überzeugt, daß sie mich hören konnte: »Mutter, Du kannst nicht ewig am Leben festhalten. Du mußt Deinen Körper loslassen. Es gibt nichts, wovor Du Angst haben mußt. Das Leben hört nicht auf, wenn Du stirbst, Du gehst einfach nur woanders hin. Und dort wird es viel für Dich zu tun geben. Sorg Dich nicht darum, daß wir getrennt sein werden. Wir werden miteinander in Kontakt treten. Unsere Kommunikation wird nie aufhören.«

Ich wußte, daß sie in einem so tiefen Koma war, daß jegliche körperliche Bewegung ausgeschlossen war. Und doch, so unmöglich es auch eigentlich war, spürte ich, wie sie sanft meine Fingerspitzen drückte und mich wissen ließ, daß sie mich gehört hatte. Ich hielt ihre Hand und begann zu meditieren, während sie zusammengerollt auf der Seite lag und schwer atmete. Der ganze Raum pulsierte mit konzentrischen Wellen goldenen Lichts, und ich war erfüllt von der tiefen, bedingungslosen Liebe zwischen Mutter und Tochter.

Ich wäre gerne bei ihr geblieben, doch tat ich es nicht. Ich erinnerte mich daran, wie mein geliebter alter Labrador im Sterben lag. Verzweifelt rief ich meine Mutter aus dem Tierkrankenhaus an, und sie fuhr durch die ganze Stadt, um mich zu treffen. Als sie ankam und mich sah, wie ich meinen Hund an mich gedrückt hielt, meinte sie, ich solle mich von ihm verabschieden und gehen. Meine Mutter glaubte, daß – solange ich mich in der Gegenwart meines Hundes aufhielt – dieser mit allen Kräften versuchen würde, am Leben zu bleiben. Ich hörte auf den Rat meiner Mutter, und so schwer es mir auch fiel, verließ ich ihn und fuhr mit ihr nach Hause. Kurz darauf starb mein Hund. Jetzt mußte ich demselben weisen Rat folgen, den meine Mutter mir damals gegeben hatte.

Ich schaute sie ein letztes Mal an, und mit einer kleinen, ehrfürchtigen Verbeugung sagte ich ein letztes Auf Wiedersehen und verließ den Raum. Wie in Trance ging ich zum Parkplatz, als mich ein unerwartetes Gefühl von tiefer Ruhe überkam. Es gab keine losen Enden, keine unerledigten Dinge zwischen meiner Mutter und mir, keine Hindernisse zu überwinden, keine dringenden Themen zu besprechen. Während ich in die Innenstadt fuhr, wo ich Termine mit Patienten in einem Drogentherapiezentrum hatte, fühlte ich die kühle Luft an meinem Gesicht vorbeirauschen. Es hatte gerade aufgehört zu regnen, und ich atmete tief die frische Luft ein. Eine halbe Stunde später erhielt ich einen Anruf von meinem Vater, der mir sagte, daß meine Mutter gestorben war. Ich war erfüllt von der Gnade des Augenblicks, tief berührt davon, wieviel Vertrauen sie in mich hatte. Trotz ihrer Angst vor dem Tod und dem Verlust ihres Glaubens hatte sie mir genug vertraut, um die Kontrolle aufzugeben und weiterzugehen. Sie war in den großen Abgrund gesprungen, unterstützt durch die Kraft unserer Liebe.

In den drei Tagen nach ihrem Tod hatte ich keinen Kontakt mit meiner Mutter. Ich hatte erwartet, ihre Gegenwart zu spüren, doch fühlte ich nichts. Mein Vater und ich arrangierten die Beerdigung, und die Familie flog von Philadelphia ein. Am Tag des Begräbnisses versteckte ich eine Eulenfeder im Bund meines Rockes und warf sie auf ihren Sarg, nachdem er in die Erde hinabgelassen worden war. Ich wollte etwas in ihr Grab legen, das ich als bedeutungsvoll betrachtete. In der indianischen Überlieferung ist diese Feder ein Symbol für die Transformation vom Leben zum Tod. Die Eule, von der man glaubt, daß sie zwischen dem Sichtbaren und dem Unsichtbaren hin- und herfliegen kann, würde ihr bei ihrem Übergang helfen.

In der darauffolgenden Nacht hatte ich einen Traum, in dem meine Mutter mir ein Geschenk machte:

Wir stehen auf meinem Balkon und schauen aufs Meer hinaus. Meine Mutter gibt mir einen großen, porösen Luffaschwamm. »Ich möchte, daß Du mir versprichst, ihn zu benutzen«, sagt sie. »Es ist die beste Qualität, die es auf der ganzen Welt gibt.« Ich bin verwundert über diese Geste, doch nehme ich den Schwamm an. Meine Mutter strahlt mich an und löst sich auf.

Zunächst wußte ich nicht, was ihr Geschenk bedeuten sollte. Luffaschwämme werden dazu benutzt, abgestorbene Hautzellen wegzurubbeln. Was hatte sie mir sagen wollen? Plötzlich wußte ich die Antwort. Auf ihre eigene, unnachahmliche Art wollte sie mir zeigen, wie wichtig es für mich war, das Alte abzustreifen und loszulassen, um Raum für etwas Neues zu machen. Sie bat mich darum, nicht länger über ihr vergangenes Leiden und den Schmerz nachzudenken, den ich angesichts ihres langsamen Sterbens empfunden hatte. Es war Zeit für mich, weiterzugehen. Sie ermutigte mich, jeden Augenblick meines Lebens mit der gleichen Begeisterung anzunehmen, mit der sie ihr eigenes Leben gelebt hatte.

Ich weiß nicht, wie ich die drei Monate des Sterbens meiner Mutter überlebt hätte ohne die Führung, die ich aus meinen medialen Träumen erhalten hatte. Ohne sie wäre ich verloren gewesen. An meinen dunkelsten Tagen, als ich kaum die Kraft zum Leben aufbringen konnte, erhellten mir diese Träume meinen Weg. Ich fühlte mich von ihnen beschützt, ermutigt durch ihre Intelligenz und ihr Mitgefühl.

Solche Träume sind die Antwort auf unsere tiefsten Bedürfnisse, wenn wir uns in einer Krise befinden. Es ist, als würde ein Alarm ausgelöst, der eine Weisheit in unserem Inneren anruft, die uns führt. Die Kunst besteht im Hinhören und darin, die erhaltenen Informationen nicht einfach abzutun, sondern ihren Anweisungen zu folgen. Durch dieses Vertrauen kann das Übersinnliche intervenieren. Unsere inneren Ressourcen sind viel größer, als wir es uns vorstellen. Selbst wenn wir allein sind, ohne die Hilfe von Freunden oder Familie, wird die Integrität unserer Seele, das allumfassende Wissen, das wir alle besitzen, uns zu Hilfe kommen. Wenn wir daran glauben und unsere innere Kraft erkennen, können wir den Mut finden, uns allem zu stellen, was auf uns wartet.

Bis zum heutigen Tag spüre ich oft die Gegenwart meiner Mutter um mich. Eines Nachts beispielsweise kam sie an mein Bett, und während ich mich zwischen Wachen und Schlafen befand, fühlte ich, wie sie mir mit ihrer Hand übers Haar strich. Ihre Essenz war wie ein zarter Schleier, den ich zwar spüren, jedoch nicht berühren konnte. Als ich meine Augen öffnete, war sie fort.

Am Muttertag nach ihrem Tod fand ich ein altes Foto meiner Mutter, das sie auf einem Kamel reitend in der ägyptischen Wüste zeigt. Ich starrte ihr Gesicht an und vermißte sie sehr, als ich plötzlich sah, wie sie mir zuzwinkerte. Erschrocken lief ich ins andere Zimmer, um es meiner Freundin zu erzählen. Sie lachte und sagte, daß sie am Morgen ebenfalls dieses Foto angeschaut und dabei meine Mutter auch ihr zugezwinkert hatte. Das war typisch für meine Mutter – uns beide zu überraschen und uns zu versichern, daß sie nach wie vor bei uns war.

Das große Geschenk, das der Tod meiner Mutter mir brachte, war, daß mein Vater und ich uns näherkamen. Als sie noch lebte, stand meine Mutter immer im Mittelpunkt und überschattete unsere Beziehung. Die Liebe zwischen mir und meinem Vater war tief, doch hatte sie nie die Gelegenheit gehabt, sich voll zu entfalten. Sie wartete auf den richtigen Zeitpunkt, um sich zu zeigen. Nachdem meine Mutter gestorben war, begannen mein Vater und ich zum ersten Mal wirklich miteinander zu kommunizieren. Heute telefonieren wir täglich miteinander, essen mindestens einmal in der Woche zu Abend und lassen einander am Leben des anderen teilhaben. Ein Ergebnis dieser Entwicklung ist die Tatsache, daß er voll die Frau akzeptiert und schätzt, die ich geworden bin, und daß er sich auf mich verläßt. Zwischen uns herrschen Offenheit und Vertrauen.

Kürzlich erzählte mir mein Vater, daß er während der Schwangerschaft meiner Mutter ein Ultraschallbild von ihrem Bauch gesehen hatte, bei dem ihm aufgefallen war, daß mein Kopf fast die gleiche Form hatte wie seiner. Als ich ein Kind und mir meiner eigenen Identität noch unsicher war, hatte mich die Ähnlichkeit zwischen uns gestört. Mein schmales Gesicht, die ausgeprägte Stirn, meine olivfarbene Haut und selbst einige meiner Gesten – zum Beispiel das Falten meiner Hände im Schoß, wenn ich mich konzentrierte – waren das genaue Ebenbild meines Vaters. Als er jetzt mit so viel Stolz über unsere Ähnlichkeit sprach, war auch ich stolz.

Während einer Meditation vor ungefähr einem Jahr hatte ich eine Vision, in der wir in einem Canyon über Malibu einen Feldweg hinuntergingen und mein Vater plötzlich starb. Im gleichen Moment löste sich sein Körper in Staub auf, doch sein Herz verwandelte sich in eine wunderschöne Statue aus Jade, die so grün war, als käme sie aus der Tiefe des Meeres. Ich nahm sie mit nach Hause und behandelte sie wie einen Schatz. Dieses kostbare Juwel war die neue Beziehung, die ich mit meinem Vater begonnen hatte.

Weihnachten 1993 war meine Mutter fast ein Jahr tot. Wie an jedem Weihnachtstag ging ich ans Meer vor meinem Haus, um die Möwen mit *Wonderbread* zu füttern. Dieses Mal schwärmten mindestens dreißig von ihnen um meinen Kopf herum, kreischten sich gegenseitig an und rissen mir aggressiv die Brotstücke aus der Hand. Als das letzte Stück weg war, setzte ich mich auf den Sand, während die Vögel landeten und sich in einem konzentrischen Kreis um mich herum stellten. Diese Scharen von weißbrüstigen Möwen, die mir aufmerksam in die Augen schauten, erinnerten mich an Engel, so rein, weiß und majestätisch sahen sie aus. Dann breiteten sie alle im gleichen Moment die Flügel aus und flogen hinauf in den blauen Himmel, bis sie bald nur noch ein kleiner Fleck am Horizont waren.

Ich stellte mir die Gesichter der Frauen in meiner Familie vor, von denen einige schon gestorben waren und andere noch lebten. Genau wie die Möwen waren auch wir miteinander verbunden. Besonders nahe fühlte ich mich Melissa, der Tochter meiner Kusine Sindy. Schon mit vier Jahren hatte sie Ansätze übersinnlicher Fähigkeiten gezeigt. Melissa hat mehr Glück, als ich es hatte. Wenn sie uns braucht, werden Sindy, ihre Großmutter Phyllis und ich für sie da sein, um sie ohne Angst und Vorbehalte zu unterstützen und anzuleiten. Und wenn die Zeit kommt, wird sie vielleicht das gleiche für ihre eigene Tochter tun. Unsere hellseherische Tradition wird so von Frau zu Frau weitergegeben werden. Ich kehrte in die Wärme meines Hauses zurück, zufrieden in dem Wissen, daß das Vermächtnis weiterbestehen wird, auch wenn ich eines Tages nicht mehr hier bin.

Teil II

LEHREN

Kapitel 7

Sich aufs Sehen vorbereiten

*Der Anfänger sieht viele Möglichkeiten;
der Erfahrene nur wenige.*

Shunryu Suzuku, Roshi

Im Alter von neun Jahren träumte ich, daß mein Großvater, der kurz vorher gestorben war, mich mitnahm, um mir Jesus zu zeigen. Und da war er, überlebensgroß, auf einer riesigen weißen Bühne in einem strahlenden Ballsaal sitzend, so wie ich sie im Fernsehen gesehen hatte, wenn die Big Bands der vierziger Jahre spielten. In meinem Traum war ich so aufgeregt, daß ich mich kaum beherrschen konnte. Mit wild klopfendem Herzen rannte ich den Gang hinunter und stürzte mich in die Wärme seiner Arme. Während mein Großvater zusah, umarmte Jesus mich. Ich kuschelte mich in seinen Schoß, sicher und beschützt, eingelullt vom leisen Chor der Engelstimmen. Ich war wunschlos glücklich und blieb lange Zeit in diesem herrlichen Zustand.

Noch eingehüllt von der Süße meines Traums erwachte ich. Es war Nacht. Ich war höchstens ein paar Minuten wach, als die Tür meines Zimmers aufging und meine Mutter hereingestürzt kam. In dem Gefühl, daß mir etwas Schlimmes widerfahren war, daß ich krank oder verletzt war, war sie herbeigeeilt.

Ich setzte mich auf und konnte noch immer den leisen Chor der Engel hören. »Ich habe eben Jesus gesehen«, erzählte ich ihr. »Ich habe geträumt, daß Großvater bei mir war.«

»Jesus?« rief sie erstaunt aus. Meine Mutter schüttelte den Kopf und warf mir einen Blick zu, den ich schon kannte und der verwirrte Toleranz ausdrückte, so als wolle sie meine Gefühle nicht verletzen, indem sie meine Aussage in Zweifel zog. »Ich wußte, daß irgendwas passiert ist. Ich bin nur froh, daß es Dir gut geht.« Als sie mich lächelnd wieder zudeckte, flüsterte sie leise: »Dein Großvater hat Dich sehr lieb. Und jetzt schlaf schön.«

Ohne einen weiteren Kommentar zu meinem Traum ging meine Mutter in ihr Zimmer zurück. Doch als ich am nächsten Morgen davon sprach, wie wundervoll Jesus gewesen sei, schien sie nichts davon hören zu wollen. Der Verzweiflung nahe fragte sie mich: »Wo hast Du das nur her? Ich habe Dich zu einem lieben jüdischen Mädchen erzogen. Alle Deine Freunde sind jüdisch. Wir haben Euch nie irgendwas von Jesus erzählt.« Ich war soeben diesem unglaublichen Wesen begegnet und befand mich dabei offensichtlich auf gefährlichem Grund. Das verstand ich nicht. Warum machte mich meine Reaktion auf Jesus weniger jüdisch? Ich betrachtete ihn einfach als liebevollen Freund und Führer.

Verständlicherweise erwähnte ich nichts mehr davon, weder meiner Mutter noch anderen Menschen gegenüber. Allerdings sprach ich auch nicht mehr über viele ähnliche Träume während meiner Kindheit, die die gleiche Botschaft von Liebe enthielten, jedoch mit verschiedenen Charakteren und an unterschiedlichen Schauplätzen. Ich spürte, daß dieses ganze Gebiet irgendwie tabu war. Was Jesus betraf, so erschien er mir von Zeit zu Zeit als Teil meiner nächtlichen Erlebnisse. Heute betrachte ich ihn als meinen ersten spirituellen Lehrer und meine erste Erfahrung mit der Liebe, die ich später in der Arbeit mit Brugh Joy und anderen gesucht und sie dann in meinen eigenen Meditationen gefunden habe.

Seither habe ich erkannt, daß meine frühen hellseherischen Träume mich auf das Sehen vorbereitet haben. Sie waren meine erste Begegnung mit der Tatsache, daß die Form unseres Glaubens weniger wichtig ist als die Liebe, die er vermittelt. Natürlich konnte ich dies als Kind nicht adäquat in Worte fassen, doch wußte ich, daß meine Erlebnisse sich gut und richtig anfühlten, selbst wenn ich mit niemandem über meine Träume sprechen konnte. Erst Jahre später, nach einem Jahrzehnt der Meditation, des Suchens und Lernens mit Lehrern der verschiedensten Richtungen, war ich in der Lage, dieses kindliche Wissen in Worte zu fassen: Grundlage aller Spiritualität ist es, lieben zu lernen.

Wenn wir das Übersinnliche mit dieser Voraussetzung angehen, nicht als Mittel zum Machtgewinn, sondern als Grundlage für richtiges Handeln, Klarheit und Dienst am Nächsten, bleiben unsere Intentionen rein. Es ist möglich, auch ohne spirituelle Ausrichtung hellseherisch zu sein. Sie können diese Fähigkeit einfach als Ausdruck eines erlernbaren menschlichen Talentes betrachten. Doch das würde ihre Bedeutung begrenzen. Auf der niedrigsten Ebene stellt das Übersinnliche die Möglichkeit dar, spezielle Informationen zu sammeln. Es enthält jedoch auch einen spirituellen Impuls, der es zu einem wirkungsvollen Instrument der Heilung macht, einer gezielt einsetzbaren Kraft, die jederzeit durch unseren Glauben an das Mystische kontaktiert werden kann, selbst wenn wir das Mystische einfach nur als Liebe bezeichnen.

Während ich heranwuchs, wußte ich von all dem nichts. Es stand mir kein Kontext zur Verfügung, in den ich meine hellseherischen Erlebnisse einordnen konnte, und viele Jahre lang hatte ich Angst vor meinen Fähigkeiten. Als ich älter wurde, vermittelten mir meine Lehrer eine Botschaft, die für alle Menschen, die sich öffnen und sehen wollen, verbindlich ist: Um voranzugehen, müssen wir uns sicher fühlen, müssen wir wissen, daß es ein Netz gibt, das uns auffängt.

Ich habe entdeckt, daß das Klären und Stärken des spirituellen Glaubens ein Weg ist, dieses Netz zu schaffen. Vielleicht ist das nicht Ihr Weg – das ist in Ordnung. Aber um sich auf Hellsichtigkeit vorzubereiten, brauchen Sie einen Weg, der auf Mitgefühl basiert und nicht auf dem Wunsch nach Macht. Mein Weg ist der der Spiritualität, und ich empfehle Ihnen, dies auch zu versuchen. Es hilft, »Spiritualität« nicht als irgendein starres Konzept mit Ritualen und Regeln zu verstehen. Die Form der Spiritualität ist eine Geschmackssache – es kann sich dabei um Religion im traditionellen Sinne handeln oder nicht. Schließlich hat das Geistige seit jeher zahllose Gesichter und Namen gehabt: Gott, Göttin, Jesus, Buddha, Adonai, Tao, Vater, Mutter Erde oder Liebe. Doch für einige von uns mag es namenlos sein, die Stille in der eigenen Seele. Wie auch immer sie aussehen mag, durch unsere Verbindung mit dieser sublimen Gegenwart voller Mitgefühl beginnt sich unser Bewußtsein auszudehnen. Wir werden offener, dem Übersinnlichen gegenüber empfänglicher. Unsere Fähigkeit zu sehen ist oft das Resultat einer inneren Pilgerfahrt. Die Suche nach dem Geistigen, unser intensives Hören nach innen schärft unsere Sensitivität und bringt uns größere Einsicht.

Von Natur aus sind wir alle Seher, obwohl unser Talent dazu ein Leben lang latent bleiben kann. Auch variiert der Anstoß, der uns zur Beschäftigung mit dem Übersinnlichen veranlaßt. Für einige mag es eine freie Entscheidung sein, ein allmähliches Entfalten. Anderen, zu denen auch ich gehöre, ist es vielleicht aufgezwungen worden, und es blieb Ihnen nichts anderes übrig, als sich damit zu beschäftigen. Plötzlich haben Sie einen Traum, ein Vorauswissen, eine überwältigende Ahnung. Vielleicht haben Sie sich nie als medial veranlagten Menschen gesehen oder sogar die Realität des Übersinnlichen bezweifelt. Dennoch können Sie die Echtheit Ihrer Erfahrung nicht verleugnen. Sie befinden sich an einem Wendepunkt. Verschließen Sie die Augen vor dem Neuen, und machen Sie mit Ihrem Leben so weiter wie bisher? Unmöglich. Irgend etwas fordert Sie auf, nicht länger an der starren Vorstellung dessen, wer Sie sind, festzuhalten. In diesem Fall ist die Beschäftigung mit dem Übersinnlichen keine Wahl: Es ist ein Aufruf, dem Sie sich nicht widersetzen können.

Für eine meiner Patientinnen kam dieser Aufruf wie ein Blitz aus heiterem Himmel. Sophie dachte, sie sei verrückt geworden. Sie sah mich, als sie eines Samstag nachmittags ihren Fernseher anschaltete und zufällig auf eine Diskussion im Kabelfernsehen stieß. Das Thema der Diskussion waren hellseherische Träume, und ich erzählte von den Besuchen, die meine Mutter kurz nach ihrem Tod bei mir gemacht hatte. Seit ihrem Tod waren erst einige Monate vergangen, und ich stand noch immer unter Schock. So öffentlich über meine Mutter zu sprechen war zwar befreiend, machte aber gleichzeitig meinen Verlust noch realer. Als Sophie mich hörte, hatte sie das Gefühl, mich sofort anrufen zu müssen.

Sophie war eine jüdische Emigrantin Anfang siebzig und lebte allein in einem Einzimmer-Apartment im Fairfax Distrikt. Ihren Lebensunterhalt bestritt das Sozialamt. Ihr Sohn war ein Jahr zuvor an einer Kokain-Überdosis gestorben. Kurz nach dem Tod ihres Sohnes war Sophie in eine tiefe Depression gefallen.

Als sie zu unserer ersten Therapiesitzung erschien, erklärte sie mir, warum sie gekommen war. »Ich hatte Angst, irgend jemandem davon zu erzählen«, begann sie. »Jeden Abend nach dem Essen sitzt mein Sohn mir gegenüber am Tisch und leistet mir eine Weile Gesellschaft. Er ist genau so real wie Sie und ich. Ich weiß, wie unmöglich das klingt, doch als ich die Geschichte über die nächtlichen Besuche Ihrer Mutter hörte, dachte ich, daß Sie mich verstehen würden. Die Gegenwart meines Sohnes tröstet mich. Glauben Sie, ich bin vielleicht verrückt geworden?«

Da sie sicher war, daß ihre beiden Töchter sich große Sorgen um sie machen würden, wenn sie ihnen von den

Besuchen ihres Sohnes erzählte, war ich der einzige Mensch, den sie ins Vertrauen zog. Sie gehörte zu einer Generation, die nicht an Psychotherapie glaubte, und hatte ein großes Risiko auf sich genommen, indem sie zu mir kam. »Wann immer ich ein Problem hatte«, erklärte sie, »habe ich es selbst gelöst.« Es war für sie eine Frage des Stolzes, keine »Schwäche« zu zeigen. Und doch hatte sie das dringende Bedürfnis, diese Erfahrung mit ihrem verstorbenen Sohn zu verstehen.

Eingehüllt in einen alten Wollmantel, ihre Handtasche an sich gepreßt, saß Sophie auf dem Rand der Couch. Obwohl ich sah, wie angespannt sie war, war ich gerührt von ihrer Entschlossenheit, der Sache auf den Grund zu gehen. Ich konnte ihre Isolation und ihre Selbstzweifel gut nachempfinden. Sie war eine ganz normale Frau, die eine hellsichtige Erfahrung hatte. Das beeindruckte mich. Sie war weder New-Age-Anhängerin noch interessiert an Metaphysik und hatte sich auch nie als jemand betrachtet, der übersinnliche Fähigkeiten besaß. Die Sprache der Psychologie war ihr unbekannt. Ich war die erste Psychotherapeutin, die sie je getroffen hatte.

In der Absicht, es ihr einfacher zu machen, setzte ich mich neben sie und bot ihr eine Tasse Tee an. Während wir redeten, begann sie sich langsam zu öffnen, bis sie schließlich mehr als eine Stunde lang ohne Unterbrechung von ihrem Leben erzählte. Ich erfuhr, daß sie eine konservative Jüdin war, die regelmäßig in die Synagoge ging. In ihren Gebeten und den traditionellen jüdischen Ritualen hatte sie stets Trost gefunden, doch zögerte sie, ihrem Rabbi von ihrem Erlebnis zu erzählen, da sie befürchtete, er würde kein Verständnis dafür haben.

Sophie hatte vorher nie eine hellsichtige Erfahrung gehabt. Sie hatte ein einfaches Leben geführt. Sie war eine Frau mit einem starken Willen, und wann immer sie sich in Schwierigkeiten befand, hatte sie diese allein gemeistert. Nichts in ihrem Verhalten deutete darauf hin, daß Sophie heute oder in der Vergangenheit jemals psychotisch gewesen war. Abgesehen von der überwältigenden Trauer, die sie empfand, war ihr Verstand scharf und klar. Hatte Sophie Halluzinationen? Hatte sie vor lauter Einsamkeit das Bild ihre Sohnes heraufbeschworen? Ich glaube nicht.

Aufgrund der Begegnungen mit meiner Mutter, meinem tiefen Glauben an ein Leben nach dem Tod und den Besuchen verstorbener Verwandter, von denen mir Freunde und Patienten im Laufe der Jahre berichtet hatten, nahm ich Sophies Behauptung ernst. Die Beschreibung ihres Sohnes klang überzeugend und anschaulich; ich war bereit, sie als real zu betrachten. Obwohl er sich nie in meiner Gegenwart materialisierte, konnte ich seine Gegenwart spüren – einen feinen Schleier von Wärme, durchdrungen von einer gerichteten Intelligenz, die Liebe und Besorgnis für seine Mutter ausdrückte. Es ist, als ob man still in einem Raum steht, die Augen geschlossen, während sich andere Personen in der Nähe befinden: Nur weil wir sie nicht sehen oder hören können, heißt das nicht, daß sie nicht da sind. Wenn wir still sind und unsere Instinkte wach, können wir sie spüren.

Dies war keine Vorstellung, die sich aus Sophies Erinnerungen aufbaute. Während meines Studiums hatte ich genau das gleiche immer wieder erlebt, sobald ein Patient gestorben war: Es war oft möglich, die Anwesenheit des Toten zu fühlen. Ich weiß jedoch, daß es keine Möglichkeit gibt, dies zu beweisen. Es ist einfach eine Frage des Glaubens. Wichtiger war die Bedeutung, die diese Vision für Sophie hatte. Selbst wenn ich nicht an ihre Echtheit geglaubt hätte, wäre meine Herangehensweise die gleiche gewesen: die *Botschaft* zu entschlüsseln, die ihr Erlebnis für sie enthielt.

Die westliche Medizin hat seit jeher nichts von Visionen wissen wollen, insbesondere solchen, die das Erscheinen Verstorbener betreffen. In Anbetracht dieser Abneigung kann man davon ausgehen, daß viele Ärzte Sophies hellsichtige Vision als Resultat einer biochemischen Veränderung betrachten würden, die durch ihre große Trauer hervorgerufen wurde. In Forschungsstudien ist bewiesen worden, daß extremer Streß unsere Neurotransmitter durcheinanderbringt, was pathologische Symptome zur Folge hat – ein Glaubenssatz, der ein integrierter Bestandteil meiner medizinischen Ausbildung war.

Obwohl dies physiologisch betrachtet oftmals tatsächlich so ist, vermittelt es nicht die ganze Wahrheit; es verführt uns dazu, das Übersinnliche zu eng zu sehen. Es stimmt – wenn wir in einer Krise sind, reagiert unser System und verändert sich. Doch das ist unter Umständen genau der Grund, warum unser Bewußtsein sich erweitert. Natürlich machen wir alle hier und da Erfahrungen, die uns unangenehm sind und weh tun, aber so ist es nun einmal, wenn man wächst und lernt. Krisen als Chancen zu sehen – und zwar nicht nur in psychologischer Hinsicht, sondern auch als Tor zum Übersinnlichen – ist der Schlüssel.

Als Psychotherapeutin glaube ich, daß wir die Integrität unserer Visionen anerkennen und sie als eine Möglichkeit betrachten sollten, Zugang zu einem äußerst genialen Teil unseres Selbst zu erhalten. Wir müssen kein gespaltenes Leben führen und unsere mediale Seite verleugnen. Der Preis dafür ist zu hoch. Erst wenn wir den vollen Umfang unserer Möglichkeiten willkommen heißen, können wir echte emotionale und spirituelle Gesundheit erlangen. Einige von uns haben das Glück, viele solcher Chancen zu bekommen, doch für Sophie war es die erste. Ihre Zeit war gekommen, und sie war bereit.

Sophie hatte ihr Geheimnis viele Monate lang mit sich herumgetragen. Es hatte an ihr genagt und ihr Angst gemacht. Als ich ihr versicherte, daß ich ihr Erlebnis für real hielt, griff sie nach meiner Hand und küßte sie. Wenn wir befürchten, unseren Verstand zu verlieren, kann schon die Anerkennung eines einzigen anderen Menschen das Vertrauen in uns selbst wiederherstellen. Dann können wir uns neu orientieren und das Erlebte von einem anderen Blickwinkel aus betrachten, der nicht von Angst verzerrt ist.

Im Gedicht *The Covenant* von K. S. Williams gibt es eine Zeile, die mich schon immer fasziniert hat: »In meinen ungewöhnlichsten Träumen sind die Toten wieder bei mir, sind sie wieder meine Gefährten, in ganz normaler Weise.« Also überdramatisierte ich Sophies Situation nicht, noch schmälerte ich ihre Bedeutung. Die wichtigste Frage, die ich mir selbst stellte, war: Wie kann ich diese Information nutzen und Sophie helfen, Frieden zu finden?

»Wenn tote Angehörige das Gefühl haben, daß es noch unerledigte Dinge gibt, kann es sein, daß sie in unserer Gegenwart verweilen, nachdem der Körper gestorben ist«, sagte ich. »Es ist, als müßten sie sicher sein, daß alles in Ordnung ist, bevor sie wirklich gehen können. Wenn Sie dazu bereit sind, müssen Sie Ihrem Sohn die Erlaubnis geben, zu gehen.«

Ich konnte gut verstehen, warum Sophie nicht gleich dazu fähig gewesen war. Ich hätte alles getan, um meine Mutter am Leben zu halten; sie zu verlieren war unvorstellbar gewesen. Es erschien mir furchtbar ungerecht. Sophies Vision verband sie mit ihrem Sohn; würde sie ihn gehen lassen, müßte sie seinen Tod rückhaltlos anerkennen. Ich kannte diese Situation gut. Doch wußte ich auch um die Kraft, die aus dem Hinhören auf geistige Visionen entsteht. Sie gaben mir den Mut, mein Leben weiterzuführen und das Erbe der Liebe, die mir zuteil geworden war, weiterzugeben. Dies wollte ich Sophie vermitteln.

Ihre Vision war das perfekte Instrument. Durch viele Konversationen mit ihrem Sohn, von denen einige in meiner Praxis stattfanden, gewöhnte sich Sophie langsam an seinen Tod. Er war so plötzlich eingetreten; es war unmöglich gewesen, sich darauf vorzubereiten. Die Vision gab Sophie Zeit. Die Botschaft war immer dieselbe: Ihr Sohn würde dasein, solange sie ihn brauchte, bis sie ihren Schmerz um ihn annehmen konnte. Tatsächlich war seine Anwesenheit oft so deutlich spürbar, daß ich das Gefühl hatte, ihn zu kennen. Während der nächsten Monate, als Sophie zu ihrem normalen Leben zurückkehrte – indem sie zum Beispiel einer Seniorengruppe in ihrer Synagoge beitrat und neue Freunde fand – erschien ihr Sohn immer seltener. Und als sie schließlich bereit war, sich von ihm zu verabschieden, hörten seine Besuche ganz auf.

Übersinnliche Erlebnisse wie das von Sophie sind unser Geburtsrecht, und es liegt an uns, es in Anspruch zu nehmen. Es gibt keine Elite, der dieses Geschenk gehört – der Samen dazu ist in uns allen angelegt. Um seine Früchte zu ernten, müssen wir als erstes das unbegrenzte Ausmaß unserer Möglichkeiten erkennen und jedem entgegentreten, der darauf besteht, uns klein machen zu wollen. Daß wir begrenzte geistige Wesen sind, ist ein Mythos, der seine Wurzeln in Ignoranz und falschen Vorstellungen hat: Jeder von uns hat unendlich viele Facetten, ist ein leuchtendes Wesen mit ungeahnten Möglichkeiten.

Stellen Sie sich vor, daß Sie durch ein Fenster auf eine herrliche Landschaft hinausschauen. Die Aussicht ist unbehindert. Sie können meilenweit sanfte, grüne Hügel sehen, einen endlosen blauen Himmel, Adler, die in den Lüften schweben, in der Ferne die Umrisse eines Dorfes. Je länger Sie schauen, desto mehr erkennen Sie. Da gibt es exquisite Details, die Ihnen entgangen wären, wenn das Fenster beschlagen gewesen wäre. Genauso verhält es sich mit unserem geistigen Sehen. Es kann uns Schönheit und Einsichten zeigen, von denen wir nicht wußten, daß sie existieren. Wir haben uns so daran gewöhnt, die Welt durch trübe Gläser zu sehen, daß wir vergessen haben, was es heißt, *wirklich* zu sehen.

Ob Sie nun skeptisch, einfach nur neugierig oder bereits davon überzeugt sind, dieser Weg steht allen Menschen offen. Es ist unwichtig, ob Sie schon einmal eine übersinnliche Erfahrung hatten oder solchen Dingen mißtrauisch gegenüberstehen. Wenn Sie erst einmal bereit sind, einen zweiten Blick zu riskieren, die Tür einen Spalt zu öffnen und Ihre Haltung zu überdenken, dann ist alles möglich. Weil wir meist selbst unser eigenes Gefängnis schaffen, haben wir auch die Kraft, uns daraus zu befreien. Die einzige Voraussetzung ist die Bereitschaft, alles Mißtrauen vorübergehend beiseite zu lassen und mutig die Beschränkungen, die uns so lange zurückgehalten haben, aus dem Weg zu räumen. Aufzuwachen ist ein Akt, der Mut erfordert.

Der geistige Prozeß besitzt einen bestimmten Rhythmus. Wie ein großer Fluß reißt er uns mit, wenn wir es gestatten. Medial zu sein heißt nicht, daß wir erleuchtet oder irgendetwas Besonderes sind. Wenn wir uns an hellsichtige Wahrnehmungen gewöhnen, werden sie ein vollkommen natürlicher Teil unseres Lebens, obwohl unsere Kultur in dieser Hinsicht nur wenig Unterstützung bereithält. Hellsehen ist nicht etwas, das wir in einem Tag, einer Woche, nicht einmal in einem Jahr meistern lernen. Innigst verbunden mit dem Geistigen, ist es ein Weg, der uns so weit führen wird, wie wir bereit sind zu gehen. Unsere geistige Wachsamkeit läßt uns dabei ehrlich bleiben und verhindert, daß unser Ego außer Kontrolle gerät.

Von Anfang an müssen Sie sich dem Übersinnlichen mit der richtigen Einstellung nähern: Die Macht, die damit einhergeht, kann sehr verführerisch sein und muß immer mit dem größten Respekt behandelt werden. Aus diesem Grund sollte man einen geistig reifen Lehrer finden, der sowohl erfahren als auch bescheiden ist und den Neuling bei seinen ersten Schritten führen kann. Nach der Rückkehr von Brugh Joys Seminar versuchte ich, einen solchen Lehrer in meiner näheren Umgebung zu finden, um einen regelmäßigen Kontakt und eine dauerhafte Routine herzustellen. Meine Suche nach einem solchen Menschen dauerte jedoch länger, als ich erwartet hatte.

Während des folgenden Jahres traf ich ein wahres Panoptikum von Gurus in Los Angeles, angefangen von einer Ex-Hausfrau aus San Fernando, die ein uraltes Wesen channelte, das Botschaften von Verstorbenen brachte, bis zu einem spirituellen Astrologen, der viele Hollywood-Stars beriet. Es war ein farbenfroher Zirkus der verschiedensten Persönlichkeiten und Stilrichtungen, von denen einige attraktiver waren als andere. Doch da sie für meinen Geschmack alle eine gewisse Tiefe vermissen ließen, hatte ich nicht das Bedürfnis, irgend jemandem länger als ein Wochenende zuzuhören.

Eines Tages schlug eine Freundin vor, ich solle einen Mann aus Malaysia aufsuchen, der gerade erst in die USA gekommen war und dessen Meditationsmethoden sie beeindruckt hatten. Ich war neugierig, da ich von Brugh wußte, daß Meditation meine spirituellen Praktiken vertiefen und das Übersinnliche intensivieren konnte. Das einzige Problem bestand darin, daß ich mittlerweile entmutigt war; ich dachte, ich hätte alle spirituellen Möglichkeiten, die angeboten wurden, ausgeschöpft, und bezweifelte, daß ich noch irgend etwas Neues finden konnte. Doch da ich wußte, daß diese Freundin metaphysische Heuchelei schnell durchschaute, entschloß ich mich, ihn zu besuchen.

Eine Woche später stieg ich in Santa Monica in einem bescheidenen Bürohaus aus den fünfziger Jahren einige knarrende Holztreppen hoch, bis ich ein sparsam eingerichtetes Büro mit einem Resopal-Schreibtisch und zwei abgewetzten Sesseln betrat. In der Ecke des Raumes saß still ein Mann, den ich auf Mitte Vierzig schätzte, bekleidet mit einem einfachen grauen Baumwollhemd und Hosen, die von Woolworth hätten sein können. Er hatte geduldig auf meine Ankunft gewartet. Als ich ihn etwas verlegen anschaute, konnte ich plötzlich nichts anderes mehr sehen als seine Augen, zwei klare Seen aus Licht, die ich bereits von irgendwoher kannte. Diese Augen, von denen ich das Gefühl hatte, als hätten sie mich schon immer betrachtet, konnten alle meine Geheimnisse erkennen, meine Fehler und Qualitäten gleichermaßen. Sein Anblick versetzte mich in Ekstase, und ich wollte explodieren wie ein Komet, der über den Himmel streift. Und das alles, bevor er überhaupt ein Wort gesagt hatte.

Im Laufe der nächsten Stunde erzählte ich ihm meine Lebensgeschichte, obwohl er nicht danach gefragt hatte: Die Einzelheiten strömten aus meinem Mund wie von einem Wasserhahn, den ich nicht abstellen konnte. Er hörte mir ruhig zu, voller Respekt und ohne mich ein einziges Mal zu unterbrechen. Als ich endlich fertig war, sprach er langsam und bescheiden in gebrochenem Englisch über seinen Hintergrund und seine Meditations-Philosophie und machte nur wenige Anmerkungen zu meiner Person. Um ehrlich zu sein, es war nicht so sehr das, was er sagte, als das Leuchten auf seinem Gesicht. Auf seine sanfte, zurückhaltende Art schaute er mich so voller Liebe an, daß ich ihm instinktiv vertraute. Ich wußte, ich hatte meinen Lehrer gefunden.

Ich begann, eine zweistündige Meditationsklasse zu besuchen, die er Sonntag morgens im Hinterzimmer der Praxis eines Akupunkteurs in Culver City leitete. Zu meiner Bestürzung waren diese Stunden sehr frustrierend für mich. Ich hatte erwartet, zumindest einen gewissen inneren Frieden zu finden, doch von dem Moment an, in dem ich meine Augen schloß, empfand ich nichts als Angst. Die ersten paar Minuten waren immer am schlimmsten. Ich konnte nicht stillsitzen; die Gedanken in meinem Kopf jagten sich. Ich konnte mich nicht entspannen. Und was noch schlimmer war, im

Nebenzimmer traf sich eine christliche Gruppe, deren leidenschaftliche Hymnen so laut waren, als befänden sie sich im gleichen Raum wie wir. Wie sollten wir bei einem solchen Lärm meditieren? Mein Lehrer sah nicht im geringsten irritiert aus; im Gegenteil, er schien die Musik zu genießen. Doch ich war ungeduldig, wie auf glühenden Kohlen. Er bemerkte mein Unbehagen, lächelte und sagte zu mir: »Versuche Dich nicht von dem Singen stören zu lassen. Meditiere weiter. Irgendwann wird es leichter werden.« Da ich ihn respektierte und er so überzeugend klang, machte ich weiter.

Wenn ich in der Vergangenheit zu Hause versucht hatte zu meditieren, hatte ich immer Schwierigkeiten, mich zu konzentrieren. Meditation ist nicht einfach das Sitzen mit gekreuzten Beinen und geschlossenen Augen. Als der Autor und Künstler Spalding Gray in einem Interview im Magazin *Tricycle* sagte: »Ich umkreise seit beinahe zwanzig Jahren mein Meditationskissen«, wußte ich genau, was er damit meinte. Der schwierigste Teil bestand darin, überhaupt auf dem Kissen Platz zu nehmen. Mein Lehrer meinte dazu:»Um zu meditieren, braucht man Disziplin. Fang mit nur fünf Minuten täglich an.« Kein Problem, dachte ich. Doch ich schaffte es einfach nicht. Mir diese fünf Minuten Zeit zu nehmen schien ein Ding der Unmöglichkeit zu sein. Voller guter Gründe, warum ich mich nicht hinsetzen konnte, fand ich immer irgend etwas, das vorher noch getan werden mußte. Ich war zu beschäftigt. Das Telefon stand nicht still. Ein Nachbar bat mich, mein Auto wegzufahren. Mir fielen eine Million gute Entschuldigungen ein. Es war nicht so, daß ich nicht meditieren wollte, ich brachte es nur einfach nicht fertig.

Nach ungefähr einem Monat, während einer Meditation in der Klasse, veränderte sich plötzlich etwas. Ich weiß nicht wie oder warum. Ich hatte nicht wirklich irgend etwas anders gemacht. Während unsere Nachbarn ein besonders seelenvolles Lied zum Besten gaben, versuchte ich, meine Irritation zu ignorieren, und schloß die Augen. Wie üblich setzte sofort der Chor meiner Gedanken ein und schnatterte mit der Intensität eines lauten Radios in einem viel zu kleinen Raum. Ich nehme an, daß ich es schließlich einfach nicht mehr hörte. So oft schon hatte ich dieses Durcheinander in meinem Kopf durchgehechelt, doch dieses Mal verwandelte sich das unablässige Plappern in ein unbestimmtes Geräusch. Ich konnte sowohl dieses Geräusch als auch die Musik nicht länger hören. Statt dessen war da eine Stille, ein Gefühl von Frieden – mein erster Geschmack der Ruhe, den Meditation bringen konnte.

Ich hätte dies nie erzwingen können. Ich mußte einfach wochenlang vertrauensvoll dasitzen, trotz des Gefühls, nicht den geringsten Fortschritt zu machen. Obwohl ich es nicht bemerkt hatte, bewegte ich mich vorwärts. Das Geheimnis war Beständigkeit. Indem ich jeden Sonntag zur Meditation erschien, machte ich sie mir zur Disziplin. Zusammen mit zwanzig anderen Menschen und von ihrer Energie und Begeisterung getragen, wurde ich nicht so leicht abgelenkt. Und das Wichtigste: Ich ließ mich nicht durch meine Ruhelosigkeit vom Meditieren abhalten. Obwohl zunächst kaum spürbar, baute sich ein Impuls auf: Nachdem ich endlich zum ersten Mal den Frieden empfunden hatte, der vom Meditieren kommt, fiel es mir leichter, ihn wiederzufinden.

Da ich regelmäßig meine Gedanken zum Schweigen brachte, hatte ich mich an eine neue Art des inneren Hörens gewöhnt. Jenseits des ununterbrochenen Summens meiner Gedanken war es immer mein Ziel, zur Stille zurückzukehren. Diese ist nicht einfach eine Leere, sondern ist lebendig und besitzt ihre eigene Vitalität. In diesem Zustand wurde das Übersinnliche leichter zugänglich, und zwar nicht nur wegen des Mangels an Ablenkungen. Es war viel mehr als das: Die Stille schien eine eigene Sprache zu haben. Sie ließ mich

Dinge wissen, während der Meditation und auch zu anderen Zeiten. Lösungen für Probleme, die mir auf dem Herzen lagen, wurden mir plötzlich klar: wie ich eine bestimmte Situation angehen oder mit gewissen Menschen umgehen sollte, wie ich Entscheidungen treffen konnte, die sich richtig anfühlten. Durch die Disziplin der Meditation konnte ich viel deutlicher meine innere Stimme hören, die sich immer öfter meldete. Statt einer sporadischen, zufälligen Empfindung wurde sie ein normaler Teil meines Lebens.

Mein Lehrer, ein Taoist, glaubte an eine universale Intelligenz – die als *Tao* bezeichnet wird – in der alle geistigen Pfade zusammenlaufen. Der Zweck des Meditierens, sagte er, bestand darin, sich mit dieser Kraft zu verbinden, uns selbst besser kennenzulernen und unsere Verbindung zum Spirituellen zu festigen. Ein Nebenprodukt der Meditation, jedoch nicht ihr hauptsächliches Ziel, war die Erweckung unseres übersinnlichen Bewußtseins. Sie war ein Geschenk: Wir durften es nie überbewerten oder es in irgendeiner Form mißbrauchen.

In diesem Geist begann also meine Meditationspraxis. Zunächst mußte ich hineinwachsen und meinen eigenen Rhythmus finden. In den ersten paar Monaten meditierte ich nur zwei Stunden wöchentlich in der Klasse. Als ich zunehmend in der Lage war, auch allein zu meditieren, tat ich es immer länger. Heute achte ich darauf, daß ich mindestens einmal am Tag meditiere. Der frühe Morgen ist mir die liebste Zeit. Bevor ich die Zeitung lese, Telefonanrufe entgegennehme oder das Frühstück bereite, sitze ich mindestens zwanzig Minuten lang still da. Wann immer ich meine Morgenmeditation ausfallen lasse, fühle ich mich den Rest des Tages unausgeglichen und erschöpft.

Meditation ist für mich das wirksamste Instrument, um dem Übersinnlichen gegenüber durchlässiger zu werden. Es erlaubt uns, Grenzen zu überschreiten, von denen wir nicht einmal wußten, daß es sie gab, bis wir jenseits von ihnen sind. Der Grund, warum viele von Ihnen nicht wissen, daß Sie hellseherische Talente haben, liegt in der Konditionierung darauf, nur das zu hören, was der Verstand sagt. Die Intensität Ihrer Gedanken überlagert alles andere. Meditation gibt Ihnen zusätzliche Optionen. Selbst wenn Sie sich selbst nie als den »spirituellen Typ« gesehen oder es bereits einmal erfolglos versucht haben, können auch Sie unter der richtigen Anleitung das Meditieren lernen.

Ich lehre meine Patienten die gleiche einfache Technik, die mein Lehrer mir zeigte. Zunächst setzen Sie sich auf ein bequemes Kissen, mit geradem Rücken und gekreuzten Beinen. Wenn Ihnen diese Position Schwierigkeiten bereitet, setzen Sie sich auf einen Stuhl, doch achten Sie darauf, Ihren Rücken geradezuhalten. Wenn Sie sich hinlegen, schlafen Sie vielleicht ein, und das ist nicht der Sinn der Sache. Mit gefalteten Händen machen Sie dann eine ehrfurchtsvolle Verbeugung vor sich selbst und Ihrer geistigen Quelle. Dann, und das ist das Wichtigste, beginnen Sie bewußt zu atmen. Indem Sie Ihre Aufmerksamkeit ausschließlich auf den Rhythmus Ihres Aus- und Einatmens richten, achten Sie auf jeden Atemzug, wie die Luft durch Ihre Lungen fließt und aus Nase oder Mund wieder austritt. Wenn Gedanken kommen – und sie werden kommen – registrieren Sie sie, doch versuchen Sie, sich nicht von ihnen ablenken zu lassen, sondern mit Ihrer Aufmerksamkeit immer wieder zu Ihrem Atem zurückzukehren. Im Yoga verkörpert er das *Prana*, unsere Lebensenergie, die Essenz des Seins. Die ausschließliche Konzentration auf den Atem führt zur inneren Ruhe, wie nichts anderes es vermag.

Vielleicht sind Sie wie ich. Ich habe immer gegen Reglementierungen jeder Art angekämpft. Wenn mir jemand sagt, ich solle etwas auf eine bestimmte Weise machen, tue ich auf jeden Fall das Gegenteil. Ich will nicht behaupten, daß dies eine nachahmenswerte Qualität ist, aber oft fühle ich mich eben so. Da ich diese Eigenschaft an mir respektiere, habe ich eine Meditationsmethode gewählt, die meinem Charakter entspricht. Sie ist relativ frei, fließend, instinktiv, ohne viele Regeln. Doch Meditation ist eine extrem persönliche Angelegenheit. Es gibt viele ausgezeichnete Methoden – unter anderem Zen, Vipassana, Yoga, transzendentale Meditation – von denen einige strukturierter sind, andere weniger. Es mag hilfreich sein, mit verschiedenen Methoden zu experimentieren. Letzten Endes ist es nicht so wichtig, wie oder wo Sie meditieren, sondern was Sie dabei erreichen.

Ich habe von einem Angestellten in einem Spielcasino in Reno gehört, der Meditation benutzt, um sich inmitten des Chaos und der Hektik des Casinos zu sammeln. Inspiriert von der Hindu-Tradition hat er sich den Namen Hanuman gegeben, nach dem Affengott, der als hingebungsvoller Diener Ramas bekannt war. Während seiner Pausen sitzt er mit gekreuzten Beinen unter dem grellen Schein der Lichter, mit geschlossenen Augen, umgeben vom Lärm der Münzautomaten und der Menschen. Dort meditiert er so friedlich, als wäre er auf einem Berg in Tibet. Dieses Training hat ihn gelehrt, mit äußeren Ablenkungen umzugehen und konzentriert und wach zu bleiben.

Um in der Lage zu sein, unabhängig von äußeren Umständen zu meditieren, müssen Sie langsam beginnen. Meditation erfordert Ausdauer und Durchhaltevermögen. Am Anfang können Sie sich auf fünf Minuten täglich beschränken. Wenn Sie sich mehr ans Sitzen gewöhnt haben, steigern Sie die Zeit im Laufe der nächsten Wochen und Monate auf zwanzig Minuten. Dabei können Sie eine Weile bleiben. Wenn Sie bereit sind, dehnen Sie die Zeit auf eine Stunde aus. Aber machen Sie sich keine Sorgen, wenn Ihr Kopf nicht still sein will. Es braucht Übung, die Stille zu spüren, also haben Sie Geduld mit sich selbst. Wenn zunächst nicht viel zu passieren scheint, heißt das nicht, daß Sie irgend etwas falsch machen. Es gibt keine Eile. Halten Sie Ihre Konzentration so lange wie möglich auf Ihren Atem gerichtet. Seien Sie freundlich zu sich selbst. Veränderungen brauchen Zeit.

Das Übersinnliche entwickelt sich, wenn Sie ihm Platz geben, zu wachsen. Meditation macht dies möglich. Es ist ein natürlicher Prozeß, bei dem sich übersinnliche Fähigkeiten nach und nach auf gesunde Art bemerkbar machen. Sie werden genug Zeit haben, diese Veränderung zu verinnerlichen, und nie mehr zugeteilt bekommen, als Sie verarbeiten können. Es gibt ein natürliches Tempo bei dieser Öffnung, das sich einstellt, wenn Sie es nicht erzwingen, bevor Sie dazu bereit sind. Manchmal scheint unsere Entwicklung in großen Sprüngen zu geschehen, während wir zu anderen Zeiten nur winzige Schritte machen oder gar das Gefühl haben, uns zurückzuentwickeln. Doch unabhängig von unserem Empfinden handelt es sich dabei immer um einen kontinuierlichen Wachstumsprozeß. Bereiten Sie sich angemessen darauf vor, medial zu sehen. Schaffen Sie Platz für Ihre eigene Leuchtkraft. Meditation kann Ihr erster, solider Schritt sein auf dem Weg zu einer wahrhaft erstaunlichen Reise.

Als Kind stellte ich mir vor, daß mich ein Raumschiff auf die Erde gebracht hätte. Es tröstete mich zu glauben, daß mein wirkliches Zuhause, der Platz, an den ich gehörte, weit weg auf einem anderen Stern oder Planeten war. Viele Nächte verbrachte ich auf dem Dach unseres Hauses, und mit der Sehnsucht nach einem Gefühl der Zugehörigkeit schaute ich suchend stundenlang in den Himmel, wobei ich oft eine unbestimmte Gegenwart unmittelbar außerhalb meiner Reichweite spürte. Ich hoffte, daß ich mir das Universum zu eigen machen konnte, wenn ich nur lange genug hinaufschaute.

Viel später entdeckte ich durch Meditation das, wonach ich gesucht hatte: eine nahtlose Kontinuität zwischen mir und dieser Kraft. Meditation schaffte nicht nur eine geistige Verbindung, sondern weckte auch meine Spiritualität und wob eine heilige Substanz in mein Leben. Eine Quelle der Kraft und des Trostes, verstärkte Meditation das, was mir am heiligsten war, und machte es deutlich, so daß ich es verinnerlichen konnte.

Doch das geschah nicht über Nacht. Bis ich 1985 meinen Lehrer traf, meditierte ich nur unregelmäßig, ohne Fokus und Form. Ich hatte versucht, auf dem Bett zu meditieren, aufgestützt auf dicke Seidenkissen, im Wohnzimmer, verdreht wie eine Brezel, und sogar abends in der Badewanne, umgeben von brennenden Votivkerzen. Doch irgendwie stimmte das alles nicht. Ich kam mir vor wie ein ruheloser, alter Hund, der nicht wußte, wie er sich hinlegen sollte, und nie eine bequeme Position fand.

Um dieses Dilemma zu lösen, schlug mein Lehrer vor, ich solle mir einen Altar bauen, eine einfache, doch geniale Idee, die mich sofort begeisterte. Er hatte genau gesehen, was mir fehlte. Anstatt wahllos zu meditieren und es immer in einem anderen Zimmer zu versuchen, brauchte ich einen bestimmten Platz, an den ich mich begeben konnte. Gedacht als Tribut ans Tao, unsere geistige Quelle, stellt ein Altar eine physische Verbindung zu ihm her. Mein Lehrer gab mir hierfür ein paar Empfehlungen: Der Altar sollte nach Osten zeigen (in der taoistischen Tradition der Geburtsort der geistigen Kraft); außerdem sollte ich eine rote Kerze auf die rechte Seite (als Symbol der Weisheit), eine weiße auf die linke (als Symbol der Reinheit) und einen Behälter für Räucherstäbchen aufstellen. Den Rest überließ er mir.

Aufgeregt begann ich sofort mit dem Errichten meines Altars. In meiner Garage fand ich einen kleinen

Holztisch, den ich Jahre vorher in meinem Apartment in Venice benutzt hatte. Ich hatte bewußt keinen neuen Tisch gekauft: Ich wollte einen, der bereits ein Teil von mir war und meine Entwicklung reflektierte. Ich brachte ihn nach oben, staubte ihn ab und stellte ihn in meinem Büro vor die Wand gegenüber meinem Computer. Eine Weile schaute ich ihn einfach nur an und überlegte, was als nächstes zu tun sei. Ein paar Tage später fand ich in einem Kaufhaus einen Stoff, der mir sofort gefiel. Er war fast weiß, hatte als Muster wunderschöne Asiatinnen in blauen Kimonos aufgedruckt und war genau richtig. Zu Hause legte ich ihn über den Tisch und fügte die Gegenstände, die mein Lehrer empfohlen hatte, hinzu, sowie eine kleine weiße Porzellanfigur von Quan Yin, der Göttin des Mitgefühls. Jetzt war ich bereit.

Ich hätte nie gedacht, welch wichtige Rolle dieser Altar sowohl bei meiner Meditationspraxis als auch in meinem Leben spielen würde. Als meine Mutter im Sterben lag, war dies der Platz, den ich aufsuchte, wenn ich glaubte, nicht weitermachen zu können. Viele Nächte schlief ich neben ihm wegen des Trostes, den er mir gab. Manchmal schmückte ich ihn mit einem Strauß bunter Blumen oder stellte eine Schale frischer Früchte hin – ein Symbol von Schönheit und Lebendigkeit, an die ich mich in meiner Not klammerte. Das strahlende Antlitz von Quan Yin anzuschauen, oft durch einen Schleier von Tränen, half mir, mich auf die Wahrheit, an die ich glaubte, zu konzentrieren, mir selbst zu verzeihen, wenn ich schwach wurde und den nächsten Tag mit neuer Kraft zu beginnen.

Wenn mein Leben hektisch wird, weiß ich, daß ich an meinen Altar zurückkehren kann, um mich zu erholen. Gleichgültig wie gestreßt ich bin oder wie sich die Gedanken in meinem Kopf jagen, das einfache Sitzen läßt alles wieder langsam und ruhig werden. Jeden Tag meditiere ich so vor meinem Altar, und manchmal fühle ich mich auch des Nachts zu ihm hingezogen. Wenn ich nicht einschlafen kann, gehe ich zu ihm. Beruhigend, eine stete Erinnerung an die Macht des Glaubens, hilft mir mein Altar, mich zu entspannen, so daß ich einschlafen kann. Wann immer ich mich erhebe, fühle ich mich erfrischt, als hätte ich soeben ein Glas kühles Wasser aus einem Gebirgsbach getrunken.

Maggie, eine meiner Patientinnen, begann ihre Psychotherapie bei mir nicht, weil sie hellsehen, meditieren oder Altarbauen lernen wollte, sondern weil sie Probleme mit ihrem Freund hatte. Im Laufe ihres Lebens hatte Maggie eine Reihe von Beziehungen mit dominanten Männern gehabt, die sie kontrollieren wollten. Maggie hatte ihnen jedesmal nachgegeben, war passiv geworden und hatte ihre eigenen Bedürfnisse aufgegeben. Es war dann immer dasselbe: Sie fühlte sich übergangen und nicht für voll genommen. Nachdem sie jahrelang alleine gewesen war, hatte sie jetzt wieder einen Mann kennengelernt, in den sie sich verliebte. Sie waren erst seit drei Monaten zusammen, doch die Beziehung war bereits problematisch geworden. Das bekannte Muster wiederholte sich; sie begann an der Verbindung zu zweifeln.

Maggie war Marketingberaterin und seit langem in Psychotherapie, daher hatte sie ein außergewöhnlich gutes intellektuelles Verständnis der unbewußten Faktoren hinter ihren Beziehungen. Dennoch war sie nach wie vor ein Opfer ihres Vehaltens und konnte es nicht verändern. Ich wußte, daß ich sie in eine andere Richtung führen mußte.

Maggie hatte zwei Gruppen von Freunden. Eine Gruppe, zu der auch ihr derzeitiger Liebhaber gehörte, hatte ziemlich konservative Ideen, und sie machten sich über alles lustig, was als »spirituell« bezeichnet wurde. Die andere bestand aus leidenschaftlichen Meditierenden, die einen spirituellen Lebensstil pflegten. Dies waren die Menschen, mit denen Maggie sich am wohlsten fühlte. Dennoch beschränkte sie ihren Umgang mit ihnen, weil sie befürchtete, sonst den Boden unter den Füßen zu verlieren. Sie hatte in der Vergangenheit schon einmal Meditation gelernt, doch hielt sie sich damit zurück und zögerte, regelmäßig zu praktizieren. Überzeugt davon, daß ihre konservativen Freunde ein solches Verhalten als »versponnen« oder »substanzlos« bezeichnen würden, sprach sie in deren Gegenwart nie darüber.

Seit mehr als zwei Jahren bemühte sich Maggie, diese beiden Freundesgruppen separat zu halten, und führte dabei ein regelrechtes Doppelleben. Wenn ich sie anschaute, sah ich eine Reflektion meiner selbst vor zehn Jahren: Sie kämpfte mit einer ähnlichen Gespaltenheit. Ich sah bei ihr viel Sehnsucht und Schmerz unmittelbar unter der Oberfläche. Ich wußte um die ungeheure Energie, die nötig war, um diese beiden Welten getrennt zu halten, immer freundlich zu sein und allen um jeden Preis zu gefallen, selbst wenn das hieß, sich selbst gegenüber unehrlich zu werden. Ich konnte auch ihren verzweifelten Wunsch sehen, sich zu ändern, doch wußte sie nicht wie. Ihr Unbehagen war schließlich so groß geworden, daß sie bereit war, alles zu versuchen. Ich schlug ihr vor, sie solle sich einen Altar bauen.

Hin- und hergerissen und nicht in Kontakt mit ihrer Intuition, brauchte Maggie einen eigens dafür geschaffenen Platz, an dem sie ihre Kräfte sammeln konnte, eine heilige Stätte in ihrem Haus, wo sie lernen konnte, ihr Bewußtsein zu fokussieren. Das war der Anfang – eine einfache Aktion, die jeder durchführen kann, wenn er durcheinander ist oder sich verloren fühlt und sich wiederfinden muß.

»Ein Altar ist eine Zufluchtsstätte, wo Sie jederzeit meditieren und allein sein können«, erklärte ich. »Er ist Ihr eigenes, privates Heiligtum ... wie eine Kirche oder Synagoge. Doch muß er nicht konventionell religiös sein, falls Sie das nicht wollen. Das Wichtigste ist, daß

Sie still dasitzen, Ihre intuitive innere Stimme finden und anfangen, hinzuhören.«

Maggies Gesicht erhellte sich. »Ein Altar? Einige meiner Freunde, die meditieren, haben auch einen. Ich hätte mir sogar beinahe schon selbst einen gebaut. Doch hatte ich Angst, daß andere Leute das seltsam finden würden, vor allem mein Freund. Ich wollte keinen Streit provozieren.«

»Dann suchen Sie sich einen nicht so leicht zugänglichen Platz«, empfahl ich ihr. »In einem Hinterzimmer, einem Büro oder auch auf dem Dachboden. Irgendeinen Platz, an den Besucher normalerweise nicht hinkommen. Ein Altar sollte nicht etwas sein, über das man diskutiert; am besten spricht man mit den meisten Leuten überhaupt nicht darüber. Und niemand sollte zu dem Altar gehen, es sei denn, Sie haben ihn eingeladen.«

Maggies Altar mußte ein Ort sein, an dem sie sich ungestört und beschützt fühlen konnte. Leider gab es in ihrem Leben nicht viele solcher Orte. Meistens hatte sie das Gefühl, sich auf einem Schlachtfeld zu befinden, wo sie ständig den Kugeln ausweichen mußte. Ich kannte dieses Gefühl. Das Leben kann manchmal hektisch werden, ohne daß wir das wollen. Unser Altar ist ein Zufluchtsort, wo wir allein sein, Ruhe finden und uns wieder zentrieren können.

Für mich war der Altar nur ein Anfang gewesen. Ich habe gelernt, mein gesamtes physisches Umfeld als eine intime Erweiterung meines inneren Lebens zu betrachten. Ich versuche, meinem Zuhause ein Gefühl von Heiligkeit zu geben. Ich lebe direkt am Meer. Wenn ich einschlafe, höre ich die Wellen, wie sie auf den Strand donnern. Während der Regenstürme rüttelt der Druck von Wind und Wasser an meinen Fenstern, schüttelt mein Bett und läßt mich auf diese Weise an der Wildheit der Natur teilhaben. Ich brauche den Blick hinaus auf endlose Weiten. Ich sehne mich danach, den endlosen

Himmel über mir zu sehen. Das Sonnenlicht vom Meer scheint durch die großen Fenster in alle Zimmer, und reflektiert von den Kristallen, die von der Decke baumeln, malt es tanzende Regenbögen auf die Wände. Eine Keramikvase mit frischen Blumen steht auf meinem Eßzimmertisch. Es gibt jede Menge Topfpflanzen aller Art und Größe, dazu einen wunderschönen Efeu, der sich von meinem Balkon über zwei Stockwerke hinunterrankt. Obwohl es wichtig ist, daß Sie sich in Ihrem Heim sicher und spirituell inspiriert fühlen, muß es kein Palast sein – jedes Zuhause kann eine geweihte Atmosphäre haben, wenn Sie den Wunsch danach verspüren.

Als hätte sie nur auf eine Erlaubnis gewartet, begann Maggie sofort mit der Errichtung eines Altars. Doch zuerst mußte sie den Begriff »Spiritualität« für sich selbst noch einmal neu definieren. Sie war im römisch-katholischen Glauben erzogen worden und hatte schon früh gegen die Beschränkungen ihrer Religion rebelliert. Seitdem gab es in ihrem Leben ein spirituelles Vakuum. Sie befürchtete, daß die Objekte auf ihrem Altar Götzenbildern gleichkämen. Da sie Rituale stets mit Katholizismus assoziiert hatte, mußte sie noch einmal ganz von vorne beginnen.

Maggies Altar war einfach: eine kleine Holzbank, eine runde, weiße Kerze und eine Kristallvase, groß genug für eine einzige Blume. Altäre können jede Form und Größe haben. Die Dinge, die wir auf ihnen plazieren, sollten uns inspirieren: Figuren, Fotos und Bilder, Räucherwerk, Früchte, Blumen, Kerzen oder irgendwelche anderen Gegenstände, die eine besondere Bedeutung für uns haben. Ich riet Maggie, täglich vor ihrem Altar zu meditieren, selbst wenn sie sich nicht danach fühlte oder eine Million andere Dinge zu erledigen hatte. Durch diese Disziplin lernte sie, ihre Aufmerksamkeit immer wieder nach innen zu kehren, bis es ihr zur Gewohnheit wurde. »Hör genau hin«, forderte ich sie auf, »bis Du Deine intuitive Stimme wieder hören kannst.«

»Woher weiß ich, wie sie sich anhört?« fragte Maggie. »In meinem Kopf sind so viele Stimmen. Wie kann ich sie unterscheiden?« Ich dachte an meine Arbeit bei Mobius und wie ich mich darin geübt hatte, den Unterschied zwischen dem, was logisch und voraussehbar war und der übersinnlichen Realität zu erkennen: Oft empfand ich ein Gefühl von Richtigkeit, eine Klarheit und Unmittelbarkeit, die so deutlich war, daß die empfangene Information keinerlei Zweifel zuließ oder Diskussionen hervorrief. Als ich Maggie dies erklärte, riet ich ihr auch, geduldig zu sein. »Diese Stimme wird sich zwar immer wieder melden, ist aber oft sehr leise. Es mag einige Übung erfordern, sie zu hören.«

Zu Beginn war Maggie frustriert. Der irritierende Dialog in ihrem Kopf ließ nie nach. Wann immer sie intuitive Impulse verspürte, waren sie so schwach, daß sie sie kaum bemerkte. So geht es vielen von uns. Für die Entwicklung unseres Verstandes haben wir in der Regel einen hohen Preis bezahlt: die Vernichtung unserer Instinkte. Um sie wiederzuentdecken, müssen wir lernen, viel genauer hinzuhören.

Die Energie von Maggies Altar und die Hingabe, mit der sie sich ihm näherte, machten ihn zu einem effektiven Instrument der Veränderung. Langsam kam Maggies Intuition an die Oberfläche, zunächst mit kleineren Erkenntnissen, dann mit größeren. Wenn sie verunsichert war oder in der Beziehung zu ihrem Freund wieder in die alten Muster zurückfiel, suchte sie ihren Altar auf, um ihr intuitives Wissen zu konsultieren, so als wäre es ein alter Freund. Und wann immer sie das tat, erfuhr sie die Wahrheit über die Dinge. Es lehrte sie, hinzuhören und hinzusehen.

Wenn Ihnen die Idee eines Altars zusagt, haben Sie damit die ideale Möglichkeit gefunden, um in Ihrer häuslichen Umgebung einen friedlichen Platz zu schaffen, an dem Sie meditieren können. Allein das Wissen, daß Sie einen besonderen Ort haben, an dem Sie ohne Verstellung oder Angst Sie selbst sein können, ist erstaunlich beruhigend. Er gibt Ihnen einen Halt, wenn alles andere in Ihrem Leben zusammenzubrechen droht. Ihr Altar kann ein Ort sein, an den Sie immer wieder zurückkehren: zu Ihrem inneren Wissen und Ihrer mystischen Natur. Er stellt ein Gefühl für das Heilige wieder her und weckt Ihre übersinnlichen Fähigkeiten.

Ein Altar ist ein konkreter, praktischer Schritt, der uns allen zur Verfügung steht, eine Rückerinnerung an das Göttliche und eine Ehrung des großen Mysteriums.

Maggie war neugierig auf das Übersinnliche. Jeff jedoch hatte große Angst, als er das erste Mal zu mir in die Praxis kam. Er glaubte seit jeher, ein intuitiver Mensch zu sein, doch hatte er kürzlich zwei Vorhersagen gemacht, die eingetroffen waren und ihn ziemlich verstört hatten.

Einmal träumte er, daß seine Schwester ernsthaft erkrankt sei. Da er aber wußte, daß sie sich ausgezeichneter Gesundheit erfreute, achtete er nicht weiter auf den Traum. Als sie eine Woche später im Park joggte, hatte seine Schwester eine plötzliche Herzattacke, an der sie beinahe starb. Kurz danach hatte Jeff die deutliche Vorahnung, daß ein guter Freund, der in finanzieller Not war, seinen Job verlieren würde. Innerhalb eines Monats war der Freund arbeitslos. Daß er diese Ereignisse vorhersehen konnte, machte Jeff Angst und gab ihm das Gefühl, die Kontrolle zu verlieren. Er war mit seiner Weisheit am Ende: Er hatte nie ein Hellseher sein wollen. Warum hatte er jetzt diese Vorahnungen?

Ich empfing Jeff in der Hoffnung, genau herauszufinden, was diese Vorahnungen möglich gemacht hatte. Er erschien in meiner Praxis und war sichtlich durcheinander, ein beinahe übertrieben höflicher Geschäftsmann, der sich gut zu artikulieren verstand und tadellos gekleidet war. Alles an ihm drückte Ordentlichkeit aus: Seine Schuhe glänzten, die Haare waren in Form geföhnt, so daß nicht ein Haar aus der Reihe tanzte, Handy und Terminkalender waren ordentlich in einem braunen Aktenkoffer verstaut. Er war organisiert – vielleicht zu sehr.

Ich erfuhr, daß er Mitglied der Self Realization Fellowship war, einer nicht konfessionellen Kirche in Pacific Palisades. Jeden Sonntag besuchten seine Frau und er den frühmorgendlichen Gottesdienst und gingen anschließend in dem dazugehörigen Park spazieren. Doch während der letzten drei Monate hatten sie ihre Gewohnheit verändert. Anstatt spazierenzugehen, nahmen sie an einer zweistündigen Gruppenmeditation in der Kapelle teil. Jede von Jeffs Vorhersagen war am folgenden Tag passiert. Er hatte nie vorher meditiert, vor allen Dingen nicht so lange; die Meditation war der offensichtliche Auslöser gewesen. Er hatte sich zu schnell geöffnet. Ohne Absicht war Jeff durch das Ruhigstellen seines Verstandes medial empfänglich geworden.

Jedoch war er auf dieses Erlebnis nicht vorbereitet, fand ohnehin jede Art von Veränderung schwierig. Beunruhigt fragte er: »Warum habe ich solch unangenehme Dinge vorausgesehen?«

Ich erinnerte mich an meine eigenen Erfahrungen als Kind, wie verzweifelt ich über meine negativen Voraussagen gewesen war und die Sorgen, die sich meine Mutter deswegen gemacht hatte. Wenn sie nicht im richtigen Zusammenhang gesehen werden und offensichtlich aus dem Nichts kommen, kann dieses Wissen schwer zu integrieren sein. Dabei wollte ich Jeff helfen, wollte seine Ängste zerstreuen, so wie es Thelma und Stephan bei mir getan hatten.

»Viele medial veranlagte Menschen haben anfangs Erlebnisse wie Sie«, antwortete ich. »Katastrophen, Todesfälle und traumatische Ereignisse sind offenbar einfacher zu erspüren. Das heißt nicht, daß Sie ein schlechter Mensch sind oder irgend etwas mit Ihnen nicht stimmt. Krisen jeder Art haben eine intensivere emotionale Kraft und übertragen daher lautere Signale.«

Wenn ich das nur früher schon gewußt hätte, wieviel Verwirrung und Ängste hätte ich mir ersparen können. Es ist eine Lektion, die ich unter Schmerzen lernen mußte, eine Tatsache, die zum spirituellen Wachstum dazugehört, eine Information, die wir an andere weitergeben können. Es gibt keinen Grund, warum wir diese geistige Reise allein machen müssen. Wir können von unserem geteilten Wissen profitieren, ein Netzwerk aufbauen, damit sich niemand mehr isoliert und alleingelassen fühlt.

»Negative Vorhersagen gehören dazu«, fuhr ich fort. »Daher ist es Kindern oder beginnenden Hellsehern leichter möglich, das Bild eines Frontalzusammenstoßes auf der Autobahn mit Toten und Verletzten zu empfangen, als dasselbe Auto sicher an seinem Ziel ankommen zu sehen. Es ist wie bei der Würdigung eines komplizierten Musikstückes. Dem ungeschulten Ohr fallen in erster Linie die dramatischen Aspekte auf. Doch mit der Zeit lernen wir unterschwellige Töne zu erkennen, die wir vorher nicht bemerkt haben.«

Doch wie logisch und beruhigend mir dies auch erschien, Jeff war damit nicht zu trösten. Er wollte nichts mit dem Übersinnlichen zu tun haben. Er betrachtete es als eine Verantwortung, die er nicht auf sich nehmen wollte. Ein Mann der festen Gewohnheiten, bevorzugte er das, was er bereits kannte und was ihm vertraut war.

»Wenn alle meine Vorhersagen positiver Natur wären«, wagte er zu äußern, »hätte ich vielleicht kein Problem damit. Sie wären dann einfacher zu akzeptieren. Doch von Unglücksfällen und Krisen zu wissen, bevor sie passieren, besonders bei Menschen, die ich liebe... nein, das ist nichts für mich. Es ist zu schmerzhaft. Selbst wenn ich sie warnen könnte, möchte ich lieber nicht dazu in der Lage sein.«

Jeff war ein sehr introvertierter Mensch, und er mischte sich nicht gerne in die Angelegenheiten anderer Leute ein. Da er nicht auswählen konnte, was er sehen würde und was nicht, gab er fürs erste das Meditieren auf, und seine Vorhersagen hörten auf.

Ich mußte Jeffs Entscheidung respektieren. Er erkannte seine Grenzen und hielt sich daran. Dennoch fühlte ich mich etwas enttäuscht, so als hätte ich ein Raumschiff bei seinem Start ins All gesehen und dann erlebt, wie es auf die Erde zurückkehren mußte, da es nicht genug Treibstoff an Bord hatte. Doch ich mußte aufpassen, daß ich nicht zur unterscheidungslosen Befürworterin des Übersinnlichen wurde. Meine Angst vor diesen Erlebnissen gehörte der Vergangenheit an: Ich hatte den Vorteil, zurückschauen zu können, hatte bereits die Vorzüge dieses Weges erfahren und wollte sie mit anderen teilen. Doch Jeff hatte kein Interesse daran. Die Beschäftigung mit dem Übersinnlichen ist eben nicht jedermanns Sache.

Ich habe eine Freundin, eine hinreißende Blondine Anfang Siebzig, furchtlose Abenteurerin und Weltreisende, die immer bereit ist, etwas Neues auszuprobieren. Obwohl der Bereich des Übersinnlichen sie interessiert, hatte sie nie den Drang verspürt, sich näher damit zu beschäftigen. Doch da sie nichts versäumen wollte, fragte sie mich eines Tages beim Essen in einem thailändischen Restaurant: »Glaubst Du, ich sollte auch das mediale Sehen lernen?« Ich mußte lächeln, denn ich wußte, daß sie mir mit dieser Frage nur eine Freude machen wollte.

»Nein«, sagte ich lachend, »falls Du es nicht wirklich willst, bringt es Dir keinerlei Nutzen. Man sollte diese Dinge nie forcieren.« Sie sah erleichtert aus, und wir setzten unser Mahl fort. Ich wußte, ich durfte sie nicht drängen.

Selbst wenn Sie den Wunsch haben, Ihre übersinnlichen Fähigkeiten auszubauen, mag der vor Ihnen liegende Weg nicht immer klar sein. Das ist nur natürlich. Schwierigkeiten aller Art können auftauchen, doch Angst kann das größte Hindernis sein – Angst davor, als verrückt zu gelten, die Kontrolle zu verlieren, mißverstanden zu werden, sich zu irren. Angst ist heimtückisch, doch wir dürfen uns nicht von ihr aufhalten lassen. Unsere Erziehung lehrt uns, das Übersinnliche zu fürchten. Wenn wir von der Zukunft träumen, und unser Traum bewahrheitet sich, haben die meisten von uns die ausgeprägte Tendenz, dies als »eigenartig« und »befremdlich« zu empfinden, obgleich diese Fähigkeit ganz natürlich ist, ein Beweis unseres inneren Wissens. Wir müssen unsere negativen Vorstellungen aufgeben, wie tief auch immer sie in uns verankert sind. Zu erkennen, daß wir Angst haben, ist der erste Schritt. Doch Angst kann sich immer wieder entwickeln und alle Inspiration zunichte machen, unsere Träume vergiften.

Einige Ihrer Befürchtungen mögen berechtigt sein. Zu viele Menschen haben den Bereich des Übersinnlichen zu Zwecken der Kontrolle und Manipulation und aus Gier nach Macht ausgebeutet. Ist es daher ein Wunder, daß in den meisten westlichen Kulturen alles Übersinnliche in Mißkredit geraten ist? Von den Medien sensationalisiert, von der traditionellen Wissenschaft verhöhnt, von Intellektuellen zunächst als unwahr abgetan, dann wieder als heilig bezeichnet, muß das Übersinnliche neu definiert werden. Es erlaubt uns, tiefere Beziehungen miteinander einzugehen, mit Respekt und Mitgefühl, und uns zu einer gemeinsamen Kraft zu verbinden. Wir müssen alte stereotype Bilder von Hellsehern und Medien als Kristallkugelsern und Jahrmarktsfiguren aufgeben und sie durch unsere Namen und Gesichter ersetzen. Denn wir alle sind die rechtmäßigen Träger dieses Wissens, die Wächter am Tor.

Zunächst mag es beunruhigend sein zu entdecken, daß wir größer und fähiger sind, als wir es uns je hätten vorstellen können. Einige von uns schrecken vielleicht erst einmal zurück vor diesem Wissen und brauchen Zeit, ein Gefühl der Sicherheit zu entwickeln, bevor wir aus unserem Versteck heraus vorsichtig nach draußen schauen. Schließlich betreten wir ein unbekanntes Territorium. Angst wird sich einstellen, doch sollten wir uns von ihr nicht dazu zwingen lassen, die Türe der Wahrnehmung wieder zu schließen.

Das Ziel unserer geistigen Entwicklung ist es, uns zu öffnen und immer mehr zu öffnen. Mit der Gabe der Vorhersehung lernen wir uns selbst besser kennen und werden empfindsamer gegenüber Freunden und Angehörigen. Da wir besser in der Lage sind, ihre Bedürfnisse zu erfüllen, können wir liebevolle, harmonische Beziehungen aufbauen. Die Entscheidungen, die wir dann treffen, beruhen auf wirklichen Informationen und basieren auf unseren innersten Wünschen, anstatt auf irgendwelchen künstlichen Vorstellungen darüber, wer wir sein sollten.

Das Ignorieren dieses Teils unserer Persönlichkeit kann zu Erschöpfung und Depression führen. Man kann es vergleichen mit dem Versuch, auf zwei Zylindern zu funktionieren, obwohl wir einen Turbolader haben, der sich mit Lichtgeschwindigkeit bewegt. Wir zockeln vor uns hin, leiden dabei aber unter chronischer Schwäche und verschwenden unsere Energiereserven.

So viele meiner Patienten sind in diesem Zustand zu mir gekommen – müde und reizbar. Nicht im Kontakt mit ihrer inneren Stimme, schleppen sie sich durchs Leben und zwingen sich zu Entscheidungen, die sich nie richtig anfühlen. Ihre Handlungen sind ausschließlich durch das bestimmt, was sie sehen können. Das Bedürfnis nach dem Unsichtbaren zählt nicht. Ohne spirituellen Hintergrund haben sie den Kontakt mit dem Mysterium verloren. Doch müssen wir nicht in diesem Zustand des Getrenntseins verharren. Das Wiederentdecken unseres inneren Wissens ist das Bindeglied, das uns zu einem sinnvolleren Leben verhelfen kann.

Indem wir lernen, unsere innere Stimme zu hören, entwickeln wir die Fähigkeit, zu verstehen, zu sehen und zu fühlen, werden empfindsamer für die vielen Nuancen in unserem Leben. Wir begegnen uns selbst neu und erkennen unser eigenes Leuchten. So vieles haben wir vergessen: die hinreißenden Wesen, die wir sind, die Kraft unseres Geistes, die Weisheit, die wir besitzen. All das muß wiedergewonnen werden.

Das Übersinnliche kommt nicht voll ausgeformt oder ohne unsere Bemühungen zu uns. Es gedeiht durch unsere Beachtung sublimer Einzelheiten, einen verfeinerten inneren Fokus. Das Problem ist, daß viele von uns nicht wissen, wie sie tief genug gehen können, um dies zu erreichen. Wir bewegen uns gerade eben über der Oberfläche und wagen oft den Sprung in die Tiefe nicht. Neben der Meditation und dem Errichten eines Altars gibt es noch eine weitere Methode, die uns darauf vorbereiten kann zu sehen: die Durchführung von Ritualen.

Rituale verleihen unseren Handlungen eine heilige Bedeutung, die nicht unbedingt auf den ersten Blick erkennbar ist. Sie können unserem Leben Klarheit, Dynamik und Fokus geben. Viele von uns haben sich an Rituale gewöhnt und längst vergessen, wie sehr sie unsere Beziehungen und unser ganzes Leben formen. Stellen Sie sich eine Welt ohne Hochzeiten, Festtage, Geburtstagsfeiern oder sogar Beerdigungen vor – unsere Wendepunkte, die kostbarsten Ereignisse unseres Lebens nicht zelebriert, vergessen. Wie sehr würden wir das vermissen, wieviel würde uns fehlen!

Rituale betonen nicht nur die Besonderheit bestimmter Ereignisse, sie bringen auch Farbe und Bedeutung in unser Innenleben. Indem wir ein Forum schaffen, in dem wir die geistigen Kräfte zelebrieren, laden wir sie ausdrücklich ein. Wenn Rituale mit Ehrfurcht und Demut durchgeführt werden, helfen sie uns dabei, unsere konditionierte Sichtweise der Welt aufzugeben und Respekt und Staunen für das Geheimnis zu kultivieren, das uns umgibt.

Ich lernte zum ersten Mal etwas über den Gebrauch von Ritualen auf dem Seminar von Brugh Joy, als ich gerade meine psychiatrische Praxis begonnen hatte. Wir hatten einen Nachmittag mit Heilungssitzungen geplant. Genaueste Vorbereitungen wurden getroffen, und viele Regeln galt es zu beachten. Ich fragte mich, warum soviel Aufhebens gemacht wurde. Wir alle – vierzig an der Zahl – waren weiß gekleidet und begaben uns schweigend in einen riesigen Konferenzraum, der mit brennenden Kerzen erleuchtet war. Ich schauderte und dachte: Was würden meine Arztfreunde sagen, wenn sie mich jetzt sehen könnten? Gottseidank war keiner von ihnen anwesend. Mit dem Gefühl, etwas Idiotisches zu tun, und schmerzlich befangen setzte ich mich auf meinen Platz neben einem der vielen hölzernen Massagetische, die überall im Raum aufgestellt waren. Wenn einer von uns an der Reihe war, sollte er sich hinlegen, damit die anderen durch ihre Hände »Energie« an ihn weitergeben konnten. Es war alles vorbereitet: Pachelbels Kanon spielte leise im Hintergrund, ein Hauch von Sandelholz lag in der Luft, farbenprächtige Blumensträuße waren großzügig im Raum verteilt. Dabei handelte es sich um bewußt eingesetzte Details, die darauf abzielten, eine besondere Stimmung zu erzeugen, um das Gefühl von Heilung unmittelbar an sich selbst erfahren zu können.

Schon bald war meine Befangenheit verschwunden. Die Schönheit des Raumes und die liebevolle Freundlichkeit, die diese Umgebung in jedem hervorzurufen schien, machten meine Erfahrung des Heilens besonders bewegend. Sicher hätte ich auch in einer weniger ansprechenden Umgebung ähnliche Gefühle erlebt, doch der Einsatz ritueller Elemente gewährte vielen von uns zum ersten Mal das Erlebnis einer Struktur, die geweiht war durch Musik, Farben, Düfte und die Gruppenintention zur Heilung. Vor allem zu Beginn brauchen wir alle Hilfe, die wir bekommen können, um unsere Sensitivität zu entwickeln. Rituale können sie verfeinern, können Stagnationen eliminieren und uns beleben, so daß wir besser »sehen« können.

Das Wichtigste ist, unsere Rituale inspirierend zu gestalten. Sie erfüllen ihre Aufgabe nicht, wenn sie ohne Gefühl oder mechanisch durchgeführt werden. Ich habe einen Freund, der einer orthodoxen Religionsgemeinschaft angehört. Er betet fünfmal am Tag und hält sich dabei an eine Form, an die er mit aller Leidenschaft glaubt. Vor einiger Zeit kam er in meine Praxis, verzweifelt darüber, daß er trotz seiner Gebete Gottes Gegenwart nicht fühlen konnte. Mit sich selbst hadernd, war er davon überzeugt, irgend etwas falsch zu machen. Doch anstatt sich sein tägliches Ritual genauer anzuschauen und vielleicht ein anderes zu finden, das ihm mehr lag, bestand er auf dessen Einhaltung. Seinem Glauben treu ergeben, hofft er noch heute auf einen Durchbruch.

Die Art des Rituals, für das wir uns entscheiden, ist extrem persönlicher Natur; es erweckt eine in uns schlummernde Kraft. Unsere Bemühungen – ob einfach oder kompliziert – erhalten Bedeutung, wenn unsere Absichten ehrlich sind.

Eine meiner langjährigen Freundinnen lernte ein liebenswertes Ritual von ihrer Großmutter. Wenn der Frühling sich ankündigte, bürstete die Großmutter – eine Malerin, die heute über neunzig Jahre alt ist – ihre langen grauen Haare und warf dann die Haare, die in der Bürste hängengeblieben waren, aus dem Fenster, so daß die Vögel sie zum Nestbauen benutzen konnten. Jedes Jahr im März führten meine Freundin und ihre Großmutter dieses schöne Ritual durch. Heute ist meine Freundin Mitte Vierzig und hat ihre eigene Tochter diese Huldigung an den Frühling und die Kräfte der Erneuerung – eine Verbindung zur Natur und zu neuem Leben – gelehrt.

Mit einem Ritual, das ich von meinem Lehrer übernommen habe, zolle ich zweimal im Monat dem zu- und abnehmenden Mond meinen Tribut. An diesen Tagen esse ich kein Fleisch, meditiere länger, rezitiere besondere Gebete vor meinem Altar und bemühe mich, besonders ehrfurchtsvoll zu sein. Das Ziel ist, Gleichgewicht und Reinigung zu erlangen. Dieses Ritual ist Teil der taoistischen Tradition und stimmt perfekt mit meinen eigenen Glaubenssätzen überein.

Seit ich ein kleines Mädchen war, hat mich der Mond fasziniert, habe ich sein Geheimnis und seine Kraft gespürt. Manche Nacht habe ich ihn von meinem Bett aus stundenlang angestarrt, während sein zartes weißes Licht durch die Öffnungen der Vorhänge vor dem Fenster in mein Zimmer schien. Ich liebte es zu beobachten, wie der Mond langsam seine Form veränderte und von einem kaum wahrnehmbaren Streifen zu einem strahlenden Gestirn wurde, von dem ich das Gefühl hatte, daß es direkt in meinen Körper schien. Ich konnte mein Selbst und den Mond nie getrennt sehen. Er war seit jeher ein Teil von mir, bestimmte meinen Rhythmus und brachte mich dem Himmel nahe.

Als mein Lehrer den Neumond als die erste Phase eines Zyklus bezeichnete, den Zeitpunkt, an dem die Flamme angezündet wird, und den Vollmond als ein Fest, eine Kulmination von Kräften, die einen Höhepunkt erreicht haben, drückte er damit in Worten aus, was ich schon lange gefühlt hatte. Spirituelle Energie, sagte er, ist zur Zeit des Vollmonds besonders stark; daher sollte man innehalten und dieser Energie Ehrerbietung erweisen.

Ich möchte betonen, daß ich von Ritualen, die ich als unecht empfinde, zurückschrecke, gleichgültig, wie kraftvoll sie angeblich sein sollen. Doch wenn ich eines finde, das meiner Natur entspricht, habe ich es immer nahtlos in mein spirituelles Leben aufgenommen.

Das Durchführen von Ritualen hat sich für viele meiner Patienten als sehr wertvoll erwiesen. Mit seiner aktiven, handlungsorientierten Dimension, kann es Einsicht selbst in die undurchdringlichsten Probleme vermitteln. Ich führe in der Praxis Rituale mit meinen Patienten durch und ermuntere sie dazu, dies auch allein oder in einer Gruppe zu tun. Wenn Rituale in der Natur abgehalten werden, sind sie besonders kraftvoll. Wälder, Wüsten, Meere oder Berge sorgen für eine Unmittelbarkeit, eine Urqualität, die in der Stadt kaum wahrnehmbar ist.

Für Jenny, eine atemberaubende Hawaiianerin mit langen rabenschwarzen Haaren und warmen, dunklen Augen, waren Rituale immer eine Selbstverständlichkeit gewesen, doch hatte sie schon lange keine mehr durchgeführt. Sie war auf der Insel Kauai aufgewachsen, wo ihr Vater ein Kahuna war, ein Schamane und Heiler. Er gab sein geheimes Wissen an seine Tochter weiter, doch mit der Zeit verlor sie die Erinnerung daran. Da Jenny ein geborgenes Leben gehabt hatte, war sie hungrig nach Abenteuern. Als sie mit siebzehn die Highschool verließ, zog sie von Kauai nach Manhattan, um dort Karriere als Fotomodell zu machen.

Schon bald unter Vertrag bei einer Topagentur, hatte sie schnell unzählige Aufträge, und während der nächsten paar Jahre reiste sie für exotische Fotosessions durch die ganze Welt. Sie besaß Geld, Ruhm und Prestige, doch wurde sie immer unglücklicher. Sie hatte eine phantastische Karriere gemacht, ihr Gesicht war auf den Titelseiten der bekanntesten Modezeitschriften zu sehen, doch irgend etwas stimmte nicht. Ihr Job kam ihr immer sinnloser vor, doch hatte sie Angst davor, ihn aufzugeben. Gewöhnt an einen verführerisch luxuriösen Lebensstil, von der Presse und ihren Freunden angebetet, fühlte Jenny sich gefangen und depressiv.

Während mehrerer Monate diskutierten wir in der Therapie die Vor- und Nachteile ihres Berufes, doch konnte sie sich nicht zu einer Entscheidung durchringen. Wir kamen nicht weiter. Es war abzusehen, daß Gespräche keine Lösung bringen würden, trotz Jennys Sensitivität, Intelligenz und ihrem Wunsch nach Klarheit. Ich war schon öfter mit Patienten an diesen Punkt gelangt, und als ich sah, daß Jenny festgefahren war, daß es nicht ausreichte, die emotionalen und intellektuellen Ursachen für ihr Problem zu verstehen, schlug ich ihr vor, ein Ritual durchzuführen. Sie erinnerte sich, daß sie ihren Vater oft dabei beobachtet hatte, und konnte es kaum erwarten, selbst eines auszuprobieren.

Wir verbrachten eine ganze Therapiestunde damit, die Einzelheiten ihres persönlichen Rituals festzulegen. Welche Symbole hatten für Jenny Bedeutung? Wo würde sie das Ritual gerne abhalten? Mit wem? Je konkreter die Einzelheiten, desto größer war die Chance der Freisetzung von Kraft, mit der sie ihre Blockade überwinden konnte. Da sie an der Küste von Kauai aufgewachsen war, fühlte sie sich besonders zum Meer hingezogen und wollte ihr Ritual dort durchführen.

Das gab mir eine Idee. »Es gibt eine uralte keltische Zeremonie, die mit einem Steinkreis zu tun hat«, erklärte ich ihr. Ich hatte dies vor einigen Jahren von einem Bekannten erfahren und es selbst ausprobiert. »Du kannst das Ritual am Strand machen. Es ist ganz einfach. Du baust einen Kreis aus Steinen und setzt Dich in die Mitte, bis Du Deine Antwort weißt. In der keltischen Mythologie wird Steinen eine große Kraft zugesprochen, denn sie verkörpern Mutter Erde. Der Kreis ist ebenfalls eine Form, der man mystische Eigenschaften zuspricht. Er wirkt so, daß er Energie zurückhält und fokussiert. Dies könnte Dir den Energiestoß geben, den Du brauchst.«

Diese Idee gefiel Jenny. Ein paar Tage später, am Morgen des nächsten Vollmondes, der den Höhepunkt eines Zyklus anzeigt, fuhr sie mit ihrem Volvo die Küste hoch bis nördlich von Malibu. Sie trug ein langes, fließendes weißes Baumwollkleid und hatte ihr Haar wegen des festlichen Anlasses mit bunten Perlen zurückgebunden. Sie brachte ein paar Zweige Salbei mit, den sie in den Hügeln gepflückt hatte und der in der indianischen Tradition mit Reinigung verbunden wird. Sie sammelte ein paar große Steine am Strand auf und baute damit behutsam einen Kreis. In die Mitte stellte sie einen runden Keramikbehälter und zündete den Salbei an. Dann setzte sie sich mit gekreuzten Beinen auf eine Decke nieder, schloß ihre Augen und bat um Führung.

Sie verbrachte die folgenden Stunden in Meditation und sah dem Spiel der Wellen zu. Ich hatte ihr geraten, die Antwort kommen zu lassen, anstatt zu versuchen, sie zu finden. Obwohl Jenny alles richtig machte, passierte so gut wie nichts. Doch sie wartete geduldig, denn sie wußte, daß Rituale ihren eigenen Ablauf haben. Langsam wurde es Abend. Zweifel meldeten sich, sowohl in bezug auf das Ritual als auch auf ihr Leben im allgemeinen. War sie stark genug, eine Änderung herbeizuführen? Jenny war sich nicht sicher. Die Sonne ging unter, ihr war kalt. Unruhig und verzweifelt spürte sie die Versuchung, einzupacken und wegzufahren. Doch sie tat es nicht. Irgendwie fühlte sie sich mit dem alten Wissen ihres Vaters verbunden und mit jedem, der dieses Ritual schon einmal durchgeführt hatte. Sie wußte, daß sie bleiben mußte. Sie legte die Decke um ihre Schultern, rollte sich zusammen und fiel in einen leichten Schlaf.

Und in dem Moment, als sie aufhörte, so angestrengt nach einer Antwort zu suchen, da kam sie. In einer blitzartigen Erkenntnis wußte sie, daß sie eine Pause brauchte. Und sei es nur, um eine neue Perspektive zu gewinnen. Obwohl Jenny verstandesmäßig diese Lösung bereits erkannt hatte, war es ihr erst aufgrund der

Kraft ihrer Intuition möglich, entsprechend zu handeln. Die Richtigkeit ihrer Entscheidung – wenn sie auch mit einer gewissen Traurigkeit verbunden war – brachte ihr große Erleichterung. Und obwohl sie sich befreit fühlte, wußte Jenny auch, daß sie nicht überstürzt handeln durfte. Es würde einige Zeit brauchen, bis die neue Erkenntnis verinnerlicht war.

Während der nächsten Wochen warteten Jenny und ich ab, ob ihr Entschluß unerschütterlich war. Ich spielte den großen Zweifler und formulierte die Einwände, die ihre Freunde und Kollegen sicher vorbringen würden. Jenny blieb bei ihrer Entscheidung und zeigte dieselbe Zuversicht, die ich auch bei anderen Patienten nach ähnlichen Ritualen beobachtet hatte. Wenn sie hart darum gekämpft haben, eine sinnvolle Entscheidung zu treffen, sind sie nicht mehr so leicht davon abzubringen. Sie sind dann bereit, alles auf eine Karte zu setzen und endlich ihren Instinkten zu vertrauen. Als Jenny genau wußte, daß sie ihren Entschluß nicht ändern würde, teilte sie ihrer Agentur mit, daß sie eine dreimonatige Pause einlegen würde.

Den ganzen Januar verbrachte sie bei ihrer Familie in Kauai. Sie machte lange Strandspaziergänge mit ihrem Vater und verband sich wieder mit der Kahuna-Tradition. Irgend etwas in ihr war aufgewacht. Sie sehnte sich danach, mehr über Heilung zu erfahren. Während ihres Aufenthaltes beschloß sie, nach Hawaii zurückzukehren und an der Universität zu studieren. Wohl wissend, daß andere Fotomodelle alles für eine Karriere wie ihre geben würden, handelte sie doch entsprechend ihrer neuen Erkenntnis. Es gab keinerlei Garantien für ihren Erfolg, doch sie war entschlossen, es zu versuchen.

Im Laufe der Jahre blieben wir in Kontakt. Jenny studierte Psychologie an der Universität von Hawaii und hat vor kurzer Zeit ihre Doktorarbeit geschrieben. Sie hat vor, eine Praxis in Oahu zu eröffnen. Der Tradition ihres Vaters folgend, läßt sie ihr ethnisches Wissen in ihre Arbeit einfließen. Jenny ist froh über die Entscheidung, die sie getroffen hat. Das Steinritual am Strand hatte einen Durchbruch ermöglicht, und als der Moment kam, ergriff sie ihn. Trotz vieler dringender Anfragen, wieder als Modell zu arbeiten, vertraute sie der wahren Stimme in ihrem Inneren und folgte ihrem Herzen.

Das Ritual bietet eine Struktur, doch seine Schönheit liegt in der Freiheit, zu der es führt – Freiheit, das zu entdecken, was Sie wirklich im Leben wollen, eine neue Richtung zu definieren, Ihre Visionen und Wünsche klar zu erkennen, selbst wenn Sie nicht wissen, worin sie bestehen. Das Ritual ist eine Möglichkeit, sich zu zentrieren, die eigene Kraft nicht mehr zu verschenken, sondern Verantwortung für sie zu übernehmen. Eine Implikation jedes Rituals ist Selbstrespekt, wie immer Sie dies definieren, und der Glaube daran, daß Führung und Hilfe möglich sind. Dieser Glaube ist eine Voraussetzung für jeden, der sich auf das Sehen vorbereitet. Rituale helfen uns dabei, indem sie immer wieder die tiefreichenden Veränderungen deutlich machen, die eintreten können, wenn wir entsprechend unserem inneren Wissen handeln.

Um Führung und Hilfe in unser Leben zu bringen, können wir uns auch Gebeten zuwenden. Sie sind – unabhängig von Ihrem Glauben – ob Sie sich nun an eine Kraft außerhalb wenden oder an Ihre innere Weisheit. Während Meditation ein Weg ist, die Stimme des Geistes zu hören, ist das Gebet ein definitiver Schritt, zu ihm zu sprechen. Durch Gebet kommt Klarheit, und mit ihr ein Wissen, das über unser normales Wissen hinausgeht. Obwohl das Leben nicht immer unseren Wünschen entspricht, kann uns die Kraft unserer Klarheit auch schwierige Situationen besser ertragen lassen, wenn wir die tiefere Bedeutung bestimmter Ereignisse erkennen.

Als ich noch sehr klein war, brachte mir meine Mutter zwei Gebete bei, die ich jeden Abend vor dem Schlafengehen aufsagte: die Shema, ein altes hebräisches Gebet, in dem es heißt: »Höre, oh Israel: Der Herr ist unser Gott, der Herr allein ist eins« und ein Kindergebet: »Müde bin ich geh zur Ruh, mache meine Augen zu. Vater, laß die Augen Dein über meinem Bette sein. Lieber Gott, segne Mutti, Vati und mich, jetzt und in Ewigkeit. Amen.« Zugedeckt mit einer warmen, weichen Daunendecke, sagte ich diese beiden Gebete jeden Abend auf. Sie gaben mir ein Gefühl der Sicherheit, der Verbundenheit mit meinen jüdischen Wurzeln und mit meiner Familie. Ich muß jedoch hinzufügen, daß meine Gebete mehr der Gewohnheit entsprangen als echter Hingabe. Es war etwas, das ich tat, um ein »braves Mädchen« zu sein, und nicht, weil ich wirklich inspiriert war.

Viele Jahre lang unterschätzte ich die Kraft von Gebeten. Als Teenager besann ich mich höchstens dann auf sie, wenn ich irgend etwas wollte oder so unglücklich war, daß ich nicht wußte, wohin ich mich sonst wenden sollte. Und wenn ich dann bekam, um was ich gebeten hatte, oder wenn die Schmerzen vorbei waren, vergaß ich prompt, was mir geholfen hatte. Ich betete darum, einen Freund zu haben, »beliebt« zu sein oder eine gute Note in Mathematik zu bekommen. Doch wenn ich zurückschaue, sehe ich, in welch großen Schwierigkeiten ich mich befände, wenn alle meine Gebete erhört worden wären. Manchmal können nicht erhörte Gebete ein wahrer Segen sein.

Durch Meditation und das Lernen bei meinem Lehrer sehe ich Gebete heute in einem anderen Licht. Nachdem ich einmal unmittelbar erfahren hatte, zu was ich betete – zu einer bedingungslosen Liebe, unendlicher, als ich sie mir je vorgestellt hatte – stärkte das meinen Glauben. Zuvor hatte ich befürchtet, nicht gehört zu werden, wenn ich meine Ansprüche und Wünsche nicht äußerte, als ob die Intelligenz dieser Liebe so begrenzt sei, daß sie auf meine Bedürfnisse ohne meine ausdrückliche Anrufung nicht reagieren könnte. Oder als hätte sie so viel wichtigere Dinge zu tun. Doch als ich die Unendlichkeit dieser Liebe zu spüren bekam, lernte ich immer mehr zu vertrauen.

Wenn ich heute für mich selbst oder für andere bete, bitte ich einfach nur »für das Beste« – abgesehen von bestimmten Notsituationen – und gebe nicht vor zu wissen, was das sein könnte. Obwohl es oft verführerisch ist, ausdrücklich zu sagen: »Ich will dies« oder »Ich will das« – besonders, wenn ich großen Kummer habe –, versuche ich, meine Gebete allgemein zu halten, anstatt ihnen meinen eigenen Willen aufzudrücken. Die wahre Schönheit des Betens liegt meiner Meinung darin, Erwartungen loszulassen und darauf zu vertrauen, daß unsere Bedürfnisse erfüllt werden – vielleicht nicht genau so, wie wir es uns vorgestellt haben, doch letzten Endes viel besser. An meiner Kühlschranktür habe ich mit einem Magnet als Erinnerung an die Ideale, die mir wichtig sind, das Gebet des Franz von Assisi befestigt, das ich jeden Morgen spreche, bevor ich den Tag beginne. Es lautet folgendermaßen:

Herr, mache mich zu einem Werkzeug Deines Friedens:
wo Haß ist, laß mich Liebe säen,
wo Schmerz ist, Verzeihung,
wo Zweifel ist, Glaube,
wo Verzweiflung ist, Hoffnung,
wo Dunkelheit ist, Licht,
und wo Trauer ist, Freude.

Oh Herr, hilf mir, nicht so sehr Trost zu suchen
als ihn zu spenden,
nicht so sehr Verständnis zu suchen, als zu verstehen,
nicht so sehr geliebt werden zu wollen, als zu lieben,
denn durch das Geben empfangen wir,

durch Verzeihung wird uns verziehen,
und durch den Tod werden wir in das ewige Leben geboren.

Dieses einfache Gebet, das uns zum Dienst am Nächsten auffordert, beinhaltet die grundlegende Philosophie meiner spirituellen Bemühungen. Bei der Bitte um Heilung setze ich dieses Gebet ein, um die Verbindung mit dem Übersinnlichen herzustellen. Sie können dieses Gebet benutzen oder ein anderes, das Ihnen zusagt. Am wichtigsten ist, daß Ihr Gebet etwas tief in Ihrem Inneren berührt und Sie dazu inspiriert, der Mensch zu sein, der Sie sein möchten. Die Demut, mit der Sie beten, wobei Sie keine bestimmten Resultate erwarten, aber dabei offen bleiben für die Antwort auf Ihr Gebet, schafft ein Umfeld, in dem das Übersinnliche sich manifestieren kann. Der Dichter C. K. Williams hat dies wunderschön in einem Gedicht ausgedrückt: »Ich mache mich leer; das ist das Gebet, leer zu sein und dann mit einer anderen als der eigenen Substanz angefüllt zu werden.« Die Leere ist voller Möglichkeiten, die Stille reich, das Übersinnliche stets gegenwärtig, wenn wir beten.

Obwohl ich es vermeide, in meinen Gebeten Bedingungen zu stellen, bitte ich jedesmal um Führung: um das Richtige zu tun; um zu wissen, wann ich intervenieren und wann ich mich still verhalten soll, um die richtigen Worte zu finden, wenn jemand verzweifelt ist und nicht mehr weiter weiß, um meinen inneren Frieden zu finden oder anderen dabei zu helfen, ihn zu finden. Zu beten ist eine höchst intime, intuitive Handlung und kann eine direkte Verbindung zur geistigen Welt herstellen. Indem wir zugeben, daß wir nicht wissen, öffnen wir uns dem Beistand durch eine höhere Kraft.

Matt war jemand, der unbedingt gehört werden wollte, jedoch das Gefühl hatte, verlassen zu sein. Er war Professor für Philosophie an der Universität von

Los Angeles und Anfang Fünfzig, wirkte jedoch wesentlich jünger und trug abgetragene Turnschuhe, ein T-Shirt und Jeans. Er war fasziniert, doch vorsichtig in bezug auf alles Übersinnliche. Eine Woche, nachdem er eines meiner Traumseminare besucht hatte, rief er mich an und bat um einen Termin.

Matt war in einer Baptistenfamile aufgewachsen und hatte bis Mitte Zwanzig einen unverbrüchlichen Glauben gehabt. Doch dann fiel er in eine so schwere Depression, daß er bettlägerig wurde. Er suchte Hilfe in seinem Glauben und schleppte sich jeden Sonntag in die Kirche, obwohl er kaum genug Energie hatte, sein Bett zu verlassen. Doch seine Depression wurde immer schlimmer. Er war mehrere Jahre lang in therapeutischer Behandlung, und durch den Einsatz von Medikamenten und Psychotherapie begann er, sich besser zu fühlen. In der Vergangenheit hatte Matt verschiedene Male zutreffende Vorhersagen gemacht. Jetzt kam er zu mir, um mehr darüber zu lernen. Doch wollte er nichts mit Spiritualität zu tun haben. Dieses Kapitel seines Lebens, erklärte er, sei vorbei.

Voller Zorn darüber, daß sein früherer Glaube ihm nicht geholfen hatte, wies Matt meinen Vorschlag zu beten und zu meditieren zurück. »Sie müssen keiner traditionellen Religion angehören«, sagte ich. »Entdecken Sie statt dessen Ihren eigenen Weg.«

»Warum sollte ich?« fuhr er mich an. »Wo war Gott, als ich ihn brauchte?«

Einen Monat lang beharrte er aggressiv auf seinem Standpunkt. Ich hatte Verständnis für Matts Situation, denn ich wußte, wie schwer es war, von vorne anzufangen, wenn man noch so viel Zorn in sich trug. Daher hörte ich ihm einfach zu und gab ihm den Raum, den er brauchte. Seine Wut belebte ihn. Mehr als einmal bekam ich eine Gänsehaut und war froh für ihn, daß er loslassen und diese so notwendige Entspannung und Erleichterung erfahren konnte. Es handelte sich bei ihm nicht um den vergiftenden Zorn, den manche Patienten äußern, ohne ihn wirklich loswerden zu wollen. Hier handelte es sich um eine reinigende Wut, ein Zeichen für das Schmelzen alter Verteidigungsmuster, etwas, das ich schon oft gesehen hatte. Der Verlust des Glaubens ist so niederschmetternd, daß er eine Wunde hinterlassen kann, die nie heilt. Der Mensch versucht weiterzuleben, den schmerzhaften Verlust zu verleugnen, zu trivialisieren oder hinter Zorn zu verstecken. Doch er verschwindet nie wirklich. Matt mußte seinem Ärger Luft machen. Darunter lag ein großer Schmerz, den er konfrontieren mußte, wenn er mit der Therapie fortfahren wollte. Tief in seinem Zorn und Schmerz lag seine Heilung. Eine solche Wunde braucht Zeit und Vertrauen, um sich zu öffnen, und nicht jeder ist dazu bereit. Doch Matt war es. In unserer Therapie befaßte er sich mit seinem Gefühl des Betrogenseins und verarbeitete einen großen Teil davon. Erst dann war er in der Lage, seine Sicht des Spirituellen neu zu definieren. Es war ihm nie angenehm, den Begriff »Gott« zu verwenden. Doch auf der Suche nach innerer Führung und Kommunikation mit seinem Höheren Selbst war er schließlich bereit zu beten.

Wir saßen zusammen in meiner Praxis auf der Couch und schlossen die Augen. Für mich ist Beten ein Verschmelzen von Herz und Geist, bei dem jegliches Getrenntsein aufgehoben ist. Beten ist in sich therapeutisch, ein demütiger Akt, der uns auf das »Sehen« vorbereiten kann.

»Was soll ich als erstes tun?« fragte Matt. Seine Stimme klang verunsichert. Weil es ihm so schwergefallen war, überhaupt so weit zu kommen, wollte ich alles so unkompliziert halten wir möglich. »Bete einfach darum, Kontakt mit Deinem Höheren Selbst zu erhalten«, sagte ich. »Und dann öffne Dich für die Antwort. Vielleicht kommt sie in Form eines Bildes, eines Gedankens oder einer Stimme. Die Form ist unwichtig; entscheidend ist, daß Du lernst, sie zu erkennen. Laß uns einfach still beieinander sitzen und beten und schauen, was passiert.«

Ein paar Minuten vergingen. Wie es oft der Fall ist, war die Antwort, die Matt erhielt, nicht besonders dramatisch – weder ein brennender Busch noch die Stimme Gottes. Vielmehr empfand er eine subtile Veränderung, ein Gefühl von Frieden, zu dem er von nun an zurückkehren konnte. Als wir unsere Augen wieder öffneten, wußte er, daß er durch diesen Schritt alte Hindernisse ein für allemal überwunden hatte; eine Tür hatte sich geöffnet.

Matt betete von nun an jeden Tag, doch nicht in der von seiner Kirche vorgeschriebenen Form. Er fand seinen eigenen Stil, war in der Lage, um Führung zu bitten, und folgte dann den Anweisungen, die er erhielt. In der Vergangenheit war es ihm oft schwergefallen, Entscheidungen zu treffen, und er war von dem Rat seiner Frau und seiner Freunde abhängig gewesen. Jetzt übte er sich darin, seine eigenen Entscheidungen zu treffen.

Eines frühen Morgens rief Matts Sohn, der eine Filmhochschule in New York besuchte, an und sagte ihm, daß er furchtbare Bauchschmerzen habe. In dem Gefühl, daß etwas Schlimmes im Gange war, betete Matt um Führung. Im nächsten Moment wußte er, daß er sofort nach New York fliegen mußte. Sowohl seine Frau als auch sein Sohn fanden, daß er überreagierte, daß es sich bestimmt nur um eine Grippe handelte. Doch ließ er seine Vorlesungen an der Universität ausfallen, setzte sich ins Flugzeug und war am Abend bei seinem Sohn in Greenwich Village. Kurz nach seiner Ankunft wurden die Schmerzen seines Sohnes so stark, daß Matt ihn in die Notaufnahme des nächstgelegenen Krankenhauses brachte. Dort diagnostizierte man einen akuten Fall von Blinddarmentzündung, und sein Sohn wurde noch in derselben Nacht operiert. Weil Matt gebetet und auf die Antwort gehört hatte, ohne sich von der Meinung anderer irritieren zu lassen, war es ihm möglich, in diesem Moment bei seinem Sohn zu sein.

Als Quelle der Anleitung und Führung haben Gebete einen enormen Wert, vor allem in Notfällen. Es mag Zeiten geben, wenn wir uns zum Beten veranlaßt fühlen, um ein lautes, klares SOS hinauszusenden. Wir erreichen einen Krisenpunkt, an dem wir uns nirgendwo mehr hinwenden können. In solchen Situationen sollten wir unseren Nöten und Bedürfnissen Ausdruck verleihen – das heißt, mit einer bestimmten Intention beten. Anstatt einfach zu sagen »Dein Wille geschehe« oder das Gebet des Franz von Assisi zu sprechen, können wir um unmittelbare Intervention bitten, solange wir nicht zu ausdrücklich festlegen, wie eine akzeptable Antwort ausfallen soll.

Vor einiger Zeit hatte mein Vater eine ernsthafte Gesundheitskrise. Seit Monaten hatte er furchtbare Schmerzen im Bereich der unteren Wirbelsäule gehabt, die auf Arthritis zurückzuführen waren. Von Natur aus stoisch, redete er kaum darüber, doch suchte er schließlich einen Orthopäden auf, der ihm den dringenden Rat gab, sich operieren zu lassen – eine langwierige Prozedur, die unter Umständen Monate der Genesung nach sich zog und für die es keine Erfolgsgarantie gab. Nichtsdestotrotz sah mein Vater diese Operation als seine einzige Hoffnung an und wollte sie so schnell wie möglich durchführen lassen. Ich geriet in Panik und hatte das intuitive Gefühl, daß eine Operation nur noch größere Schwierigkeiten bringen würde. Doch konnte ich meinem Vater sagen, was ich wollte, sein Entschluß stand fest.

Ich wußte nicht, was ich tun sollte. Ich hatte das Gefühl, ein sich anbahnendes Unglück zu sehen, ohne daß ich in der Lage war, es zu stoppen. Der Mensch, den ich am meisten auf der Welt liebte, war nach meinem Gefühl in Gefahr. Verzweifelt lief ich eines Morgens zu einem Felsen am Strand, nicht weit von meinem Haus. Dies war ein Platz, den ich seit Jahren aufsuchte, wenn ich über etwas nachdenken oder beten oder die Segelboote beobachten wollte, wie sie vom Hafen ins offene Meer hinausfuhren. Dort hatte ich einen weiten Blick über die Küste von Malibu, fühlte mich aber dennoch total allein. Ich schaute auf das ruhige, blaue Meer hinaus und hatte nur einen einzigen Gedanken: Ich kann es nicht allein tun. Ich brauche jemanden, der mir hilft, meinen Vater zu erreichen. Also betete ich. Leise weinend und in dem Versuch, keinerlei Aufmerksamkeit auf mich zu ziehen, blieb ich ungefähr eine halbe Stunde dort sitzen. Als ich aufstand und ging, hatte ich noch keine Antwort erhalten. Doch ich war entspannter und bereit, mit den Arbeiten des Tages zu beginnen.

Den Rest des Nachmittags verbrachte ich mit Schreiben und vergaß mein Gebet. Gegen fünf Uhr klingelte das Telefon. Es war mein Cousin Bobby, ein orthopädischer Chirurg, der in Ohio lebt. Ich hatte seit mehr als einem Jahr nichts von ihm gehört. Er sagte, daß er in der folgenden Woche zu einer Ärztetagung nach Los Angeles käme und dann gerne mit meinem Vater und mir zum Essen gehen würde. Mir war nie der Gedanke gekommen, meinen Cousin um Rat zu fragen. Mein Gebet war beantwortet worden, und so schnell! Bobby, ein Experte auf dem Gebiet der chirurgischen Behandlung des Rückens, war einer der wenigen Menschen, auf die mein Vater hören würde.

Noch heute danke ich Gott für Bobbys Besuch. Von Arzt zu Arzt sprach er mit meinem Vater über das Für und Wider eines operativen Eingriffs. Es gab Alternativen, die man zuerst versuchen konnte, sagte er. Natürlich hatte auch ich einige davon meinem Vater gegenüber erwähnt, doch konnte er sehr stur sein. Sicher, ich war Ärztin, aber ich war auch seine Tochter. Er mußte dies von jemand anderem als von mir hören. Bobby war perfekt, ein naher Verwandter und ein orthopädischer Spezialist. Mein Vater hörte und befolgte den Rat, den ihm Bobby und ich nahelegten: eine Reihe von Medikamenten, die – wie es sich herausstellte – eine Operation überflüssig machten. Heute ist er fast schmerzfrei, und er geht sogar am Wochenende wieder zum Golfspielen. Ich war tief berührt und dankbar, daß mein Gebet erhört worden war.

Obwohl wir keine Garantie für solch direkte Reaktionen haben, kann der Akt des Betens allein schon eine heilende Wirkung haben. Das Gebet kann unseren Glauben wiederherstellen, unser Mitgefühl stärken, wenn die Quelle zu versiegen droht, und Durchhaltevermögen schenken, um selbst schwierigste Situationen zu überstehen. Versuchen Sie die Art und Weise, auf die Ihr Gebet erhört werden soll, nicht zu diktieren. Hilfe kommt in allen möglichen Formen, von denen einige offensichtlicher sind als andere: das schlichte Wort eines Freundes oder Lehrers, ein Traum, eine durch ein Buch oder einen Film vermittelte Botschaft, die genau im richtigen Moment erscheint. Indem wir unsere Verbindung mit dem Mystischen zulassen, fließt die Kraft dort, wo sie am meisten gebraucht wird. Unsere Gebete senden ein geistiges Signal aus, einen Ruf nach Heilung.

Als Grace, eine Patientin, die erst kürzlich von den Philippinen in die USA emigriert war, eine Lungenentzündung bekam, wußte ich nicht, wie ich ihr helfen konnte. Sie war zu krank für Besuche und selbst zum Telefonieren. In unserem letzten Gespräch hatte mir Grace gesagt: »Bitte beten Sie für mich«, und das tat ich. Später erzählte sie mir, daß ich in den zwei Wochen, in denen sie besonders hohes Fieber hatte, oft in ihren Träumen zu ihr gekommen sei. Grace glaubte an die Macht des Gebets und fühlte, daß meine Gegenwart ihr gut tat. Ich glaube, daß ich durch meine Gebete in der Lage war, Kontakt mit Grace aufzunehmen und ihr aus der Enfernung geistigen Beistand zu geben, bis es ihr wieder besser ging.

Durch Gebete können wir unsere innere Weisheit anrufen, unsere Verbindung zum Geistigen und Übersinnlichen stärken und Heilung erlangen. Es ist nie angebracht, um materiellen Gewinn zu beten – das wäre ein Mißbrauch von Macht. Indem wir Liebe zu unserem Ziel machen, verwirklichen wir den Sinn des Betens und bringen das Übersinnliche in die richtige Perspektive. Reich an Bedeutung, einfach und klar, ist das Gebet ein Mittel, das uns auf das Sehen vorbereiten kann.

Wenn wir Gebete in Kombination mit Ritual und Meditation einsetzen, beginnen wir, uns einen medialen Lebensstil zu schaffen. Diese Werkzeuge ergänzen einander wunderbar und können sowohl einzeln als auch gemeinsam benutzt werden. Anstatt das Übersinnliche als ein isoliertes, mechanisches Talent zu betrachten, können wir es zu einem kostbaren, wesentlichen Teil unseres Lebens machen.

Wenn wir unsere innere Reise von einem starken Fundament aus antreten, sind wir besser in der Lage, den vor uns liegenden Weg erfolgreich zurückzulegen. Dem Anfang wohnt ein Zauber inne, er zeichnet sich aus durch Bereitsein und Erwartung. Indem man die ersten Schritte tut, kann sich eine Kettenreaktion in Gang setzen. Sie treffen zum Beispiel genau die richtigen Menschen zur richtigen Zeit, die Ihnen weiterhelfen können. Gelegenheiten bieten sich Ihnen an, die genau Ihren Bedürfnissen entsprechen. Alles gerät ins Fließen. Doch der Ablauf mag für jeden von uns anders sein; wir alle haben unser eigenes Tempo.

Wenn Sie mehr über das Übersinnliche erfahren wollen, aber nicht wissen, in welche Richtung Sie gehen sollen, dann ist diese Zeit des Beginns eine Periode des Experimentierens, um herauszufinden, wie weit Sie gehen wollen. Gehen Sie zu verschiedenen Lehrern. Hören Sie sich an, was sie zu sagen haben, und lassen Sie es auf sich wirken. Übernehmen Sie das, was Ihnen sinnvoll erscheint, und vergessen Sie den Rest. Es ist unwichtig, ob Sie vorher schon einmal eine übersinnliche Erfahrung hatten. Dies kann der Anfang sein.

Vielleicht waren Sie stets skeptisch, doch möchten Sie sich die Sache noch einmal genauer anschauen. Es ist wichtig, daß Sie sich ein kritisches Bewußtsein bewahren und Ihre Unterscheidungskraft einsetzen. Leider gibt es im Bereich des Medialen und Übersinnlichen viel Betrügerei, und nicht wenige Menschen sind leichtgläubig genug, um falschen Lehrern und deren Täuschungen zum Opfer zu fallen. Doch achten Sie auch darauf, daß Scharlatane nicht Ihren Glauben an das zerstören, was wertvoll und real ist. Es gibt kostbare Juwelen zu finden, Hellseher und Heiler, die ehrlich, fähig und vertrauenswürdig sind. Bei Ihrer Suche nach der Wahrheit sollten Sie jeden einzelnen prüfen, bevor Sie alle pauschal ablehnen, und dann Ihre eigenen Schlüsse ziehen. Vielleicht erwartet Sie auch hier etwas, das für Sie von Wert ist.

Oder Sie sind jemand, der sich sofort zum Übersinnlichen hingezogen fühlt. Es fasziniert Sie, Sie sind aufgeregt und wollen nicht einen Moment mehr warten. Schon lange haben Sie auf den Augenblick gewartet, sich zu öffnen. Doch vergessen Sie nicht, es gibt keinen Grund zur Eile. Enthusiasmus ist etwas Wunderbares, doch schon der große tibetische Heilige Milarepa hat gesagt: »Eile langsam.« Lassen Sie sich genug Zeit zum Ausruhen, zum Assimilieren, und bleiben Sie mit beiden Beinen auf dem Boden. Seien Sie sich immer Ihrer eigenen Kraft bewußt, und hüten Sie sich vor Lehrern, die Ihre Kraft unterwandern wollen oder betonen, wie weise sie selbst sind. Bleiben Sie bei Ihrer Suche immer einfach.

Was mich am meisten zum Übersinnlichen hingezogen hat, ist sein Geheimnis. Ständig in Veränderung begriffen und oft nicht greifbar, gibt es immer mehr zu lernen, je besser ich es verstehe. Das gleiche gilt für Meditation, Ritual und Gebet. Dabei handelt es sich nicht um statische Techniken. Ihre Kraft ist fließend, veränderlich und ständig neu. Sie sind Fenster, durch die wir einen Blick auf die Wahrheit werfen können und die uns übersinnliches Wissen enthüllen. Wenn wir uns regelmäßig dieser Techniken bedienen, werden wir mit dem Übersinnlichen vertraut und innerlich stark genug, um nicht von der exquisiten Leuchtkraft unserer neuen Sichtweise geblendet zu werden. Statt dessen baden wir nackt in diesem köstlichen Licht und strecken unsere Arme weit aus, um alles zu empfangen.

Kapitel 8

Die Alchemie der Träume

*Der Mensch ist ein Genie,
wenn er träumt.*

Akira Kurosawa

Zu verschiedenen Zeitpunkten in meinem Leben bin ich entweder Psychiater, Geliebte, Freundin oder Tochter, doch im Kern meines Wesens bin ich ein Träumer. Was immer ich tue, ich höre das Echo meiner Träume in meinem Inneren, abgestimmt auf den Rhythmus meines Körpers und die Ursubstanz der Erde. Träume sind mein Kompaß und meine Wahrheit; sie leiten mich und verbinden mich mit dem Göttlichen. Sie rufen mich mit einem vertrauten Flüstern und wissen immer, wie sie mich finden können. Sie drücken mein Innerstes aus.

Als meine Mutter im fünften Monat schwanger war mit mir, mußte sie sich einer Notoperation unterziehen. Riesige Myome – gutartige Tumore – hatten sich an der Außenseite ihrer Gebärmutter gebildet und drückten nach innen; es bestand die Gefahr, daß sie mich verletzten. Es mußte etwas geschehen, und zwar schnell. Doch eine Operation war riskant: Das physische Trauma einer solchen Prozedur konnte zu Blutungen und Infektionen führen oder zu einer Fehlgeburt. Da jedoch mein Leben in Gefahr war, entschied sich meine Mutter, dieses Risiko einzugehen. Sie wurde in Narkose versetzt und operiert.

Viele Jahre später, während einer Rückführung unter Hypnose, erinnerte ich mich an dieses Erlebnis. Der ununterbrochene Lärm, das Geräusch von knirschendem Metall, das Reißen der Haut meiner Mutter war so intensiv, daß meine Ohren rauschten. Dieses Erlebnis war mein erstes Bewußtsein darüber, lebendig zu sein. Davor war ich in einem dunklen, klaustrophobisch engen Raum aufgewacht, in dem eine warme, salzige Flüssigkeit eine seltsame Form umspülte, von der ich fühlte, daß ich es war – doch konnte ich mich nicht erkennen. Ich wollte am liebsten von diesem befremdlichen Ort flüchten und nach Hause zurückkehren, doch hatte ich nicht die leiseste Ahnung, wo ich mich überhaupt befand. Ich konnte mich nicht befreien; der betäubende Lärm wurde immer lauter. Ich geriet in Panik und fiel in einen Traum:

> *Ich stehe vor einem kleinen Bauernhaus, das von rollenden grünen Hügeln umgeben ist. Eine robuste blonde Frau Anfang 30 mit langen Zöpfen begrüßt mich freundlich. Irgend etwas an ihr ist mir erstaunlich vertraut – die weiße Organdyschürze, ihre beruhigende Stimme und Berührung. Ich bin erleichtert, sie zu sehen und sicher, daß ich sie von irgendwoher kenne. Ihr Ehemann und die beiden Söhne erwecken die gleichen Gefühle in mir. Diese Menschen fühlen sich wie meine wirkliche Familie an. Wir lachen und reden stundenlang miteinander, was die Schwierigkeit meiner Situation erträglicher macht.*

Diese liebevolle Familie leistete mir in meinen vorgeburtlichen Träumen oft Gesellschaft. Obwohl ich nie erfuhr, wer sie waren oder woher sie kamen, war ihre Gegenwart immer eine Freude für mich. Ich sehnte mich danach, bei ihnen bleiben zu können, doch sie sagten mir, daß es im Moment für mich das Beste sei, da zu bleiben, wo ich war. Indem sie mir versicherten, daß es mir gut gehen würde und daß sie mich liebten, halfen mir diese geliebten Wesen – vor allem die Frau – durch die oft schwierige Zeit vor meiner Geburt.

Für mich sind diese Träume absolut real; sie sind keine Metaphern, symbolische Erscheinungen oder

Wunscherfüllungen. Mittlerweile weisen auch wissenschaftliche Untersuchungen darauf hin, daß Embryos in der Gebärmutter Erinnerung, Träume und REM-Schlaf haben. Die Forschung hat auch bewiesen, daß Gefühle erinnert werden können und daß die Sinne funktionieren, bevor sie anatomisch voll ausgebildet sind. Gehirnfunktionen beginnen zwischen der 28. und 32. Woche der Schwangerschaft, doch die Hormone, die mit der Erinnerung verbunden sind, treten schon am 49. Tag nach der Empfängnis in Aktion, während sich die allerersten Zellen des zentralen Nervensystems bereits nach 22 Tagen bilden. Darüberhinaus ist das innere Ohr nach 6 Wochen entwickelt; mit 8 Wochen hat sich auch das äußere Ohr geformt. Daher behaupten einige Wissenschaftler heute, daß die Erinnerung an die Zeit als Embryo später wieder geweckt werden kann. Obwohl sie wahrscheinlich bestätigen würden, daß ich im Uterus geträumt habe, hätten sie sicher Schwierigkeiten dabei zu akzeptieren, daß ich als Fötus Besuch aus einer anderen Dimension erhalten hatte. Hier handelt es sich um eine Angelegenheit des Glaubens. Ich kann Ihnen nur sagen, was für mich wahr ist.

Während meiner Kindheit wußte ich nichts von meinen vorgeburtlichen Träumen. Erst als Erwachsener war ich in der Lage, mich an alle zu erinnern. Ich mußte zurückgehen und meine Erinnerung wiederfinden, um die Erlebnisse jener Zeit noch einmal zu erfahren. Hätte ich das nicht getan, wäre ein großer Teil meiner persönlichen Geschichte ausgelöscht worden: die Familie, die für mich da war, die Liebe und Ermutigung, die ich erhalten hatte, wären ein für allemal vergessen gewesen. Durch das Zurückholen dieser Information konnte ich jetzt meine Anfänge besser verstehen, den Beginn meines übersinnlichen Lebens festlegen und die Wurzeln meiner hellseherischen Fähigkeiten anerkennen. All dies begann mit meinen frühesten Träumen, als ich in der Gebärmutter so abrupt geweckt worden war.

Indem man seine eigenen Träume zurückverfolgt, wie weit in der Vergangenheit sie auch liegen mögen, kann man die leeren Stellen im Leben füllen. Das sollte keine Überraschung für uns sein: Wir verbringen circa 90 Minuten jede Nacht mit Träumen, und das sind bei einer durchschnittlichen Lebensdauer beinahe 5 Jahre. Träume sind charakteristisch für unsere Spezies; beinahe alle Säugetiere haben sie. Obwohl sie oft flüchtig sind, enthalten sie genaue Informationen – über unsere Kindheit, die Gegenwart, die Zukunft oder sogar andere Dimensionen, die im Traumzustand einfacher zu kontakten sind. Die große Herausforderung besteht meiner Meinung nach darin, vergessenes Wissen wiederzuentdecken. Durch die Kenntnis versteckter Erinnerungen können wir das wiederfinden, was wir verloren haben.

Jahrelang hat mich die Frage beschäftigt, warum die tiefere Erinnerung daran, wer wir sind, so ungreifbar zu sein scheint. Oft habe ich auf meinen Spaziergängen in den Canyons die Habichte und Bussarde beobachtet, wie sie durch die Luft gleiten und habe gespürt, daß auch ich einmal fliegen konnte. Obwohl mir mein Verstand sagt, daß ich hier und jetzt dazu nicht imstande bin, erscheint mir Fliegen sogar natürlicher als Gehen. Bilder in meinen Träumen bestärken dieses Gefühl und überbrücken den Abgrund zwischen dem, was wir angeblich sind, und dem, was wir sein können.

Vielleicht ist diese langsame Erinnerung eine Schutzmaßnahme. Wenn alles auf einmal zu uns zurückkäme, wäre es vielleicht nicht zu ertragen. Ich habe mal einen faszinierenden chinesischen Film über Reinkarnation gesehen, in dem eine Frau sich weigert, das »Serum des Vergessens« zu trinken, bevor sie geboren wird. Überwältigt von der Erinnerung an ihre vorherigen Leben begeht sie Selbstmord.

Es mag sein, daß wir unser Wissen allmählich entdecken müssen, ihm Raum geben, sich dann zu zeigen, wenn die Zeit reif ist. Träume können diesen Raum zur Verfügung stellen. Sie sind eine reine Form des Bewußtseins und eine direkte Verbindung mit einem Ort, wo alchemistisches Gold in Fülle vorhanden ist und nichts ohne Bedeutung ist. In Ihren Träumen liegt die detaillierte Anweisung, wie Sie Ihr Leben richtig leben können. Ähnlich einer leeren Leinwand stellen sie ein Medium zur Verfügung, durch das sich sowohl das Übersinnliche als auch Ihr Unterbewußtsein ungestört ausdrücken können. Sie müssen nur hinhören.

Meiner Meinung nach gibt es keine »schlechten« Träume. Selbst die furchtbarsten Alpträume, bei denen Sie schweißgebadet und mit rasendem Herzklopfen aufwachen, haben eine hilfreiche Botschaft. Sie weisen auf Bereiche in Ihrer Seele hin, die der Aufmerksamkeit bedürfen, und Sie können viel von ihnen lernen. Emotional intensiv, beleuchten diese Träume einige Ihrer schlimmsten Ängste und können äußerst katharsisch sein. Und wenn Sie einmal Ihren Dämonen von Angesicht zu Angesicht gegenüberstehen und sie austreiben, haben diese nicht länger die Macht, Sie zu terrorisieren.

Ich hatte einmal einen solchen Alptraum, als ich längere Zeit ohne Beziehung war und mich besonders verletzbar fühlte: In offensichtlich mörderischer Absicht brachen zwei Gangster in mein Haus ein. Der Mann hatte zurückgekämmte, fettige Haare; die Frau hatte eine laute Stimme und war äußerst unhöflich, indem sie mir Zigarettenrauch ins Gesicht blies. Beide kamen mit großen Schritten ins Wohnzimmer, wo ich auf der Couch saß, als gehörte ihnen das Haus und ich dazu. Aus Angst davor, getötet zu werden, erstarrte ich, und war nicht in der Lage, irgend etwas zu tun, um mich zu verteidigen. Doch anstatt mir körperliche Verletzungen zuzufügen, sagten beide übereinstimmend in einem abschätzigen Ton: »Judith, Du wirst nie wieder lieben oder von einem Mann geliebt werden.« Weinend erwachte ich aus diesem Traum.

Dies ist ein Beispiel für einen Alptraum, der sich als wertvoll erweisen sollte. Er machte mich darauf aufmerksam, daß meine Ängste wieder einmal die Oberhand gewonnen hatten; mir war klar, daß dies nicht wörtlich zu verstehen war. Stattdessen sah ich den Traum als einen Hinweis darauf, daß ein altes, leider zu vertrautes und schmerzhaftes Muster wieder in Aktion getreten war – das Gefühl, verlassen, ungeliebt und allein zu sein – und meiner liebevollen Aufmerksamkeit bedurfte. Anstatt das Ganze als einen »schlechten Traum« abzutun oder mich selbst wegen solcher Gefühle niederzumachen, erkannte ich meine Angst und schaute sie mir genau an. Auf diese Weise drohte sie nicht länger außer Kontrolle zu geraten, wie es der Fall ist, wenn sie unbewußt bleibt. Mein Traum setzte mich von dem Hindernis in Kenntnis, das vor mir lag, damit ich mich damit auseinandersetzen und es hinter mir lassen konnte.

Nicht alle Träume sind Botschaften des Übersinnlichen, doch glaube ich, daß jeder eine individualisierte Botschaft enthält, die wir hören müssen. In einem von Leonardo da Vincis Notizbüchern fragt er: »Warum sieht das Auge im Traum ein Ding klarer, als es die Vorstellungskraft im Wachzustand vermag?« Die Antwort liegt in der Reinheit des Mediums, duch das Träume sich ausdrücken. Sie beinhalten eine Wahrheit, die unbelastet ist vom unaufhörlichen Dialog unseres Verstandes, und bieten daher eine natürliche Möglichkeit für das Inkrafttreten des Übersinnlichen. Wenn alle Kanäle offen sind, können wir Informationen erhalten, die uns vorher unverständlich waren.

Seit vielen Jahren bin ich ein leidenschaftlicher Sammler von Träumen. Mit Begeisterung höre ich mir jeden Traum an, den man mir erzählt. Ich habe Hunderte meiner eigenen Träume aufgeschrieben und unzählige von Patienten, Familie und Freunden notiert. Der Aufbau von Träumen zeichnet sich durch eine intelligente Ökonomie aus; nicht ein einziges Detail ist überflüssig oder zu extravagant, sondern jedes beinhaltet einen wichtigen Hinweis. Für mich stellen Träume unsere tiefste Wirklichkeit dar: Ich kann in der Regel mehr über einen Menschen durch einen einzigen Traum lernen als durch eine ganze Stunde Reden.

Ich lernte einmal einen Mann kennen, ein Steuerberater, der extrem konservativ und verklemmt zu sein schien. Wir hatten unser erstes Rendezvous, und ich war sicher, daß wir einander im Grunde nichts zu sagen hatten. In dem Versuch, Konversation zu machen, erzählte ich ihm, daß ich in meiner Praxis viel mit Träumen arbeite. Ein Leuchten überzog sein Gesicht, und er fragte: »Darf ich Ihnen einen wiederkehrenden Traum erzählen, den ich hatte?« »Gerne«, sagte ich süffisant, in der Überzeugung, sein Traum würde meine Vorstellungen über ihn bestätigen. Doch wie ich mich irrte! In seinem Traum, sagte er, sah er sich stets mit demselben Dilemma konfrontiert: Sein Apartment war überflutet, und er wußte nicht, was er tun sollte. Die Lösung, die ihm schließlich einfiel, beeindruckte mich. Indem er eine Taucherausrüstung anlegte, lernte er, sich mit einer solchen Leichtigkeit unter Wasser zu bewegen, daß er sich besser fühlte als je zuvor.

Wie ich seinen Traum verstand, zeigte er auf brillante Weise die Flexibilität dieses Mannes, sein Talent, Probleme zu lösen, und seine Fähigkeit, sich unerwarteten Situationen anzupassen: alles ausgezeichnete Qualitäten. Nachdem er mir seinen Traum erzählt hatte, war ich neugierig darauf, ihn näher kennenzulernen. Und obwohl wir nie ein Paar wurden, ist er heute einer meiner liebsten Freunde.

In meiner Praxis habe ich gesehen, daß Träume in zwei Hauptkategorien fallen: die psychologische und die übersinnliche. Nach meiner Erfahrung sind die meisten Träume psychologischer Natur und befassen sich mit Themen, die bei der Identifikation und Klärung verwirrter Emotionen helfen können. Übersinnliche Träume sind wesentlich seltener und unterscheiden sich deutlich auf verschiedene Weise. Oft geschieht es zum Beispiel, daß jemand einen solchen Traum hat, ohne daß es dabei um ihn geht. Oder selbst wenn ein solcher Traum Ihre inneren Konflikte widerspiegelt und diese emotional aufgeladen sind, gibt es dabei ein sachliches Segment, das hervorsticht und eine Botschaft vermittelt. Im Gegensatz zu psychologischen Träumen können die übersinnlichen merkwürdig unpersönlich sein und sich durch erstaunliche Frische und Klarheit auszeichnen. Nach solchen Träumen habe ich oft das Gefühl, ein Zeuge gewesen zu sein oder ein Zuschauer, der sich einen Film anschaut.

Manchmal können übersinnliche Träume Führung anbieten: Sie beobachten ein Ereignis, das wichtige Informationen enthüllt; eine Person oder eine Stimme berät Sie; die Lösung für ein Problem, mit dem Sie sich schon lange herumschlagen, wird plötzlich deutlich. Vielleicht erinnern Sie sich gar nicht mehr an die Einzelheiten, doch Sie wachen auf und haben ein Thema, das Sie lange beschäftigt hat, geklärt. Außerdem gibt es Träume, die die Zukunft voraussagen. In diesen kann das Wissen, das mir übermittelt wird, oder die Szene, die ich beobachte, vertraut oder vollkommen unbekannt sein. Normalerweise stehe ich außerhalb dieser Ereignisse, unbeteiligt, und erhalte offensichtlich Informationen aus einer außerhalb von mir liegenden Quelle. Und schließlich gibt es noch eine Form von übersinnlichen Träumen, deren eindeutiger Zweck es ist, körperliche Heilung zu bringen (während emotionale Heilung in allen Traumformen möglich ist.) Vielleicht habe ich dabei Gespräche mit Menschen, die ich nie zuvor getroffen habe und die mir Heilungsvorschläge für meine Patienten, meine Familie oder mich selbst anbieten. Manchmal tritt sogar eine direkte physische Heilung ein.

In dem Bestreben, diese Arten von Träumen zu unterscheiden, bin ich immer noch damit beschäftigt, die Landkarte eines oft verwirrenden Terrains aufzuzeichnen, einer Geographie, die sich ständig verändert und mir immer Neues offenbart. In der Wirklichkeit überlappen sich oft die unterschiedlichen Traumtypen; ihre Elemente sind ineinander verwoben. Ich fühlte mich stets als Entdecker auf diesem Gebiet. Was in jedem Fall unbestreitbar bleibt, ist die Makellosigkeit der Integrität dessen, was Träume uns mitteilen: Wir können ihnen vertrauen.

Psychologische Träume

James wollte unbedingt einen übersinnlichen Traum haben. Jeden Abend, nachdem er die Aufgaben des folgenden Tages notiert und Telefonanrufe beantwortet hatte, legte er einen leeren Notizblock auf den Tisch neben seinem Bett. Alles mußte seine Richtigkeit haben bei diesem gutherzigen, doch arbeitsbesessenen Mann, der seine Träume mit der gleichen Zwanghaftigkeit anging wie alle anderen Bereiche seines Lebens. Während er einschlief, war er entschlossen, einen übersinnlichen Traum zu haben, doch jeden Morgen wachte er enttäuscht auf. Stattdessen hatte er einmal im Monat einen wiederkehrenden Traum, der absolut nicht übersinnlich war.

In diesem Traum befand er sich jedes Mal in Atlantic City, an einem Strand in der Nähe des Ferienhauses, in dem er als Kind seine Sommerferien verbracht hatte. Er geht barfuß über den Sand, als sich plötzlich das Wetter umstellt und ein mächtiger Sturm aufkommt. Die Farbe der Landschaft wechselt von Gold zu einem ominösen Grau. Windböen peitschen die Wellen auf, die immer größer werden. Während James gegen den Wind ankämpft, zieht ihn das Wasser zurück, und er läuft Gefahr zu ertrinken. Jedes Mal endet der Traum in diesem

Augenblick, und James wacht angsterfüllt und erschöpft auf.

Dieser Traum hatte sich wiederholt, seit er ein Kind war, doch in letzter Zeit war er immer häufiger geworden. James hatte sich nie mit ihm beschäftigt. »Schließlich ist es nur ein Traum«, begründete er. »Gottseidank geschieht es nicht wirklich.« Psychotherapie oder Traumarbeit waren nichts für James; er war zu mir gekommen, weil er übersinnliche Fähigkeiten erlernen wollte, die ihm bei geschäftlichen Entscheidungen nützlich sein konnten.

Ich bin immer wieder erstaunt, von Träumen zu hören, die so machtvoll sind wie der von James, vor allen Dingen dann, wenn der Träumer keinerlei Gefühl für seine Bedeutung hat. Unbewußt öffnete James sich und enthüllte seine Angst vor einer unbekannten, aber quälenden Macht. Solche Angst hat immer einen Grund. Sie zum ersten Mal zu erleben, kann eine der aufregendsten und transformierendsten Momente in einer Psychotherapie sein, die enorme Veränderungen möglich machen. Doch sie ist erst der Anfang.

James war naiv. Er erwartete, das Übersinnliche wie auf einem goldenen Teller serviert zu bekommen, hübsch eingepackt und fertig zum Gebrauch, das er einfach öffnen konnte, ohne einen tieferen Blick in sein Inneres zu werfen. Doch in den meisten Fällen ist es für die Entwicklung übersinnlicher Talente notwendig, zunächst eine gewisse Selbstbeobachtung vorzunehmen. Haben Sie zum Beispiel dringende emotionale Themen zu klären, mag das Übersinnliche zunächst dahinter verborgen bleiben. James' Traum flehte ihn regelrecht an, die Quelle seiner Angst, die ihn so lange im Griff hatte, zu konfrontieren.

»Passen Sie auf, daß Sie nicht den zweiten vor dem ersten Schritt machen«, sagte ich. »Beschäftigen Sie sich mit dem Traum, der Ihnen gegeben wurde, und schauen Sie, wohin er Sie führt.«

James war skeptisch. »Ich glaube nicht wirklich an Träume«, meinte er. »Was können sie mir schon bringen?«

»Nun«, erklärte ich, »in erster Linie senden Träume Ihnen Botschaften. Sie können Sie auf einen Teil Ihres Wesens aufmerksam machen, den Sie vielleicht weggeschoben haben. Im Laufe der Jahre vergessen wir manchmal wichtige Erlebnisse, auch wenn sie traumatischer Natur waren. Sie haben dann die Tendenz, Energie an sich zu binden, die dann nicht für andere Dinge zur Verfügung steht. Wenn Sie diese Erinnerungen wieder zulassen, setzen Sie damit Energie frei. Außerdem werden Sie sich viel besser fühlen und Raum schaffen, in dem sich das Übersinnliche zeigen kann.«

Es schien, als erwog James meine Worte vorsichtig. Obwohl er nicht total überzeugt war, war er einverstanden, sich seinen Traum genauer anzusehen.

»Träume sind wie Spiegel«, fuhr ich fort. »Sie können Aspekte Ihres heutigen Selbst reflektieren oder sich auf Ihre Vergangenheit fokussieren. Je mehr Gefühle Sie in einem Traum haben, umso besser. Selbst wenn Sie sich fürchten, bleiben Sie dran. Die Kraft Ihrer Gefühle kann uns zur Antwort führen.«

»Gibt es etwas, das ich tun sollte?« fragte er. »Wie sollen wir anfangen?«

»Zuerst möchte ich, daß Sie in meiner Gegenwart den gesamten Traum noch einmal erleben. Lassen Sie keine Einzelheit aus, zeigen Sie mir alles ganz genau. Und bleiben Sie in Kontakt mit Ihren Eindrücken oder Emotionen, wie ungewöhnlich diese auch scheinen mögen. Versuchen Sie, sich zu entspannen, und machen Sie es sich bequem. Dann schließen Sie die Augen und atmen ein paar Mal tief und langsam ein.«

Ich legte eine Pause ein, denn mir war klar, daß dies alles neu war für James, und ich wollte ihm die Gelegenheit geben, sich langsam darauf einzustellen. Der Sprung vom Normalbewußtsein in den Traumzustand kann sich seltsam anfühlen, vor allen Dingen für jemanden, der einen solchen Übergang zum ersten Mal erlebt. Wenn Sie sich zur gleichen Zeit in zwei sehr unterschiedlichen Realitäten befinden, besteht das Geheimnis darin, in beiden aufmerksam zu bleiben. Sie tauchen total in Ihren Traum ein, doch gleichzeitig erleben und berichten Sie, was passiert – ein Balanceakt, den Sie mit der Zeit beherrschen lernen. Trotz seiner Skepsis und Unerfahrenheit war James ein Naturtalent. In Nullkommanichts war er wieder an jenem Strand, und der Sturm heulte. So als hätte der Traum auf ihn gewartet, fühlte James sich gezwungen, direkt in seine Angst hineinzutauchen. Das ist jedoch nicht immer der richtige Schritt: Wenn Emotionen wie z.B. Angst vorzeitig konfrontiert werden, überwältigt das manche Menschen so sehr, daß sie sich sofort verschließen. Doch vertraute ich seinem Instinkt und meinem eigenen Eindruck, daß er bereit war, und intervenierte nicht. Während er nervös beide Hände umklammerte, beschrieb James seine Gefühle:

»Ich fühle mich so schwer. Ich möchte weglaufen, doch ich kann mich kaum bewegen.«

»Gut«, ermutigte ich ihn. »Sie nähern sich einer wichtigen Sache. Ich weiß, es ist schwierig, doch bleiben Sie in Ihrem Traum. Sie haben ihn noch nie weiter verfolgt als bis hierher. Lassen Sie uns sehen, was passiert.«

»Die Wellen stürzen auf mich ein. Ich habe Angst. Ein Strudel zieht mich nach unten. Ich kriege Wasser in Mund und Nase. Ich fühle, wie ich ersticke.« Plötzlich klang James' Stimme klein und verzweifelt wie die eines Kindes. Das war der Moment, auf den ich gewartet hatte. Ich nahm ihn auf und baute eine Brücke zurück in eine Zeit, die uns zum Ursprung dieser Angst führen konnte.

»James, wie alt fühlen Sie sich jetzt?«

Er wimmerte. »Wie komisch«, sagte er. »Vielleicht acht, oder noch jünger.«

»Gut. Jetzt vesuchen Sie, einen Situationswechsel zu machen. Lassen Sie Ihr Bild vom Ozean gehen und erinnern Sie sich an die Zeit, als sie 8 Jahre alt waren. Was passierte da? Sticht irgendein Ereignis hervor, das Sie irritiert?« Einige Momente vergingen, bevor die gleiche Kinderstimme sich wieder meldete.

»Oh Gott«, sagte James und wurde plötzlich ganz blaß. »Daran habe ich seit zwanzig Jahren nicht mehr gedacht. Mein Vater trank damals. Es war eine furchtbare Zeit. Manchmal bestrafte er mich ohne Grund und schloß mich stundenlang in mein Zimmer ein. Ich weinte und weinte, aber niemand war da.«

»Wo war Ihre Mutter? War sie nicht in der Nähe?«

James seufzte tief. »Ich weiß es nicht genau. Wann immer mein Vater gewalttätig wurde, verließ sie die Wohnung. Ich glaube, sie hatte auch große Angst vor ihm.«

»Hat er Sie jemals körperlich verletzt?«

»Sie meinen, hat er mir jemals die Knochen gebrochen?« fragte James. »Nein... Ich glaube nicht. Aber er zwang mich dazu, mich nach vorne zu beugen, und dann verprügelte er mich mit einem Ledergürtel. Manchmal war ich davon tagelang blau und schwarz. Doch etwas Schlimmeres hat er nie getan. Und er war auch nur zwei Jahre lang so. Als ich zehn wurde, hörte er mit dem Trinken auf. Ich erinnere mich genau daran, denn er und meine Mutter hatten sich immer wegen seiner Sauferei gestritten. Und plötzlich wurde alles anders. Er schlug mich nicht mehr. Mein Vater war wieder ein netter Mensch, so wie früher.«

In diesem Zusammenhang war James' Verhalten viel besser zu verstehen. Arbeitssucht war der ideale Vorwand, hinter dem er sich verstecken konnte. Immer mit wichtigen Dingen beschäftigt, die keinen Aufschub duldeten, gönnte er sich so gut wie nie Urlaub und blieb auf diese Weise so betäubt, daß er sich nicht mit der Vergangenheit beschäftigen und die Gefühle von damals wiedererleben mußte – das typische Verhalten eines mißhandelten Kindes. Sein Traum jedoch gab ihm den Auslöser für seine Erinnerung. Die schrecklichen Wellen symbolisierten die Gefahr und Hilflosigkeit, die James gegenüber seinem Vater fühlte. Erst indem er sich die Umstände seiner Mißhandlungen bewußt gemacht und die daraus resultierenden Emotionen konfrontiert hatte, konnte seine Heilung beginnen.

Es dauerte viele Monate, bis wir alle traumatischen Erlebnisse jener Zeit durchgearbeitet hatten. Unsere erste Sitzung war nur der Anfang. Die Erfahrung der Kindesmißhandlung muß sehr vorsichtig angegangen werden: Solche Erinnerungen können zerstörerische Konsequenzen haben und benötigen Zeit, um zu heilen. Doch nachdem James eingewilligt hatte, seine Spur zurückzuverfolgen, sich die Taten seines Vaters und den Einfluß, den sie auf ihn gehabt hatten, noch einmal anzuschauen, hörte sein Alptraum schließlich auf. Und es ist kein Wunder, daß er bald danach seinen ersten übersinnlichen Traum hatte. James war zum Übersinnlichen hingeführt worden, obwohl nicht auf die Weise, wie er es erwartet hatte.

Was mich an psychologischen Träumen fasziniert, ist, daß viele von ihnen uns allen gemein sind. Wie verschieden wir auch zu sein scheinen, unsere inneren Kämpfe und Bedürfnisse sind im Grunde gleich. Genau wie die Symbole, die unser Unterbewußtsein oft benutzt, um sich zu artikulieren – oft ist das Format der Themen in unseren Träumen mit dem anderer Menschen identisch.

Unabhängig davon, ob Sie männlich oder weiblich sind, haben Sie vielleicht schon einmal geträumt, daß Sie geboren oder gesehen haben, wie jemand gebärt, und zwar zu einem Zeitpunkt, wenn etwas in Ihrem Leben vollendet wurde: Ein Projekt ist erfolgreich abgeschlossen; Sie beginnen einen neuen Job oder verwirklichen sich auf eine andere Weise. Wie immer die

Umstände aussehen mögen, ein Geburtstraum ist eine Bestätigung für Erfolg und inneres Wachstum.

Oder vielleicht haben Sie einen Traum, in dem Sie unmögliche Schwierigkeiten überwinden: zum Beispiel eine Überschwemmung, einen Erdrutsch, einen Sturm, doch Sie überleben. Sie haben den Mut, eine ungesunde Beziehung zu beenden. Sie bauen Ihr Haus wieder auf, nachdem es zerstört worden war. Sie besiegen Ihren Gegner in einem anstrengenden Sportwettkampf. Solche Träume sind eine Reflektion Ihrer inneren Kraft, die Aufforderung, an sich zu glauben; die Versicherung, daß Sie eine Situation handhaben können, wie schwierig sie auch sein mag.

Dann gibt es noch die klassischen Träume – die fast jeder von uns schon einmal hatte – in denen sich Ihre Ängste, Sorgen und Unsicherheiten zeigen. Erinnern Sie sich an das nervenzermürbende Szenario, wo Sie bei einer wichtigen Prüfung ohne Schreibmaterial erscheinen bzw. zu spät kommen und vor verschlossenen Türen stehen? Die Prüfung ist unglaublich schwer, doch Sie sind überzeugt, alle Antworten zu wissen, können aber nicht zur Tür rein. Oder wie war es, als Sie von einem schrecklichen Wesen verfolgt wurden? Es ist so nahe hinter Ihnen, daß Sie beinahe seinen Atem in Ihrem Nacken fühlen können. Doch wie schnell Sie auch rennen, Sie können nicht entkommen. Oder die panische Situation, wo Sie Ihr Auto einen steilen Abhang hinunterlenken und plötzlich feststellen, daß Ihre Bremsen nicht funktionieren? Wie verzweifelt Sie auch auf die Bremse treten, es nützt nichts. Sie verlieren die Kontrolle über den Wagen und können nichts tun, um das zu verhindern.

Vor einiger Zeit hatte ich einen Angsttraum, als ich mich in meinem Schreiben total blockiert fühlte und nicht wußte, welche Richtung ich einschlagen sollte. In meinem Traum wollte ich mir einen neuen Computer kaufen. Ich befinde mich in einer Filiale eines großen

Unternehmens, das elektronische Geräte verkauft. Ich stelle meinen alten Computer auf den Boden. Auf ihm ist alles gespeichert, was ich jemals geschrieben habe, und dummerweise habe ich keine Sicherheitsdiskette angelegt. Ich schaue mir all die neuen Modelle an und vergesse für einen Moment meinen alten Computer. In diesem kurzen Augenblick greift ihn sich ein ungepflegter, verrückt aussehender Stadtstreicher und rennt damit aus dem Laden. Ich beobachte ihn dabei und bin so geschockt, daß mein Herz aussetzt. Jahrelange harte Arbeit für immer weg! Ich renne hinter dem Mann her, doch es ist zu spät, er ist nirgends mehr zu sehen.

Dieser Traum drückte einige meiner tiefsten Ängste aus: Daß ich nie mehr in der Lage sein würde zu schreiben, vor allem nicht auf eine frische, neue Art, und daß alles, was ich bisher geschrieben hatte, für immer verloren war. Ich konnte mich problemlos mit dem Schriftsteller identifizieren, der in dem Film *Misery* von einer brillanten, verrückten Peinigerin als Geisel festgehalten wird (brillant gespielt von Kathy Bates) und die vor seinen Augen Seite um Seite der einzigen Kopie seines Romans, an dem er jahrelang gearbeitet hatte, verbrennt. Ein größeres Unglück für einen Autor konnte ich mir nicht vorstellen.

Ich sah, daß es sich hierbei nicht um einen übersinnlichen Traum handelte, da er zu perfekt meine eigenen inneren Schwierigkeiten widerspiegelte (obwohl ich am nächsten Morgen sofort nachprüfte, ob ich Sicherheitsdisketten angelegt hatte – was der Fall war). Vielmehr forderte der Traum mich dazu auf, Vertrauen in meine Kreativität zu haben und nicht meinen Unsicherheiten zum Opfer zu fallen (personifiziert in dem Dieb) oder aus Nachlässigkeit (die Verlagerung meiner Aufmerksamkeit) das aufzugeben, was ich bereits bei dem Versuch, eine neue Richtung in mein Schreiben zu bringen, erreicht hatte. Ich habe die reflexartige Tendenz, das Unbekannte abzulehnen, auch wenn es gut für mich wäre. Das Bekannte, selbst wenn es nicht mehr seinen Sinn erfüllt, fühlt sich einfach angenehmer an. Doch dieser Traum deutete auf die Vorteile von Veränderung hin (mein Interesse an einem neuen Computer), so lange ich meine bisherige Arbeit honorierte und sie nicht als unwichtig betrachtete.

Das Schöne an psychologischen Träumen ist, daß sie Ihnen helfen, gewisse Aspekte Ihrer Persönlichkeit zu erkennen – einige von ihnen produktiver als andere – damit Sie neue Schritte unternehmen können und nicht länger an dem festhalten, was Ihnen nicht mehr dienlich ist. Diese Träume bieten ein ideales Umfeld, Ihre versteckten Emotionen aufzudecken. Angst, Wut und Trauma können sich wie Gifte in Ihrem Unterbewußtsein ansammeln und oftmals das Übersinnliche überlagern. Bevor Sie nicht eine genaue, liebevolle Inventur Ihres Inneren machen, werden diese negativen Gefühle sich immer wieder in Ihren Träumen wiederholen.

Das Schema unseres Unterbewußtseins ist perfekt. Es hat unendliche Geduld und weiß genau, was wir brauchen, selbst wenn unser rationaler Verstand das nicht eingesteht. Außerdem weiß es um Prioritäten. Indem Sie das Alte rausschmeißen, Ihr »Haus« aufräumen, geben Sie Ihren übersinnlichen Instinkten mehr Platz, sich zu entfalten. Natürlich besteht die Möglichkeit, mediale Fähigkeiten zu haben, ohne je diese innere Reinigung vorzunehmen. Doch für die gewissenhafte Entwicklung des Übersinnlichen und mit dem Wunsch, es nur zum Besten für alle Beteiligten einzusetzen, müssen Sie sich um Transparenz bemühen. Ein perfekt gestimmtes Instrument ist so viel kostbarer als ein vernachlässigtes, doch bedarf es dazu unablässigen Eifers und Aufmerksamkeit. Und dasselbe steht Ihnen zu. Obwohl psychologische nicht so glamourös wie übersinnliche Träume erscheinen mögen, helfen sie Ihnen, sich Ihrer Motivation bewußt zu bleiben, damit Sie umso mehr anzubieten haben. Die Seelenfülle, die damit einhergeht, übersinnlich zu sein und die für mich die größte Freude ist, besteht im Weitergeben dieses Geschenkes in möglichst sorgfältigster Weise.

Führungsträume

Hinter mir wütet ein Feuer. Ich befinde mich in fruchtbarem Feld und renne, so schnell ich kann. Flammen verschlingen das Land. Ich muß weg, bevor sie auch mich verschlingen. Jetzt ist das Feuer so nah, daß es mich fast einhüllt; die Hitze kriecht mir den Rücken hoch. Der Gestank des Rauches verursacht mir Übelkeit, und ich kann kaum atmen. Plötzlich höre ich eine machtvolle, doch eigenartig unbeteiligte, geschlechtslose Stimme flüstern: »Hör auf zu rennen. Das Feuer kann Dich nicht verletzten, wenn Du es konfrontierst.« Aus reiner Erschöpfung entschließe ich mich, diesem Rat zu folgen. In dem Moment, wo ich mich umdrehe und direkt in die Flammen blicke, verschwinden sie.

Diesen Traum hatte ich zu einem Zeitpunkt, als ich sehr wütend auf einen Kollegen war. Wir waren uns einmal sehr nahe gewesen, doch seit wir eine gemeinsame Praxis angefangen hatten, waren wir mit unseren Ideen oft aneinandergeraten; eine unangenehme Spannung hatte sich zwischen uns aufgebaut. Anstatt das Problem anzugehen, machten wir beide heroische Anstrengungen, miteinander auszukommen, doch tief in meinem Inneren kochte ich vor Wut. Dann hatte ich diesen Traum.

Die Botschaft war klar: Falls ich meinen Zorn nicht konfrontierte – der so stark geworden war, daß ich all meine Selbstkontrolle aufbringen mußte, um nicht zu explodieren, wenn ich mit meinem Kollegen zusammentraf – war das fruchtbare Feld, das unsere einst blühende Freundschaft und den Erfolg unserer Praxis repräsentierte – ruiniert. Doch wir beide hatten unseren Stolz. Wir vertraten beide verschiedene Gesichtspunkte über gewisse Grundsätze, die wir nicht aufgeben wollten, und fühlten uns beide im Recht.

Der Traum, der grafisch genau die Intensität und potentielle Zerstörungskraft meines Zorns darstellte, sagte mir, daß es ungefährlich und absolut wichtig war, mich diesen Gefühlen zu stellen, daß das Feuer mir nichts anhaben konnte, wenn ich das tat. Ich bin selten so wütend auf jemanden. Doch wenn es passiert, scheint meine Wut allumfassend zu sein. Entweder lasse ich sie nicht raus oder versuche, sie zu überspielen (obwohl ich weiß, daß das nicht funktioniert), da ich Angst habe, daß sie mich sonst auffrißt. Die Stimme, die ich gehört hatte und deren unbeteiligter, doch machtvoller Ton darauf hindeutete, daß sie übersinnlicher Natur war, erinnerte mich daran, daß diese Befürchtungen nicht nötig waren. Ich war einem alten, ungesunden Muster zum Opfer gefallen, der Tendenz, viel zu lange stur an meiner Wut festzuhalten, wenn ich glaubte, im Recht zu sein. Indem er mir die Sinnlosigkeit meines Verhaltens zeigte, deutete mein Traum auch die Katastrophe an, die ich dadurch heraufbeschwören konnte.

Ich befand mich in einer schwierigen Situation. Ich wußte, wie wichtig es war, daß wir unsere Differenzen offen darlegten. Doch anstatt darauf zu warten, daß er den ersten Schritt machte, entschloß ich mich, die Initiative zu ergreifen. Mit dem Wunsch, diese ganze Misere sofort zu bereinigen, wollte ich ihn am nächsten Morgen sofort anrufen. Doch irgendwas hielt mich davon ab. Einem plötzlichen Instinkt folgend, rief ich Gottseidank meine Freundin Berenice an, die mit mir Meditation studierte.

»Es ist erstaunlich, daß Du mich jetzt anrufst«, sagte sie und gluckste vor Lachen. »Letzte Nacht hatte ich einen total klaren Traum von Dir. Wir beide saßen im selben Raum mit unserem Lehrer, doch er sprach kein einziges Wort mit Dir. Stattdessen schaute er mich an und sagte: »Sag Judith, sie soll nichts unternehmen, sondern einige Zeit verstreichen lassen und die Dinge erst einmal verinnerlichen.« Ich hatte nicht die leiseste Ahnung, was er damit meinte. Jetzt ist es mir klar.«

Die Unmittelbarkeit von Berenices Traum machte mich sprachlos: Ich hätte nicht um eine klarere Antwort auf mein Dilemma bitten können. Also nahm ich mir trotz meiner Ungeduld, unsere Differenzen beizulegen, ein paar Tage Zeit, mich zu beruhigen. Das gab mir die Möglichkeit, meinen Zorn privat rauszulassen, so daß er nicht unbeabsichtigt aus mir herausbrechen würde, wenn mein Kollege und ich uns trafen. Nachdem ich einmal eine Strategie entwickelt, ein paar neue Lösungen gefunden und die Bereiche definiert hatte, in denen ich zu mehr Flexibilität bereit war, lud ich ihn zum Mittagessen ein.

»Ich weiß, daß ich in letzter Zeit ziemlich stur gewesen bin«, gab ich zu. »Ich möchte, daß wir noch einmal neu beginnen.« Das Gesicht meines Kollegen, das einen Moment vorher noch angespannt gewesen war, entspannte sich jetzt.

»Du hast recht«, sagte er. »Es war nicht leicht, mit Dir zurechtzukommen... Aber ich war auch nicht viel besser. Laß uns alles nochmal miteinander besprechen.«

Das perfekte Timing und die elegante Interaktion zwischen meinem Feuertraum und dem Traum meiner Freundin bestätigten mir ein weiteres Mal die Kraft und Vielfältigkeit der Anleitung und Führung, die jedem von uns zur Verfügung stehen. Sie können sich bewußt daran wenden. Ob Sie sich nun an eine wohlmeinende Kraft außerhalb Ihrer Person oder an eine Ihnen innewohnende Weisheit wenden, Träume können Ihnen entweder direkt oder durch Andere Hilfe zukommen lassen.

Träume besitzen ein profundes Geheimnis, eine Kraft, die in Ihrem Leben Wunder wirken kann, wenn Sie sie zulassen. Sie können Ihre Möglichkeiten erweitern, indem Sie das feine Zusammenspiel zwischen der Führung, die Sie in Ihren Träumen erhalten, und Ihrem Wachzustand erkennen. Nur weil Sie verstandesmäßig in einer Sackgasse gelandet sind, heißt das nicht, daß es keine Lösung gibt. Ihr Verstand hat Grenzen, die Sie respektieren müssen. Indem Sie sich Ihre Träume genauer anschauen, können Möglichkeiten sichtbar werden, die Ihnen nie in den Sinn gekommen wären.

Sie können dies in jeder Situation tun. Als meine Mutter im Sterben lag, war es die Führung in meinen Träumen, die mir die Kraft und Einsicht gab, weiterzumachen. Vertrauen Sie darauf, daß Ihnen Ihre Träume in schwierigen Zeiten weisen Rat erteilen können. Das gleiche gilt für weniger ernste Umstände. Vielleicht haben Sie einen Wendepunkt in Ihrem Leben erreicht; Sie wollen etwas verändern, wissen aber nicht wie. Oder vielleicht denken Sie daran, einen neuen Job zu suchen, eine neue Beziehung einzugehen oder in eine andere Stadt zu ziehen. Träume können Ihnen die Entscheidung erleichtern.

Wann immer ich nicht weiter weiß und Anleitung brauche – vor allem, wenn ich gefühlsmäßig besonders stark an einer Situation beteiligt bin – schreibe ich eine deutlich formulierte Bitte auf ein Stück Papier und lege es auf einen Tisch neben meinem Bett. Auf diese Weise gebe ich dem ganzen Prozeß eine Form. Am Morgen schreibe ich meine Träume auf und schaue, ob sie eine Antwort auf meine Bitte enthalten. Wenn sie nicht sofort ersichtlich ist, wiederhole ich meine Bitte jede Nacht, bis ich zufrieden bin. Ich empfehle meinen Patienten die gleiche Herangehensweise, und Sie sollten sie auch versuchen.

Ellen fühlte sich verloren. Sie war eine erfolgreiche Kinderpsychologin und kürzlich 50 geworden. Zwanzig Jahre lang hatte sie eine erfolgreiche Privatpraxis gehabt, doch in letzter Zeit war sie mit ihrer Arbeit nicht mehr zufrieden. Nachdem sie sich nach möglichen Alternativen umgeschaut hatte, fand sie nichts, was ihr gefiel. Ellen kam als Patientin zu mir; nachdem sie ein Jahr lang auf innerer Suche gewesen war, fühlte sie sich gefangen und depressiv und hatte Angst, daß der Zug für sie abgefahren war. Da sie seit jeher viel geträumt hatte, schlug ich vor, sie solle sich mit der Bitte um Anleitung an ihre Träume wenden.

Obwohl Ellen mit dem Analysieren ihrer Träume vertraut war, hatte sie nie ausdrücklich um Hilfe gebeten oder sich selbst als medial begabt gesehen. Wenn Träume Hilfe angeboten hatten, so hörte sie dankbar hin. Doch war dies nur selten geschehen; Träume waren für sie keine dauernd zuverlässige Quelle. Nun begann sie damit, jeden Abend vor dem Schlafengehen eine einfache Bitte aufzuschreiben: *Bitte hilf mir, meiner beruflichen Laufbahn eine sinnvolle Richtung zu geben.* Ein paar Wochen lang schauten wir uns ihre Träume an. Es sah so aus, als würde sie keine Antwort erhalten. Nichtsdestotrotz begann sich ein eigenartiges Muster zu zeigen. Offensichtlich ohne Bezug beinhaltete jeder Traum eine ungewöhnliche Äußerung, nichtssagende Worte wie »der rosa Brontosaurier«, »ein nach unten gekehrter Himmel« oder »eine schimmernde Kette violetter Perlen«.

Diese Sätze hatten eine luzide Qualität, die mich sofort auhorchen und mir eine Gänsehaut über den Rücken laufen ließ. Meine Reaktion zeigte mir, daß wir auf etwas Wichtiges gestoßen waren. Doch war mir nicht klar, was es zu bedeuten hatte. »Machen Sie eine Liste dieser Äußerungen«, sagte ich. »Wir werden sie uns dann gemeinsam ansehen und schauen, ob uns irgendeine Erklärung dazu einfällt.« Das Resultat waren mehr als 5 Seiten von Begriffen und Worten, die sich anhörten, als kämen sie aus einem Märchenbuch.

»Ergeben diese Äußerungen einen Sinn für Sie?« fragte ich.

»Nur insoweit, als daß mich seit jeher ungewöhnliche Worte faszinieren«, antwortete Ellen. »Als Teenager sammelte ich sie, heftete sie an meinen Kühlschrank und wiederholte einige von ihnen oft laut vor mich hin, weil sie mich zum Lachen brachten.« Ich bekam eine Gänsehaut. Plötzlich verstand ich. Die Träume wiesen Ellen an zu schreiben.

Glücklicher, als ich sie je gesehen hatte, nahm sie diesen Gedanken sofort an. Sobald unsere Stunde vorbei war, eilte sie nach Hause und begann damit, ihre Gedanken auf Papier zu bringen. Witzige, außergewöhnliche Ausdrücke ähnlich denen in ihren Träumen floßen so schnell aus ihr heraus, daß sie kaum mit dem Schreiben nachkam. Sie kombinierte Ihre Erfahrung als Kinderpsychologin mit ihrem Talent für Worte und schrieb viele Geschichten, die später in einem wunderschönen Kinderbuch erschienen. Sie hatte ein perfektes, kreatives Ventil gefunden. Ellens Führungsträume hatten ein ungenutztes Talent in ihr angezapft, das ihr große Freude brachte. Verjüngt durch ihre neue Tätigkeit, machte ihr auch ihre klinische Arbeit wieder mehr Spaß. Es war nicht nötig, daß Ellen ihren Beruf wechselte – sie brauchte nur einen Kontrapunkt, um ihn zu ergänzen.

Ellen ist ein Beweis dafür, daß Sie keine übersinnliche Erfahrung brauchen, um Führungsträume zu haben. Obwohl ihre Mitteilungen nicht immer ohne weiteres zu verstehen sind, werden Sie die stets vorhandenen Hinweise zu erkennen lernen, wenn Sie sich die Einzelheiten Ihrer Träume genau anschauen. So wie bei Ellens Traum mögen die Informationen äußerst kreativ sein, und je mehr Sie sich daran gewöhnen, sie zu entschlüsseln, desto leichter wird es.

Bei der Analysierung von Führungsträumen gibt es einige intuitive Anhaltspunkte, nach denen Sie sich richten können. Gewisse Ereignisse sind besonders energiegeladen und ziehen sofort Ihre Aufmerksamkeit auf sich. Vielleicht ist es nur ein einzelnes Wort oder Bild, vielleicht auch ein ganzer Abschnitt des Traumes. Untersuchen Sie Ihren Traum aufmerksam nach solchen Abschnitten. Dann schreiben Sie sie auf und prüfen Sie, inwieweit sie sich auf Ihre ursprüngliche Frage beziehen. Achten Sie dabei stets auf ihre körperlichen Reaktionen: ein plötzlicher Anflug von Gänsehaut; ein Erschauern; das Gefühl, als ob Ihnen die Nackenhaare zu Berge stehen; Schwitzen oder beschleunigter Atem und Herzklopfen. Auf diese Weise sagt Ihnen Ihr Körper, daß Sie sich auf dem richtigen Weg befinden. Manchmal, wenn die Antwort offensichtlich ist, mögen Sie ein sofortiges »Aha!«-Gefühl verspüren, so als wäre in einem Raum plötzlich das Licht angegangen. (Natürlich können Ihnen diese körperlichen Symptome bei allen Träumen helfen, die wichtigen Teile zu erkennen.) Doch wie leise die Botschaft auch sein mag, es liegt an Ihnen, sie zu hören und zu verstehen.

Ich habe einen Freund, der ein kleines Café mit angeschlossenem Buchladen in Venice Beach eröffnen wollte, doch war er nicht sicher, ob das Timing stimmte. »Warum fragst Du nicht nach Führung in einem Traum?« sagte ich. Er fand die Idee wunderbar, und während der nächsten Tage notierte er alle seine Träume. Er konnte sich nicht an genaue Einzelheiten erinnern, doch jeden Morgen wachte er mit dem Gefühl auf, daß es im Moment ein großer Fehler wäre, ein neues Geschäft aufzumachen. Obwohl dieser Freund extrem intuitiv war, konnte er gleichzeitig sehr stur sein, und er war nicht bereit, seinen Plan aufzugeben. Jeder Abschnitt des Prozesses, angefangen mit dem Kredit, erwies sich als schmerzhaft und frustrierend. Schließlich mußte er seinen Laden nach nur acht Monaten schließen, weil er nicht genug Umsatz machte.

So wie mein Freund, mußte auch ich auf die harte Art lernen, meine Intuitionen ernst zu nehmen. Als ich vor Jahren meinen Ahnungen in bezug auf den Selbstmordversuch meiner Patientin Christine nicht gefolgt war, zog dies beinahe eine tödliche Konsequenz nach sich, weil sie eine Überdosis des Medikamentes schluckte, das ich ihr verschrieben hatte. Das war für mich der Wendepunkt, der mich wieder auf die Wichtigkeit übersinnlicher Wahrnehmung hinwies und den Preis, den ich würde zahlen müssen, wenn ich nicht darauf hörte. Wenn ich heute mit einem Patienten festgefahren bin und nicht mehr weiß, welche Richtung ich einschlagen soll, wende ich mich sofort an meine Träume – die stärkste übersinnliche Verbindung, die mir zur Verfügung steht – oder sie kommen spontan zu mir.

Der Rat, den ich von Träumen erhalte, muß nicht welterschütternd sein, um Wert zu haben. Kürzlich träumte ich zum Beispiel, daß eine schizophrene Frau, die ich besonders gern mochte und die seit Beginn meiner Praxis Patientin bei mir war, einfach ihre Medizin nicht mehr nahm. Wann immer sie dies in der Vergangenheit getan hatte, war das Resultat verheerend gewesen. Ungefähr einmal im Jahr erhielt ich mitten in der Nacht einen dringenden Anruf von irgendeiner Notaufnahme, in dem mir gesagt wurde, daß sie offensichtlich psychotisch war und stationär behandelt werden mußte. Ich wollte verhindern, daß sich dieses schmerzhafte und demoralisierende Muster wiederholte. Und obwohl ich zum Zeitpunkt meines Traumes eigentlich keinen Grund hatte anzunehmen, daß irgendwas mit ihr nicht in Ordnung war, rief ich sie am nächsten Tag an, um sicherzugehen. Unglücklicherweise war mein Traum richtig gewesen. Wieder einmal hatte sie ihre Medizin aufgebraucht und vergessen, sich rechtzeitig ein neues Rezept zu besorgen. Gottseidank konnte ich sie überzeugen, sofort in die Apotheke zu gehen und ihre Medikation wieder aufzunehmen. Angespornt durch meinen Traum, war ich in der Lage gewesen, sofort zu intervenieren und ihr einen Aufenthalt in der Psychiatrie zu ersparen.

Genau wie ich dazu angeleitet wurde, meine Patientin zu kontaktieren, können auch Ihre Führungsträume Sie auf bevorstehende Gefahren hinweisen. Selbst wenn Sie Ihre medialen Fähigkeiten nicht bewußt entwickelt haben, kann in Zeiten der Not ein inneres Alarmsystem ertönen, um Sie zu warnen. Führungsträume können Ihnen vor allen Dingen sagen, wann und wie Sie einer Gefahr entgehen können.

Vor einigen Jahren fuhr meine Freundin Lisa mit einigen Bekannten in einem alten VW-Bus von Taos, Neu Mexiko zurück nach Kalifornien. Um Mitternacht, müde von 12 Stunden Fahren, bogen sie irgendwo in der Wüste von Arizona von der Straße ab und schlugen für die Nacht ihr Lager auf. Es war Vollmond, der Himmel war kristallklar, die Luft frisch und kühl. Jeder machte es sich in seinem Schlafsack auf dem Wüstenboden bequem.

Sobald Lisa eingeschlafen war, träumte sie, daß zwei leuchtende Autoscheinwerfer einen kurvenreichen Wüstenpfad herunter auf sie zukamen. Ein Jeep machte neben ihr Halt, und ein Ranger in Uniform stieg aus. Mit ernster Stimme sagte er: »Sie und Ihre Freunde sollten besser zurück in Ihren Wagen gehen. Bald wird ein gewaltiger Sandsturm hier durch kommen. Es ist nicht ratsam, dann draußen zu sein.« Lisa fand nichts Ungewöhnliches an seinem Besuch und dankte ihm für den Hinweis. Er sagte »Auf Wiedersehen«, setzte sich in seinen Jeep und fuhr davon.

Als Lisa aufwachte, war die Nacht vollkommen ruhig, und es gab kein Zeichen dafür, daß ein Sturm im Anzug war. Doch sie hatte sich schon immer für Träume interessiert und wußte, daß es wichtig war, auf ihre Mitteilungen zu achten. Sofort weckte sie ihre Freunde auf, und es gelang ihr, sie trotz ihrer Widersprüche dazu zu bringen, wieder ins Auto zu steigen. Ein paar Stunden später flogen spiralförmige Wellen von Staub und Sand durch die Luft, und der Bus begann hin und her zu schaukeln, geschüttelt von einem Sturm, der bis zum Morgengrauen mit Geschwindigkeiten von über 80 Stundenkilometern über die Wüste fegte. Staub und Sand hatten bald die Fenster so verklebt, daß man nicht mehr durchsehen konnte, doch dank Lisas Traum befanden sich alle in Sicherheit.

Führungsträume wie diesen gibt es nicht nur in unserem Kulturkreis. Die Aborigines in Australien betrachten Träume seit über 50000 Jahren als heilig. In ihrer Lebenssicht hat die Zeit zwei Dimensionen: unsere alltägliche Realität und eine spirituelle Ebene, die als »Traumzeit« bezeichnet wird. Wenn Stammesmitglieder krank sind oder Schwierigkeiten haben, können ihnen ausgewählte Personen durch ihre Träume heilende Botschaften oder Warnungen zukommen lassen. Bei anderen Anlässen werden von Schamanen Traumzeit-Zeremonien abgehalten, durch die uralte Lehren vermittelt werden. Die Aborigines betrachten diese Art der Führung als so vollkommen natürlich, daß durch sie sogar die stammesrechtlichen Gesetze entschieden werden.

In dem australischen Film »Die letzte Flut« übernimmt ein Anwalt die Verteidigung einer Gruppe von Aborigines, die des Mordes angeklagt wurden. Obwohl sie nicht bereit sind, ihm die Umstände des Verbrechens zu enthüllen, beginnt der Anwalt, die benötigten Informationen in seinen Träumen zu erhalten. Das Problem ist, daß er nicht weiß, wie sie zu entschlüsseln sind. Frustriert über das Schweigen seiner Klienten wendet er sich an einen von ihnen und sagt: »Wißt Ihr eigentlich nicht, in welch großen Schwierigkeiten Ihr seid?« Seelenruhig schaut ihn der Mann mit leuchtenden schwarzen Augen an und antwortet: »Überhaupt nicht. Du bist der, der Probleme hat. Du hast die Bedeutung Deiner Träume vergessen.«

Auch die Indianer Nordamerikas ehren ihre Träume. Ihr »Vision Quest«-Ritual, ein einsamer Aufenthalt in der Natur, ist die Bitte um einen erleuchtenden Traum oder eine Vision zum Zwecke der Heilung, um ein Problem zu lösen oder eine Initiation zu erhalten, wie zum Beispiel die des Knaben zum Mann. Vision Quests dauern in der Regel zwei bis 4 Tage und Nächte und sind kein Zuckerschlecken; der Betreffende ist unbekleidet bis auf eine Decke, ißt und trinkt nichts und schläft auf dem nackten Erdboden, selbst bei Sturm und Kälte. Den Elementen ausgesetzt, wird der Körper schnell erschöpft. In diesem geschwächten Zustand ist der Verstand jedoch weniger chaotisch und daher Träumen gegenüber empfänglicher. Und erst nachdem sich eine Vision gezeigt hat, gilt ein Vision Quest als erfolgreich.

In unserer Kultur ist das Träumen zu einer vergessenen Kunst geworden, die wiederbelebt werden muß. Wenn Sie auf Ihre Träume hören, werden Sie Anweisungen darüber bekommen, wie Sie am besten die Schwierigkeiten in Ihrem Leben überwinden können. Diese Anleitungen sind eine tiefe, instinktive Reaktion auf Ihre persönlichsten Konflikte und Bedürfnisse. Im Laufe der Jahre habe ich mich dazu erzogen, Träume genau anzuschauen, und Sie können dasselbe tun. Sie werden nicht nur einigen wenigen Auserwählten zuteil. Das Geheimnis liegt in ihrem eigenen Glauben. Wenn Sie einmal den ersten Schritt getan haben und es zulassen, werden Sie feststellen, daß Führung auf Sie wartet.

Präkognitive Träume

In manchen Träumen werden Sie spezielle Anleitung für die Zukunft erhalten, wobei Ihnen diese Mitteilungen in verschiedenen Formen präsentiert werden können. Um solch präkognitive Träume zu erkennen, gibt es diverse Hinweise. Oftmals sind die Bilder erstaunlich lebendig: Sie beobachten ein Ereignis, das unter Umständen überhaupt nichts mit Ihnen zu tun hat; oder Sie erhalten Informationen über Ihre eigene Zukunft; oder Sie wachen auf und wissen Einzelheiten von Ereignissen, die noch nicht eingetreten sind. Diese Informationen mögen sich auf genaue Zeitpunkte beziehen, Daten, Orte oder die Richtung, die Ihr Leben nehmen wird. Präkognitive Träume sind mehr als nur eine Landkarte; sie können ein Vorläufer von segensreichen Ereignissen sein oder Erklärungen über die Bedeutung schwieriger Umstände liefern. Obwohl Ihnen vielleicht eine Vorschau auf eine total unbekannte Situation gegeben wird, die Ihnen fremde Personen einbezieht, werden Sie eher präkognitive Träume über sich selbst und Ihre Lieben haben. Dies gilt besonders für Mütter und Kinder.

Im Herbst 1989 wurde ich Zeuge einer solchen übersinnlichen Verbindung zwischen einer Mutter, ihrem Sohn und einem Delphin namens Bee. Ich hatte damals große Nackenschmerzen wegen eines verschobenen Wirbels. Mein Freund Stephan Schwartz von Mobius erzählte mir von einem Versuchsprogramm in Florida, das sich als sehr erfolgreich erwiesen hatte. Patienten mit den verschiedensten Krankheiten schwammen mit Delphinen in einem offenen Seepark. Als Resultat dieser Kontakte verbesserten sich ihre Symptome. Da mir traditionelle medizinische Behandlungsmethoden nichts gebracht und mich Delphine schon immer fasziniert hatten, griff ich die Gelegenheit beim Schopf. Ende Oktober flog ich nach Florida, um an einem einwöchigen Seminar am Delphin Research Center (DRC) teilzunehmen.

Während meines Aufenthaltes traf ich Leute, die an einigen der anderen dort durchgeführten Programme teilnahmen. Unter ihnen befand sich Cathy, eine Zahnarzthelferin aus Enid, Oklahoma, und ihr dreijähriger Sohn Deane-Paul, der mit Down's Syndrom, einer Form geistiger Unterentwicklung, geboren worden war. Dennoch war er aktiv und stark. Er rannte ständig mit unerschöpflicher Energie herum und strahlte eine wundervolle Lebenskraft aus. Cathy hatte von der Arbeit des Psychologen David Nathanson gehört, bei der Delphine behinderten und emotional gestörten Kindern dabei halfen, sprechen zu lernen.

Als Cathy, Deane-Paul und ich eines Mittags zusammen beim Essen saßen, erzählte sie mir von einem Traum, den sie einen Monat vor Beginn ihrer Schwangerschaft gehabt hatte. In diesem Traum befand sie sich an einem Strand in der Karibik. Plötzlich sah sie eine Gruppe von neun geschmeidigen, blaugrauen Delphinen, die zwischen einem Paar riesiger Monolithen direkt auf sie zuschwammen. Als sie nähergekommen waren, bot eines der erwachsenen Weibchen Cathy ihr Junges an und sagte: »Bitte kümmere Dich um es für mich.« Während Cathy den kleinen Delphin in ihren Armen hielt, beobachtete sie, wie die Gruppe zurück in das leuchtende türkisfarbene Wasser tauchte und verschwand.

Der Traum hatte sie verwirrt. Sie war seit ihrer frühen Kindheit erst einmal am Meer gewesen, und obwohl sie seit jeher die Schönheit der Delphine bewunderte, hatte sie nie irgendwas mit ihnen direkt zu tun gehabt. Trotz der Lebendigkeit und deutlichen Botschaft des Traumes, erschien ihr die Bitte des Delphins so ungewöhnlich, daß sie sie nicht weiter ernst nahm. Sie war bereits Mutter von zwei kleinen Mädchen und wollte eigentlich keine weiteren Kinder mehr.

Einen Monat später wurde sie trotz Verhütung mit Deane-Paul schwanger. Von Anfang an wurde er mit Liebe in ihrer Familie aufgenommen. Trotz Cathys Versuchen, ihn zum Sprechen zu bringen, äußerte er jedoch in seinen ersten drei Lebensjahren kein einziges Wort. Eines Tages ging Cathy mit ihren Kindern in den Zoo. Als sie am Delphin-Pool ankamen, strahlte Deane-Paul sofort übers ganze Gesicht: Bei ihrem Anblick wurde er lebhafter, als Cathy ihn je gesehen hatte, so als hätten die Delphine ihn aufgeweckt. Kurz danach hörte sie von dem Delphinprogramm in Florida. Inspiriert von ihrem Traum, entschied sie sich, ihren Sohn für ein Seminar anzumelden.

Während der Zeit, die ich mit den Delphinen verbrachte, stellte ich fest, daß Ihre Nähe, das Berühren ihrer babyweichen Haut und ihre außerirdisch anmutenden Laute irgendwie einen therapeutischen Effekt hatten. Sie strahlten eine Freude und Güte aus, die großzügig von ihrem Körper in meinen floß. Die Schmerzen in meinem Nacken wurden sofort erträglicher; gegen Ende der Woche mußte ich nicht länger meine Nackenstütze tragen.

Zwischen meinen eigenen Schwimmstunden mit den Delphinen sah ich oft Deane-Paul, einen kleinen, blonden Jungen mit einer riesigen orangen Schwimmweste, wie er freudestrahlend mit einem Delphin namens Bee im Pool herumtollte und von ihr lernte. Er betrachtete sie als Freundin, als unermüdliche Begleiterin, die Tafeln in ihrem Mund trug, auf denen große Wörter gedruckt waren. David Nathanson, ein ungeheuer liebevoller Teddybär von einem Mann mit einem herrlichen Sinn für Humor sprach die Worte laut aus, und Deane-Paul wiederholte sie, während sein Vokabular täglich wuchs. Während ich ihnen zusah, erkannte ich, daß der Junge nicht nur lernte, verbal zu kommunizieren – auch sein Geist erwachte zum Leben.

Deane-Paul und seine Mutter wohnten in einem Apartment in der Nähe des Delphin-Zentrums. Eines Nachts wachte er auf, und es gelang Cathy nicht, ihn zu beruhigen; sie hatte ihn noch nie so verzweifelt gesehen. Er weinte bitterlich und schluchzte: »Oh meine liebe Bee, oh meine liebe Bee« und versuchte, aus dem Haus zu laufen. Schließlich setzte er sich zusammengerollt neben die Haustür und rief bis zum Morgengrauen ihren Namen. Am nächsten Tag bekamen sie die Nachricht: Bee war in der Nacht gestorben.

Die Liebe zwischen Deane-Paul und Bee hatte es ihm ermöglicht, ihren Tod medial in einem Traum mitzuerleben. Zuerst verfiel er in einen Zustand der Depression und trauerte. Doch seine Lernarbeit war mit dem Tode Bees nicht vorbei. Die Beziehungen, die er mit anderen Delphinen entwickelt hatte, halfen ihm, diese schwierige Zeit zu überstehen, wenn sein Verhältnis zu ihnen auch nie so innig war wie mit Bee. Und die Tatsache, daß Bee oft in seinen Träumen zu ihm kam und wo sie dann zusammen durch den Himmel flogen, erleichterte ihm den Übergang. Deane-Pauls intensive Verbindung zu Bee hatte seine Metamorphose von einem stummen, zurückgezogenen Kind zu einem lebhaften kleinen Jungen begonnen, der kurz danach in den Kindergarten gehen konnte und dessen Sprachschatz sich täglich vergrößerte.

Auch Cathys Leben hat sich verändert. Sie hat gelernt, daß Vorahnung ein wertvoller Instinkt ist, auf den man sich verlassen kann. Er bereitete sie auf die Geburt ihres Sohnes vor und machte ihr die Richtung seiner Heilung deutlich. In ihrem Traum übernahm sie die Verantwortung für ein Kind; in ihrem Leben half sie ihm, sich zu entfalten. Cathys Wunsch ist es, ein Programm ähnlich dem in Florida ins Leben zu rufen, das lernbehinderten Kindern bei ihrer Entwicklung helfen soll.

Träume können Sie auf einen bestimmten Weg bringen und Ihnen wie ein Licht in dunklen Zeiten dienen. Doch einen Blick in die Zukunft werfen zu können bedeutet nicht, daß Sie nur einfach dasitzen und denken sollen »Okay, da es sowieso passiert, muß ich nichts tun«; Sie müssen in jedem Fall aktiv tätig werden. Ihre Träume sind keine Entschuldigung dafür, faul und nachlässig werden zu dürfen. Vielmehr bieten Sie Ihnen generelle Richtlinien an, denen Sie folgen können.

Obwohl sich manche präkognitiven Träume unabhängig von Ihren Aktionen realisieren, zeigen die meisten lediglich Möglichkeiten auf. Die letztendliche Verantwortung für Ihre Zukunft liegt in Ihren Händen. Als ich im Alter von 20 Jahren durch einen Traum darauf hingewiesen wurde, Psychiaterin zu werden, mußte ich dafür sorgen, einen Studienplatz auf der Universität und eine Anstellung als Assistenzärztin im Krankenhaus zu bekommen. Wenn ich nicht meinen Teil dazu beigetragen hätte, wäre die Vision meines Traumes mangels Kraft nie möglich gewesen, sich zu realisieren. Wie immer, spielen Sie selbst die wichtigste Rolle bei den Ereignissen Ihres Lebens; jede Entscheidung kann ein anderes Resultat bringen. Träume, die Ihre Zukunft berühren, tun nicht die Arbeit für Sie. Letztendlich befinden Sie sich in einer Partnerschaft mit Ihren Träumen und müssen die notwendigen Schritte vornehmen, um sie zu verwirklichen.

Obwohl es gewisse Botschaften gibt, die mehr als Metapher zu verstehen sind, können Träume uns auch eindeutig vor Gefahren warnen, und es wäre klug von uns, sie wörtlich zu nehmen. Solche Träume erscheinen plötzlich und unerwartet, sind oft sehr spezifisch und haben meist nichts mit unseren momentanen Gefühlen oder Erwartungen zu tun. Wenn wir Ihren Anweisungen folgen, erhalten wir damit einen gewissen Vorsprung und zusätzlichen Schutz. Indem wir Gefahr spüren, sehen wir oft eine Möglichkeit, sie zu vermeiden.

Wie im Falle meines Freundes Dennis, der eines Morgens zu einem geschäftlichen Termin nach New York fliegen wollte. Er hatte nie Angst vorm Fliegen gehabt, daher war er äußerst alarmiert, als er träumte, sein Flugzeug würde abstürzen. Auf dem Flughafen verstärkte sich seine Angst mit jeder Minute; und als die Passagiere aufgerufen wurden, an Bord zu gehen, hatte er eine solche Angst, daß er das Flugzeug nicht besteigen konnte. Die Maschine flog ohne ihn ab und hatte später mechanische Probleme. Gottseidank stürzte sie nicht ab, doch mußte der Pilot eine Notlandung im Mittleren Westen vornehmen, bei der einige Passagiere verletzt wurden.

Manchmal kann es jedoch passieren, daß ein Traum Sie auf eine Gefahr aufmerksam macht, der Sie dennoch nicht entgehen können. Einige Male habe ich geträumt, daß ein Erdbeben Los Angeles heimsuchen würde, unmittelbar bevor es dann geschah. Ich konnte deutlich das Beben spüren, hörte das Klappern der Glastüren zu meiner Terrasse, so als würden sie jeden Moment zerspringen, und fühlte, wie ich das Gleichgewicht verlor. Ich stelle sofort fest, daß es sich um ein Erdbeben handelt, doch bleibe ich ruhig, unbeteiligt, so als *beobachtete* ich ein Ereignis, anstatt aktiv daran teilzunehmen – ein Hinweis darauf, daß es sich um einen übersinnlichen Traum handelt und nicht darum, daß ich wegen eines ungeklärten Aspektes meines Lebens ins Schwanken geraten bin. Das Problem besteht darin, daß meine Erdbebenträume ein bis zehn Tage vor dem tatsächlichen Ereignis auftreten. Auch kann ich nicht immer sagen, wie stark es ausfällt. Obwohl ich also weiß, daß es ein Erdbeben geben wird, kann ich – außer die Stadt sofort zu verlassen – nicht viel tun, höchstens dafür sorgen, daß genügend Lebensmittel und Wasser im Haus sind.

In ähnlicher Weise hatte eine befreundete Psychotherapeutin einen Traum, in dem auf Ronald Reagan, damals noch Präsident, geschossen wurde. Sie sah die ganze Szene vor sich: das Gesicht des Täters; der Ort, an dem das Attentat passierte; und die Tatsache, daß Reagan es überlebte. »Der Traum war so echt«, erzählte sie mir später, »als wäre ich wirklich dabeigewesen.« Kurz danach wurde tatsächlich auf Reagan geschossen, doch meine Freundin war nicht in der Lage gewesen, es zu verhindern.

Sie spielen weder unbedingt in jedem präkognitiven Traum eine aktive Rolle, noch haben sie immer etwas mit Ihnen selbst zu tun. Während Sie Ihre übersinnliche Wahrnehmungsfähigkeit weiter entwickeln, kommen gewisse Informationen automatisch durch. Sie sind einfach ein Empfänger, der sowohl auf einem kollektiven als auch persönlichen Level Informationen empfangen kann. Solche präkognitiven Träume stellen eine schnelle Nachrichtenübertragung dar und warnen Sie vor einem zukünftigen Ereignis. Es besteht kein Anlaß, sich schuldig oder verantwortlich zu fühlen, wenn Sie es nicht verhindern können. Es mag nicht in Ihrer Macht liegen, Ihrer Information entsprechend zu handeln, obwohl sie Ihnen in bestimmten Situationen helfen kann, sich besser vorzubereiten. In jedem Fall empfinde ich alle präkognitiven Träume als Segen und als Beweis für die Tiefe der Verbindung, die wir mit uns selbst und der Welt um uns herum haben können.

In der Arbeit mit meinen Patienten bin ich oft durch diese Träume geleitet worden. Kurz nachdem ich 1984 meine Arbeit bei Mobius begonnen hatte, hatte ich einen präkognitiven Traum bezüglich eines zukünftigen Patienten. Es handelte sich dabei um einen Mann namens Al, den ich ein paar Tage vorher bei einer Weihnachtsfeier kennengelernt hatte. In diesem Traum teilte mir eine Stimme – die gleiche geschlechtslose, ruhige Stimme, die in vielen meiner übersinnlichen Träume zu hören war – mit: »Al wird Dich wegen eines Termins anrufen.« Das überraschte mich, denn wir hatten an dem Abend nur kurz miteinander geredet; ich hatte keine Ahnung, daß er überhaupt nach einem Therapeuten suchte. Ich war sowohl überrascht als erfreut, als Al mich nach ein paar Tagen tatsächlich anrief.

Im Laufe der Jahre hatte ich ähnliche Träume in bezug auf andere Patienten, von denen ich viele nie vorher getroffen oder auch nur von ihnen gehört hatte. Das Format und die Botschaft dieser Träume sind immer gleich, nur die Namen ändern sich, und ich freue mich jedes Mal, wenn ich einen solchen Traum habe. Ohne Ausnahme haben diese Beziehungen eine Qualität der Unvermeidlichkeit und sind immer besonders erfolgreich. Zwischen uns besteht von Anfang an eine besondere Anziehung, eine Übereinstimmung und ein Vertrauen, das den Erfolg der Therapie praktisch garantiert. Diese Träume sind für mich ein Zeichen, daß ich mit jemandem arbeiten soll, ob es sich dabei nun um ein paar Wochen oder Jahre handelt. Wie lange die Therapie auch dauern wird, das Resultat ist immer positiv und heilend für uns beide. Wenn mein Terminkalender auch noch so voll ist, ich mache immer Raum für Patienten, von denen ich auf solch intuitive Weise erfahren habe.

Meistens habe ich präkognitive Träume über die Patienten, denen ich mich besonders nahe fühle oder die ich schon lange kenne. Da mir ihr Rhythmus vertraut ist, kann ich spüren, wenn irgendwas nicht stimmt und von ihnen träumen, wenn sie in Not sind. Auf einem Meditations-Seminar in den Smoky Mountains ging ich eines Nachmittags in mein Zimmer, um mich ein wenig auszuruhen. Todmüde von unserem anstrengenden Programm schlief ich bald ein und träumte von einer Patientin – einer ehemaligen Alkoholikerin, mit der ich seit zwei Jahren arbeitete – wie sie zusammengerollt in einem Sessel saß und weinte. Als unbeteiligter Beobachter sah ich, wie sie immer mehr in Verzweiflung geriet, und dieses Bild blieb unverändert stark, auch nachdem ich aufgewacht war. Obwohl ein anderer Psychiater mich während meiner Abwesenheit bei meinen Patienten vertrat, konnte ich nicht umhin, diese Frau anzurufen. Etwas Wichtiges lag in der Luft, das keinen Aufschub duldete – ich mußte etwas unternehmen. Und ich bin froh, daß ich es tat. Es stellte sich heraus, daß ihr Liebhaber gerade aus dem Haus gestürmt war, nachdem sie eine böse Auseinandersetzung gehabt hatten. Verzweifelt war sie drauf und dran, fünf Jahre hart erarbeiteter Nüchternheit aufs Spiel zu setzen und einen Drink zu nehmen. Doch Gottseidank war sie fähig, statt dessen mit mir über ihre Gefühle zu reden. Als Resultat meines Traumes war es mir möglich, zu einem kritischen Zeitpunkt einzugreifen und meine Patientin vor einer großen Dummheit zu bewahren.

Präkognitive Träume können die Intimität aller Beziehungen widerspiegeln und vertiefen, inklusive der therapeutischen. Meine Arbeit mit Patienten beschränkt sich nicht auf die ein oder zwei Stunden wöchentlich, die ich mit ihnen in der Praxis verbringe. Eine wertvolle innere Verbindung entsteht; ein Kanal öffnet sich zwischen uns und eine übersinnliche Verbundenheit stellt sich ein.

Es ist noch nicht lange her, da hatte ich einen Traum, in dem ein körperlich besonders gesunder Patient von mir mich zur Seite nimmt und mir mitteilt: »Ich habe Krebs.« Als wäre das nichts Ungewöhnliches, entgegnete ich höflich: »Danke für die Mitteilung.« Meine emotionale Neutralität, die so typisch ist für übersinnliche Träume, verschwand jedoch in dem Moment, als ich aufwachte. Ich war geschockt über diese Nachricht und wolle sie nicht glauben. Schließlich war dieser Mann Nichtraucher, er joggte jeden Tag 20 Kilometer, hielt sich an eine fettarme Diät und hatte ein Übermaß an Energie. In der Hoffnung, daß ich mich irrte, schrieb ich den Traum auf und wartete ab. Zu meiner Bestürzung sagte er mir bei unserem nächsten Termin, daß bei einer Routine-Untersuchung ein verdächtiger Fleck auf dem Röntgenbild seiner Lungen zu sehen gewesen war und es sich herausgestellt hatte, daß er bösartig war.

Die starke Bindung zwischen uns hatte es mir erlaubt, vorzeitig von seinem Krebs zu erfahren. Es ist interessant, daß dieser Mann zum Zeitpunkt meines Traumes noch nicht wußte, daß er Lungenkrebs hatte, doch er derjenige war, der mich darüber informierte. Ich glaube, daß ein Teil von ihm tatsächlich wußte, was los war, und darüber reden wollte. Unsere übersinnliche Verbindung ermöglichte es ihm, mich zu informieren. Dieser Traum handelte nicht von dem Wunsch, die Krankheit rückgängig zu machen, sondern war vielmehr ein Tribut an das Vertrauen, das wir aufgebaut hatten.

Wenn Sie jemanden mögen, ist es nur natürlich, daß Sie präkognitive Träume über ihn haben. Übersinnliche Beziehungen implizieren, daß Sie in persönliche Dinge eingeweiht werden, von denen manche sehr schmerzhaft sind. Dies ist sowohl eine Ehre als auch eine Verantwortung. Als Therapeut möchte ich die ganze Geschichte wissen. Es hilft mir, wachsam zu bleiben gegenüber den Erlebnissen meiner Patienten, so daß ich in jeder Beziehung für sie da sein kann, wenn sie mich brauchen.

Sie müssen kein Swami sein mit einem Turban auf dem Kopf, um Zukunftsträume zu haben. Jeder kann das tun. Aber zuerst müssen Sie unter Umständen einige der Vorstellungen, die Sie über die Welt haben, neu definieren. Zum Beispiel ist *Zeit* vom übersinnlichen Standpunkt aus betrachtet relativ. In präkognitiven Träumen genauso wie in anderen intuitiven Zuständen fließen Vergangenheit, Gegenwart und Zukunft in einem Kontinuum zusammen. Die Zeit ist nicht in verschiedene, ordentliche Segmente aufgeteilt, wie sie es aus der Perspektive unseres Wachbewußtseins zu sein scheint. Ein Kommentar Albert Einsteins über die Zeit hat einen tiefen Eindruck bei mir hinterlassen: »Für uns gläubige Wissenschaftler ist die Unterscheidung zwischen Vergangenheit, Gegenwart und Zukunft nur eine Illusion, wenn auch eine hartnäckige.« Wenn ich mich medial fokussiere oder einen präkognitiven Traum habe, ist das so, als ob ich mich in eine kollektive Datenbank einschalte, in der alle Information unabhängig von ihrem Zeitrahmen aufbewahrt ist. Als ich mich erst einmal daran gewöhnt hatte, erschien mir der Blick in die Zukunft nicht mehr so ungewöhnlich.

Außerdem bieten uns präkognitive Träume die Möglichkeit, in größerer Harmonie mit unserem eigenen Leben zu sein. Es ist, als ob die Lautstärke einer exquisiten Symphonie aufgedreht wurde, die gerade unterhalb unserer bewußten Aufmerksamkeit ertönt, und für einen Moment können wir zu schätzen beginnen, was Walt Whitman meint, wenn er in seinem Gedicht *Song of Myself* folgende Worte sagt: »Ich und das Mysterium, hier stehen wir ... Weit weg von allem Ziehen und Zerren steht das, was ich bin.« Präkognitive Träume enthüllen Elemente unserer Zukunft und singen unsere eigenen Lieder zurück zu uns. Indem wir ihnen lauschen, können wir wieder damit beginnen, in unserem wahren Rhythmus zu tanzen und entsprechend dem Heiligen in uns in unserem Leben voran zu gehen.

Heilungsträume

Ich hasse es, krank zu sein, obwohl ich einer der glücklichen Menschen bin, die nur selten zum Arzt gehen müssen. Doch mehr als 6 Monate lang hatte ich eine immer wiederkehrende, starke Sinus-Infektion gehabt. Jeder Besuch beim Hals-, Nasen-, Ohrenspezialisten endete damit, daß meine Nebenhöhlen abgesaugt wurden und ich zehn Tage lang Antibiotika nehmen mußte, wonach es mir ein paar Wochen lang besser ging, bevor meine Symptome zurückkehrten. Da ich nicht langfristig auf die Therapie ansprach, schlug mein Arzt eine Serie komplizierter Röntgenaufnahmen meiner Nase vor und zusätzlich einen Cat-Scan, um zu sehen, ob irgendwo eine Blockade bestand, die operativ entfernt werden mußte. Da ich mir die Kosten und das Trauma solcher Tests ersparen wollte, schob ich sie immer wieder auf; doch irgendwann hatte ich die Krankheit so leid, daß ich mich schließlich einverstanden erklärte.

In der Nacht vor den geplanten Röntgenaufnahmen hatte ich einen Traum:

Ich liege im Behandlungszimmer eines Arztes auf einem flachen Holztisch, der nur mit einem weißen

Leintuch bedeckt ist. Ich fühle mich vollkommen ruhig, beinahe euphorisch. Es fällt mir nie ein zu fragen, wo ich bin oder was geschieht. An mehreren Stellen meines Kopfes und der Nebenhöhlen befinden sich ein paar dünne, silberne Nadeln in meiner Haut, ungefähr zwei Millimeter tief. Im Nebenzimmer kann ich meine Mutter sehen. Sie lächelt und sieht jung und gesund aus. Mit der Hand gibt sie mir ein Zeichen der Zustimmung. Erleichtert über ihre Anwesenheit weiß ich, daß ich mich am richtigen Ort befinde. Ein Akupunkteur steht neben mir und versichert mir, daß diese Behandlungen dafür sorgen würden, daß ich mich besser fühle.

Dieser Traum zeigte mir deutlich, was ich tun sollte. Obwohl ich bereits an Akupunktur gedacht und gespürt hatte, daß sie mir helfen könnte, hatte ich immer so viel zu tun, daß es mir zu umständlich erschienen war, mich auf Akupunktur-Behandlungen einzulassen. In der Hoffnung, daß Antibiotika eine schnelle Besserung bringen würden, wartete ich ab. Dabei hatte ich von einem wunderbaren Akupunkteur gehört, von dem eine Freundin seit Jahren schwärmte. Durch den Hinweis meines Traumes und besonders dadurch, daß meine Mutter ihr Okay gegeben hatte, sagte ich die medizinischen Tests ab und vereinbarte einen Termin mit dem Akupunkteur. Während der nächsten 3 Monate ließ ich mich zweimal wöchentlich von ihm akupunktieren, und meine Sinus-Infektion verschwand. Diese einfache Methode ersparte mir einen eventuellen operativen Eingriff, sparte mir darüberhinaus Geld und Zeit und eliminierte eine Menge unnötiger Unannehmlichkeiten.

Dieser Traum hatte meine Heilung ermöglicht. Hervorgerufen durch meine extreme Abneigung gegenüber den Tests, hatte er mir einen Ausweg gezeigt. Ich war dankbar für seine eindeutige Aussage, die meinem Verstand wenig Raum für Interpretationen ließ. Zudem überzeugte mich auch das Gefühl vollkommener Entspannung, das an Ekstase grenzte, so als wäre ich in einen warmen Kokon eingesponnen. Es war dasselbe Gefühl wie in jenen himmlischen Momenten, wenn jemand mit besonders begnadeten Händen energetisch an mir arbeitete. Diese Empfindungen von Wohlgefühl sind leicht erkennbare Zeichen für eine Heilung, auf die wir achten sollten. Ich bin davon überzeugt, daß meine Heilung in diesem Traum begann; der Akupunkteur, den ich dann aufsuchte, machte dann einfach weiter.

Es gibt einen Heil-Instinkt in uns, der sich in Träumen manifestieren kann. Obwohl dies auch auf einer emotionalen Stufe geschehen kann, möchte ich mich hier auf den physischen Aspekt konzentrieren, den ich bisher etwas außer Acht gelassen habe. Wenn Sie schlafen, öffnen Sie sich heilenden Kräften. Ich will damit nicht sagen, daß Sie zwei verschiedene Arten von Kraft in sich haben – eine für Ihr Wachbewußtsein und eine für Ihren Schlaf. Doch sind in Träumen Ihre Widerstände und Hemmungen aufgehoben; es können Dinge geschehen, die Sie sich normalerweise nicht zu erfahren gestatten.

Ob Sie nun glauben, daß Heilungsträume direkt aus der göttlichen Quelle kommen, oder ob Sie sie als Ausdruck Ihres Höheren Selbst betrachten (für mich gibt es da keinen Unterschied), gehen Sie einfach davon aus, daß im Falle einer Krankheit Ihre Träume Sie durch den ganzen Prozeß begleiten können – von der ursprünglichen Diagnose an und während der gesamten Behandlungsdauer. Ihre Träume mögen Ihnen sogar Hinweise auf ein bestimmtes Heilverfahren geben. Auf die gleiche Art, wie Sie aktiv Führung in anderen Träumen erbitten können, können Sie auch um Hilfe bei Ihrer Heilung bitten. Oder, wie in meinem Fall, wird Sie Ihnen einfach angeboten.

Träume geben Ihnen Instruktionen, wie Sie gesund werden können, und sind zuweilen äußerst beruhigend.

Das gilt besonders dann, wenn Sie eine lebensbedrohende Krankheit haben und viele Fragen und Unsicherheiten auftauchen. Die Perioden zwischen den Untersuchungen sind oft die schwierigsten. Ängste tauchen auf, die Sie überwältigen können, wenn Sie sie zulassen. Heilungsträume zeichnen den Fortgang Ihrer Genesung auf, in dem sie Ihnen übersinnliche Informationen zukommen lassen, die sich so authentisch anfühlen, daß sie solche Ängste im Keim ersticken.

Bei Robert war zwei Jahre vor dem Beginn seiner Therapie mit mir Darmkrebs diagnostiziert worden. Man hatte ihm einen Teil des Mastdarms entfernt, doch keine Darmspiegelung vorgenommen. Seine Ärztin, eine empfindsame Frau, die auf ihrem Gebiet große Anerkennung besaß, versicherte Robert, daß der Krebs vollständig entfernt worden war. Obwohl seine Prognose exzellent war, machte er sich noch immer Sorgen. Er verabscheute Krankenhäuser und wollte nie mehr eins von innen sehen. Er hatte schreckliche Angst vor der Reihe von Röntgenaufnahmen und Cat-Scans, die im Zuge der Nachbehandlung notwendig waren. Jedes Mal war es dasselbe: die Woche vor einer neuen Nachuntersuchung war am schlimmsten. Und heute, nur ein paar Tage vor einem Termin bei seiner Onkologin, war er angsterfüllt in meine Praxis gekommen. Nichts, was ich versucht hatte – Meditation, geführte Imagination oder Hypnose – schien zu wirken. Ich fühlte mich machtlos und wußte nicht, wie ich ihm helfen sollte.

Ein paar Nächte vor unserem Termin hatte Robert jedoch einen Traum gehabt, in dem er im Uni-Krankenhaus operiert wurde, wo auch der erste Eingriff durchgeführt worden war. Total wach und furchtlos beobachtete er, wie die Chirurgin einen schmerzfreien Einschnitt mit einem Skalpell durch seinen Unterleib machte. Dann nahm sie seinen gesamten Darm heraus und zeigte ihm, daß er gesund und frei von Tumoren war. Dann gab sie ihm den Darm, damit er ihn halten und seine leuchtende, vibrierende, rosafarbene Beschaffenheit bewundern konnte. Dies war ein außergewöhnliches Erlebnis, das ihn im Wachzustand sicher schokkiert hätte, doch in seinem Traum vollkommen normal schien.

»Glauben Sie, daß ich wirklich gesund bin?« fragte er seine Ärztin im Traum.

»Sehen Sie selbst«, antwortete sie. »Der Krebs ist verschwunden.«

Robert, ein freundlicher Computerfachmann bei Caltech, hatte nie in seinem Leben einen solchen Traum gehabt und glaubte nicht an das Übersinnliche. Da ich seine Ansichten respektierte, drang ich nie weiter auf ihn ein. Doch Intuition empfand er als etwas anderes, dazu konnte er sich in Beziehung setzen: weibliche Intuition war etwas Normales; er und andere Leute, die er kannte, hatten manchmal Ahnungen gehabt und oft entsprechend gehandelt. Doch das Übersinnliche? Soweit es nach Robert ging, kam das nicht in Frage: es war einfach zu ungewöhnlich. Da er einen scharfen, analytischen Verstand besaß, hätte er den Traum leicht abtun können, da er keinerlei rationale Grundlage hatte. Doch als er aufwachte, spürte er noch so stark die Lebendigkeit seines Traumes, daß er hätte schwören können, es sei tatsächlich passiert. Noch konnte er sein Gefühl der Erleichterung übersehen.

Von Natur aus verklemmt, hatte Robert beinahe eine Phobie in bezug auf das Wiederkehren seiner Krankheit entwickelt. Sein Traum veränderte das und schenkte ihm den Glauben daran, daß er den Krebs endgültig besiegt hatte. Als er mir erzählte, was er gesehen hatte, wußte ich, daß es sich dabei nicht nur um Wunschdenken handelte. Es gibt Situationen, da wollen Sie etwas so unbedingt, daß in Ihren Träumen diese Wünsche erfüllt werden. Es handelt sich dabei lediglich um Phantasien, die von Ihrem Unterbewußtsein arrangiert werden; solche Träume sind weder übersinnlicher Natur noch basieren sie auf Tatsachen. Roberts Traum jedoch war anders. Die Klarheit, mit der er die Operation beschrieb, die Richtigkeit jedes Details, sein ausgeprägtes Gefühl vollkommener Gesundheit und die Authentizität, die sein Erlebnis für ihn gehabt hatte, hörten sich für mich echt an.

Bei seiner nächsten Untersuchung hatten sich alle Werte als normal erwiesen, und man bestätigte ihm seine vollkommene Genesung. Zum ersten Mal seit seiner Krebs-Diagnose hörte er auf, sich Sorgen zu machen. Sein Traum beruhigte ihn viel mehr, als jede Form der therapeutischen Intervention, die ich hatte machen können. Robert hatte zwar immer noch Probleme in seinem Leben, doch war er nicht länger von der Idee besessen, der Krebs könne zurückkehren, und unsere Arbeit erreichte eine neue Dimension. Während der letzten 4 Jahre ist Robert krebsfrei geblieben.

Es ist leicht, sich von Träumen trösten zu lassen, die gute Neuigkeiten bringen. Doch was ist mit denen, die Ihnen Dinge zeigen, die Sie nicht sehen wollen? Sie mögen versucht sein, verstörende Informationen runterzuspielen, sie beiseitezuschieben und zu sagen: »Kein Grund zur Sorge, es ist nur ein Traum.« Obwohl einige Vorahnungen schwer zu akzeptieren sind, handelt es sich bei ihnen in Wirklichkeit um besondere Geschenke. Wenn Sie eine Krankheit in ihrem frühen Stadium erkennen oder sich rechtzeitig genug behandeln lassen, um eine Ausbreitung oder sonstige Schwierigkeiten zu verhindern, können Sie sich viel unnötiges Leid ersparen. Diese Heilungsträume können unter Umständen sogar Ihr Leben retten.

Ein lieber Kollege von mir berichtete mir von einem Traum, den ihm ein pensionierter Offizier erzählt hatte. In diesem Traum wird dem Mann von einem Makler ein Haus gezeigt. Die obere Etage ist strahlend sauber und wunderschön eingerichtet, doch das Erdgeschoß ist ein Chaos, und der Gestank von Urin zieht sich durch alle

Räume. Bedauernd sagt ihm der Makler: »Leider kann ich Ihnen das Haus nicht verkaufen. Es wird abgerissen werden müssen, es sei denn, das Erdgeschoß wird in Ordnung gebracht.« Enttäuscht stimmt der Mann zu.

Der Offizier hatte genug Vertrauen in seinen Therapeuten, einen Traumspezialisten, ihm diesen Traum zu erzählen. Zusammen erkannten sie, daß es sich hierbei um eine Warnung handeln könnte – der Mann hatte vielleicht ein Problem in seinem Urintrakt. Beide kamen sie zu diesem Ergebnis aufgrund des Gefühls von Vorahnung und der Bildersprache: das überwältigende Durcheinander im Erdgeschoß des Hauses, das den unteren Teil seines Körpers darstellte, verbunden mit dem deutlichen Geruch von Urin. Der Offizier entschied sich, einen Arzt aufzusuchen und sich untersuchen zu lassen. Der glaubte nicht, daß es Grund zur Besorgnis gab, untersuchte den Mann aber dennoch und fand zu seiner Überraschung winzige Blutspuren im Urin, die – wie sich später im Labor herausstellte – auf einen Blasentumor zurückzuführen waren, der operativ entfernt werden mußte.

Ein paar Wochen nach dem Eingriff hatte der Offizier einen zweiten Traum, in dem er in das gleiche Haus zurückkehrte. Dieses Mal sind beide Etagen sauber und strömen einen angenehmen Duft aus. Der Makler stellt mit Freuden die Verbesserung fest und sagt: »Jetzt ist das Haus fertig und kann wieder auf den Markt!« Der Mann empfand diesen Traum als Botschaft, daß seine Blase wieder in Ordnung war; kurz danach erhielt er die Bestätigung, daß der Krebs verschwunden war, und er hatte keine Probleme mehr damit.

Leider mögen Sie oft solche Heilungsträume übersehen, weil sie metaphorisch sind und einer genauen Interpretation bedürfen. In der konventionellen analytischen Terminologie könnten sie diese Träume Ihrem Versuch zuschreiben, unbewußte Konflikte zu bewältigen, anstatt sie als Aufruf zu verstehen, sich um Ihre physische Gesundheit zu kümmern. Das kann durchaus so sein; Träume sind vielschichtiger Natur. Doch von einer übersinnlichen Perspektive aus erzählt Ihnen eine Analyse nicht unbedingt die ganze Geschichte. Vielleicht haben Sie z.B. einen Traum, in dem Ihr Finger verletzt ist. Und es mag ja tatsächlich so einfach sein, ohne eine versteckte psychologische Bedeutung. Ihr Finger wird Ihrer Aufmerksamkeit bedürfen. Der Traum könnte eine eindeutige Botschaft sein und keine Metapher, die näher interpretiert werden muß. Daher ist es wichtig, unter dem Gesichtspunkt der Vielschichtigkeit Träume genau anzuschauen.

Im Griechenland der Antike wurden Heilungsträume hoch bewertet. Wenn jemand erkrankte, kam er in den Tempel des Aeskulap und wurde zu anderen Patienten in einen Schlafsaal gebracht, bis er einen Traum hatte. Das war dann das Zeichen dafür, daß er bereit war. Anschließend wurde er den Heilern vorgeführt, die als »therapeuti« bekannt waren, und die Behandlung für seine Krankheit wurde aufgrund seines Traumes festgelegt.

Für die Indianer Nordamerikas ist der Traumzustand realer als die physische Welt und enthält Hinweise auf die Lösung von Problemen. Wenn Stammesmitglieder krank werden, fragen sie den Medizinmann oder Schamanen um Hilfe. Als spiritueller Heiler und Träumer des Stammes ist er in der Lage, zwischen der sichtbaren und der unsichtbaren Welt hin- und herzureisen. Durch den Gebrauch medizinischer Pflanzen, Gebete, Trommeln, Rituale und Träume wird der Schamane zu einem transparenten Kanal, durch den Informationen zur Heilung des Kranken übermittelt werden. Diese werden als authentische Instruktionen der Geistwelt betrachtet und genau befolgt.

So wichtig Träume sind, die Ihnen Wege zur Heilung zeigen, gibt es auch solche, die dank ihrer Macht unmittelbare Heilung bringen. Die Veränderungen können zunächst sehr subtil sein: Eine Verspannung in Ihrem Nacken ist verschwunden, Kopfschmerzen sind weg oder eine Depression hat sich aufgelöst. Vielleicht erinnern Sie sich nicht einmal an Ihren Traum, doch fühlen Sie sich am nächsten Tag eindeutig besser. Und dann gibt es noch die seltenen, dramatischen Träume, wie z.B. meine liebe Freundin Linda einen hatte:

Zu Beginn ihres Psychologiestudiums an der Universität von San Diego schrieb sie sich in eine Anfangsklasse für Träume ein. Alle Studenten wurden gebeten, ein paar eigene Träume neueren Datums mitzubringen, damit sie analysiert werden konnten. Linda hatte seit jeher viel geträumt und sich meistens an ihre Träume erinnern können, doch unter dem Druck der Aufgabe konnte sie sich nicht an einen einzigen erinnern und hatte Angst, das Ziel der Klasse nicht zu erreichen.

Ungefähr zur gleichen Zeit bildete sich bei ihr ein Lymphoma – ein gutartiger Tumor – an der Basis ihrer Wirbelsäule. Innerhalb eines Monats hatte es beinahe die Größe einer Billiardkugel erreicht und verursachte ihr beträchtliche Schmerzen. Sie arbeitete als Assistentin bei ihrem eigenen Arzt, und er empfahl ihr, den Tumor umgehend operativ entfernen zu lassen. Doch Linda verschob den Termin immer wieder in der Hoffnung, sowohl den Streß des Eingriffs als auch die toxischen Nebeneffekte einer Vollnarkose zu vermeiden.

Das Lymphoma verschlimmerte sich und bereitete ihr solche Schmerzen, daß sie während des Unterrichts auf einem aufblasbaren Strandstuhl sitzen und ihren Rücken mit Kissen stützen mußte. Doch sie wollte sich noch immer nicht operieren lassen. Eines Abends, als sie dabei war, eine Abschlußarbeit fertigzuschreiben, mußte Linda plötzlich weinen. Sie betete: »Ich kann mich nicht konzentrieren und meine Arbeit tun. Die Schmerzen sind zu stark. Bitte hilf mir.« Erschöpft hörte sie auf zu schreiben und schlief ein.

In dieser Nacht träumte sie, daß sie allein war und flach auf dem Rücken in ihrem Bett lag. Durch ihre geschlossenen Augen sah sie das deutliche Image einer ein Meter langen Injektionsspritze neben sich. Offensichtlich von selbst drang die Spitze der Nadel in die rechte Seite ihres Nackens ein und fuhr dann die ganze Länge ihrer Wirbelsäule hinunter bis zu dem Punkt, an dem sich das Lymphoma befand. Obwohl sie höllische Schmerzen erduldete, konnte sie sich nicht bewegen und hatte keinerlei Kontrolle über ihren Körper. Erst nachdem die Spritze eine blasse, weiße Flüssigkeit aus dem Tumor zu saugen begann, ging es ihr langsam besser. Im absoluten Bewußtsein über das Geschehen schlief Linda bis zum nächsten Morgen durch.

Als sie aufwachte, erinnerte sie sich an alles und lief sofort auf einen bodenlangen Spiegel zu. Während sie sich davorstellte und ihren Rücken aus jedem möglichen Winkel betrachtete, konnte sie kein Zeichen des Tumors mehr finden. Mit ihren Fingerspitzen tastete sie ihre Wirbelsäule auf eventuelle Überreste des angeschwollenen Knotens ab. Er war vollständig verschwunden.

Das passierte zu einer Zeit, als Linda gerade mit dem Meditieren und Studieren der Hindu-Traditionen begonnen hatte. Sie hatte von Berichten dramatischer Heilungen gehört, doch hatte ihr Lehrer sie gewarnt, sich von solchen Dingen nicht ablenken zu lassen. Und obwohl sie erstaunt war über ihr nächtliches Erlebnis, folgte sie seinem Rat. Anstatt ihrem Traum eine größere Bedeutung zukommen zu lassen, als ihm zustand, akzeptierte sie die Heilung dankbar, doch ließ sie es dann dabei bewenden. Sie betrachtete das Ereignis als eine direkte Bestätigung dafür, daß andere Dimensionen angezapft werden konnten, um physische Veränderungen herbeizuführen.

Linda hatte Glück, daß ihre Universität keine starke traditionelle Ausrichtung hatte. Da sie transpersonale

Psychologie studierte, eine Disziplin, die spirituelle Realitäten anerkennt, erklärte ihr ihr Professor, daß sie einen Heilungstraum gehabt hatte. Er überanalysierte ihn nicht und belastete ihn auch nicht mit künstlich herangeholten Interpretationen. Auch schrieb er Linda keine übermenschlichen Qualitäten zu. Doch erkannte er deutlich, wie selten und kostbar solche Träume sind, und bezeichnete ihn als »einen Akt der Gnade«.

Ein paar Tage später suchte Linda wieder ihren Arzt auf und bat ihn, ihren Rücken noch einmal genau zu untersuchen, um sicherzugehen, daß alles in Ordnung war. Da er kein Zeichen des Lymphomas mehr finden konnte, runzelte er seine Augenbraue und schaute Linda verwirrt an. »Ist das nicht interessant«, bemerkte er. »Ich glaube, Sie brauchen sich tatsächlich nicht operieren zu lassen.« Mehr sagte er nicht. So als wäre nichts Außergewöhnliches passiert, schrieb er eine Notiz auf ihre Karteikarte, sagte ihr, sie könne sich wieder anziehen, plauderte noch ein bißchen mit ihr und ließ sie dann gehen.

Instinktiv wußte sie, daß sie ihm besser nichts von ihrem Traum erzählte, da sie befürchtete, er könnte sich bedroht fühlen oder sie ablehnen. Da sie ihre gemeinsame Arbeit nicht gefährden wollte, hielt sie es für klüger, den Traum nicht zu erwähnen. Lindas eigener Glauben an das Spirituelle war noch so neu, daß sie Unterstützung brauchte, aber keine Kritik, bis sie selbstsicherer werden würde. Sie betrachtete diesen Traum als eine Erinnerung an die Existenz eines vitalen und aktiven transzendenten Einflusses. Er bestärkte ihren Glauben daran, daß sie sich auf dem richtigen Weg befand, und signalisierte ihr, daß sie für eine Laufbahn als Therapeutin und Heilerin bereit war.

Wir alle sind in der Lage, Träume zu haben, die uns physisch heilen. Doch bedienen wir uns ihrer? Es gibt viele Menschen, die solchen Träumen gegenüber vollkommen zu sind. Dann gibt es eine andere Gruppe von

Personen – dazu zählen die meisten von uns –, die subtilere Versionen von Heilungsträumen erleben, wenn sie einmal Vertrauen darin gefaßt haben, daß solche physischen Veränderungen durch Träume eintreten können. Vielleicht berührt Sie einfach jemand liebevoll im Traum, und am nächsten Morgen wachen Sie mit einem Wohlgefühl auf, und ihre kleinen Wehwehchen sind verschwunden. Oder Sie schlafen ein und finden sich in der Sonne liegend an einem weißen Sandstrand wieder. Und am nächsten Morgen stellen Sie erfreut fest, daß Ihre Erkältung weg ist. Und dann gibt es Leute wie Linda, deren Erlebnisse uns die Möglichkeit des scheinbar Unmöglichen zeigen. Seien Sie nicht enttäuscht, wenn Sie nie selbst solch eine spontane Heilung erfahren. Linda ist eine besonders begabte, hellsichtige Heilerin; sie hat das Spirituelle zur wichtigsten Aufgabe in ihrem Leben gemacht. Doch gehen Sie auch nicht davon aus, daß diese Form des Heilens durch Träume unmöglich ist, und geben Sie Ihr Potential nicht auf. Gestatten Sie sich selbst, daran zu glauben – selbst wenn in diesem Fall, wie in so vielen anderen, in denen das Übersinnliche involviert ist, alte Ideen nur schwer aussterben. Achten Sie auf Ihre Träume. Geben Sie sich selbst die Chance, von ihnen zu lernen.

Trotz der ungeheuren Fortschritte im Bereich der Medizin gibt es immer noch vieles, was sie nicht erklären kann. Während Schlaf für den physischen Körper wichtig ist, können Träume den Geist verjüngen. Wenn Menschen vom Träumen abgehalten werden, hat man festgestellt, daß sie emotional unstabil, konfus und sogar psychotisch reagieren. Unsere Träume geben uns neue Kraft. Ich persönlich glaube, daß sie mystische Eigenschaften besitzen: Ungehindert von den Beschränkungen Ihres Körpers, sind Sie freier, von leichterer Beschaffenheit, und können sogar fliegen, wenn Sie wollen. Wenn Sie träumen, sind Sie wesentlich empfänglicher und sensitiver als in Ihrem Wachzustand. Sie verschmelzen mit einer wohlwollenden Intelligenz, die Sie berührt und in besonderen Umständen manchmal sogar heilt. Mit Ihren üblichen Verteidigungsmechanismen außer Kraft, bricht Ihre Rüstung auf, so daß Sie die Stimmen aus einer höheren Dimension hören können, die nach Ihnen rufen.

Traumjournale

Die eigentliche Kunst des Träumens liegt in der Erinnerung daran. Wenn wir einmal die Einzelheiten unserer Träume in einem Journal festhalten, können sie nicht mehr in Vergessenheit geraten. Unzählige Male habe ich halb schlafend mitten in der Nacht im Bett gelegen und war sicher, nie den außergewöhnlichen Traum zu vergessen, den ich soeben gehabt hatte – doch am nächsten Tag ist er vollkommen verschwunden. Träume sind von Natur aus flüchtig. Indem wir ein Journal führen, können wir das Ungreifbare greifbar machen und unseren Träumen eine konkrete Form geben. Indem wir das tun, erweisen wir uns als heilige Schreiber und Übersetzer, wie Thomas Moore es in *Care of the Soul* ausdrückt: »Unsere Journale sind unsere persönlichen Gospels und Sutras, unsere heiligen Bücher.« Traumbücher ermöglichen es uns, unser inneres Leben zu ehren und sind ein lebendiges Zeugnis unserer persönlichen Odyssee.

Ich habe noch immer ganze Berge meiner alten Traumjournale, mit abgenutzten Einbänden und vergilbten Seiten, die bis in die frühen Sechziger Jahre zurückreichen und in einem Regal oben in meinem Schrank liegen. Wenn ich sie durchlese, kann ich genau sehen, was zu Zeiten eines jeden Traumes in meinem Leben passierte. Es hat mich nie interessiert, ein normales Tagebuch zu führen, denn was in Träumen geschieht, ist für mich meistens viel faszinierender als selbst meine aufregendsten Tagesaktivitäten.

Während ich schlafe, bin ich nicht länger vom Physischen beschwert und frei, verschiedene Ebenen zu entdecken. Zu diesen Zeiten bin ich am verletzbarsten, daher ist es lebenswichtig, daß ich mich in einer ruhigen und sicheren Umgebung befinde. Denn aprupt aus einem Traum aufzuwachen, ist eine schlimme Erfahrung – als ob ich mitten in einem Gespräch mit jemandem aus dem Raum gerissen werde –, und daher tue ich alles in meiner Macht Liegende, um dies zu vermeiden. Ich habe einen ausgeprägten Nestinstinkt und achte darauf, wo immer ich bin, eine gemütliche Umgebung zu schaffen, bevor ich mich schlafen lege. Daher ist es auf meinen Reisen für mich oft schwierig, mich an ein unbekanntes Hotelzimmer zu gewöhnen, egal wie luxuriös es ist. Als Folge davon sind meine Träume dann meistens konfus, bruchstückhaft und schwieriger zu erinnern. Die Vertrautheit meines Schlafzimmers, meine weichen Kissen, die kuschelige Wärme meiner Daunendecke machen es mir leichter, tief und friedlich zu schlafen.

Jeden Morgen, ob ich zu Hause oder auf Reisen bin, verbringe ich wenigsten ein paar Minuten damit, meine Träume der vergangenen Nacht wiederzufinden und aufzuschreiben. Bevor ich vollkommen wach bin, liege ich still im Bett, mit geschlossenen Augen, und sammle meine Traumbilder. Dies ist mittlerweile ein so selbstverständlicher Teil meiner Morgenroutine, daß ich so gut wie nie darüber nachdenke. Schwieriger ist es, einen Traum zu notieren, der mitten in der Nacht auftaucht. Wenn ich lange genug aufwache, um die Lampe auf meinem Nachttisch anzuknipsen und den Traum aufzuschreiben, habe ich unter Umständen Schwierigkeiten, wieder einzuschlafen. Ich habe versucht, mich selbst darauf zu programmieren, den Traum bis zum nächsten Morgen in meinem Kopf festzuhalten, indem ich mir die Einzelheiten merke, doch funktioniert dies nicht immer. Manchmal mache ich einen Kompromiß und schreibe im blassen Schein einer Taschenlampe nur ein paar Begriffe oder Worte auf in der Hoffnung, ihren Zusammenhang am nächsten Morgen noch zu verstehen. Doch da ich keinen meiner Träume übersehen will, entscheide ich mich meistens dafür aufzuwachen und nötigenfalls meinen Schlaf zu opfern.

Wenn auch Sie Probleme damit haben, wieder einzuschlafen, könnten Sie es mal mit einem stimmaktivierten Kassettenrecorder versuchen. Ich habe Freunde, die diese Methode weniger störend finden, als etwas niederschreiben zu müssen. Plazieren Sie den Recorder gleich neben Ihrem Bett, so daß Sie, ohne die Augen öffnen oder ein Licht einschalten zu müssen, Ihre Träume aufzeichnen können. Und am Morgen übertragen Sie sie einfach in Ihr Journal. Allerdings sind Recorder kein idealer Ersatz für ein Journal; um problemlos Zugang zu Ihren Träumen zu haben, sollen sie aufgeschrieben und chronologisch organisiert sein.

Manchmal erinnere ich mich am Morgen an 5 oder 6 Träume, die ich während der Nacht gehabt habe; zu anderen Zeiten erinnere ich mich an keinen einzigen. Jeder von uns hat sein eigenes Muster. Unsere Träume unterliegen Zyklen, einem natürlichen Kommen und Gehen. Im Winter, einer Zeit des Ausruhens und die kälteste, dunkelste Zeit des Jahres, bin ich physisch weniger beweglich und habe größere Schwierigkeiten, mich an meine Träume zu erinnern. Ich kann dann oft spüren, wie sie irgendwo in der Ferne schweben, jenseits einer unsichtbaren Grenze. Je mehr ich jedoch versuche, sie zu greifen, desto unfaßbarer werden sie. Da Träume jedoch so wichtig für mich sind, fühle ich mich verloren ohne sie, so als sei ich teilweise erblindet. Doch selbst wenn ich mich im Winter meines Zyklus befinde oder kein Bewußtsein über meine Träume habe, gibt es effektive Möglichkeiten, diese Erinnerungen zu stimulieren.

Mark konnte sich nie an seine Träume erinnern. Ein begabter Literaturagent, für den Kreativität das Wichtigste im Leben war, dachte er, daß er irgendwas vermißte und kam zu mir, um es zu finden. Jeden Morgen gab ihm seine Frau einen detaillierten Bericht über ihre Träume der vergangenen Nacht, die sich wie ein Abenteuer-Film anhörten. Wenn Mark jedoch aufwachte, war sein Kopf leer. Ich schlug ihm vor, ein Traumjournal anzulegen.

»Wie soll ich ein Journal führen, wenn ich nicht einmal träume?« fragte er.

»Der Grund, ein Journal zu starten«, antwortete ich, »besteht darin, Ihre Absicht zu unterstreichen, sich selbst die Erlaubnis zum Träumen zu geben. Es spielt keine Rolle, wieviel Sie erinnern. Schreiben Sie es einfach auf und versehen es mit dem entsprechenden Datum. Eine Farbe, eine Form, ein paar Schlüsselworte, ein Fragment. Jeder Hinweis, der Ihnen auffällt. Machen Sie sich keine Gedanken darüber, wie unwichtig diese Dinge Ihnen erscheinen mögen. Notieren Sie sie einfach nur sofort, bevor Sie irgend etwas anderes tun, damit sie nicht verloren gehen.«

»Aber wie soll ich anfangen?« Mark brauchte einen konkreten Plan.

»Bevor Sie schlafen gehen, schließen Sie Ihre Augen und bitten um einen Traum. Irgend etwas in Ihrem Inneren wird diese Bitte hören und reagieren.«

»Und wenn nichts passiert und ich nicht träume?«

»Geben Sie nicht auf«, ermutigte ich ihn. »Es mag sein, daß es eine Weile dauert, bis Sie Resultate sehen. Bleiben Sie trotzdem dran, und es wird passieren.«

Mark nahm dies als eine Herausforderung an. Er wollte sofort anfangen. Anstatt auf lose Blätter Papier oder seine Träume in bereits benutzte Notizbücher zu schreiben, kaufte er sich auf meinen Rat hin ein neues, schönes Journal. Es ist wichtig, einen speziellen Platz zu finden, wo man die Traumbücher aufbewahren kann. Seine Frau durfte das Journal nicht lesen, und sie respektierte das. Es wurde zu seinem vertraulichen Tagebuch, in das er ausschließlich seine Träume niederschrieb; ein Forum, in dem sie sprechen konnten.

Jede Nacht stellte Mark seine Bitte und schlief ein in der Hoffnung, daß er träumen würde. In der ersten Woche konnte er sich nicht an die kleinste Kleinigkeit erinnern; das Journal blieb leer. Verwundert fragte ich ihn nach seinen Schlafgewohnheiten. Er erzählte mir, daß er einer jener Menschen sei, die ihren Kopf auf ein Kissen legen, sofort einschlafen und am Morgen nach dem Aufwachen gleich aus dem Bett springen. Um sechs Uhr war er bereits am Telefon, um Geschäftsgespräche mit Kollegen in New York zu führen.

»Sie stehen so schnell auf, daß Sie Ihre Träume vergessen«, sagte ich. »Bleiben Sie nach dem Aufwachen eine Weile mit geschlossenen Augen liegen und sehen Sie, was passiert. Das Geheimnis besteht darin, den sogenannten hypnogogischen Zustand zu verlängern, die Periode zwischen Schlafen und Wachen. Sie ist eine magische Zeit, in der Sie sich Ihrer Traumbilder bewußt, jedoch noch nicht ganz wach sind.«

»Soll ich was Spezielles dabei tun?«

»Bleiben Sie einfach entspannt und ruhig liegen«, erwiderte ich. »Es werden sich Bilder formen. Fokussieren Sie sich behutsam auf sie und lassen Sie sich von ihnen führen. Es ist nicht nötig, irgendwas zu forcieren. Versuchen Sie, ein unbeteiligter Beobachter zu bleiben. Zunächst mögen die Bilder zusammenhanglos oder flüchtig erscheinen. Doch schließlich werden sie sich zu einer Szene formen. Es ist wie die Wiederholung eines alten Films. Sie können tatsächlich Ihren Traum noch einmal in aller Länge sehen. Der Unterschied besteht darin, daß Sie ihn jetzt bewußt anschauen und jederzeit wählen können, Ihre Augen zu öffnen und ihn aufzuschreiben.«

Mark bekämpfte seine Instinkte und sprang morgens früh nicht mehr sofort aus dem Bett. Er machte alles richtig, aber es geschah immer noch nichts. Nach ein paar Wochen fielen ihm schließlich ein paar schnappschußähnliche Traumbilder ein. Einmal überraschte es ihn, für einen Augenblick das Gesicht seiner Lieblings-Großmutter zu sehen, die gestorben war, als er neun war. Aufgeregt wartete er nicht, was als nächstes kommen würde, sondern schrieb es sofort in sein Journal. Ein anderes Mal sah er ein Bild seiner selbst als kleinen Jungen, der einen Cockerspaniel an sich gedrückt hält, seinen geliebten Gefährten aus der Kindheit. Indem er sich dieses Image näher anschaute, führte es ihn in einen Traum, in dem er und der Hund sich in einer fremden Stadt weit weg von zu Hause verlaufen hatten. Zuerst erschienen ihm diese Bilder und Traumfetzen keinen Zusammenhang zu haben, doch gab er nicht auf und schrieb jede Traumerinnerung sorgfältig auf. Während der nächsten Monate begannen die einzelnen Bilder sich zu einem Ganzen zu verbinden und die Einsamkeit und den Verlust zu enthüllen, die Mark als Kind nach dem Tod seiner Großmutter empfunden hatte. Indem er sich daran erinnerte, war es ihm nun möglich, den Schmerz auszudrücken, den er sich nie zu fühlen erlaubt hatte.

Mark träumte nie in den epischen Proportionen, die für seine Frau typisch waren. Doch er hatte seinen eigenen Stil gefunden, den man mit der einfachen Eleganz japanischer Haikus vergleichen konnte. Die Träume mancher Menschen sind wie 70 mm-Technicolor-Filme, während andere sich nur an Fragmente oder einzelne Szenen erinnern. Die Form, dramatische Qualität oder Länge ist nicht maßgeblich; das Wiederfinden der Information und Ihre Fähigkeit, diese zu nutzen, bestimmen den Wert Ihrer Traumbilder.

Von einem rein psychologischen Standpunkt aus betrachtet sind Traumjournale ein unschätzbares Archiv. Mit Ihren Träumen auf dem Papier können Sie wichtige Ereignisse in Ihrem Leben wiederentdecken, die Sie längst vergessen hatten, so wie es Mark geschehen war. Oder Sie können unbewußte negative Muster in Ihnen selbst erkennen und dann die notwendigen Schritte unternehmen, um sie zu ändern. Sie werden Ihr eigenes Wachstum in Träumen überwachen, Ihren Fortschritt anhand Ihres Traumjournals messen können und in der Lage sein, die eingetretene Heilung zu erkennen.

Jahrelang träumte eine meiner Patientinnen, daß sie wieder in den Sechziger Jahren im College in Berkeley war, wo sie über den Campus lief und verzweifelt versuchte, etwas zu finden, das sie verloren hatte. Doch wie sehr sie auch suchte, sie konnte es nie finden. Sie war jetzt Ende Vierzig, eine geschiedene Mathematiklehrerin, die ein recht ereignisloses Leben führte und sich nach der Freiheit und dem Gefühl des Abenteuers sehnte, das sie während ihres Studiums gekannt hatte. Diese Träume teilten ihr mit, daß sie einen wichtigen Teil ihrer selbst zurückgelassen hatte und ihn sich wieder zu eigen machen mußte. Nachdem sie einmal die ersten Schritte unternommen hatte, um die gleiche Freiheit in ihrem jetzigen Leben wiederherzustellen – indem sie sich politisch betätigte, sich für soziale Belange einsetzte und ihren Freundeskreis erweiterte – hatte sie den Traum immer seltener, bis er schließlich ganz aufhörte. Das letzte Mal erwähnte sie ihn in ihrem Traumjournal vor mehr als einem Jahr.

Wenn wir ein Traumbuch führen, zeichnen wir nicht nur die Muster unseres Unterbewußtseins auf, sondern können auch damit beginnen, unsere übersinnlichen Träume zu erkennen und Nutzen aus ihnen zu ziehen. Unsere Journale spielen eine dynamische Rolle. Sie beherbergen die geistige Führung, um die wir bitten, damit wir ein positives Leben führen können, und auf diese Weise kann das gewonnene Wissen weder verlorengehen noch mißverstanden oder vergessen werden. Das Traumbuch ist ein lebendiges Zeugnis der Heilung, die wir in unseren Träumen erhalten, damit wir es nie vergessen und voll davon profitieren können. Da sie konkrete Beweise unserer Zukunftsprognosen beinhalten, ermöglicht uns das Journal, eine Korrelation zwischen unseren Träumen und später tatsächlich stattfindenden Ereignissen herzustellen. Wenn wir unsere Träume aufzeichnen, versetzt uns das in die Lage, auf einen Blick festzustellen, welche zutreffend waren, und wir können dieses neu identifizierte übersinnliche Material praktisch anwenden.

Vor einigen Jahren verließ mich mein Freund wegen einer anderen Frau. Ich hätte alles getan, um die Beziehung zu retten. Ich sagte mir ständig vor, daß ich wünschte, wir würden wieder zueinander finden, so als würde eine solche mantramäßige Wiederholung dies möglich machen. Ich machte mich selbst ganz hysterisch, doch er hatte kein Interesse daran, zu mir zurückzukommen. Ich wußte, daß es so am besten war, denn ich wollte eine feste Beziehung und er nicht, doch ich war wie besessen. Eines Abends bat ich darum, mit Hilfe eines Traumes einen Ausweg aus dieser Misere zu finden.

Ein paar Nächte später wachte ich mitten in einem gewaltigen Gewittersturm um 3 Uhr morgens auf. Eine siebenstellige Hollywood-Telefonnummer ging mir ständig durch den Kopf. Ich war todmüde, doch da ich selten Nummern in meinen Träumen sah, wußte ich, daß ich diese notieren mußte. Ich knipste das Nachttischlicht an, nahm mein Journal und schrieb die Nummer auf.

Am nächsten Morgen wählte ich die Nummer und hatte keine Ahnung, was ich tun würde, wenn jemand antwortete. Nachdem das Telefon zweimal geklingelt hatte, meldete sich eine Frauenstimme mit den Worten: »*Together Again Productions* (Wieder Zusammen Produktionsgesellschaft). Kann ich Ihnen helfen?«

Ich dachte, das kann doch nur ein Witz sein. »Entschuldigen Sie bitte«, fragte ich, »können Sie mir bitte sagen, was Ihre Firma macht?«

In förmlichem Ton antwortete sie: »Wir sind eine Fernseh-Produktionsgesellschaft. Wir machen ›Filme der Woche‹.«

Kaum in der Lage, vor Lachen nicht laut herauszuplatzen, sagte ich: »Entschuldigen Sie, ich hab wohl die falsche Nummer« und legte den Hörer auf.

Obwohl mein Freund und ich nicht mehr zusammenkamen, brachte der Traum einen Hauch von kosmischem Humor in meine verzweifelte Situation. Da ich auf diese Art eine unerwartete Antwort auf meine Bitte erhalten hatte, akzeptierte ich sie als persönliche Aufforderung, nicht alles immer so ernst zu nehmen. Dies war der freundliche Anstoß, den ich brauchte, um mit meinem Leben fortzufahren. Hätte ich mir nicht die Mühe gemacht, die Nummer aufzuschreiben, wäre mir etwas Wertvolles entgangen.

Wenn wir unsere Träume dokumentieren, mag es auf Anhieb sichtbar sein, welche übersinnlicher Natur sind, oder es mag Wochen, Monate oder sogar Jahre dauern, bis wir sie als solche bestätigt sehen. Ich hatte zum Beispiel Anfang der Achtziger Jahre einen Traum, in dem ich Direktorin einer medizinischen Klinik war. Das Gebäude, das ich in allen Einzelheiten sehen konnte, befand sich in Wirklichkeit auf dem Wilshire Boulevard in Santa Monica, und ich war schon oft daran vorbei gefahren. Es stammte aus den Fünfziger Jahren, war einstöckig, stuckverziert, mit einem verblaßten, rosa Anstrich und war zu der Zeit an eine Akupunkturschule vermietet. Der Traum war so klar, daß ich ihn als übersinnlich empfand, doch gab es nichts, das auf meine Beziehung zu dem Gebäude hinwies. Ich notierte alle Einzelheiten in meinem Journal, datierte die Eintragung und versah sie mit einem Stern, so wie ich das bei allen Träumen mache, die ich für medial halte. Sie sollten das auch tun, um auf diese Weise Ihr Journal besser zu ordnen und Zeit zu sparen, wenn Sie einen bestimmten Traum finden wollen. In meinem Fall war es 7 Jahre später, als ich mich zu meiner großen Überraschung im Begriff sah, in genau diesem Gebäude eine Drogenrehabilitations-Klinik einzurichten.

Ein Journal ist das ideale Werkzeug, um Ihre übersinnlichen Träume festzuhalten. Obwohl Sie vielleicht eine Ahnung haben, daß ein Traum übersinnlicher Natur ist – wenn er nicht sofort bestätigt wird, besteht die Tendenz, ihn zu vergessen. Das wird kaum passieren, wenn Sie ihn aufschreiben. Trifft dann das Ereignis, von dem Sie geträumt haben, später tatsächlich ein, können Sie Ihre Notizen noch einmal nachlesen und feststellen, welche Elemente Ihres Traumes zutrafen und welche nicht. Ihr Traumjournal gibt Ihnen ein bestätigendes Feedback, was bei der Kultivierung des Übersinnlichen sehr wichtig ist, und gibt Ihnen das nötige Vertrauen, zu wachsen und sich weiter zu entwickeln.

Um Ihr eigenes Traumbuch anzulegen, schlage ich vor, daß Sie in Ihren Lieblings-Buchladen gehen und sich in der Journalabteilung umschauen. Es gibt viele Arten von Journalen, mit Einbänden aus Leder, Linnen oder bunten Baumwolldrucken; manche haben Bilder von Delphinen, Füchsen oder Bären auf dem Umschlag, und andere sind mit Sternzeichen dekoriert oder mit gepreßten Blumen und wunderbaren Naturbildern. Suchen Sie sich das aus, was Ihnen am besten gefällt und Sie dazu inspiriert, Ihre Träume in ihm zu notieren. Legen Sie es zusammen mit einem Stift neben Ihr Bett, so daß Sie es bequem erreichen können, wenn Sie aufwachen. Achten Sie auch darauf, daß eine kleine Taschenlampe in der Nähe ist, falls Sie mitten in der Nacht einen Traum festhalten wollen. Das Traumjournal ist Ihr persönliches Notizbuch, das niemand anders anrühren sollte. Sie müssen sich sicher fühlen, um jede unzensierte Nuance Ihrer Träume niederschreiben zu können – selbst die peinlichsten und enthüllendsten Momente. Es wäre sinnlos, diese Segmente aus Furcht davor wegzulassen, daß Sie jemand anderen damit beleidigen oder schockieren. Dieses Journal ist nur für Sie. Niemand sollte es lesen, es sei denn, Sie geben ihm Ihre ausdrückliche Erlaubnis. Zudem sollten Sie die Zeit genießen, die Sie brauchen, um sich an Ihre Träume zu erinnern und sie aufzuschreiben. Diese kurzen Momente am Morgen, während Sie zwischen Schlaf und Wachsein schweben, sind heilig. Beschützen Sie sie vor Unterbrechungen. In diesem Zustand sind Sie sowohl mit den sichtbaren als auch den unsichtbaren Dimensionen in Kontakt.

Sich an Träume zu erinnern ist wie das Hervorholen von dem, was unter der Erde ist, ihm Leben und Atem zu geben. Wenn unsere Träume und die alltägliche Welt verschmelzen, entsteht eine übergangslose Kontinuität der Ereignisse, wodurch die Illusion der Unterschiedlichkeit und des Getrenntseins aufgehoben wird. Und ist dies einmal geschehen, beginnen wir in einer neuen Sprache zu sprechen, die viele Bereiche unseres Lebens einbezieht. Wir fühlen eine Leichtigkeit, eine Kommunion mit dem Übersinnlichen, die es ihm erlaubt, sich bei uns einzurichten und zu Hause zu fühlen. Dann ist es nicht mehr länger ein gelegentlicher Gast, sondern hat seinen ihm gebührenden Platz in unserem Leben eingenommen.

Kapitel 9
Übersinnliche Erfahrungen im Alltag

> »Siehe, was direkt vor Deinen Augen ist,
> und das Verborgene wird Dir enthüllt werden.«
>
> THOMAS-EVANGELIUM

Es war ein typischer Samstag, den ich mir wie jede Woche fürs Einkaufen und sonstige Erledigungen reserviert hatte. Ich hatte bereits mein Auto waschen lassen und Lebensmittel eingekauft; und jetzt war ich auf der Suche nach einem Geburtstagsgeschenk für meinen Vater. Main Street in Santa Monica ist eine meiner Lieblingsstraßen. Ich liebe den Duft von Jasmin, Lavendel und Vanille, der aus den Geschäften weht; die lächelnden Gesichter der Vorbeigehenden; die warme Sonne, die auf meine nackten Schultern scheint.

Während ich auf der Suche nach dem perfekten Geschenk von einem Geschäft zum anderen ging, dachte ich plötzlich und ohne bewußten Grund an Barbara, meine beste Freundin aus der Grundschulzeit. Ich hatte sie seit Jahren nicht gesehen. Als wir heranwuchsen, waren wir unzertrennlich, machten alles gemeinsam – sie war sogar bei mir, als ich – genau vor dem Sommerhaus ihrer Eltern – meinen ersten Kuß von einem Jungen bekam. Doch als ich mit 14 Jahren begann, Drogen zu nehmen und bald ein typischer Hippie wurde, drifteten wir immer weiter auseinander. An einem unserer letzten gemeinsamen Tage gingen wir in unserer Nachbarschaft spazieren, und weil ich eine Zigarette rauchte, zündete sie sich auch eine an – ich glaube, nur um mir eine Freude zu machen.

Doch hier war ich, mehr als 20 Jahre später, und dachte nicht nur an sie, sondern wurde förmlich von Bildern und Erinnerungen an meine Freundin überschwemmt. Mir wurd ganz warm ums Herz davon, und als ich meine Einkäufe endlich erledigt hatte, ging ich ins Rose Café, um eine Kleinigkeit zu essen. Ich blieb an der Tür stehen und schaute mich um, ob es einen freien Tisch gab – und sah ein vertrautes Gesicht. Sie war eine erwachsene, schöne Frau geworden, doch ich erkannte sie sofort: Es war Barbara!

»Judi, bist Du das?« rief sie aus und nannte mich bei meinem Kindheitsnamen. Ich setzte mich neben sie, ganz aufgeregt, und wir fingen an, uns gegenseitig die Ereignisse der letzten 20 Jahre zu erzählen. Als sie erfuhr, daß ich Psychiaterin geworden war, strahlte Barbara mich an, glücklich über meinen Erfolg. »Und was ist mit Dir?« fragte ich. Ich hatte gehört, daß sie Fotografin sei. »Nun«, sagte sie und schwieg einen Moment, »unser Timing ist unglaublich ... denn morgen heirate ich.«

Ich war sprachlos. Da war soviel Liebe zwischen uns gewesen, als wir noch Kinder waren. Daß sich unsere Wege in einem solch bedeutenden Moment wieder kreuzten, ließ mir einen Schauer über den Rücken laufen. Damals waren wir immer füreinander dagewesen und hatten die Meilensteine im Leben des anderen miterlebt. Ich drückte Barbara an mich und flüsterte: »Meinen herzlichen Glückwunsch.« Zu schnell kam der Augenblick, wo Barbara gehen mußte. Als wir uns verabschiedeten, wußte ich tief in meinem Inneren, daß unsere Begegnung kein Zufall gewesen war. Sondern vielmehr hatten sich zwei alte Freunde unbewußt zueinander hingezogen gefühlt, um Vergangenheit und Gegenwart zu verbinden, und sei es nur für einen Moment; auf diese Art tritt das Übersinnliche gern in unser Leben.

In der keltischen Mythologie ist die Insel Avalon ein Ort außergewöhnlicher Kraft, wo das Übersinnliche regiert. Marion Zimmer Bradley erzählt uns in ihrem Buch »Die Nebel von Avalon«: »Es gab einmal eine Zeit, da konnte ein Reisender – wenn er es wollte und ein paar Geheimnisse kannte – sein Boot hinaus aufs

Meer lenken und ... auf der Heiligen Insel von Avalon landen; denn zu jener Zeit schwebten die Tore zwischen den Welten im Dunst des Lichtes und öffneten sich eines dem anderen, wenn ein Reisender es dachte und wollte.«

Da jedoch so viele Menschen den Glauben an das Übersinnliche verloren und nicht länger den Einfluß des Unbekannten wahrhaben wollten, wurden die Nebel so dicht, daß Avalon für immer unerreichbar und verloren war.

Auf die gleiche Weise ist unsere eigene mystische Natur verdeckt worden. Sie besteht nach wie vor; ihr augenscheinliches Verschwinden ist nur eine Illusion. Wie der Reisende in der Antike sind wir von den Nebeln der Angst, der Selbstbezogenheit und des Verlustes unseres Glaubens geblendet. Wir haben uns das Mysterium verboten. Und selbst wenn wir willens sind, uns darum zu bemühen, es wieder zu erlangen – wo können wir es finden? Das Gute ist, wir können aufhören zu suchen; das Übersinnliche ist jederzeit in unserem täglichen Leben gegenwärtig.

Es mag Ihr Leben auf dramatische Weise berühren, doch meistens macht es sich auf solch unauffällige Art bemerkbar, daß Sie es leicht übersehen können. Wir neigen schnell dazu, manche dieser Situationen als Zufallsbegegnungen bzw. -erscheinungen abzutun. Doch was geschieht, wenn wir unseren Blickpunkt ein wenig verlagern? Nehmen wir einmal an, Sie betrachten solche zufällig erscheinenden Ereignisse – auch Synchronizitäten genannt – als *inspirierte* Fügung, ein Zeichen dafür, daß etwas anderes als Willkür im Spiel ist. Wenn Sie Zufälle unter diesem Gesichtspunkt betrachten, bringen Sie Magie in Ihr Leben; die Anerkennung einer höheren Macht, die in unserem Leben wirkt und uns alle miteinander verbindet.

Vielleicht haben Sie schon einmal ein Déja Vu gehabt, das Gefühl, einen Ort schon einmal gesehen bzw. einen Menschen schon gekannt zu haben. Es gibt keinen logischen Grund für Ihre Gefühle, doch sind sie so real, daß Sie schwören könnten, sie seien zutreffend. Ein anderes Mal erfahren Sie auf übersinnliche Weise von einem Ereignis, das tatsächlich gerade stattfindet. Das ist dann Hellsehen – anders als Vorahnung, bei der Sie ein Geschehen genau beschreiben, bevor es eintrifft. Und sollten Sie zu jenen Menschen gehören, die als »überempfindlich« bezeichnet werden und die Tendenz haben, die Stimmungen anderer oder sogar deren Beschwerden zu übernehmen, empfinden Sie in Wahrheit übersinnliches Mitgefühl – ein nicht ungewöhnlicher, doch oft übersehener Ausdruck des Vorherwissens.

In unserer modernen Welt bewegen wir uns mit einer solch ungeheuren Geschwindigkeit, daß wir das Außergewöhnliche in den kleinen Dingen des Lebens oft übersehen. Doch es ist da, zwischen den Zeilen; dort, wo das Mysterium liegt, wo wir den Schlüssel finden, mit dem wir den Nebel teilen können.

Synchronizität

Haben Sie jemals ein perfektes Timing erlebt, einen Moment, in dem plötzlich alles stimmt? Für einen kurzen Augenblick lassen Sie das willkürliche Chaos hinter sich und stellen fest, daß alle Kräfte in Harmonie sind, ohne irgendwelche Vorplanung, und daß alles zueinanderpaßt und stimmt. Ereignisse geschehen mit einer solchen Genauigkeit, daß Sie das Gefühl haben, auf einen vorbestimmten Kurs gebracht worden zu sein. Sie können z.B. nicht aufhören, an einen bestimmten Menschen zu denken, und laufen ihm auf der Straße in die Arme; jemand, den Sie eben erst kennengelernt haben, bietet Ihnen Ihren Traumjob an; Sie verpassen Ihr Flugzeug, und beim nächsten Flug sitzen Sie neben jemandem, in den Sie sich verlieben. Hier handelt es sich um Synchronizität, einen Zustand der Gnade.

Bei einer Ärztekonferenz im Cedars Sinai Medical Center traf ich vor einiger Zeit einen Chirurgen namens Michael. Tadellos bekleidet mit einem dreiteiligen Nadelstreifenanzug, sonnengebräunt und gut aussehend, lud er mich zum Mittagessen ein. Wir gingen zum Hamburger Hamlet auf dem Sunset Boulevard und plauderten angeregt miteinander. Er machte einen recht konservativen Eindruck und erzählte mir von dem prestigeträchtigen Club, dem er angehörte; erwähnte, daß er jedes Wochenende Golf spielt und sich jeden Mittwochabend mit Freunden zum Pokern trifft. Er war zwar ein netter Mann, aber nicht mein Typ. Abgesehen davon, daß wir beide Ärzte waren, schienen wir nicht viel gemeinsam zu haben.

Normalerweise versuche ich, wenn ein Rendezvous langweilig wird, mich elegant und so schnell wie möglich zu entschuldigen. Doch dieses Mal war es anders. Obwohl mein erster Impuls war, schnell zu essen und mich dann höflich zu verabschieden, ertappte ich mich dabei, daß ich ihm von meinen spirituellen Überzeugungen erzählte, und hatte keine Ahnung, warum ich das tat. Und plötzlich sprach ich vom Tod – die Worte flossen einfach aus meinem Mund. Wann immer so etwas in der Vergangenheit passiert war, hatte sich später herausgestellt, daß es dafür einen guten Grund gab. Also entschied ich mich, Vertrauen zu haben, obgleich es sich eigenartig anfühlte, auf diese Weise mit einem Menschen zu kommunizieren, den ich kaum kannte.

Ich erfuhr, daß Michael noch nie mit jemandem über den Tod gesprochen hatte, aber an diesem Nachmittag konnte er nicht genug hören von meinen Beschreibungen des Lebens nach dem Tod, daß der Geist ewig ist und der Tod kein Ende bedeutet, sondern einfach einen Übergang in andere Dimensionen, die so real sind wie unsere Welt. Zwei Stunden lang saßen wir in den riesigen Korbstühlen des Restaurants, während denen er mir wie gebannt lauschte und mich darum bat, fortzufahren, wann immer ich langsam aufhören wollte.

Während des ganzen Essens dachte ich ständig: Das ist eines der seltsamsten Rendezvous, die ich je hatte. Nicht, daß mir unser Thema unangenehm war, doch irritierte mich die Art und Weise, wie es passierte. Ich hatte immer wieder das Bedürfnis, die Konversation auf unverfänglichere Themen zu lenken: Medizin, Filme, das Wetter. Doch die leidenschaftliche Dringlichkeit in Michaels Augen, sein Hunger, alle meine Worte aufzunehmen, obwohl er behauptete, keinerlei spirituelle Inklinationen zu haben, waren Zeichen dafür, daß etwas Wichtiges im Gange war. Der Grund war mir zwar nicht klar, doch war es offensichtlich, daß Michael dringend etwas über den Tod hören mußte.

Schließlich verabschiedeten wir uns und gingen zu unseren Autos. Während ich die Melrose Street hinunter fuhr zu meiner Praxis in Century City, fragte ich mich: Was war passiert? Warum kam ein so profundes Thema zur Sprache mit einem Menschen, den ich kaum kannte? Bevor ich eine Antwort finden konnte, meldete sich mein Beeper. Es gab einen Notfall im Krankenhaus, und ich mußte sofort kommen. Der Rest des Tages ging vorbei wie im Flug. Nachdem ich meinen letzten Patienten gesehen hatte, war es später Abend, und die mittägliche Konversation war in den Hintergrund getreten, jenseits meiner bewußten Gedanken.

Einen Monat später rief mich ein Freund an und sagte mir, daß Michael bei einem Motorradunfall auf dem Ventura Freeway ums Leben gekommen war. Einen Moment lang war ich total sprachlos. Michael tot? Das konnte nicht sein. Er hatte sein ganzes Leben noch vor sich. Männer wie Michael heiraten, bekommen Kinder, führen ein beschütztes Leben. Es ist nicht vorgesehen, daß sie jung sterben.

Michaels Gesicht ging mir den ganzen Tag nicht mehr aus dem Kopf. Obwohl wir uns nur zweimal begegnet waren, hatte ich das Gefühl, ihn seit langem zu kennen. Plötzlich machte die scheinbar unkonventionelle Richtung, die unser Gespräch bei jenem Mittagessen genommen hatte, Sinn. Ein unbewußter Teil Michaels hatte intuitiv seinen bevorstehenden Tod erahnt und wollte unbedingt so viel wie möglich darüber hören. Ich war der Bote gewesen.

Michaels früher Tod war tragisch. Und dennoch ist er ein Teil des Lebens: es war nicht zu übersehen, daß mein Gespräch mit Michael eine gewisse Notwendigkeit hatte. Ich fühlte mich geehrt, Zeuge eines so wichtigen Wendepunktes gewesen zu sein und war froh, daß ich nicht davor weggerannt bin. Keiner von uns beiden konnte damals das größere Bild sehen, die weitreichenden Implikationen unseres Gespräches, doch spürte ich, daß etwas Wichtiges passierte. Doch jetzt war offensichlich, daß ein synchrones Ereignis Michael und mich in einem entscheidenden Moment eines Lebens zusammengeführt hatte.

Das Übersinnliche greift oft auf die unaufdringlichste Art in unser Leben ein. Da ich Michaels Tod nicht vorhergesehen hatte, konnte ich ihm nichts darüber sagen, selbst wenn ich dies für angemessen gehalten hätte. (Noch wäre eine solche Warnung eine Garantie dafür gewesen, seinen Tod verhindern zu können.) Übersinnliche Fähigkeiten zu haben bedeutet nicht, daß ich eine Superfrau bin mit der Macht, die Zukunft zu verändern. Oder daß ich jederzeit alles über einen Menschen weiß. Normalerweise – es sei denn, ich stimme mich bewußt wegen einer bestimmten Frage auf jemanden ein – empfange ich nur, was in dem Moment angesagt ist. Ich habe das zu respektieren gelernt. In Michaels Fall tröstete es mich zu sehen, wie wir alle miteinander verbunden sind und daß ich ihm ein wenig helfen konnte, sich auf das vorzubereiten, was ihn erwartete.

Gottseidank war ich klug genug, unsere Begegnung nicht nach meinem bewußten Willen zu gestalten. Sie mögen sich in einer ähnlichen Situation befinden. Erinnern Sie sich an eine Situation, die einfach nicht richtig zu sein schien. Vielleicht hatten Sie das Gefühl, daß ein wichtiger Teil fehlte, doch konnten Sie nicht genau sagen, was das war. Es könnte sich um einen Mann gehandelt haben, der sich verhielt und so aussah wie ein alter Liebhaber, der Sie um ein Rendezvous bittet. Weil die Ähnlichkeiten so verblüffend waren, sagten Sie zu. Oder Sie haben eine Frau getroffen, die Sie seit ewigen Zeiten nicht gesehen haben. Und obwohl Sie Ihr nie besonders nahestanden, verspürten Sie den Drang, ein langes Gespräch mit ihr zu führen, in dessen Verlauf Ihnen etwas Wichtiges enthüllt wurde.

Das Geheimnis besteht darin, dem Mysteriösen zu folgen. Wenn eine Situation auch nicht sofort sinnvoll erscheint, mag dennoch eine übergeordnete Botschaft deutlich werden, wenn Sie zulassen, daß sie sich natürlich entfaltet. Das heißt nicht, Sie sollten sich in Situationen begeben, die potentiell zerstörerisch sind. Sie müssen immer wachsam bleiben, Ihren gesunden Menschenverstand benutzen und wissen, wann es an der Zeit ist zu gehen. Doch sollten Sie gleichzeitig versuchen, die Implikationen synchroner Ereignisse nicht abzutun oder zu unterschätzen. In manchen Situationen ist die Bedeutung sofort klar; in anderen, so wie mit Michael, dauert es länger. Wir müssen der göttlichen Ordnung unseres Lebens vertrauen.

Synchronizitäten sind ein Ausdruck unserer übersinnlichen Beziehung mit der Welt um uns herum. Ich freue mich, wenn immer sie auftreten, und vertraue mich ihrer Führung an. Synchronizitäten entzücken mich und bestätigen mir, daß ich auf dem richtigen Weg bin. Obwohl ich davon überzeugt bin, daß *alles* im Leben einen Sinn hat, sind synchrone Erlebnisse eine direkte Anerkennung unseres Voherwissens; sie betonen unsere kollektive Verbundenheit. Wann immer Patienten zu mir kommen und ihre übersinnlichen Fähigkeiten entwickeln wollen, empfehle ich ihnen, sorgfältig auf Synchronizitäten zu achten und synchrone Ereignisse zu notieren, damit sie sehen können, wie häufig diese eintreten. Ich habe mich selbst dazu erzogen, Synchronizitäten zu erkennen, und ich rate Ihnen, das gleiche zu tun. So viel kann verloren gehen, wenn Sie nicht gut aufpassen.

Als ich einmal den Sunset Boulevard hinunter fuhr, um eine Freundin im Laurel Canyon zu besuchen, drehte ich mich irgendwann kurz um und schaute in den Wagen neben mir. Ich dachte, ich sehe nicht richtig: Ich war sicher, daß es sich bei der Frau am Steuer um Jane handelte, eine meiner Patientinnen. Obgleich ich ihr zuwinkte, fuhr sie ohne zu reagieren weiter, und dann merkte ich, daß es nicht Jane war, sondern jemand, der ihr sehr ähnlich sah. Ich habe gelernt, daß solche Fälle von Verwechslung – besonders, wenn meine Betroffenheit so stark ist – oft eine besondere Signifikanz haben und es sich dabei um Synchronizitäten handelt. In diesem Fall hatte sich meine Aufmerksamkeit auf Jane gerichtet, also stimmte ich mich auf sie ein, um herauszufinden, was los war. Sofort fühlte ich ihre Verzweiflung. Ich versuchte noch am gleichen Abend, sie in ihrer Wohnung zu erreichen, doch sie war nicht da. Als Jane am nächsten Tag zum vereinbarten Termin in meine Praxis kam, war sie total außer sich, denn sie hatte soeben erfahren, daß man ihr ihren Job als Lehrerin gekündigt hatte.

Sie können Zeichen von Synchronizität in allen Bereichen Ihres Lebens entdecken. Der Trick ist, aufmerksam zu sein. Je stärker Ihre Reaktion selbst auf kleine Hinweise ist, desto größer ist die Chance, daß es sich um wichtige übersinnliche Dinge handelt. Stellen Sie sich vor, Sie fahren eines Nachmittags zum Supermarkt und stellen fest, daß das Nummernschild des Autos vor Ihnen das Geburtsdatum Ihres Bruders trägt. Das erregt sofort Ihre Aufmerksamkeit. Sie haben Ihren Bruder längere Zeit nicht gesehen und fragen sich, wie es ihm wohl geht. Zwanzig Minuten später, als Sie gerade Ihre Lebensmittel im Auto verstauen wollen, kommt Ihr Bruder und parkt direkt neben Ihnen. Oder das Bild einer lieben Freundin fällt runter, und der Rahmen zerbricht. Am nächsten Tag erfahren Sie, daß sie am selben Nachmittag einen Autounfall hatte. Oder ein bestimmtes Lied geht Ihnen nicht aus dem Kopf, das Sie an Ihre ehemalige Geliebte erinnert, – Sie waren verrückt nach ihr und haben lange nichts mehr von ihr gehört – und wenn Sie den Briefkasten leeren, was finden Sie? Einen Brief von ihr. Der Schlüssel liegt darin, diese Verbindungen zu erkennen. Machen Sie es sich zur Aufgabe, das Übersinnliche in Ihrem Umfeld zu entdecken.

Manche synchronen Zusammentreffen sind ausgesprochene Glücksfälle und können den Beteiligten viel Gutes bringen. Wenn Sie diese goldenen Momente am Schopf packen, kann sich Ihr Leben zum Besseren ändern. Solche Gelegenheiten zeigen sich nicht nur bei wichtigen Geschäftstreffen, extravaganten Festen oder besonderen Ereignissen. Wenn Sie aufpassen, werden sie Ihnen nicht durch die Finger schlüpfen. Synchronizitäten sind mit dem Stoff des Gewöhnlichen verwoben. Sie können eintreten, wenn Sie sie am wenigsten erwarten: in der Wäscherei, beim Einkaufen, in der Schlange am Bankschalter.

Patty war zu mir in die Praxis gekommen, weil sie unter einem Gefühl ständiger Unruhe und Depression litt. »Nicht daß mein Leben unerträglich wäre«, sagte sie fast entschuldigend in unserer ersten Therapiestunde. »Ich habe seit über 10 Jahren einen guten Job. Ich bin gerne Bibliothekarin, aber irgendwas fehlt mir total.«

Sie erzählte mir, daß sie im Geheimen seit langer Zeit einen Traum hatte: Sie wollte ein kleines Café führen, in dem es gesunde, mit wenig Fett zubereitete, köstliche Speisen gab, bei deren Zubereitung sie ausschließlich biologisch angebaute Zutaten verwenden wollte. Sie konnte bereits die Tische vor sich sehen, die Vorhänge, die blauen Vasen mit frischen Blumen auf der Theke, wo sie Tee servieren wollte. So lebendig ihr Traum auch war, sie glaubte nicht die Kraft zu haben, ihn realisieren zu können. Obwohl sie eine ausgezeichnete Köchin war und es liebte, Freunde zu festlichen Dinnerparties einzuladen und für ihre wunderbaren Rezepte berühmt war, hatte sie keinerlei Restauranterfahrung, wenig gespartes Geld zum Investieren und kaum Geschäftskontakte.

Dennoch war Pattys Traum nicht total unrealistisch. Wäre er es gewesen, hätte ich ihr meine Bedenken mitgeteilt. Zumindest wollte ich ihr dabei helfen, ihre Möglichkeiten zu untersuchen. Zu viele Menschen sind in Jobs festgefahren, die sie hassen oder die ihnen keine wirkliche Befriedigung geben. Sie sehnen sich nach einer Veränderung, doch wissen nicht wie. »Zunächst einmal«, riet ich Patty, »räumen Sie die Möglichkeit ein, daß Ihr Traum sich erfüllen kann. Dann schauen Sie überall nach Zeichen, die Ihnen weiterhelfen können. Achten Sie auf sogenannte Zufälle – und achten Sie darauf, wann sich Ihnen Gelegenheiten anbieten. Wenn Sie dafür empfänglich sind, kann es durchaus sein, daß sie direkt vor Ihren Augen auftauchen.«

Patty war nie so an ihr Leben herangegangen. Sie gab zu, daß sie nicht total überzeugt war, doch neugierig geworden, wollte sie es versuchen. Das hieß jedoch nicht, daß sie einfach abwarten würde, bis irgendwas passiert. Sie machte sich daran, einige besonders einfallsreiche Nudelrezepte zu kreieren, und sie überredete mehrere Restaurants in der Umgebung dazu, diese Gerichte anzubieten. Obgleich sie sich gut verkauften, war klar, daß Patty ihr Ein-Personen-Unternehmen vergrößern mußte, wenn es Profit bringen sollte. Aber wie?

Während dieser Zeit nahm sie an einer Festlichkeit in ihrer Universität teil, bei der ein ehemaliger Student, der mittlerweile eine Berühmtheit geworden war, ausgezeichnet werden sollte. Als die Feier vorbei war, machte der Freund einer Wohngenossin aus alten College-Tagen gegenüber die Bemerkung, er bräuchte jemanden, der ihn zum Flughafen fährt. Da sie in die gleiche Richtung mußte, bot Patty ihm an mitzufahren. Während der Fahrt fragte Patty, welchen Beruf er ausübte. »Ich besitze eine Restaurantkette in der Nähe von Phoenix«, antwortete er. Eins kam zum anderen, und Patty begann, ihm von ihren Ideen zu erzählen. Als Resultat dieser Konversation gewann sie einen neuen Freund, der ihr später den Rat, die Unterstützung und Kontakte gab, die sie brauchte, um ein eigenes Café eröffnen zu können.

Weil sie sich darauf trainiert hatte, Synchronizitäten zu erkennen, war ihr diese Gelegenheit nicht entgangen. Zuvor hatte sie sich nie vorstellen können, daß ihr Traum jemals Wirklichkeit werden würde; ganz zu schweigen von der Möglichkeit, daß jemand in ihr Leben kommen könnte, der ihr dabei behilflich sein würde. Zu schüchtern, um über sich selbst zu reden, hätte sie vielleicht diese Situation ungenutzt vorbeigehen lassen. Doch jetzt war sie zuversichtlicher in bezug auf ihre Ziele und empfänglich für solche »Zufälle«. Patty wußte, wie sie diese Informationen nutzen konnte; sie war zur richtigen Zeit am richtigen Platz. Doch es war noch mehr als das. Patty hatte sich in die Lage gebracht, eine Synchronizität erkennen zu können, wenn sie sich einstellte. Diese simple Verlagerung ihrer Einstellung gegenüber dem Leben gestattete es ihr, eine unglaubliche Gelegenheit beim Schopf zu packen und das Beste daraus zu machen.

Durch Ihre wachsende Aufmerksamkeit werden Sie eine Vielzahl von Synchronizitäten in Ihrem Leben feststellen, die aus den verschiedensten Gründen geschehen. Genauso wie bestimmte synchrone Ereignisse Umstände hervorheben, die für Sie von Vorteil sein können – in Beziehungen, beruflichen Entscheidungen oder jeder Art von wichtigen Themen, die Sie beschäftigen – sind andere in der Lage, Sie von potentiell gefährlichen Situationen fernzuhalten. Es mag vorkommen, daß Sie anstatt auf eine Situation hingezogen zu werden, von ihr weg dirigiert werden – um dann später festzustellen, daß es sich dabei um eine Situation handelte, die Ihnen hätte schaden können. Ohne Ihr eigenes Dazutun verbinden sich Faktoren jenseits Ihrer Kontrollmöglichkeiten, um Ihnen zu helfen. Wenn so etwas passiert, ist es schlicht und einfach ein Segen, und Sie sollten es als solchen akzeptieren.

Ich habe eine Patientin, die in letzter Minute darum gebeten wurde, beim Campingausflug der Klasse ihrer achtjährigen Tochter zu helfen. Dafür sollte sie am nächsten Tag in Ojai sein, eine Stunde nördlich von Los Angeles. Am Sonntagabend setzten sie und ihr Mann sich in ihren Land Rover, verließen ihr Haus in Santa Monica und fuhren auf dem Highway 1 die Küste hoch nach Ojai. Früh am nächsten Morgen, dem 17. Januar 1994, gab es in Los Angeles ein starkes Erdbeben; es zeigte 6.8 auf der Richterskala. Die Nachbarschaft, in der meine Patientin wohnte, war eine der am meisten in Mitleidenschaft gezogenen Gegenden. Ihr eigenes Haus war besonders hart betroffen: Glastüren waren zersplittert; ein riesiger Holzbalken an der Schlafzimmerdecke hatte einen gefährlichen Riß bekommen, und fast alle Wände wiesen große Risse auf. Weil meine Patientin und ihr Mann synchronistisch gebeten wurden, die Stadt zu verlassen, blieben ihnen körperliche Verletzungen erspart, die sie sonst mit Sicherheit erlitten hätten.

Synchronizität war ein Lieblingsthema des Schweizer Psychiaters C. G. Jung. Er bezeichnete sie als »sinnvolle Fügungen innerer und äußerer Geschehnisse, die keine kausale Beziehung haben.« Er sprach von einem kollektiven Unbewußten, einem universellen Becken des Wissens, das uns allen unabhängig von Kultur zugänglich ist. Jung betrachtete es als die Grundlage dessen, was in alten Zeiten als die »Sympathie für alle Dinge« bezeichnet wurde, und ich bin davon überzeugt, daß Synchronizität aus dieser Gemeinsamkeit herrührt. Wir alle schwimmen im selben Wasser, reiten auf denselben Wellen und können die Reflektion der Bewegungen des anderen spüren.

Viele von Ihnen sehen sich als isolierte Wesen, doch sind Sie viel mehr mit anderen verbunden, als Sie denken. Diese gemeinsame Bindung anzuerkennen ist auch ein Weg, aufzuwachen und ein erfüllteres Leben zu führen. Es kann Sie an die globale Verbindung zwischen allen Menschen erinnern und Ihnen helfen, sich weniger einsam zu fühlen und künstlich aufgebaute Barrieren aufzulösen.

Natürlich können Synchronizitäten auch mit Fremden geschehen, doch für mich passieren sie meistens mit Menschen, die ich liebe – kleine, alltägliche Dinge, die eine anrührende Reflektion unserer Nähe sind und immer wieder aufs Neue mein Herz erwärmen. Es ist nicht nötig, daß wir in derselben Stadt wohnen oder oft miteinander reden: unsere übersinnliche Verbindung ist immer da. Mein Freund Jack zum Beispiel lebt in der Nähe von New York, und wir sehen uns nur ein paar Mal im Jahr. Kürzlich erzählte er mir, daß er in Boulder, Colorado, Ferien gemacht hatte und sich dort in einem Buchladen umschaute, der antiquarische Bücher verkaufte, und plötzlich hätte er an mich gedacht. Dabei handelte sich nicht um etwas besonders Außergewöhnliches, sondern nur um ein paar Sachen, die wir in der Vergangenheit zusammen gemacht hatten, und einige unserer Gespräche. Er war ein begeisterter Scienc-fiction-Fan und ging zu der entsprechenden Abteilung. Immer noch an mich denkend, nahm er ein Buch aus dem Regal, daß ihn interessierte: *A Wrinkle in Time* von Madeleine L'Engle. Als er das Buch öffnete, sah er erstaunt, daß mein Name darin stand – Judi Orloff –, mit der Hand geschrieben und datiert November 1961, als ich 10 Jahre alt war. Als Kind achtete ich immer darauf, daß ich meinen Namen in alle meine Bücher schrieb für den Fall, daß sie verloren gehen sollten. Als ich nach der Highschool aus dem Haus meiner Eltern auszog, spendete ich der Heilsarmee bergeweise Bücher. Und irgendwie war 20 Jahre später eins von ihnen in Boulder gelandet, und mein Freund hatte es gefunden.

Als Jack dies mir gegenüber erwähnte, kamen mir Tränen in die Augen. Die Vertrautheit dieser Synchronizität, die die Kraft unserer Freundschaft bestätigte, brachte ihn meinem Herzen nur noch näher. Wie hätte ein solches Ereignis je geplant werden können? Daß Jack genau zu diesem Zeitpunkt in diesem bestimmten Buchladen war, um eines meiner liebsten Kindheitsbücher zu finden, überflutete mich mit liebevollen Gefühlen. Am kostbarsten war dabei die unwiderlegbare Empfindung, daß wir alle durch Liebe miteinander verbunden sind. Wenn wir nur danach Ausschau halten, werden wir dies immer wieder bestätigt sehen.

Wenn Sie sie von dieser Perspektive aus betrachten, haben auch die kleinsten Synchronizitäten eine Bedeutung, und sei es nur, daß sie uns in der Erkenntnis darüber bestärken, daß wir alle irgendwie miteinander in Beziehung stehen. Obwohl einige Synchronizitäten Sie mehr als andere berühren können, sind sie alle wertvoll. Ob ich nun ihre Auswirkungen zu diesem Zeitpunkt voll erkenne oder nicht, betrachte ich jeden synchronen Moment als etwas Kostbares – wie die Genauigkeit eines Schusses ins Schwarze oder die perfekte Sequenz eines Royal Flush beim Pokerspiel. Synchronizität ist ein Zeichen dafür, daß wir medial eingestimmt sind – nicht nur mit unserer unmittelbaren Familie und Freunden, sondern auch mit dem größeren Kollektiv.

Déja Vu

Meine Freundin Rachel war auf dem Weg zu einem Interview für eine Anstellung als Drogenberaterin in einem Alkohol- und Drogenzentrum. Als sie sich ihrem Zielort näherte, einer gefährlichen Gegend in Downtown Los Angeles, fand sie sich in einer Nachbarschaft von Crack Dealern, Prostituierten und Gangs wieder. Während sie in ihrem Mustang mit verriegelten Türen und geschlossenen Fenstern die Straße hinunterfuhr, hatte sie ernsthafte Zweifel, ob sie in einer solchen Gegend arbeiten wollte. Doch in dem Augenblick, als sie von Alvarado Street rechts in den Lake Drive abbog, veränderte sich irgendwas. Sie hätte schwören können, schon einmal hier gewesen zu sein. Sie schien nicht nur die Straße wiederzuerkennen, sondern auch das heruntergekommene Haus im viktorianischen Stil, das sie gleich zum ersten Mal betreten würde.

Als sie hineinging, sah es genauso aus, wie sie es sich vorgestellt hatte. Die Treppe, die sich in den zweiten Stock hinaufwand; das Gefühl des abgetragenen Nylonbezugs der Bürocouch gegen ihre Haut; die verblichenen Fotografien an der Wand und sogar der Miniatur-Collie im Hinterhof weckten ein eigenartiges Gefühl der Vertrautheit in ihr. Plötzlich erschien ihr die Situation in einem neuen Licht. Sie hatte eine Richtigkeit, eine absolute Unvermeidbarkeit, die sie nicht leugnen konnte.

Während des Interviews mit der Leiterin des Zentrums, einer knallharten, cleveren Frau mit sanften, braunen Augen, hatte Rachel das Gefühl, eine Vertraute gefunden zu haben. Dies war der Beginn einer produktiven, dreijährigen Arbeit, die ihre Karriere in eine völlig andere und aufregende Richtung lenkte. Die längste Zeit ihres Lebens hatte sie in einer wohlhabenden Gegend von Los Angeles gelebt, verwöhnt von ihrer Familie; doch dieses Rehabilitationszentrum mit 20 ehemaligen Drogenabhängigen und Alkoholikern, von denen einige gerade erst aus dem Gefängnis entlassen worden waren, wurde ihr zweites Zuhause.

Rachel hatte schon öfter ähnliche Momente des Wiedererkennens gehabt, doch keines fühlte sich so bezwingend an. Während der vorhergegangenen Monate hatte sie sich verloren gefühlt, unfähig, einen der Jobs anzunehmen, die ihr angeboten wurden, und sie hatte sich gefragt, ob sie überhaupt in Los Angeles bleiben wollte. Aufgrund dieses neuen Wiedererkennens hatte Rachel ihren Weg jedoch wieder deutlich gesehen. Mit einem Gefühl der Erleichterung wußte sie mit absoluter Sicherheit, daß dies der Ort war, an den sie gehörte. Der Verfall und die Schäbigkeit ihrer physischen Umgebung waren nicht mehr so wichtig; was zählte, war das Gefühl der Sinnhaftigkeit, daß sie vom ersten Moment an gespürt hatte, und die Macht ihres Instinkts, der ihr sagte, daß sie hierher gehörte und nichts zu befürchten hatte.

Diese Form der übersinnlichen Erfahrung, das Déja Vu, ist vielen von uns schon widerfahren. Es mag plötzlich auftauchen oder uns langsam klar werden. Der Begriff stammt aus dem Französischen und heißt soviel wie »schon gesehen«. Wenn dies geschieht, scheint es unsere Erinnerung an einen Ort zu wecken, an dem wir schon einmal waren; an eine Person, die wir schon mal getroffen haben oder eine Handlung, die wir bereits in der Vergangenheit irgendwann getan haben. Das Déja Vu ist ein Signal, besonders darauf zu achten, was passiert, vielleicht um eine besondere Lektion zu erhalten oder etwas zu Ende zu bringen, was noch nicht beendet ist.

Es gibt viele Theorien, die das Déja Vu erklären sollen: die Erinnerung an einen Traum, eine Vorahnung, ein zufälliges Überlappen verschiedener Ereignisse oder gar eine Erfahrung aus einem vergangenen Leben, in der uralte Verbindungen wieder aufflammen. Letzten Endes ist es unwichtig, wie wir es definieren. Wichtig ist die Tatsache, daß ein Déja Vu uns dem Mystischen näherbringt. Es ist ein Geschenk, eine Gelegenheit, größeres Wissen über uns und andere zu erhalten.

Wenn ich ein Déja Vu erlebe, halte ich sofort inne und schaue mir alles genau an. Diese Momente mögen von überwältigender Klarheit sein oder von flüchtiger Natur, indem sie nur kurz aufblitzen und dann wieder verschwunden sind. Um das Erlebnis zu verlangsamen, versuche ich, alles, was damit zusammenhängt, genau zu beobachten. Ich höre aufmerksam auf das, was gesagt wird und prüfe, auf welche Weise es etwas mit mir zu tun hat; ich schaue, ob es hier etwas für mich zu lernen gibt oder wie ich etwas Positives zu der Situation beitragen kann. Wenn bestimmte Erinnerungen, Bilder oder Gefühle hervorgerufen werden, erlaube ich ihnen, sich durch mich zu äußern und beobachte, wohin sie führen. Darauf achtend, das Geschehen nicht zu sehr zu analysieren, bemühe ich mich besonders darum, intuitiv offen zu bleiben und alle Einzelheiten in mich aufzunehmen.

Während meiner Zeit als Assistenzärztin in der Psychiatrie wohnte ich in einem Apartment auf dem Boardwalk in Venice. Ich liebte diese Gegend. Ihre ausgefallene, witzige Architektur, die frische Meeresluft, die atemberaubenden Sonnenuntergänge, die herrliche Verschiedenheit der Menschen dort – es befriedigte alle meine Bedürfnisse. Doch als ich meine Praxis eröffnete und mein Einkommen stieg, riet mir mein Rechnungsprüfer, aus steuerlichen Gründen ein Haus zu kaufen. Lange Zeit widersetzte ich mich dieser Idee, doch schließlich gab ich nach. Meine Kriterien waren einfach: ich wollte in der Nähe des Strandes leben. Ich dachte, das dürfte kein Problem sein. Doch nichts, was ich mir anschaute, fühlte sich richtig an. Bald war ich frustriert und wollte schon aufgeben, da rief mich eine Maklerin an und gab mir die Adresse eines neuen Anwesens, das sie gerade reinbekommen hatte. Ich war erschöpft und machte mich auf eine Enttäuschung gefaßt, doch lustlos sagte ich dennoch zu, sie auf halbem Weg zu treffen. In dem Moment, als ich das Haus betrat, wußte ich sofort, daß ich mein Heim gefunden hatte. Es war mir erstaunlich vertraut und so einladend, als hätte ich tatsächlich schon einmal dort gewohnt. Ich kannte beinahe jede Nische und Ecke und brauchte niemanden, der mich herumführte und mir das Haus zeigte. Es war innen und außen wunderschön, doch es war mehr als das. Ich hatte das

Gefühl, als wären das Haus und ich wiedervereint worden – es rief nach mir und war froh, daß ich zurückgekommen war. Wie hätte ich meiner Reaktion nicht vertrauen können? Zwei Monate später zog ich ein; es bereitete mir im Gegensatz zu früher keine Schwierigkeiten, mich in meiner neuen Umgebung einzuleben, und glücklich und zufrieden wohne ich immer noch hier.

Achten Sie auf Déja Vus in Ihrem täglichen Leben. Sie sind manchmal leicht zu übersehen. Vielleicht hatten sie schon mal eins und dachten »Ist es nicht eigenartig?«, doch kümmerten sich nicht weiter darum. Déja Vu-Ereignisse sind übersinnliche Momente, in denen sich eine Tür öffnet; besondere Augenblicke, die Sie dazu einladen, die vor Ihnen liegende Situation genau anzuschauen und alle Einzelheiten zu prüfen. Lassen Sie ein solches Erlebnis nicht unbemerkt vorübergehen. Sprechen Sie mit jemandem darüber, von dem Sie wissen, daß er versteht, wovon Sie reden, und hören Sie sich seine Meinung dazu an. Wenn Sie ein Déja Vu-Erlebnis bewußt zulassen und es einem anderen mitteilen, energetisieren Sie es, betonen seine Bedeutung und haben die Möglichkeit, sich ohne Hast und genau anzuschauen, was es bedeutet.

In seinem Bericht einer Reise nach Afrika beschreibt C.G. Jung ein unmißverständliches Gefühl von Déja Vu, als er auf der Fahrt nach Nairobi einen mageren schwarzen Mann sah, der auf einen langen Speer gestützt auf den Zug hinunterschaute, als dieser eine scharfe Kurve um eine steile Klippe herum fuhr. In »Erinnerungen, Träume und Reflektionen« schreibt Jung: »Ich hatte das Gefühl, diesen Moment schon einmal erlebt zu haben und diese Welt zu kennen, die nur durch Entfernung in der Zeit von mir getrennt war; als würde ich genau in diesem Augenblick in das Land meiner Kindheit zurückkehren und als kannte ich diesen dunkelhäutigen Mann, der seit 5000 Jahren auf mich gewartet hatte.« Obwohl diese Welt und dieser Mann ihm fremd waren und sich außerhalb seiner normalen Erfahrung befanden, sah Jung die ganze Situation als vollkommen natürlich an und war in gewisser Weise nicht im geringsten überrascht davon. Er nannte dies ein Wiedererkennen dessen, was »jenseits der Erinnerung bekannt war«.

In der westlichen Kultur sind wir dazu erzogen worden, jeden, der nicht ein unmittelbares Mitglied unserer Familie oder unseres Freundeskreises ist, als Fremden anzusehen. Doch manchmal treffen Sie einen Menschen, bei dem sie das Gefühl haben, ihn schon jahrelang zu kennen. Die üblichen Höflichkeitsfloskeln scheinen unnötig. Sie können mit ihm über alles reden, und er versteht Sie. Sie lachen miteinander, haben vielleicht denselben Sinn für Humor. Eine lässige Bemerkung, der Ton seiner Stimme, die Art, wie er seinen Kaffee trinkt – all das scheint Ihnen so vertraut. Es ist nicht so, als ob er Sie an jemanden erinnert oder daß Sie seine persönlichen Qualitäten besonders angenehm finden. Sie empfinden den anderen einfach nicht als Fremden, sondern als jemanden, mit dem Sie eine gemeinsame Vergangenheit haben; Sie sind Mitglieder desselben Stammes.

In meinem Leben ist dies die Basis für meine wichtigsten, dauerhaftesten Beziehungen gewesen. Innerhalb der ersten 5 Minuten einer Begegnung weiß ich, ob wir gute Freunde werden. Das Gefühl, daß ich den anderen irgendwann, irgendwo gekannt habe und daß unser Treffen eine Wiedervereinigung ist und nicht ein erstes Kennenlernen, ist immer da. Von Anfang an ist eine tiefe Verbundenheit und Leichtigkeit im Umgang miteinander spürbar, die mit anderen Bekannten oder Freunden fehlt.

Ich habe zwar gelernt, mich in dieser Hinsicht auf meinen Instinkt zu verlassen, doch für andere ist dies manchmal schwierig nachzuvollziehen. Vor allen Dingen wenn es um Männer geht, mit denen ich eine Beziehung habe. »Er ist ein so netter Kerl, warum gibst Du ihm nicht eine Chance?« Diese Frage habe ich mehr als einmal von wohlmeinenden Familienmitgliedern und Freunden gehört. Vom Verstand her wußte ich, daß sie recht hatten, und vorübergehend hatte ich Zweifel an meinen eigenen Gefühlen. Schließlich wollte ich so gerne eine Beziehung haben. Sollte ich vielleicht meinen liebsten Wunsch selbst sabotieren? Also ließ ich es auf einen Versuch ankommen und blieb einige Zeit mit diesen Männern zusammen, die alle äußerst wunderbare Qualitäten besaßen, mit denen ich aber nicht jene direkte Verbundenheit gespürt hatte. Und ausnahmslos hat es nie funktioniert. Jede wichtige Beziehung mit einem Mann hat immer mit einem Gefühl von Déja Vu begonnen.

Ich will damit nicht sagen, daß Sie Beziehungen, die Sie interessieren, nicht fortführen sollen oder daß sie nicht erfolgreich sein können, wenn die Déja Vu-Komponente fehlt. Wann immer Sie ein starkes, positives Gefühl haben, lassen Sie es zu. Ist Ihr Gefühl eher neutral, schauen Sie nach, woran das liegt. Doch achten Sie darauf, wann ein Déja Vu passiert. Es ist anders, als wenn es zwischen Ihnen funkt, eine starke körperliche Anziehungskraft besteht oder selbst ein sofortiges Verstehen untereinander da ist. Diese Aspekte können zwar auch vertreten sein, doch darüberhinaus ist Déja Vu das Gefühl, den anderen tatsächlich schon lange zu kennen. Sie können diese Empfindung nicht forcieren oder so tun als ob – das Erlebnis ist nicht manipulierbar. Beobachten Sie selbst, wie sich diese Art der Beziehung von anderen unterscheidet. Benutzen Sie das Déja Vu als Hinweis darauf, daß etwas ganz Besonderes geschieht, und versuchen Sie, den übersinnlichen Aspekt Ihrer Verbindung zu entdecken.

Carol, eine meiner Patientinnen und von Beruf Innenarchitektin, wußte, daß sie ihn heiraten würde, als sie ihren Ehemann zum ersten Mal traf. Drei Jahre vorher war ihre unglückliche Ehe durch eine schmerzhafte Scheidung beendet worden. Carol hatte sich noch nicht vollständig davon erholt und dachte nicht im Traum daran, eine neue Beziehung einzugehen. Ihr Leben war endlich wieder in ruhige Bahnen gekehrt, und es gefiel ihr so. Sie dachte sich, wenn die Zeit reif war, würde sie schon jemanden finden. Doch sie hatte keine Eile.

Auf einer Party von Freunden sah sie Tom. Irgend etwas in seinem Lächeln, der Schimmer in seinem vollen, silberfarbenen Haar, seine Stimme und seine kraftvollen, gepflegten Hände waren ihr so vertraut, daß sie sicher war, ihn von früher zu kennen. Nachdem sie ein paar Worte miteinander gewechselt hatten, war klar, daß sie sich nie vorher begegnet waren, doch er hatte das gleiche Gefühl. An einem der nächsten Tage gingen sie gemeinsam zum Essen und sind seitdem unzertrennlich.

»Es ist erstaunlich, wie wir uns sofort verstanden haben,« erzählte mir Carol. »Vom ersten Moment fühlten wir uns wohl miteinander. Kleine Dinge – sein Geruch, seine Berührung, sogar die Art, wie er meinen Namen sagte, war mir auf Anhieb vertraut. Manchmal wußten wir sogar instinktiv um die Gewohnheiten und die Vorlieben des anderen. Wie zum Beispiel an dem Tag, als Tom mir einen Strauß Flieder schickte, obwohl er nicht wußte, wie sehr ich Flieder liebe. Oder als ich ihm letzte Woche einen unbekannten Song von Billie Holiday vorspielte und er mir sagte, er habe die gleiche Aufnahme zu Hause. Wenn ich mit ihm zusammen bin, kann ich ganz ich selbst sein. Mehr als mit jedem anderen Mann in meinem Leben. Es ist so wunderbar, daß ich mich manchmal nur schwer daran gewöhnen kann!«

Ein paar Wochen nachdem sie Tom kennengelernt hatte teilte mir Carol mit, daß sie heiraten würden. Ich fühlte mich hin- und hergerissen. Einerseits dachte ich, es wäre besser gewesen, wenn sie etwas länger gewartet und einander die Möglichkeit gegeben hätten, sich besser kennenzulernen. Doch andererseits respektierte ich Carols hoch entwickelte Intuition und vertraute ihren Gefühlen gegenüber Tom. Sie war kein impulsiver

Mensch. Außerdem überzeugten mich ihre Worte davon, daß es sich hier um ein Déja Vu handelte. Sie und Tom hatten von Anfang an eine Vertrautheit miteinander, die sich normalerweise bei Paaren erst nach vielen Jahren des Zusammenseins entwickelt. Sowohl Tom als auch Carol hatten das Gefühl, daß ihre Begegnung unvermeidlich gewesen war und wie vorherbestimmt schien, als wenn sie beide ihr Leben lang auf diesen Moment gewartet hätten.

Drei Monate später heirateten sie. Im Laufe der Jahre ist ihre Liebe ständig gewachsen, und ihre ursprüngliche Nähe und ihr Verständnis füreinander hilft ihnen dabei, die nicht zu vermeidenden Höhen und Tiefen einer Ehe zu überstehen. Nächstes Jahr haben sie ihren zehnten Hochzeitstag.

Beziehungen, die mit einem Déja Vu beginnen, mögen sich schneller entwickeln als andere. Doch selbst solche, die wie ein Wirbelwind daherkommen, behalten in der Regel eine gewisse Substanz und Bodenständigkeit. Sie haben einen organischen, ungezwungenen Rhythmus, in dem sie sich entfalten, so als besäßen sie ein eigenes Leben. Dies sind die gesegneten Beziehungen, die sich im Gegensatz zu anderen Beziehungen mehr wie eine Wiederverbindung anfühlen. Auch sie verlangen Hingabe und Mühe; doch die Paare, die ich kenne und die sich auf diese Weise »wiedererkannt« haben, sind auch heute noch zusammen.

Das heißt nicht, daß eine Déja Vu-Erfahrung mit einem anderen Menschen unbedingt zu einer Eheschließung führt. Vielleicht gehen Sie nur eine kurzfristige Beziehung ein, die Ihnen in Ihrem Wachstum hilft, oder beginnen eine lebenslange Freundschaft. Wie auch immer eine solche Begegnung sich entwickelt, ein Déja Vu ist ein Zeichen dafür, daß etwas Außerordentliches geschieht, und Sie sollten es sich zu Herzen nehmen.

Nicht alle Déja Vu-Erlebnisse sind positiv. Sie mögen einen Menschen treffen, von dem Sie sicher sind, daß

Sie ihn von früher kennen, und jede Zelle Ihres Körpers ruft: »Vorsicht! Bleib von ihm weg!«, eine Warnung, der Sie auf jeden Fall folgen sollten! Anders als bei anderen übersinnlichen Eindrücken liegt hier eine vergangene gemeinsame Geschichte vor, deren Resonanz Sie spüren. Vielleicht ist es Ihnen nicht möglich, die genaue Natur dieser Verbindung festzustellen, doch müssen Sie in einem solchen Fall stark bleiben und Ihre Gefühle respektieren.

Ein Freund von mir hatte ein solches Erlebnis. Er ist Rechtsanwalt in Hollywood und hatte noch nie eine Déja Vu-Erfahrung gehabt. Er ist ein Experte in seinem Feld und ein zauberhafter Mensch, der mit jedem auskommt. Bei einem geschäftlichen Treffen jedoch fiel ihm ein anderer Anwalt auf, der mit dem Rücken zu ihm stand. Er hatte den Mann noch nie vorher gesehen, doch war er ihm vom ersten Moment an zuwider. »Ich kann es nicht erklären«, sagte er mir. »Es war, als wüßte ich alles über diesen Mann, bevor ich überhaupt sein Gesicht sah. So als hätten wir schon einmal miteinander zu tun gehabt, obwohl das nicht der Fall war. Aber eins wußte ich genau: Man durfte ihm nicht vertrauen.« Aufgrund dieses Déja Vus hielt er sich von dem Mann fern und wollte nicht das Geringste mit ihm zu tun haben. Ungefähr ein halbes Jahr später sah er zu seinem Erstaunen das Gesicht dieses Anwalts auf der Titelseite der *Los Angeles Times*. Er war offensichtlich der führende Kopf in einem Betrugsskandal, bei dem er mehrere Millionen Dollar an Firmengeldern veruntreut hatte.

Ob Sie nun eine positive oder negative Reaktion auf ein Déja Vu haben, die Möglichkeit dazu besteht in allen Partnerschaften, doch besonders in den intimeren. Déja Vu-Erlebnisse können in Ihrem Beruf, Ihren Freundschaften oder in der Familie auftreten und führen oft zu entscheidenden Resultaten, die die Richtung Ihres ganzen Lebens beeinflussen.

Einen spirituellen Lehrer zu finden, kann sich auch wie eine schicksalhafte Fügung anfühlen, ähnlich wie die Begegnung mit einem Lebenspartner. Eines meiner stärksten Déja Vus geschah, als ich zum ersten Mal den Mann traf, der mein Lehrer werden sollte. In dem Moment, als ich ihn zum ersten Mal sah, war ich sicher, daß er der Richtige war. Plötzlich wußte ich, wonach ich so lange gesucht hatte: Hier saß mein Lehrer, genau vor mir. Die ganze Szene war so wunderbar vertraut, daß ich das Gefühl hatte, wir wären schon unzählige Male zusammen gewesen. Mehr als nur ein guter, alter Freund, wußte ich instinktiv, daß er mein spiritueller Führer war, der Mensch, der mich am besten verstand. An jenem Tag begann eine Reise, auf der ich mich auch heute noch, 10 Jahre später, mit Dankbarkeit befinde.

Es gibt Situationen im Leben, die man mit Funktionsstörungen vergleichen kann, wo die bekannten Regeln plötzlich nicht mehr gelten und sich das Mysterium offenbart; begnadete Momente, die von himmlischem Licht erfüllt sind. Das sind Déja Vus. Sie können jederzeit, überall und mit jedem Menschen stattfinden. Sie reisen zum allerersten Mal durch ein fremdes Land und befinden sich auf einer gewundenen Pflasterstraße in einem kleinen Dorf. So seltsam Ihnen das auch erscheinen mag, Sie haben instinktiv das Gefühl, schon einmal hier gelebt zu haben. Oder vielleicht sind Sie in einem Restaurant und empfinden eine unerklärliche Verwandtschaft mit einer Frau, die an einem anderen Tisch sitzt. Lassen Sie diese Gelegenheiten nicht vorbeigehen. Nehmen Sie sie wahr, verlassen Sie sich auf Ihren Instinkt und gehen Sie ihnen nach. Es ist unmöglich vorauszusagen, wohin solch eine Gelegenheit Sie führen wird oder was Sie daraus lernen können. Das Übersinnliche zu identifizieren ist nur der erste Schritt; doch nur der Mut, ein Risiko einzugehen und ihm zu folgen, Vertrauen zu haben in etwas, was noch nicht sichtbar ist, wird die Erfahrung erst lebendig machen.

Hellsehen

Am Abend des 29. April 1992, als ich gerade unter der Dusche stand, hatte ich die Vision einer schrecklichen Szene. Ich befand mich im Zentrum einer belebten Stadt. Darüber war ein riesiger, 20 Meter langer Revolver, der auf die Straßen hinunterzielte. Plötzlich wurde der Lärm der Stadt von einem donnernden Knall verschluckt. Die Pistole feuerte einen tödlichen Kugelregen ab, der von den in der Nähe befindlichen Bürogebäuden auf die Menge zurückprallte. Chaos entstand – das Geräusch von splitterndem Glas, die Schreie der Menschen, der Gestank von Rauch. Einige Personen lagen verletzt am Boden, umgeben von Blutlachen. Ich taumelte wegen der gewaltigen Macht der Explosion, doch überlebte sie unverletzt.

Mein erster Gedanke war, diese Vision persönlich zu nehmen. Was hatte mich so verärgert, daß es solch zerstörerische Bilder hervorrief? Mir fiel nichts ein. Keine Streitereien mit Freunden oder Familie. Keine Schwierigkeiten bei der Arbeit. Kein übermäßiger innerer Aufruhr. Das war der Hinweis für mich, daß das Gesehene nichts mit meiner eigenen Situation zu tun hatte, sondern übersinnlicher Natur war – doch ich hatte keine Ahnung, was es bedeuten sollte. Obwohl ich von der Klarheit der Vision überwältigt war, konnte ich nichts anderes tun als zu warten und zu versuchen, es herauszufinden. Während ich mich abtrocknete, fiel mir auf, daß es nicht ungewöhnlich für mich war, beim Duschen solch lebensnahe Bilder zu sehen. In dem Moment, wo das Wasser auf mich herabprasselt, erscheinen sie wie mit Zauberhand, so als betrete ich eine übersinnliche Telefonzelle. Ich habe viele meiner bezwingendsten Vorausahnungen unter der Duche gehabt. Frei von Spannung und ungehetzt, mit dem heißen Wasser, das meinen Körper umhüllt, kommen spontan alle möglichen Bilder in meinen Kopf (nicht ausschließlich übersinnliche) und verschwinden wieder. Doch dieses war besonders graphisch und ging mir nicht aus dem Kopf.

Als ich kurze Zeit später den Fernseher einschaltete, um die 6-Uhr-Nachrichten zu sehen, begriff ich. Am Nachmittag war das Urteil im Rodney-King-Prozeß gefällt worden: Als Folge davon loderten im südlichen Teil von Los Angeles Hunderte von Feuern auf, als wütende Demonstranten Gebäude in Brand setzten, Geschäfte plünderten und Vorbeigehende angriffen. Es wurde geschossen, und eine dicke Schicht von braunem Rauch lag über der Stadt.

Meine Augen waren wie gebannt auf den Fernsehschirm gerichtet, und ich war entsetzt über die apokalyptische Entwicklung, die sich in der Stadt ausbreitete. Nichtsdestotrotz hatte die brutale Natur meiner Vision mich aufgerüttelt. Ich war besser darauf vorbereitet, mit dem Geschehen umzugehen, und wurde nicht so überrascht davon wie viele andere in Los Angeles. Ich hatte meine Vision zwar nicht als ausgesprochen hellseherisch empfunden (es fällt mir manchmal schwer zu sagen, ob eine übersinnliche Impression ein gegenwärtiges Ereignis wiedergibt oder sich erst später materialisieren wird), doch hatte sie den ersten Schock gemindert und erleichterte es mir, trotz des Wahnsinns, der Los Angeles ergriffen hatte, einigermaßen zentriert zu bleiben.

Hellsehen heißt soviel, wie »klar sehen« zu können. Es hat nichts mit Zukunftsschauerei zu tun, sondern bezieht sich auf Ereignisse, die im selben Moment stattfinden, ob gleich nebenan oder auf der anderen Seite des Globus. Es kann sie mit dem Pulsschlag Ihrer Umgebung verbinden. Je dramatischer eine Situation ist, desto einfacher ist es, sie hellseherisch wahrzunehmen. Das ist der Grund, warum soziale und politische Unruhen als Auslöser für Hellsehen dienen können. Der Aufstand in Los Angeles ist ein perfektes Beispiel dafür. Ein Aufruhr von solch ungeheuren Ausmaßen verursacht ein besonders lautes, übersinnliches Signal, vergleichbar mit dem vollen Aufdrehen der Lautstärke an einem Radio. Während ich genüßlich unter der Dusche stand, entspannt und empfänglich, eskalierten die Unruhen. Ich war in der perfekten Verfassung, sie wahrzunehmen. Je intensiver die emotionale und physische Wucht eines Ereignisses, desto mehr verstärkt es sich auf einer übersinnlichen Stufe, wie eine heiße, wichtige Nachrichtenmeldung

Wir alle haben das Potential zum Hellsehen – es beschränkt sich nicht auf professionelle Hellseher oder erleuchtete, spirituelle Meister. Obwohl sie oft im Innern schlummert und nicht genutzt wird, ist Hellsehen eine menschliche Fähigkeit, die unter der richtigen Anleitung an die Oberfläche kommt. In gewissen Situationen – wie bei meiner Vision der Unruhen – mag sie spontan auftreten. Doch können Sie eine Disziplin daraus machen und sich selbst dazu erziehen, hellseherisch zu sein.

Der erste Schritt besteht darin, sich über seine Gefühle bewußt zu werden. Fangen Sie an, in Ihrem *ganzen* Körper zu leben, nicht nur in Ihrem Kopf. Viele Menschen sind in ihren physischen Empfindungen wie paralysiert, und nur ihr Verstand ist wie besessen und kommt nie zur Ruhe. Es ist daher kein Wunder, daß übersinnliche Einblicke sich so befremdlich anfühlen. Doch wenn Sie Ihre verschiedenen Emotionen nochmal ganz neu definieren – Zorn, Wut, Angst, Traurigkeit, Freude – werden Sie viel besser in der Lage sein, genau zu wissen, wie Ihr Körper darauf reagiert. Wenn Sie Ihre Gefühle in ihrer extremsten Form kennen, werden Sie sie nicht übersehen, wenn sie sich auf eine subtilere Art melden. Ihr Körper agiert als ein geistiges Empfangsgerät, der oftmals erste Eindrücke tief in seinem innersten Kern empfindet.

Um diese Veränderungen wahrzunehmen, müssen Sie zunächst einmal Ihren Geist zur Ruhe bringen. Wenn er mit Gedanken vollgestopft ist, bleibt das

Übersinnliche ausgeschlossen. Versuchen Sie, wenigstens 10 Minuten täglich ohne Unterbrechung stillzusitzen. Das Praktizieren von Stille, ob durch Meditation, Yoga, kontemplative Spaziergänge oder in einem warmen Bad, schafft Freiraum. Diese Zeiten der Ruhe, in denen Sie nichts tun außer einfach nur zu *sein*, konditionieren Ihren Geist darauf, sich einer Myriade von Eindrücken zu öffnen, von denen nur einige übersinnlicher Natur sind.

Der Schlüssel zur Kultivierung hellseherischer Fähigkeiten liegt in der ernsthaften Arbeit. Selbst wenn Sie noch nie eine übersinnliche Erfahrung hatten, können Sie jederzeit mit dem Training anfangen. Es gibt eine einfache Übung, die ich meinen Patienten empfehle – und die ich selbst mache, wann immer ich mich auf jemanden medial einstimme – und die vielleicht auch Sie einmal ausprobieren wollen.

Zunächst einmal machen Sie es sich bequem und sorgen Sie dafür, daß Sie nicht gestört werden. Stellen Sie das Telefon ab. Schließen Sie die Tür. Sorgen Sie dafür, daß niemand hereinkommt und Ihre Konzentration unterbricht. Dann atmen Sie ein paar Mal tief durch, entspannen sich, legen Ihre alltäglichen Besorgnisse zur Seite und gleiten in einen meditativen Zustand. Es besteht kein Grund zur Eile. Nehmen Sie sich soviel Zeit, wie Sie mögen, um zur Ruhe zu kommen.

Als nächstes wählen Sie einen Freund, der Ihnen besonders nahesteht, und beginnen Sie damit, sich passiv auf dessen Namen zu fokussieren. Wählen Sie jemanden, den Sie ohne Schwierigkeiten erreichen können, von dem Sie wissen, daß er Ihnen später ein ehrliches Feedback auf das geben wird, was Sie in Ihrem meditativen Zustand über ihn erfahren haben. Behalten Sie diesen Namen behutsam im Kopf. Versuchen Sie, an nichts anderes zu denken. Konzentrieren Sie sich nur auf diesen Freund. Am Anfang hilft es, eindeutige Fragen zu stellen – beginnen Sie mit etwas Allgemeinem und arbeiten Sie sich langsam auf spezifische Einzelheiten vor. Zum Beispiel können Sie einfach fragen, wie es ihm heute geht. Öffnen Sie sich der Fülle jeder Empfindung, die sich einstellt. Forcieren Sie nichts und greifen Sie nicht auf Ihre Logik zurück. Übersinnliche Eindrücke werden sich einstellen. Vielleicht wird eine Welle belebender Energie Sie überfluten. Oder Sie fühlen sich plötzlich gereizt, ohne einen Grund dafür zu haben. Überprüfen Sie Ihren Körper auf die kleinste Veränderung. Tut Ihnen der Bauch weh? Ist Ihnen übel? Sind Sie bedrückt? Hat sich Ihre Schultermuskulatur in einen schmerzhaften Knoten verspannt? Halten Sie sich jedoch nicht zu lange mit den entsprechenden Gefühlen auf. Lassen Sie sie natürlich fließen. Spüren Sie diese Veränderungen mit jeder Zelle Ihres Körpers.

Wenn Sie bereit sind, können Sie sich auf Einzelheiten konzentrieren. Auch dieses Mal beginnen Sie damit, eine ganz spezielle Frage zu stellen. Wo ist Ihr Freund in diesem Augenblick? Wie ist er angezogen? Was denkt er? Ist er allein oder mit anderen Leuten zusammen? Stellen Sie jede Frage separat und lassen Sie den Antworten genügend Zeit, sich zu offenbaren. Vielleicht sehen Sie nur Bruchstücke von Szenen, einzelne Bilder – doch vielleicht sehen Sie ein komplettes Szenario vor sich. Hellsehen kann sich so anfühlen, als ob man zum ersten Male richtig sieht. Es hat etwas Heiliges, sich so nahe auf einen anderen Menschen oder ein Ereignis einzustimmen, daß Sie tatsächlich mit dieser Erfahrung verschmelzen können.

Hellseherische Eindrücke kommen oft in schnappschußähnlichen Blitzen, bei denen die Bilder, Gerüche, Berührungen, Geräusche und Strukturen sehr lebhaft, doch flüchtig sind. Sie werden Ihnen typischerweise in einer Abfolge gezeigt und nicht als ein einziges, voll ausgereiftes Bild. Wenn Sie sich zum Beispiel auf den gegenwärtigen Aufenthaltsort Ihres Freundes einstimmen, sehen Sie vielleicht zuerst das phantastische Profil eines schneebedeckten Berges, danach ein zweites Bild von einer rustikalen, hölzernen Skihütte, die unterhalb des Berggipfels neben einem ausgetrockneten Flußbett am Hang steht. Doch Sie müssen auf ein drittes Image warten, um Ihren Freund zu entdecken, der in einem alten Schaukelstuhl allein auf der Veranda sitzt und ein Buch liest. Diese Impressionen mögen elegant detailliert sein und wie die komplizierten Teile eines Puzzles zusammengehören, dessen Sinn Sie nicht auf Anhieb verstehen können. Vielleicht rufen diese Bilder in Ihnen ein Gefühl der Dringlichkeit hervor, oder Sie nehmen einen ungewöhnlich auffallenden Anblick wahr, oder Sie haben dabei eine deutlich spürbare Empfindung. Achten Sie auf die Nuancen Ihrer Reaktion und stellen Sie fest, wann etwas »richtig«, »falsch« oder ungewöhnlich erscheint. Schreiben Sie all Ihre Eindrücke auf, da sie ansonsten zu leicht in Vergessenheit geraten.

Wenn die »Lesung« beendet ist, rufen Sie Ihren Freund so schnell wie möglich an, um diese Eindrücke auf ihre Richtigkeit zu prüfen; das gibt Ihnen ein direktes Feedback in bezug auf deren Genauigkeit. Sollten Sie Fehler machen, verlieren Sie nicht den Mut. Die Irrtümer, die mir im Laufe der Jahre widerfahren sind, haben sich als genauso wertvoll herausgestellt wie meine »Treffer«. Wenn ich etwas nicht richtig sehe, versuche ich den Grund dafür herauszufinden. Es ist mir oft passiert, daß ich Bilder übersehen oder als unwichtig abgetan habe, weil sie mir in dem Moment sinnlos erschienen, nur um später festzustellen, wie zutreffend sie waren. Dadurch habe ich gelernt, wie wichtig es ist, neutral zu bleiben, alles zu beachten und nicht übermäßig zu analysieren bzw. keine willkürlichen Urteile in bezug auf meine Eindrücke zu fällen. Feedback ist entscheidend in der Entwicklung zum Hellsichtigen. Es kann unsere Wahrnehmungen bestätigen und unseren hellseherischen Fähigkeiten erlauben, sich zu entfalten.

Der Prozeß, den ich beschrieben habe – einstimmen, alle Eindrücke anzunehmen und nicht zu analysieren, egal wie wild oder unmöglich sie zu sein scheinen, und danach so schnell wie möglich ein Feedback zu bekommen – ist das Grundrezept für die Verfeinerung hellseherischer Talente. Benutzen Sie sie, um schwierige Situationen zu beleuchten. Hellsicht ist ein Geschenk, das mit Respekt behandelt werden sollte. Mit der nötigen Übung kann es Ihnen bald zur zweiten Natur werden und sich in allen Bereichen Ihres Lebens vorteilhaft ausdrücken.

Dana, eine Patientin von mir, war erfolgreiche und ambitionierte Produktionsassistentin bei einer großen Filmgesellschaft in Hollywood. In letzter Zeit jedoch begann sie sich zu fragen, ob sie dabei war, ihren Verstand zu verlieren. In ihrem Beruf schien nichts, was sie tat, zu stimmen. Ihr Boss, ein geschäftsführender Produzent, schnauzte sie ständig und – wie es schien – ohne Grund an. Es war immer ein Vergnügen gewesen, mit ihm zu arbeiten, aber in letzter Zeit hatte sich was verändert. Dana hatte Angst, daß ihr bald gekündigt werden würde. Auf den ersten Blick war dies alles unverständlich. Da sie ihre Arbeit gut machte und nie vorher mit ihrem Chef Probleme gehabt hatte, schlug ich ihr vor, sich die Situation hellsichtig anzuschauen.

Dana war kein Neuling auf diesem Gebiet. Während des letzten Jahres hatte ich ihr im Rahmen unserer Therapie geholfen, ihre hellseherischen Fähigkeiten zu entwickeln. Mittlerweile hatte sie genug Zutrauen, auch alleine solche »Lesungen« zu absolvieren. Ich riet ihr, sich eine halbe Stunde Zeit zu nehmen und sich auf ihren Chef zu konzentrieren. »Selbst wenn Du alle nötigen Informationen in den ersten 5 Minuten bekommst«, sagte ich, »ist es gut, sich noch länger offen zu halten.« In ihrem braunen, ledernen Lieblingssessel im Wohnzimmer sitzend – ihre dreijährige Tochter gut bei einer Nachbarin aufgehoben – meditierte sie still und stimmte sich auf den Namen ihres Chefs ein. In dem Vertrauen, daß jeder Eindruck, der sich einstellen würde, in Beziehung zu einer Antwort stand, interpretierte sie sie nicht, bevor sie fertig war.

Innerhalb von Minuten bemerkte sie einen unangenehmen Druck in ihrer Stirn, der sich langsam so verstärkte, bis sie das Gefühl hatte, ihr Kopf müßte explodieren. Das Pulsieren war erbarmungslos. Dana hatte selten Kopfschmerzen und hatte nie erfahren, wie fürchterlich sie sein können. Doch sie ließ den Schmerz zu und widerstand der Versuchung, die Augen zu öffnen und die Sitzung zu beenden. Sie ließ nicht nach in ihrer Konzentration und fragte: »Was haben diese Kopfschmerzen mit meinem Chef zu tun?« Eine Zeitlang kam nichts. Dann sah sie plötzlich ein einziges, deutliches Bild von ihm, in dem er sehr krank aussah. Er stand am Trinkbrunnen vor seinem Büro. Er lehnte sich darüber, steckte eine kleine rote Pille in den Mund und nahm einen Schluck Wasser, um sie hinunterzuspülen. Sofort wurde ihr die Situation klar. Dana war nie der Gedanke gekommen, daß ihr Boss krank sein und dies der Grund für sein unbegreifliches Verhalten sein könnte.

Sie erkundigte sich in der Firma und fand schnell heraus, daß sie die Situation richtig gesehen hatte. Von einem Kollegen erfuhr sie, daß ihr Chef monatelang unter furchtbaren Kopfschmerzen gelitten hatte. Erst vor kurzem war er deswegen endlich zum Arzt gegangen, der zu hohen Blutdruck diagnostiziert hatte, die er jetzt mit Medikation in den Griff zu bekommen versuchte. Mit dieser Information fügten sich die Elemente von Danas »Lesung« zu einem einheitlichen Bild zusammen: die Pille, der Kopfschmerz, das Gefühl, er sei krank. Diese Erkenntnis gab der Situation ein völlig neues Bild. Dana beschloß, seine Stimmungsschwankungen nicht persönlich zu nehmen und abzuwarten, was passieren würde, wenn er sich besser fühlte. Ihre

Strategie zahlte sich aus. Es dauerte nicht lange, und er lebte auf, ging nicht mehr wütend auf sie los und wurde wieder zu dem angenehmen Menschen, der er vorher gewesen war.

Hellsehen als Disziplin kann also erlernt werden, doch mag es Ihnen zuweilen auch dann zu Hilfe kommen, wenn Sie überhaupt nicht damit rechnen. Je dringender ein Problem ist, das Sie zu lösen versuchen, desto wichtiger ist es für Sie und desto schneller kann das Übersinnliche auf den Plan treten. Wenn Sie die ganze Nacht wach liegen und um eine lebenswichtige Entscheidung ringen, ist es gut möglich, daß Sie unbewußt ein Notsignal aussenden und dem Übersinnlichen eine Reaktion entlocken. Und wenn Sie schließlich das Gefühl haben, in einer Sackgasse gelandet zu sein, fällt Ihnen spontan die Lösung Ihres Problems ein.

Einer meiner Kollegen am Cedars Sinai Medical Center, ein angesehener Kinderarzt, der nicht an das Übersinnliche glaubte, erzählte mir einmal scherzhaft etwas, das er als einen »Tagtraum« bezeichnete. Er saß im Ärztezimmer des Krankenhauses und nahm gerade sein Mittagessen ein, wobei er in einen Zeitungsartikel vertieft war, in dem es um Präsident Clinton und dessen Pläne zur Reduzierung des Defizites ging. In einem kurzen Zeitraum, der nicht länger als ein paar Sekunden sein konnte, sah er unerklärlicherweise Clinton vor sich, der ihm sagte, daß jetzt genau die richtige Zeit für eine Neufinanzierung seines Hauses war. Er hatte sich tatsächlich seit einiger Zeit Gedanken wegen seiner Finanzlage gemacht. Seit mehr als 6 Monaten war er von Bank zu Bank gegangen, um einen günstigen Kredit aufzunehmen, doch ohne Erfolg. Er wußte nicht, wohin er sich noch wenden sollte, und wollte schon aufgeben – bis er von dieser ungefragten Mitteilung überrascht worden war.

Die ganze Sache schien ihm vollkommen absurd. Selbst wenn er an die Existenz des Übersinnlichen glauben würde - was nicht der Fall war – warum war gerade diese Botschaft durchgekommen? Er glaubte nicht daran, daß sein »Tagtraum« sich realisieren würde; es schien ihm so weit hergeholt, doch konnte er dem Drang nicht widerstehen, es zumindest auszuprobieren. »Was habe ich schon zu verlieren?« murmelte er vor sich hin und machte einen letzten Anruf bei seiner Bank. Und siehe da, genau an diesem Tag war eine neue Form des Kredites in Kraft getreten, die genau auf seine finanziellen Bedürfnisse zugeschnitten war. Als ich ihm einen liebevollen Stups gab und sagte: »Glaubst Du jetzt an das Übersinnliche?«, zuckte er nur mit den Schultern.

»Es war ein glücklicher Zufall. Das ist alles.« Er lächelte mich an, so als teilten wir ein verbotenes Geheimnis. Er wollte es nicht zugeben, doch ich wußte, daß er von den Ereignissen beeindruckt war, daß etwas in ihm sich verändert hatte.

Doch manchmal gibt es Situationen, wo es um mehr geht als um einen Kredit. Eines Samstagnachmittags rief mich erregt die Mutter einer Patientin an, weil sie panische Angst hatte, daß ihre 19jährige Tochter Katie in Schwierigkeiten war. Sie hatte mehrere Nachrichten auf ihrem Anrufbeantworter hinterlassen, doch Katie hatte nicht zurückgerufen. In letzter Zeit schien sie unter Depressionen zu leiden; sie verhielt sich besorgniserregend distanziert und weigerte sich, darüber zu sprechen. Ihre Mutter wollte sich nicht ungebeten in ihr Leben einmischen, doch machte sie sich große Sorgen. »Was soll ich tun?« fragte sie. »Glauben Sie, ich sollte zu ihrer Wohnung fahren?« Ich wußte, daß Katie eine schwierige Zeit durchmachte und machte mir Sorgen um sie. Doch sie war meine Patientin, und ich wollte ihr Vertrauen in mich nicht zerstören. Aber als ich spürte, daß der Instinkt ihrer Mutter richtig war – und da ich wußte, wie entscheidend es ist, solchen Gefühlen zu folgen – ermutigte ich sie, ihre Ahnung ernst zu nehmen und hinzufahren.

Als sie an der Tür ihrer Tochter klingelte und keine Antwort bekam, ließ sie sich mit einem Ersatzschlüssel selbst herein. Auf den ersten Blick sah es so aus, als sei niemand zu Hause. Dann sah sie ihre Tochter, die bewußtlos auf dem Bett lag, neben sich ein leeres Röhrchen Schlaftabletten und eine halbleere Wodkaflasche. Bei diesem entsetzlichen Anblick blieb ihr beinahe das Herz stehen. Wäre Katie nicht sofort ins Krankenhaus gebracht worden, wäre sie höchstwahrscheinlich gestorben.

Hellsehen kann als ein wesentlicher Überlebensmechanismus dienen, indem es eine Serie deutlicher Warnsignale aussendet. Ich habe viele Geschichten von Eltern gehört, die instinktiv wußten, wann ihre Kinder krank oder in Not waren, auch wenn sie sich Tausende von Kilometern entfernt befanden. Hellsehen funktioniert besonders gut, wenn es sich um Menschen handelt, die wir lieben; wir sind mit ihnen durch ein unsichtbares, übersinnliches Netz verbunden. Wenn irgend etwas nicht stimmt, können Sie es spüren. Diese Verbindung regt die Hellsicht an und ermöglicht es Ihnen, ähnlich wie ein Radio Signale zu empfangen. Je offener Sie sind, desto feiner sind die Signale, die Sie wahrnehmen können, und desto größer ist Ihre Möglichkeit, potentiell gefährliche Situationen abzuwenden.

Bei jeder wichtigen Entscheidung in meinem Leben benutze ich eine Kombination von Logik und Hellsicht. Sie ergänzen einander wunderbar. Bevor ich eine neue Aufgabe annehme, eine andere Richtung in meinem Beruf einschlage, eine Investition tätige, einen Urlaub plane oder eine neue Beziehung eingehen will, versuche ich, mir aus allen möglichen Blickwinkeln heraus anzuschauen, worauf ich mich da einlasse. Die tatsächlichen Sachverhalte solcher Situationen sind wichtig für mich, doch wenn sie sich hellseherisch nicht bestätigen, werde ich sie – wie verlockend sie mir auch erscheinen mögen – ablehnen.

Damit »Lesungen« zuverlässig sind, muß ich neutral bleiben, doch das ist nicht immer leicht. Wenn ich emotional zu sehr mit den Menschen oder der Situation verbunden bin, auf die ich mich fokussiere, ist es mir fast unmöglich, meine Gefühle außer acht zu lassen. Wann immer ich etwas unbedingt will oder übermäßig an einem bestimmten Resultat interessiert bin, verliere ich meine Distanz, und es besteht die Gefahr, daß ich keine akkuraten Informationen erhalte. Meine eigenen Wünsche und Erwartungen überlagern das Bild, und es ist mir unmöglich, klar zu sehen.

Eines Abends hatte ich einen furchtbaren Streit mit meinem Freund. Ohne Vorwarnung waren wir plötzlich mitten drin. Er hatte sich über irgendeine Bemerkung von mir geärgert, doch war er zu wütend, um darüber zu reden. Ich wußte überhaupt nicht, was los war, und je mehr ich auf ihn eindrang, desto wütender wurde er. Und im nächsten Moment hatte er seine Jacke gepackt und war aus der Wohnung gestürmt. Ich blieb allein zurück mit dem Gefühl, das Verbrechen des Jahrhunderts begangen zu haben, ohne zu wissen, was es war. Darüberhinaus macht mich nichts zorniger, als so hängengelassen zu werden. Doch leider konnte ich in dem Augenblick nicht viel tun, also versuchte ich, mich hellseherisch auf die Ursache seiner Wut einzustimmen. Viel Glück! Wie konnte ich nur erwarten, in einer solch brisanten Situation neutral zu sein? Ich war selbst viel zu aufgebracht und verletzt, um auch nur den Versuch einer »Lesung« zu machen. Es war aussichtslos. Ich konnte mich nicht genug von meinen eigenen Gefühlen distanzieren, um seine auch nur im geringsten spüren zu können.

Um die Gabe des Hellsehens nutzen zu können, müssen Sie um Ihre Fähigkeiten und Grenzen wissen. Obwohl es sich hierbei nicht um ein unfehlbares Instrument handelt, bietet es Ihnen einen tieferen Einblick in die jeweilige Situation; die Chance, klügere Entscheidungen zu treffen und empfindsamer auf andere Menschen zu reagieren. Ob Sie nun einen erfahrenen Lehrer haben, der Ihnen weiterhilft, oder damit anfangen, sich selbst das Hellsehen beizubringen – es muß immer im Geist der Liebe geschehen; sie muß gelebt, kommuniziert und verbreitet werden. Dann können Sie sich vielleicht eines Tages zurücklehnen und aufatmen und wahren Trost in der Weisheit finden, die Sie gewonnen haben.

Übersinnliches Mitfühlen

Ist es Ihnen jemals passiert, daß Sie bei einer Party mit jemandem geplaudert haben, der total nett zu sein schien, und plötzlich stellen Sie fest, daß all Ihre Energie weg ist? Oder als Sie ins Kino gegangen sind, um sich einen heiteren Film anzuschauen, doch schlechtgelaunt und deprimiert wieder herausgekommen sind? In beiden Fällen ist es wahrscheinlich, daß Sie die Stimmung von Personen in Ihrer Nähe übernommen haben. Oder es ist schon vorgekommen, daß der Kollege, der im selben Büro sitzt, in so prächtiger Laune ist, daß Sie davon angesteckt werden. Sie fühlen sich total glücklich und haben keine Ahnung, warum. Hierbei handelt es sich um Beispiele von übersinnlichem Mitgefühl, wie sie viele von uns haben, oftmals ohne es zu bemerken.

Mitfühlen stellt sich ein, wenn Sie empfindsam sind gegenüber den Gefühlen oder Gedanken eines anderen Menschen. Eine gute Freundin heiratet, und Sie teilen ihre Freude. Ein Geschäftspartner verliert seinen Job, nachdem seine Firma in Konkurs geht, und auch Sie sind erschüttert. Bei Ihrer Schwester ist Krebs diagnostiziert worden, und Sie fühlen ihre Angst und ihren Schmerz. Wenn Sie auf einen anderen so einfühlsam reagieren, ist dies ein Zeichen dafür, daß Sie ein offenherziger, liebevoller Mensch sind, dem das Wohl anderer wirklich am Herzen liegt.

Übersinnliches Mitfühlen geht jedoch noch einen Schritt weiter. Es ist die Fähigkeit, mit einem anderen Menschen zu verschmelzen und für einen Moment die Welt durch seine Augen zu sehen, durch seine Gefühle wahrzunehmen. Personen mit dieser Art von Mitgefühl sind so unheimlich auf andere eingestimmt, daß sie sowohl psychisch als auch physisch spüren können, was in einem anderen passiert, als geschähe es mit ihnen selbst. Wenn Sie zu diesen Menschen gehören, mag es Ihnen nicht möglich sein, solche Empfindungen von Ihren eigenen zu trennen, und Sie zweifeln an sich selbst.

Da sie nicht durch die gleichen Begrenzungen eingeschränkt sind wie andere, fühlen Menschen mit übersinnlichem Gefühl oft mehr, als sie fühlen wollen. Und weil dieses Mitfühlen sich verselbständigen und ein Teil Ihrer Gewohnheiten werden kann, schätzen Sie seinen Einfluß auf Ihr Leben unter Umständen gar nicht. Von allen übersinnlichen Phänomenen ist dies vielleicht das am wenigsten verstandene. Diese Art des Mitfühlens kann zu oft verwirrend und irritierend sein, wenn es nicht identifiziert wird, doch ein Geschenk sein, wenn Sie erst einmal gelernt haben, es anzuwenden. Leider werden diese Menschen, da sie unter so vielen Symptomen leiden, die nichts mit ihnen zu tun haben, häufig von Ärzten, die keinen Grund für ihre Beschwerden finden können, als Hypochonder bezeichnet.

Murray, ein Beispiel für einen Menschen mit übersinnlichem Mitgefühl, hatte noch nie eine Freundin. In der 6. Klasse – ohne zu wissen, um was es sich handelte – erlebte er übersinnliches Mitgefühl zum ersten Mal. In jeder Klasse saß er neben Laura, da ihre Nachnamen denselben Anfangsbuchstaben hatten. Laura litt unter furchtbaren Bauchkrämpfen, und Murray ebenso, doch nur, wenn er in ihrer Nähe war. Als er seinen Eltern von diesen Beschwerden erzählte, schickten sie ihn zu einer Untersuchung zum Kinderarzt. Der konnte nichts finden. Murrays Eltern und Lehrer wußten nicht, wie sie ihm helfen konnten. Er mußte es selbst herausfinden. Als Laura einmal eine Woche lang nicht in der Schule war, stellte er fest, daß er keine Bauchschmerzen hatte. Mit einem für einen Jungen seines Alters erstaunlichem Einblick in die Gegebenheiten schloß er daraus, daß seine Symptome irgendwie mit Laura zu tun haben mußten. Um zu prüfen, ob er recht hatte, bat er seinen Lehrer, ihn woanders hinzusetzen – und von dem Tag an kehrten seine Beschwerden nie mehr zurück. Doch obwohl Murray klug genug war zu erkennen, wie Lauras Schmerzen ihn beeinflußt hatten, konnte er nie ein wichtigeres Problem lösen: wie er seine Empathie auf positive Art nutzen konnte, ohne von den Gefühlen anderer Menschen überwältigt zu werden. Da die Symptome dieses Mitgefühls am stärksten in der Nähe ihrer jeweiligen Quelle sind, ist Murray umso überwältigter, je intimer seine Verbindung zu einem anderen Menschen ist. Das macht eine Beziehung so gut wie unmöglich.

Auch ich war ein empathisches Kind, doch anders als Murray war mir nicht klar, daß meine Gefühle von denen anderer Menschen herrührten. Wenn man mir sagte, ich hätte eine »zu dünne Haut« oder ich sei »zu sensibel« und müßte härter werden, glaubte ich das. Meine Freundinnen konnten kaum das Wochenende erwarten, wo sie in Kaufhäuser stürmen oder auf Parties gehen konnten, was mir beides viel weniger Spaß bereitete als ihnen. Da mir große Ansammlungen von Menschen manchmal ein Gefühl des Überfordertseins gaben (und ich wußte nie, wann das der Fall sein würde), konnten normalerweise angenehme Aktivitäten sich für mich unversehens in einen Alptraum verwandeln. In solchen Momenten versuchte ich mit aller Kraft, mich zuzumachen und alles auszublocken und hatte Angst, daß mich die Intensität des Erlebnisses in Stücke bersten lassen würde, wenn ich auch nur einen Augenblick schwach würde. Ich war wie ein riesiger

Schwamm, der unbewußt die Schmerzen und Gefühle der Menschen um mich herum aufsaugte, oft ohne die geringste Membran zwischen uns. Ich konnte zum Beispiel in einem Bus sitzen und plötzlich dumpfe Rückenschmerzen bekommen, ohne je zu erraten, daß sie von dem älteren Mann hinter mir kommen könnten. Oder ich befand mich in einer Schlange vor der Kasse in einem Kaufhaus und stand in unmittelbarer Nähe zu einer Frau, die traurig war, und wußte nicht, warum mir plötzlich nach Weinen zumute war.

Ich war zu einem menschlichen Chamäleon geworden, eine Kondition, die Woody Allen genial in seinem Film *Zelig* darstellt. In diesem Film hat Zelig eine so schwach entwickelte eigene Identität, daß er – um von seinen Mitmenschen geliebt zu werden – sich in jeden verwandelt, mit dem er gerade redet. Im Verlauf des Films wird er zu einem Nazi-Offizier, einem chinesischen Wäscher, einem jüdisch-orthodoxen Rabbiner, einem Mariachi-Sänger in Mexiko und einem extrem dicken Mann, der über 250 Pfund wiegt.

Erst als ich mit der Arbeit in Thelmas Labor anfing, hatte ich die Gelegenheit, mit anderen Empathen zu sprechen, von denen viele Heiler waren. Ich war überrascht herauszufinden, daß es eine Bezeichnung gab für das, was ich empfunden hatte, und daß eine solche Fähigkeit zum Nutzen anderer Menschen eingesetzt werden konnte. So lange hatte sie sich eher wie ein dritter Arm angefühlt, mit dem ich nicht umzugehen wußte. Doch diesen Heilern war ihr übersinnliches Mitgefühl zur zweiten Natur geworden. Sie waren in dieser Hinsicht so positiv und nonchalant, daß mir diese Erfahrungen zum ersten Mal in meinem Leben nicht mehr fremdartig und bedrohlich erschienen.

Eines Nachmittags war ich zum Essen mit einer wunderbaren Frau verabredet, die Anfang 80 war und ihr langes graues Haar zu einem dicken Zopf zusammengeflochten hatte. Seit ihrer Kindheit war sie Empath gewesen. Sie war Psychotherapeutin und Heilerin mit einer gutgehenden Praxis, und bei einer Diagnose benutzte sie ihr Talent dazu, die Krankheiten eines Patienten in ihrem eigenen Körper zu spüren. Doch die Symptome verschwanden schnell wieder. Durch Meditation hatte sie gelernt, wie sie ihr übersinnliches Mitgefühl auf den physischen und emotionalen Zustand eines Patienten einstimmen konnte, ohne ihn jedoch zu übernehmen.

»Wie machen Sie das nur?« fragte ich fasziniert.

»Indem ich mich einfach als Kanal sehe«, sagte sie. »Ich lasse die Gefühle durch mich hindurch fließen, ohne mich übermäßig mit ihnen zu identifizieren.«

Das erschien mir damals durchaus vernünftig, doch habe ich Jahre gebraucht, um wirklich zu verstehen und anwenden zu können, was sie damit gemeint hat. Ein scharfsinniger Therapeut wies mich einmal darauf hin, daß die Qualitäten, die ich von anderen Menschen übernahm, die gleichen waren, über die ich mir bei mir selbst nicht im klaren war. Nehmen wir zum Beispiel Ärger, der mich manchmal unbemerkt überkommt oder gerade unter der Oberfläche vor sich hin gärt. Wenn ich dieses Gefühl zu lange übersehe, weist mich meine Empathie darauf hin, indem sie sich voll entfaltet. Und dann spüre ich nicht nur den Ärger und Zorn anderer Menschen noch deutlicher, sondern ich ziehe ihn sogar an: jeder in meiner Umgebung scheint über irgend etwas wütend zu sein, und das Negative setzt sich in mir fest. Doch wenn ich erst einmal die Ursache meines eigenen Ärgers erkannt und aufgelöst habe, ist der »Haken« weg, und ich ziehe nicht mehr so schnell diese Gefühle an bzw. übernehme sie nicht mehr auf empathische Weise.

Zauber? Nicht wirklich. Das grundlegende Prinzip übersinnlichen Mitgefühls, das Geheimnis, wie Sie sich von einer Flut unerwünschter Gefühle befreien können, besteht darin, sich so klar wie möglich über Ihre eigenen Motivationen zu sein. Verhindern Sie, daß sich Depression, Zorn, Angst und Bitterkeit in Ihnen ansammeln, womit Sie diese Empfindungen ungewollt anziehen. Je klarer Sie gefühlsmäßig sind, desto weniger problematisch ist Empathie. Der Unterschied ist, daß die Woge der Angst, die vielleicht in einem Restaurant von dem Mann am Nebentisch über Sie hinschwappt, sich nicht in Ihrer Seele festsetzen und Ihre Kraft absaugen kann. Das geschieht nur, wenn Ihre eigenen Knöpfe gedrückt werden. So lange Sie der Angst nicht auf irgendeine Art zu widerstehen versuchen oder sie sich zu eigen machen, sind Sie in der Lage, sie einfach wahrzunehmen und zu sagen »Aha, interessant« – und sie dann vorbeigehen zu lassen.

Doch was hat es mit physischen Symptomen auf sich? Wie können Sie verhindern, diese zu übernehmen? Hier müssen Sie etwas anders vorgehen. Es ist wahr: wenn Sie anfällig für Migräne sind, kann es leicht geschehen, daß Sie dieselben Symptome empathisch bei anderen spüren, und wahrscheinlich schon dann, wenn sie erst im Anzug begriffen sind. Das gleiche gilt generell für jede physische Schwäche, die Sie haben. Darüberhinaus können Sie auch jede Menge körperlicher Beschwerden spüren, die Sie nie persönlich erlebt haben. Die Kunst besteht darin zu lernen, sich davon zu distanzieren.

Meditation kann dabei sehr hilfreich sein. Ihr Körper wird Sie führen. Indem Sie sich durch die tägliche Disziplin des Stillsitzens zentrieren, können Sie lernen, ein neutraler Zeuge Ihrer Empfindungen zu werden. Sollten Sie zum Beispiel leichte Schmerzen in Ihrem Rükken spüren, achten Sie darauf, wie sie kommen und gehen wie die Wolken am Himmel. Widersetzen Sie sich ihnen nicht, aber überbewerten Sie sie auch nicht. Beobachten Sie einfach nur, was mit Ihnen geschieht. Es geht darum, sich von dem Schmerz zu distanzieren und gleichzeitig das Bewußtsein um ihn nicht zu verlieren, so als würden Sie einen Film anschauen. Das gibt Ihnen die Flexibilität zu wählen, ob Sie das Gefühl haben wollen oder nicht. Es mag eine Weile dauern, bis Sie diese Kunst gelernt haben, doch haben Sie Geduld mit sich. Wenn Sie nicht an dem Schmerz festhalten und sich verkrampfen, wird er fließender, weicher, und manchmal verschwindet er sogar ganz.

Meine Freundin Hayden merkte nicht einmal, daß sie durch geistige Empathie bis zur Erschöpfung an Kraft verlor, bis ihr Ehemann sie darauf aufmerksam machte. Hayden ist einer der freundlichsten Menschen, die ich kenne, die ihre Familie in jeder Situation selbstlos unterstützt. Sie liebt es zu geben, doch das hatte auch einen Nachteil. Wenn sie mit jemandem sprach, der Angst hatte, depressiv war oder unter körperlichen Schmerzen litt, merkte Hayden, daß sie bald die gleichen Symptome hatte. Danach war sie vollkommen erledigt und brauchte oft Stunden, sich wieder zu erholen.

Haydens Mann, der selbst auch intuitiv war, machte sich Sorgen um sie. Er äußerte den Verdacht, daß sie mittels psychischer Empathie die Gefühle anderer Menschen übernahm. Als Hayden erkannte, daß dem tatsächlich so war, konnte sie anfangen, anders damit umzugehen. Sie liebte es, dieses Mitgefühl für andere zu haben und wollte es nicht verlieren – es erlaubte ihr, mit ganzem Herzen zu lieben und voll da zu sein. Das wollte sie nicht aufgeben. Aber wenn sie ihre Energie behalten wollte, war es nicht möglich, daß sie weiterhin jedermanns Sorgen und Probleme auf die eigene Schulter nahm. Dies war weder für sie noch für die anderen gut. Hayden löste dieses Problem, indem sie ihre Art des Gebens überprüfte. Neben Meditation kann ein strategischer Wechsel in Ihrem Verhalten es Ihnen ermöglichen, sich zu distanzieren. Vom Verstand her wußte Hayden, daß sie weder für die Schmerzen anderer Menschen verantwortlich noch in der Lage war, sie ihnen abzunehmen. Und obwohl sie seit jeher versucht hatte, entsprechend dieser Einsicht zu handeln, erkannte sie, daß sie es jetzt tun *mußte,* wenn sie nicht ihre eigene Gesundheit aufs Spiel setzen wollte. Für Hayden war diese Erkenntnis der Schlüssel. Er gab ihr die Erlaubnis, sich ein wenig zurückzuziehen, zwar noch genauso bemüht um andere zu sein, doch mehr aus ihrem eigenen Zentrum heraus. Auf diese Weise konnte sie ihre Empathie weiterhin zum Wohl ihrer Mitmenschen einsetzen und sich gleichzeitig an ihr erfreuen.

In meiner Arbeit ist mir diese Art des Mitfühlens besonders hilfreich, denn dadurch kann ich nicht nur mental, sondern am eigenen Leib spüren, was meine Patienten empfinden. Wenn ich die Türe zu meinem Wartezimmer öffne und einen Patienten begrüße, weiß ich oft, wie er sich fühlt, bevor er noch ein Wort gesagt hat. Es ist so, als ob unsichtbare Fühler von seinem Körper zu meinem herüberreichen. Wir berühren einander, wenn auch nicht physisch. Diese Empfindung ist so delikat, daß sie mich an das Gefühl eines Schmetterlings erinnert, der sich mit zitternden Flügeln auf meiner Handfläche niederläßt.

Die erhöhte Sensitivität, die mit der Gabe des übersinnlichen Mitgefühls einhergeht, kann ein geteilter Segen sein. Manche Menschen haben nie die Gelegenheit, die schönen Seiten dieser Gabe zu erleben, weil sie beinahe unerträglich ist. Ich glaube, daß viele agrophobe Menschen deswegen so furchtbare Angst haben, ihr Haus zu verlassen, weil sie in Wahrheit nicht diagnostizierte geistige Empathen sind. Sie können keine Menschenansammlungen ertragen und werden alles tun, um ihnen aus dem Weg zu gehen. Auf verkehrsreichen Straßen zu sein, in hektischen Kaufhäusern, in vollgepackten Aufzügen oder wie Sardinen zusammengepfercht im Flugzeug ist überwältigend für sie, und zwar so sehr, daß sie so schnell wie möglich raus müssen. Inmitten einer Menschenmenge spüren sie einfach zu viel mediale Stimulation. Daher fühlen sie sich zu Hause sicherer und isolieren sich von anderen, nur um zu überleben.

Doch nicht alle Empathie äußert sich so extrem. Normalerweise zeigt sie sich in unserem Leben auf subtilere Weise. Ich bin mit einem älteren jüdischen Ehepaar befreundet, Bertha und Saul, die seit über 50 Jahren verheiratet sind. Da sie ständig beisammen sind, sind sie einander so nahe, als lebten sie in der Haut des anderen. Manchmal macht sie das ganz verrückt. Ihrer beider Rhythmus ist so verschmolzen, daß sie wie *eine* Einheit sind und aus ihrem Innersten heraus auf den anderen reagieren. Wenn er Schmerzen an der Hüfte bekommt, fühlt sie sie auch. »Was ist los mit Dir?« fragt sie ihn dann, ohne daß er irgendwas gesagt hat. Dann wieder gibt es Zeiten, wo Saul ein ziehendes Gefühl im Herzen spürt und zu seiner Frau sagt: »Leugne es nicht ab, Bertha. Du sehnst Dich danach, von Deiner Schwester zu hören.« »Du bist so ein Alleswisser«, faucht sie ihn an, verärgert darüber, wie leicht er sie durchschauen kann. Weil sie so viele Jahre zusammen gelebt haben, sind sie wie ein Wesen geworden.

Das gleiche passiert oft mit Eltern und Kindern. Eine Patientin von mir, die ein 5 Wochen altes Baby hatte, wachte mitten in der Nacht auf, ihre Kehle wie zugeschnürt und nach Luft schnappend. Als junge Mutter dachte sie nicht an sich selbst, sondern ihr Instinkt veranlaßte sie, sofort nach ihrem Baby zu schauen. In panischer Angst eilte sie ins Kinderzimmer und sah, daß ihr Sohn einen schrecklichen Hustenanfall und hohes Fieber hatte. In dem Moment, als sie das Problem erkannte, konnte sie wieder normal atmen, und sie rief sofort ihren Kinderarzt an. Daß sie empathisch die Symptome ihres Sohnes empfunden hatte, stellte sich als Segen heraus. Es weckte sie auf und ermöglichte ihr, schnell etwas zu tun und ihm sofort die Behandlung zukommen zu lassen, die er brauchte.

Meine Freundin Liz war auf empathische Weise so sehr mit ihrem Cousin verbunden, der mit Aids im Cedars-Sinai-Krankenhaus im Sterben lag, daß sie dessen Höhen und Tiefen erlebte, als seien es ihre eigenen. Nicht daß sie das mit Absicht getan hätte. Die beiden waren einander einfach so nahe. In derselben Nachbarschaft in Hancock Park aufgewachsen, waren sie als Kinder unzertrennlich gewesen. Bevor er krank wurde, sprachen sie mindestens einmal am Tag miteinander und erzählten sich alles. Sie war vom Tag der Diagnose an durch alle Phasen seiner Krankheit bei ihm gewesen und hatte alles mit ihm geteilt, bis hin zu den kleinsten Einzelheiten. Ob sie bei ihm im Krankenhaus war oder auf der anderen Seite der Stadt, es kam vor, daß ihr plötzlich schlecht wurde oder schwindlig oder sie bedrückt war, genau wie es ihm im gleichen Moment erging. Dem Ende zu empfand auch sie Augenblicke außergewöhnlichen Friedens. Natürlich waren diese Gefühle nicht immer angenehm für Liz, doch betrachtete sie solch intensive Reaktionen als ein Zeichen ihrer tiefen Zuneigung und hätte es gar nicht anders gewollt. So ist die Liebe, erkannte sie – hierin bestand ihre wahre Schönheit. Ihre gegenseitige Verbindung gestattete es Liz, voll für ihren Cousin da zu sein, wenn er sie brauchte und liebevoll an seinem Sterben teilzuhaben.

Der verbindende Zustand psychischer Empathie fühlt sich für mich natürlicher an als die willkürlichen Mauern und selbstauferlegten Gefängniszellen, die wir konstruieren, um uns von unseren Mitmenschen zu isolieren. Wenn Sie zum ersten Mal Empathie in sich selbst entdecken, brauchen Sie vielleicht Hilfe, um sich daran zu gewöhnen. Zögern Sie nicht, jemanden zu konsultieren, der sich mit diesem Zustand und den damit einhergehenden Herausforderungen auskennt. Das kann ein Therapeut sein, ein Mensch mit Erfahrung in übersinnlichen Aktivitäten, ein Meditationslehrer oder ein Heiler – am besten ist es, wenn diejenigen selbst direkte Erfahrung auf diesem Gebiet hatten. Wenn Sie erst einmal keine Angt mehr vor Ihrer eigenen psychischen Empathie haben, können Sie sie als eine nahtlose Erweiterung der Liebe sehen mit dem Potential, uns alle miteinander zu verbinden. Die simple Existenz dieser Art des Mitfühlens weist darauf hin, daß wir alle eins sind, eine Bruder- und Schwesternschaft, der jeder von uns angehört. Ein tieferes Mitgefühl wird sich in Ihnen rühren, gemeinsam mit einer neuen Wertschätzung unserer Ähnlichkeiten.

Ich bin davon überzeugt, daß alle fühlenden Wesen durch ein unsichtbares Netzwerk miteinander verbunden sind. Doch es tritt erst dann in Aktion, wenn das Übersinnliche als Generator in Kraft tritt, um es zu aktivieren und zu beleben. Unser alltägliches Leben bietet einen idealen Hintergrund, eine Art Laboratorium, in dem wir mit einer Unmenge von Möglichkeiten experimentieren können. Eine unbeschwerte Herangehensweise, ein Gefühl für das Spielerische und ein tiefer Respekt werden das Übersinnliche einladen, und es wird uns zeigen, was alles möglich ist. Das Übersinnliche soll weder übertrieben noch unterbewertet, sondern vielmehr im Sinne der modernen Welt neu interpretiert werden, damit wir es in unser Leben integrieren können. Wir müssen es in den oft viel zu wenig beachteten Wundern unseres täglichen Lebens entdecken. Dann wird eine Hochzeit des Mystischen und des Normalen die Schleier des Nebels teilen, auf daß Avalon von neuem existieren kann – nicht als eine verzauberte, ferne Insel, sondern lebendig und pulsierend in unseren Städten und in unseren Herzen.

Kapitel 10

Der ausgeglichene intuitive Mensch

Bescheidenheit ist das sicherste
Zeichen für Stärke.

Thomas Merton

Reihen greller Scheinwerfer ließen alles im Fernsehstudio unwirklich erscheinen. Ich saß im Publikum neben einer Frau, deren Schwester behauptete, sie sei von einer Hexe verflucht worden, und wartete auf meinen Auftritt in einer Talkshow, bei der es um Schwindel und Betrügereien im übersinnlichen Bereich ging. Auf der Bühne befanden sich bereits die verfluchte Frau, eine elegant gekleidete Rechtsanwaltsgattin; ihre mediale Beraterin, eine extravagante Blondine mit gebleichten Haaren und einem zu großen Dekolleté; und ein Mann, der mindestens 300 Pfund wog, auch Hellseher war und dem ein »medialer Telefondienst« gehörte, der in den Nachtstunden Telefonsex anbot.

Ich verging fast vor Scham. Als ich zugesagt hatte, an der Talkshow teilzunehmen, ging ich davon aus, daß es sich um eine Diskussionsrunde ganz normaler Menschen handelte und daß wir die verschiedenen Betrugsmöglichkeiten im medialen Bereich beschreiben würden. Aber doch nicht solch ein Zirkus! Schlimmer noch, ich war als letzte der sogenannten Experten vorgesehen, um meinen Kommentar zu den einzelnen Ausführungen abzugeben und damit die Ergebnisse der Gesprächsrunde zusammenzufassen. Als ich erkannte, in welch schlimmer Situation ich mich befand, drückte mir die Schwester der verfluchten Frau mitfühlend die Hand und sagte mit einem tiefen Seufzer: »Viel Glück, meine Liebe.«

Bis zu diesem Zeitpunkt hatte ich so gut wie nie – trotz all meiner Arbeit auf diesem Gebiet – Hellseher getroffen, die solch unverfrorene Karikaturen waren. Es war mir egal, ob sie authentisch waren oder nicht. Was mich so wütend machte, war das aufgesetzte, verrückte Stereotyp, das sie projizierten und das einer der wichtigsten Gründe dafür ist, warum seriöse Leute Hellsehern mißtrauen. Natürlich ist Aussehen nicht alles, doch in diesem bestimmten Bereich läßt es eine Menge (manchmal falscher) Schlüsse zu.

Der ausgeglichene intuitive Mensch trägt keine langen, weißen Gewänder, und wahrscheinlich hat er auch keine Kristallkugel bei sich. Er greift nicht mitten im Supermarkt nach Ihrer Hand und besteht darauf, Ihre Handlinien zu lesen. Er ist ein normaler Mensch; das auffallendste an ihm ist die Tatsache, daß er nicht auffallend erscheint. Seine Kraft ist verinnerlicht, integriert; er muß sie nicht zur Schau stellen. Indem er seine Fähigkeit zum richtigen Zeitpunkt anwendet und dabei ein subtiles Gefühl der Ruhe ausstrahlt, sehen wir uns einem Menschen gegenüber, der es nicht nötig hat, sich selbst zu glorifizieren, sondern von profunder, einfacher Natur ist.

Leider ist das Wesen von Hellsehern und anderen medial veranlagten Menschen von unserer Gesellschaft zu oft verletzt worden. Sie müssen menschlich anerkannt und ihre Integrität wiederhergestellt werden. Die Essenz der Heiligkeit im Übersinnlichen muß erneuert werden. Es gibt einen Film, den ich liebe – *Resurrection* –, der das Leben einer Frau schildert, die verschiedene Stufen der Anerkennung ihrer Fähigkeiten als Hellseherin durchläuft. Obwohl sie sich eine Zeitlang dazu veranlaßt sieht, ihre Kräfte öffentlich vor großen Mengen von Zuschauern unter Beweis zu stellen, entscheidet sie sich schließlich, sie auf bescheidenere Weise anzuwenden. In der Schlußszene des Films sehen wir sie als Besitzerin einer Tankstelle an einer abgelegenen

Strecke in der kalifornischen Wüste. Als ein kleiner, krebskranker Junge eines Tages mit seinen Eltern vorbeikommt, umarmt sie ihn, ohne ein Wort zu sagen, wobei sie ihn unauffällig heilt. Sie tut dies nicht, weil sie ein Bedürfnis nach Anerkennung hat, sondern aus Demut und dem reinen Wunsch zu helfen.

Jedoch sind Betrügereien nicht der einzige Grund, warum die meisten Menschen Hellseher in einem schlechten Licht sehen. Nehmen wir zum Beispiel die Schulmedizin: Wenn Sie sich *The Diagnostic and Statistical Manual IV* (DSM), die Bibel der American Psychiatric Association (Vereinigung Amerikanischer Psychiater) anschauen, werden Sie schnell feststellen, daß dort übersinnliche Erfahrungen einer Psychose gleichgesetzt und ausschließlich als Symptome einer geistigen Störung betrachtet werden, einer biochemischen Instabilität, die durch so starke antipsychotische Drogen wie Thorazine ausgemerzt werden müssen. Laut dem DSM haben übersinnliche Erlebnisse keinerlei positive, gesunde oder wertvolle Eigenschaften. Leider ist für die meisten Schulmediziner das Übersinnliche nicht existent, sondern eine Lüge oder eine Krankheit.

Ich glaube, daß diese Einstellung, vor allem im Bereich der Medizin, sehr kurzsichtig ist. Es stimmt zwar, daß viele Psychotiker davon überzeugt sind, Gedanken lesen oder die Zukunft voraussagen zu können; doch auch von einem ausgeglichenen Menschen kann der Umgang mit dem Übersinnlichen erlernt werden. Er kann eine natürliche Entwicklung spirituellen Wachstums durchlaufen. Nicht nur hat man mich dies nie gelehrt, sondern bis zur Überarbeitung des DSM im Jahr 1994 hatte ich nie gehört, daß in psychiatrischen Kreisen das Thema Spiritualität überhaupt offiziell angesprochen wurde. Heute ist im DSM alles, was mit Spiritualität zu tun hat, in einen vierzeiligen Absatz mit dem Titel »*Other Conditions That May Be a Focus of Clinical Attention*« (»Andere Konditionen, die gegebenenfalls klinisch beachtet werden sollten«) und auf Situationen beschränkt, die den Verlust oder die Infragestellung des Glaubens involvieren. Und übersinnliche Fähigkeiten und Phänomene werden mit keinem einzigen Wort erwähnt. Selbst heute, 1997, ist nur eine Minderheit von Psychiatern und Psychotherapeuten bereit, sie anzuerkennen, und noch weniger betrachten das Übersinnliche als ein Geschenk.

Während meiner Ausbildung waren Patienten entweder psychotisch und brauchten Medikation, oder sie waren es nicht. Die Grenzen waren genau definiert. Daher ist es kein Wunder, daß mir noch Mitte der 80er Jahre die Psychiatrie wie ein spirituelles Ödland erschien. Ich war den Weg der Psychotherapie und Medikation gegangen, hatte seine Vor- und Nachteile gesehen, doch war mir dieser Ansatz nicht genug. Ich wollte mehr, wollte eine Möglichkeit finden, das Übersinnliche und das Spirituelle in meine Praxis zu integrieren, obwohl das meines Wissens noch niemand versucht hatte. Doch dann hörte ich von SEN – Spiritual Emergency Network (Netzwerk für spirituelle Notfälle) –, einem Lehr- und Hilfszentrum in der Nähe von San Francisco, das von Stanislav Grof, einem Psychiater, und seiner Frau Christina gegründet worden war. Das SEN machte eine scharfe Unterscheidung zwischen Geisteskrankheiten und spirituellen Notfällen. Die Prämisse des SEN besagte, daß bestimmte persönliche Krisen zu einer spirituellen Extension führen können. Die Volontäre und Mitarbeiter leiteten die Anrufer aus aller Welt an Psychiater, Psychologen und lizensierte Therapeuten weiter, die eine medizinische Ausbildung hatten und darüberhinaus Erfahrung im Umgang mit dem Paranormalen. Hier fand ich genau die mitfühlende, intelligente, verantwortungsvolle Alternative, nach der ich gesucht hatte, keinen Telefondienst für Hellseher oder sonstige nicht ernst zu nehmende Opportunisten. Es war eine Geschenk des Himmels, daß eine solche Organisation existierte, ein »erweitertes Modell für die Behandlung ungewöhnlicher geistiger Zustände, um Menschen in Krisensituationen durch die Anwendung wissenschaftlicher und spiritueller Methoden zu helfen«. Ich kontaktierte SEN umgehend und bot ihnen an, als Volontärin die regionale Koordination für den Bereich Los Angeles zu übernehmen.

Durch SEN erhielt ich Anrufe aus allen Schichten der Bevölkerung, von Hausfrauen bis zu Vorstandsvorsitzenden großer Unternehmen, von denen viele außergewöhnlich intensive mystische und übersinnliche Erfahrungen gehabt hatten. Meistens klangen ihre Stimmen panisch, und sie waren total verunsichert. Oft von der Angst besessen, verrückt zu werden, erforderte es großen Mut von ihnen, sich nach außen zu wenden und um Hilfe zu bitten. Sie alle wußten nur zu gut, was die traditionelle Psychiatrie in solchen Fällen bereithielt, und davor hatten sie große Angst. Die Aussicht auf die Behandlung mit härtesten Drogen, Elektroschock-Therapie und selbst intensive Psychotherapie waren verständlicherweise kein Trost für sie. Durch SEN lernte ich, die Ängste dieser Menschen nicht zu verstärken, sondern ihnen zu helfen, einen spirituellen Kontext zu finden, ihre Schwierigkeiten in einem neuen Licht zu sehen – nicht als Fehlfunktionen, sondern als einen Einstieg und Zugang zu einer höheren Dimension. Ich stellte fest, daß eine Unterstützung anstatt einer Verurteilung aufgrund konventioneller Ansichten es ermöglichte, daß die Krisen sich natürlich entwickeln konnten und manchmal zu ungeheuren Durchbrüchen führten. Was zu einer Anerkennung und Akzeptanz des Übersinnlichen im Leben dieser Menschen führte – und gelegentlich in der Erweckung eines echten Talentes resultierte.

Kurz nachdem ich meine Volontärarbeit aufgenommen hatte, empfahl das SEN eine Patientin an mich weiter. Sie hieß Theresa, kam ursprünglich aus Guatemala, war eine erfolgreiche, überforderte Geschäftsführerin einer Werbeagentur und hatte seit 10 Tagen kaum geschlafen. Bei unserer ersten Begegnung in meiner Praxis weinte sie unkontrollierbar und lief, die Hände ringend und stöhnend, im Raum auf und ab. Nie im Leben hatte sie sich so gefühlt und hatte furchtbare Angst, sämtliche Kontrolle zu verlieren. Aufgewachsen in einem kleinen Dorf in Guatemala hatte Theresa Zeit ihres Lebens einen unerschütterlichen Glauben an Zauberkräfte und Kräuterkuren gehabt. Sie war als *curandera*, oder Medizinfrau, ausgebildet und hatte gelernt, ihre paranormalen Träume und Visionen zur Heilung anderer Menschen zu benutzen. Konventionelle Psychotherapie jedoch war ihr unheimlich, und sie hatte kein Vertrauen darin.

Als sie mit 20 nach Los Angeles zog, hörte sie damit auf, ihre heimatlichen Gebräuche zu praktizieren. Sie wollte unbedingt Erfolg haben und tat alles, um dieses Ziel nicht zu gefährden. In der konservativen, hektischen Geschäftswelt würden ihre spirituellen Ansichten sie verdächtig und seltsam erscheinen lassen. Also verkürzte sie ihren Namen auf Teri, wie das in Amerika üblich ist, kleidete und benahm sich so, wie sie es bei erfolgreichen Frauen gesehen hatte und erweckte den Eindruck, als hätte sie jedes Wort, das Dale Carnegie je geschrieben hat, auswendig gelernt. Schnell verlor sie die alten Traditionen aus den Augen, und nach 8 Jahren hatte sie sämtliche Unternehmensstufen erfolgreich durchlaufen und war eine der Top-Frauen in der Werbebranche geworden. Und dann hatte sie eines Nachts eine unerwartete Vision. Als sie zu mir kam, kämpfte sie noch immer darum, ihre professionelle Fassade aufrechtzuerhalten, doch unter ihren Augen hatten sich dunkle Ringe gebildet.

»Sie werden mich wahrscheinlich in eine Irrenanstalt einliefern wollen«, platzte es schließlich aus ihr heraus. »Ich hatte eine entsetzliche Vision. Letzten Montag wachte ich mitten in der Nacht auf, und da stand meine älteste Schwester in einer Ecke meines Zimmers. Sie hatte ein riesiges Loch in der Brust, so groß wie ein Fußball, durch das eine Flut von weißem Licht strömte. Ich war vor Schreck wie gelähmt. Ich wußte, daß sie sterben würde.«

Den Rest der Nacht wälzte Theresa sich ruhelos im Bett umher und fand keinen Schlaf mehr. Sie liebte ihre Schwester, war aber zornig darüber, daß diese Vision in ihr neues, total verwestlichtes Leben eingedrungen war. Am Nachmittag des nächsten Tages erhielt sie einen Anruf aus Guatemala. Es war ihre Schwester – bei ihr war soeben Lungenkrebs diagnostiziert worden. Theresa hatte versucht, ihre Vergangenheit hinter sich zu lassen, doch sie war von ihr eingeholt worden und konnte nicht länger ignoriert werden.

Ich war sicher, daß Theresa nicht psychotisch war, vielmehr hatte ihre Vorahnung ihre tiefsten Ängste aufgewühlt. Nicht vorbereitet auf eine plötzliche Kollision dieser beiden Welten, hatte sie versucht, ihren visionären Aspekt abzutrennen, doch war er unaufhaltsam an die Oberfläche gedrungen. Ich verstand sofort, welchen verheerenden Zusammenprall dies in ihrem Inneren hervorgerufen hatte. Meine Aufgabe würde darin bestehen, Theresa bei der Wiederverbindung dieser beiden Teile ihres Wesens zu helfen.

»Das ist unmöglich«, widersprach sie. »Entweder ich bin *curandera* oder Geschäftsfrau. Beides zusammen ist unmöglich!« Ich hatte großes Mitgefühl für Theresa. Es war, als hörte ich das Echo meiner selbst aus einer nicht weit entfernten Vergangenheit. Ich wußte, was ich zu tun hatte: Ich erzählte Theresa meine eigene Geschichte – wie ich mit derselben Trennung des Übersinnlichen vom Normalen gekämpft und sie überwunden hatte. Hätte ich mich distanzierter verhalten, hätte dieser Vergleich viel von seiner Kraft verloren. Meine Annäherung an ihre Situation war ähnlich der des 12-Stufen-

Programms der Anonymen Alkoholiker: Ich präsentierte mich selbst als jemanden, der die gleichen Erfahrungen gemacht hatte und die Auf und Abs einer solchen Reise zum Verständnis kannte. Zunächst war Theresa argwöhnisch. Wie konnten wir beide uns ähnlich sein? Und tatsächlich glaubte sie in den ersten Monaten unserer Therapie, daß ich sie nur aufmuntern wollte. Obwohl sie meine Worte hörte, glaubte sie mir nicht wirklich.

Meine wichtigste Aufgabe bestand darin, Theresa zu helfen, ihre paranormalen Fähigkeiten in einem neuen Licht zu sehen. Um eine moderne Seherin zu werden, mußte sie den antiquierten Stereotyp der Dorfhexe aufgeben. Während wir uns durch all ihre Ängste und alten Vorstellungen arbeiteten und ihre Vergangenheit kein Geheimnis mehr war, verlor sie allmählich ihre Angst. Dennoch ging unsere Therapie nur sehr langsam voran, bis sie endlich bereit war, meine Praxis als einen sicheren Platz zu betrachten, an dem sie sich übersinnlichen Erfahrungen öffnen konnte.

Eines Tages verkündete sie, daß sie mir ein Reading geben wollte. Auf diesen Moment hatte ich gewartet. In dieser Sitzung und in vielen weiteren gab sie mir Readings über mein Leben, und ich gab ihr mein Feedback in bezug auf deren Richtigkeit. Das hieß, ich mußte darauf vorbereitet sein, Informationen zu enthüllen, die absolut vertraulich waren. Es machte keinen Sinn, etwas zu verleugnen, was Theresa gesehen hatte, nur weil es zu intim war. Das würde den ganzen Zweck der Übung vereiteln. Sich einem Patienten gegenüber so zu öffnen, erfordert jedes Mal eine genaue Einschätzung der Situation. Doch hatte ich das Gefühl, daß Theresa damit umgehen konnte.

Ich erinnere mich an den Moment, wo sie sagte: »Ich sehe ein Bild von Ihnen, und Ihre Füße sind abgeschnitten. Es sieht so aus, als fänden Sie Ihr Gleichgewicht nicht.« Ihre Bemerkung hätte nicht zutreffender sein können. Dieser ganze Tag war schrecklich gewesen: Eine Freundin, die versuchte, mit dem Trinken aufzuhören, war schon wieder im Alkoholdelirium in der Notaufnahme gelandet; mein VW sprang nicht mehr an, nachdem ich sie im Krankenhaus besucht hatte; und weil ich ein Auto mieten mußte, kam ich zu spät zu einem Patiententermin, der wieder ging, bevor ich in meiner Praxis ankam. All dies erzählte ich Theresa – nicht um Mitleid für meine Frustration einzuheimsen, sondern um ihr zu helfen, die Metapher ihrer Vision zu verstehen.

Während einer anderen Sitzung fragte Theresa: »Kennen Sie einen älteren Mann, der Atemprobleme hat? Er hat ein rundes Gesicht und einen wunderbaren Sinn für Humor.« Ich wußte sofort, wen sie meinte. Er war der beste Freund meines Vaters, Anfang 80 und ein unverbesserlicher Witzbold. Er war am Tag vorher mit akuter Lungenentzündung und gefährlich hohem Fieber in die Intensivstation des Cedars-Sinai eingeliefert worden. Ich gab Theresa mein Feedback, um ihr zu zeigen, daß sie recht hatte. Durch diese und ähnliche Übungen wuchs langsam ihr Vertrauen. Ich fühlte mich, als trainierte ich einen Preisboxer, der viele Jahre lang nicht im Ring gestanden hatte. Obwohl angerostet und verunsichert, gewann sie nach und nach Vertrauen in ihre übersinnlichen Fähigkeiten und lernte, sie wie eine lose Robe zu tragen – und zwar nicht nur in meiner Gegenwart, sondern auch in der Geschäftswelt, mit ihrer Familie und besonders während der Krankheit ihrer Schwester.

Theresa war eine intelligente, aufgeschlossene, bestens funktionierende Frau, die sich in einer Krise befand; ein perfektes Beispiel eines Menschen, der von einem spirituellen Notfall überwältigt worden war. Während meiner Zeit bei SEN stellte ich zu meiner großen Verwunderung fest, wie viele Leute solche und ähnliche Situationen erfuhren. Sie sahen Visionen, hörten Stimmen und hatten oft Angst, ihren Verstand zu verlieren. Aber ihre Symptome als psychotisch einzustufen und sie lediglich als Zeichen geistiger Verwirrung abzutun, wäre ein furchtbarer Irrtum gewesen. Ohne die richtige Art der Hilfe wäre die Möglichkeit, das Hervorbrechen des Übersinnlichen als einen spirituellen Wendepunkt zu verstehen, sicher nicht erkannt worden.

Doch trotz meiner Sympathie für diese Herangehensweise gab es natürlich Situationen, in denen sie nicht angebracht war, vor allen Dingen wenn es sich um chronisch geisteskranke Patienten handelte. So sehr ich auch an die Absichten des SEN glaubte, erlebte ich mit manchen Patienten ungeheure Frustrationen. In meiner Funktion als regionaler Koordinator waren die unzähligen Anrufe offensichtlich psychotischer Personen am störendsten, die davon überzeugt waren, paranormale Erscheinungen zu haben: die ausgebrannten Manisch-Depressiven, die seit Jahren immer wieder in geschlossenen Institutionen landen; oder die Schizophrenen auf Thorazin, die schworen, daß das FBI hinter ihnen her war. Die hoffnungslosesten und bereits aufgegebenen chronisch Kranken riefen irgendwann bei mir an, in der Hoffnung, ich würde im Gegensatz zu anderen Psychiatern ihre besonderen Kräfte erkennen und bestätigen.

Das brachte mich jedes Mal in eine schwierige Situation. So gern ich ihnen auch Mut gemacht hätte, war es mir bei solchen Patienten nicht möglich, das Psychotische vom Übersinnlichen zu unterscheiden. Nach bestem Wissen und Gewissen konnte ich nur unter Einbeziehung traditioneller medizinischer Behandlungsmethoden mit ihnen arbeiten. Sie kämpften um die rudimentären Dinge des Lebens – einen Job, einen Platz zum Leben, gesunde Ernährung, persönliche Hygiene. Das letzte, was sie brauchten, war eine Beschäftigung mit dem Metaphysischen. Selbst die wenigen von ihnen, bei denen ich den ein oder anderen Beweis übersinnlicher Fähigkeiten zu erkennen glaubte, waren emotional zu schwach, um eine Fokussierung darauf riskieren zu dürfen. Hätte ich in solchen Fällen das Übersinnliche betont, hätte das ihre Psychose nur verschlimmert.

Hier war ich also und behauptete, übersinnliche Fähigkeiten zu besitzen und bereit zu sein, diese in anderen Menschen hervorzuholen, doch gleichzeitig weigerte ich mich, ihnen zu helfen. Sie konnten meine Gründe nicht nachvollziehen und fühlten sich oft betrogen von dem, was sie als Heuchelei und Mangel an Unterstützung empfanden. Es war entmutigend, als ein weiterer, mitleidloser Psychiater betrachtet zu werden; darüberhinaus erschien ich ihnen noch schlimmer als die anderen, weil ich mich falsch darstellte. Ich mußte den inneren Drang bekämpfen, ihnen nachzugeben. Doch wußte ich, daß es so besser für sie war. Schließlich hatte ich auch ethische und legale Obligationen: Wenn jemand mörderische Absichten hatte, mußte ich die Polizei benachrichtigen; wollte sich jemand umbringen und hatte niemanden, der auf ihn aufpassen konnte, war ich gezwungen, entweder die Polizei oder ein psychiatrisches Notfallteam zu verständigen. Es war meine Verantwortung, Menschen zu beschützen, vor anderen und vor sich selbst.

Egal wie schwer es mir fiel, manchmal mußte ich zusehen, wie solche Patienten meine Praxis verließen in der Annahme, ich gehörte zu den »bösen« Psychiatern. Ich schickte sie in der Regel zu staatlichen Institutionen, gab ihnen eine Liste von in Frage kommenden Programmen und überwies sie zu anderen Therapeuten, wobei ich den ersten Termin telefonisch für sie vereinbarte, oder gab ihnen nötigenfalls die Adresse eines Obdachlosenasyls. Manche nahmen meine Anregungen an und versuchten, ihr Leben in den Griff zu bekommen. Für andere jedoch war ich nur ein weiterer Doktor, der sie enttäuscht hatte. Ich konnte ihren

Schmerz darüber fühlen, daß ich ihnen nicht das geben konnte, was sie wollten.

In einer Psychose zeigt sich oft eine Verzerrung des Paranormalen. Bestimmte Personen haben ein grundsätzliches biochemisches Ungleichgewicht in ihrem Gehirn, das dazu führt, daß einige Drähte in ihrem Inneren sich überkreuzen. Ich sitze zum Beispiel in meiner Praxis und höre einer völlig normal erscheinenden Frau zu, die mir sagt, daß sie übersinnliche Erlebnisse hat – unter anderem kann sie meine Gedanken lesen, wie sie behauptet – und ich weiß mit absoluter Sicherheit, daß das nicht stimmt. Wie vorsichtig ich diesen Menschen das dann auch sage, sie hören es einfach nicht. Ich habe das Gefühl, daß sie zwar in die richtige Richtung schauen, doch von einer falschen Fassade ausgetrickst werden, in eine Falltür treten und sich verirren. Die Wahrheit, die sie angeblich sehen, ist in der Regel unzusammenhängend und hat nichts mit der Welt zu tun, die wir kennen. Viele Psychopathen halten an dem Glauben fest, daß sie medial sind, als wäre es der letzte Strohhalm, der sie vor der Vernichtung retten kann. Nichts, was ich sage oder tue, vermag ihre Meinung zu ändern. Wenn ich versuche, sie in eine andere Richtung zu dirigieren, sind sie einfach nicht bereit, zu folgen. Ich habe den Eindruck, daß ihre Überzeugung, übersinnlich zu sein, ihnen eine Identität gibt, ihr Dasein legitimiert, so daß sie eine gewisse Würde und einen Grund für ihr Leben haben.

Ein Patient, »Solarus« bzw. Steve, der aus einer konservativen jüdischen Familie in Brooklyn stammte, saß wegen Besitzes von Marihuana 2 Jahre in einem türkischen Gefängnis. Wenn seine Eltern nicht alle Hebel in Bewegung gesetzt und schließlich ein Abkommen mit der türkischen Regierung getroffen hätten, wäre er vielleicht sogar zum Tode verurteilt worden. Steve befand sich monatelang in Einzelhaft und wurde von seinen Wächtern brutal mißhandelt. In seiner nackten Zelle gab es nur eine bloße Holzbank, auf der er schlief. Es gab weder Fenster noch eine Lichtquelle. Die brutale Behandlung und Isolation zerbrachen ihn. Während dieser Zeit begann er, eine Wesenheit zu channeln, die er die »Sun Spirits« (Sonnengeister) nannte und die ihn davon überzeugten, daß er sich auf einer Mission befand, um die Welt vor dem Untergang zu retten. Hartnäckig darauf bestehend, daß sie ihn beschützten, glaubte er, ihr Botschafter zu sein.

Nach seiner Entlassung aus dem Gefängnis nistete sich Steve in einem schmuddeligen Appartement in der schäbigsten Gegend von Hollywood ein. Er ging fast nie aus dem Haus, weigerte sich zu baden und schwärmte ständig von den Sonnengeistern. Seine Eltern wußten nicht mehr, was sie tun sollten, und schickten ihn ungefähr ein Jahr nach seiner Rückkehr aus der Türkei zu mir. Er stimmte zu, weil ich über paranormale Fähigkeiten verfügte und er daher glaubte, daß ich ihn verstehen würde.

Mit dem verzweifelten Wunsch, daß ihm endlich jemand glaubt, kam er in meine Praxis und wollte mir beweisen, daß seine Erlebnisse real waren. Er sah so verletzlich aus! Ich hatte den starken Impuls, ihn zu trösten; seine ganze Identität stand auf dem Spiel. Er erinnerte mich an ein Kind, das sich verirrt hatte und nach Bestätigung und Hilfe suchte. Doch mußte ich aufpassen, mich nicht zu sehr mit ihm zu identifizieren, da ich in meiner Kindheit die gleichen Gefühle hatte wie er jetzt. Ich wußte, um ihm helfen zu können, mußte ich objektiv bleiben.

Steve channelte die Sonnengeister für mich, doch sie fühlten sich ganz und gar nicht echt an. Als die Stimmen durch seinen Mund sprachen, waren sie oft kritisch und bösartig. »Du bist häßlich und fett«, fauchten sie zum Beispiel. »Es ist erbärmlich, daß ein Mann von 27 Jahren nicht mal für sich selbst sorgen kann.« Und im nächsten Atemzug behaupteten sie: »Wir haben dich erwählt, um unsere Botschaft zu verbreiten.« Ich fühlte Mitleid mit Steve und erkannte die Hölle, durch die er gegangen war. Es war ein Wunder, daß er überhaupt mit dem Leben davongekommen war. Ich wollte ihm nicht den Boden unter den Füßen wegziehen, mußte jedoch gleichzeitig ehrlich zu ihm sein. Seine Demonstration vermittelte nicht das angenehme, wahre Gefühl einer wirklichen übersinnlichen Erfahrung; sie machte vielmehr einen psychotischen Eindruck, nicht zuletzt wegen des bizarren, verurteilenden Tons, der sich falsch anhörte. Die »Sonnengeister« schienen eher eine Reflektion von Steves vergessenen Gefühlen zu sein, vor allem den negativen. Es war klar, daß sich – um mit dem Trauma des Gefängnisses leben zu können und nicht daran zugrundezugehen – ein Teil seiner Persönlichkeit abgespalten hatte.

Doch wollte Steve das auf keinen Fall hören. Er hatte große Pläne, wie er sich vermarkten und seine Botschaft unters Volk bringen konnte, indem er sich dem Kreis spiritueller Vortragsreisender anschloß. Er hatte eine Lebensgefährtin gefunden, die in ihm ein erleuchtetes Wesen sah und die ihn auf seinen Reisen begleiten wollte. Da ich nicht bereit war, sein Channeln als echt anzuerkennen, konnte ich keinen Einfluß auf Steve nehmen. Er kam nie mehr in meine Praxis. Als seine Familie das letzte Mal von ihm hörte, war er mit seiner Freundin irgenwo im Mittleren Westen, ohne einen Pfennig Geld, wo er versuchte, eine Sekte aufzubauen.

Durch die Arbeit mit Steve und ähnlichen Patienten entwickelte ich mit der Zeit ein Gefühl dafür, wann es angebracht ist, das Paranormale zu fördern, und wann nicht. Das richtige Timing ist wichtig, und am wichtigsten ist es, daß Sie von einer soliden Grundlage aus starten. Sonst kann die Erforschung des Übersinnlichen alles nur noch schlimmer machen. Das gilt vor allem dann, wenn Sie versuchen, eine Öffnung zu erzwingen, obwohl Sie noch gar nicht dazu bereit sind. Die Teilnahme an zu vielen spirituellen Seminaren und das exzessive Konsultieren von Meistern mag Sie so sehr unter Druck setzen, daß Sie in Ihrem Wunsch nach schnellem Erfolg frustriert werden und sich bald ausgebrannt fühlen. Dann gibt es noch das krasse Beispiel übereifriger Leute mit visionären Aspirationen, die sich auf blumig psychotische Trips mit halluzinogenen Drogen begeben. Im Laufe der Jahre habe ich zu viele dieser Menschen in den Notaufnahmen der Krankenhäuser gesehen, mit harten Lederriemen auf einer Bahre festgeschnallt, an Knöcheln und Handgelenken festgebunden und mit Thorazinen vollgespritzt, damit sie von ihrem Trip runterkommen. Genauso wie die Wurzeln eines Baumes tief in die Erde reichen müssen, um nicht vom Wind weggeblasen zu werden, muß auch Ihr Fundament stabil sein. Nur dann besteht keine Gefahr, daß Sie überwältigt werden. Wenn Sie sich Zeit lassen und geduldig sind, kann sich das Übersinnliche organisch entwickeln.

Eine der gesündesten, positiven Annäherungen an das Übersinnliche – und vielleicht die erfolgversprechendste – besteht in der Form des kreativen Ausdrucks. Es hat etwas Ausgleichendes, wenn Sie vom kreativen Fluß getragen werden. Zu solchen Zeiten drücken Sie Ihre ureigenste Wahrheit aus, nicht nur vom Standpunkt des Intellekts, sondern aus den tiefsten Schichten Ihres Wesens. Zu viel Denken erstickt Kreativität genauso wie das Übersinnliche. Die Magie fängt an, wenn Sie die mentale Kontrolle aufgeben und einer größeren Macht erlauben, sich zu zeigen. Auf diese Weise können Sie mit neuartigen Ideen und intuitiven Einsichten überschüttet werden. Alle Systeme aufnahmebereit, sind Sie so reif für Inspiration, daß diese geradewegs durch Sie hindurchfließt.

Meine Freundin Janus, eine Drehbuchautorin, denkt selten daran, daß sie eine Seherin ist. Doch sie ist es. Eines frühen Morgens wachte sie aus einem Traum auf, in dem die Handlung einer Geschichte perfekt dargestellt war. Sie handelte von einem falschen Evangelisten, der Angst hatte, ein wirkliches Wunder vollbracht zu haben, als ein kleiner Junge durch seine Berührung geheilt wird. Janus sprang aus dem Bett und lief in die Küche zu ihrem Mann, der bereits frühstückte. Als sie ihm den Traum erzählte, war er begeistert. »Schreib ihn auf«, sagte er, »die Idee ist toll.« Sie setzte sich sofort an ihren Computer. Als sich die Geschichte beinahe wie von selbst schrieb, wußte sie, daß sie ein heißes Script hatte. Ihr Mann, ein Produzent, verkaufte es bald darauf – und es wurde ein Film daraus, *Leap of Faith*, mit Steve Martin in der Hauptrolle.

Janus träumt oft die Themen für ihre Drehbücher. Für sie ist das die natürlichste Sache der Welt. »Die wunderbarsten Momente in meiner Arbeit geschehen, wenn ich aus dem Weg gehe«, sagt sie. »Träume sind die beste Gelegenheit, das zu tun.« Wann immer sie mit dem Schreiben ein Problem hat, ruft sie sich bewußt die schwierige Szene ins Bewußtsein, bevor sie einschläft. Als Beobachter in ihrem eigenen Traum sieht sie die Motivationen und Aktionen ihrer Charaktere. Das erleichtert es ihr, eine Lösung zu finden. Ich kenne viele Autoren, die regelmäßig ähnliche Techniken benutzen.

Robert Louis Stevenson zum Beispiel griff auf seine Träume zurück, als er den klassischen Thriller *Dr. Jekyll and Mr. Hyde* schrieb, die Geschichte eines angesehenen Arztes, der sich in einen Serienmörder verwandelt. Ich war fasziniert, als ich zum ersten Mal Stevensons Bericht über seinen kreativen Prozeß las: »Ich hatte schon lange versucht, eine Geschichte über dieses Thema zu schreiben, eine Möglichkeit zu finden, um das überwältigende Gefühl des Menschen, das ihn zuweilen heimsucht und den Verstand aller denkenden Wesen überwältigt, nämlich zweigeteilt zu sein, glaubwürdig darzustellen ... Zwei Tage lang dachte ich nach und suchte verzweifelt, eine Handlung zu finden; und in der zweiten Nacht träumte ich dann, daß sich die Szene am Fenster und die nachfolgende zweiteilte, in der Hyde – irgendeines Verbrechens angeklagt – das Pulver nahm und den Wechsel von einer Person in die andere in der Gegenwart seiner Verfolger vornahm. Den Rest habe ich im Wachbewußtsein geschrieben.«

Aufgrund seiner Beschreibung wußte ich, daß Stevenson eine übersinnliche Quelle angezapft hatte. Mein Gefühl wurde bestätigt, als er von den erstaunlichen »Little People« (kleinen Menschen) sprach. Sie teilten ihm genau mit, wie jeder Abschnitt der Geschichte geschrieben werden mußte und achteten sorgsam darauf, daß die Kriterien, die zum Verkaufserfolg des Buches führen würden, eingehalten wurden. Stevenson betrachtete sein bewußtes Selbst als Agenten der »Little People«, der ihre Ideen wörtlich niederschrieb.

Für mich ist dies der Inbegriff paranormaler Kreativität. Wann immer ich von Künstlern höre, die durch Träume, Stimmen oder Visionen angeleitet werden, bin ich tief bewegt. In diesen Zuständen existiert eine außerordentliche Durchlässigkeit, und viele Schichten ungeahnter Möglichkeiten stehen zur Verfügung. Die Intensität des kreativen Prozesses, die Hingabe, die erst zu den wirklich guten Dingen im Inneren des Menschen führt, ist genau das, was das Übersinnliche nährt. Stevensons Herangehensweise verhalf ihm zu wirklich großer Kunst, weil er fähig war, an innere Orte zu reisen, die den meisten Menschen immer unbekannt bleiben werden. Es war nicht etwas, das er in langweiliger, öder Arbeit zustandebrachte. Der Geist seines Werkes trug ihn und machte dieses Meisterwerk möglich.

Wenn Sie sich in schöpferische Prozesse vertiefen – egal ob Sie das, was Sie tun, als übersinnlich betrachten oder nicht – begeben Sie sich in einen intuitiv besonders aufgeladenen Zustand. Leidenschaftlich auf Ihre Arbeit konzentriert, lassen Sie Ihren Intellekt vorübergehend außer acht und wechseln in eine andere Dimension des

Seins. Wenn Sie einmal Ihren kreativen Rhythmus gefunden haben, steht Ihnen plötzlich eine Fülle von Farben, Tönen und Bildern zur Verfügung. Sie, als der Künstler, nehmen einfach Anregungen entgegen. Der Maler Joan Miró arbeitete auf diese Weise: Anstatt seine Träume zu interpretieren, übertrug er sie genauso in leuchtenden Farben auf die Leinwand.

Natürlich werden Sie auch bei dieser Arbeitsweise nicht konstant immer nur im Zustand der Ekstase sein. Genauso wie das Übersinnliche kommt und geht, verändert sich der Rhythmus des Kreativen. Wenn wir uns mitten in solchen frustrierenden Tagen oder sogar Monaten befinden und es so aussieht, als ob überhaupt nichts passiert, ist es sinnlos, etwas erzwingen zu wollen. Es ist unmöglich, eine Rose dazu anzuhalten, schneller zu erblühen. Diese ruhigen Abschnitte sind nötig, um neue Kräfte zu sammeln; Intervalle der Reifung; Momente, in denen wir loslassen und der Weisheit, die wir gewonnen haben, genug Zeit lassen müssen, sich weiter auszubilden. Der Dichter Rainer Maria Rilke beschreibt den Weg des Künstlers, wenn er sagt, daß nach den Stürmen des Frühlings »der Sommer nur zu denen kommt, die geduldig sind, die so leben, als läge die ganze Ewigkeit vor ihnen.«

Es ist leicht, das zu vergessen. Manchmal sitze ich am Computer und will unbedingt was schreiben, doch fühle ich mich angespannt, meine Muskeln sind verkrampft, meine Kiefer verklemmt, und ich kriege nichts Gescheites zustande. Ich strenge mich zu sehr an; vielleicht sollte ich lieber aufhören, mich ins Auto setzen und ans Meer fahren. Mit aufgeklapptem Verdeck und dem Wind in meinen Haaren ist mein Geist wieder frei. Während ich eine Kassette von Muddy Waters anhöre – ich liebe Blues über alles –, am Strand Muscheln sammle; die Kinder beobachte, wie sie sich voller Freude in die Wellen stürzen oder selbstvergessen Sandburgen bauen; oder wenn ich einfach an gar nichts

Besonderes denke, kommen mir ohne die leiseste Anstrengung neue Gedanken und Ideen in den Sinn.

Dann wieder gibt es gesegnete Perioden, wenn mir meine Arbeit ganz leicht von der Hand geht und das Übersinnliche in solcher Fülle fließt, daß ich kaum mit dem Schreiben nachkomme. Ganze Tage fliegen nur so vorüber, an denen ich sogar das Essen vergesse. Ich habe Notizhefte neben meinem Bett, im Badezimmer oder auf dem Beifahrersitz. Wenn es sein muß, zögere ich nicht einen Moment, an den Straßenrand zu fahren, eine Konversation mitten im Satz abzubrechen oder in der Nacht aufzustehen, um meine Ideen zu notieren. Dies sind berauschende Momente der Kreativität, in denen die Energie, die ich während der ruhigen Phase gesammelt habe, im Überschwang zum Ausdruck kommt.

Ich glaube, daß alle Formen kreativen und übersinnlichen Ausdrucks aus derselben fruchtbaren spirituellen Quelle kommen. Auf die gleiche Weise, wie ein Künstler etwas schafft, schauen Visionäre ins Unsichtbare. Der Maler Paul Klee erkannte dies, als er sagte: »Kunst gibt nicht das Sichtbare wieder. Sie macht sichtbar.« Meiner Meinung nach besteht die gemeinsame Herausforderung des Sehers und des Künstlers in der Übertragung des Ungreifbaren in eine materielle Form. Das kann in Form einer Novelle geschehen, eines Gemäldes, eines Liedes oder als Vorhersage über etwas Zukünftiges. Die Art der Information, die wir aufnehmen, hängt von unserer Intention ab. Jedes kreative Unterfangen kann ein Medium darstellen, das dem Übersinnlichen zu Wachstum und Ausdruck verhilft.

Ich habe eine Patientin, Molly, die Malerin ist und ein Beweis für das oben Gesagte. Zu meinem Geburtstag schenkte sie mir einmal eines ihrer Aquarelle, das einen tief grünen Eichenwald auf einem der Hügel in Malibu darstellt. Es hängt in meiner Praxis und ist nicht nur einfach schön, sondern scheint tatsächlich Licht zu verströmen. Die unwirklichen Farben verbinden sich mit jedem Pinselstrich wunderbar miteinander, und ein feiner, goldener Hauch überstrahlt das ganze Bild. Als ich es das erste Mal sah, spürte ich sofort seine Macht.

Während kreativer Schübe besitzt Molly dieselbe Qualität von Offenheit und Präsentsein, die ich im Verlauf meiner besten Lesungen empfinden durfte. Für sie gibt es nichts Schöneres. »Ich muß nicht einmal darüber nachdenken, was ich tue«, sagt sie. »Ich bin voller Energie. Gedanken und Ideen scheinen durch mich hindurch direkt auf die Leinwand zu fließen.« Hierbei handelt es sich um einen paranormalen Zustand; er bereichert Mollys Kunst und wird gleichzeitig durch sie genährt.

Genau wie Molly weiß auch ich immer, wann ich voll eingestimmt bin. Dann hat eine Lesung die Freiheit und Weite, die man spürt, wenn man auf einem Pferd ohne Sattel durch eine sonnenbestrahlte Blumenwiese reitet. Es entsteht eine Tiefe der Wahrnehmung, wenn ich nur bereit bin, mich diesem Zustand hinzugeben. Dies ist der wahre Nervenkitzel beim Kontakt mit dem Übersinnlichen, dieselbe vitale Kraft, die dem kreativen Fluß zugrundeliegt. Ohne ihn hätte ich sicher weniger Vorahnungen; würde der Künstler zu einem reinen Techniker reduziert, einem kleinen Lichtpunkt verglichen mit einem strahlenden Gestirn.

Ich habe großen Respekt vor der unendlichen Kreativität des Übersinnlichen. Eines Tages erzählte mir eine Freundin beim Lunch aufgeregt von einem brasilianischen Psychologen und Seher, Luis Gasparetto, den sie kurz vorher bei der Arbeit erlebt hatte. »Er hat keinerlei künstlerische Ausbildung«, sagte sie, »doch er behauptet, daß einige der großen Meister – Renoir, Picasso, Modigliani, Van Gogh und andere – sich übersinnlich durch ihn ausdrücken. In kürzester Zeit fertigt er Zeichnungen an, die aussehen, als seien sie von ihnen.« Das wollte ich mit eigenen Augen sehen. Leider war dies für lange Zeit sein letzter Auftritt in Los Angeles gewesen, daher war dies nicht möglich. Doch war ich neugierig geworden, und es gelang mir, eine Video-Aufzeichnung dieser Nacht aufzutreiben und mir genau anzuschauen, ob dieser Mann authentisch oder ein Betrüger war. Ich bin ein unbarmherziges Publikum, wenn es um diese Themen geht; die Integrität des Übersinnlichen ist mir einfach zu wichtig. Ich bin nicht bereit, dieses Geschenk zu entweihen, indem ich Zauberei oder Tricks akzeptiere.

Ich legte mich aufs Bett und schaltete das Videogerät an. Gasparetto, ein jugendlich wirkender Mann von ca. 40 Jahren, sprach die ganze Zeit fast kein Wort. Mit geschlossenen Augen lauschte er klassischer Musik, die er auf volle Lautstärke gestellt hatte, und benutzte seine Hände und Füße gleichzeitig, um innerhalb von Minuten bis zu 4 Zeichnungen anzufertigen, die dem Stil der großen Meister so ähnlich waren, daß ein ungeübtes Auge leicht in Verwirrung geraten konnte. Indem er nach den verschiedenen Farbtuben griff, ohne auch nur ein einziges Mal hinzuschauen, bemerkte er später: »Ich wähle die Farben instinktiv. Ich fühle sie in meinem Körper, spüre sie unter meiner Haut.« Ohne jemals einen Pinsel zu benutzen, drückt er die Farben aus den Tuben auf die Leinwand, verteilt sie wie wild mit seinen Fingern, Handflächen, Knöcheln und Füßen. Es ist ein absolut erstaunlicher Anblick: Er bewegt sich mit einer solchen Geschwindigkeit, und seine Gliedmaßen sind so wunderbar koordiniert, daß er bei seiner Arbeit einem Automaten ähnlicher sieht als einem menschlichen Wesen.

Ich weiß nicht, ob dieser Mann tatsächlich die großen Meister durchgibt, wie er behauptet. Ich glaube jedoch, daß er dem kreativen Fluß gegenüber extrem offen ist und daß sein intuitives Wissen um den Stil bestimmter Maler es ihm erlaubt, deren Bilder so eindrucksvoll zu reproduzieren. In dieser Beziehung ist er wirklich begabt. Ich sah in Gasparettos verfeinerter Demonstration, wie harmonisch das Übersinnliche und das Kreative zusammenarbeiten können.

Leider habe ich jedoch auch viele begabte Menschen kennengelernt, die ihre Kräfte nicht immer optimal einsetzen und deren paranormale Fähigkeiten mit einem Mangel an Reife und Unterscheidungsvermögen einhergehen. Eine gefährliche Kombination! Motiviert von gigantischen Egos und verführt von einem unersättlichen Bedürfnis nach Kontrolle verlieren diese Menschen ihren Sinn für Prioritäten und ein gesundes Gleichgewicht. Zu oft habe ich solche Individuen erlebt, wie sie die Unschuld und Naivität von wehrlosen Suchern ausnutzten. Ich werde jedes Mal zornig, wenn ich von jemandem höre, der freiwillig seine Kraft einem unverantwortlichen Lehrer gibt, der gierig danach schnappt.

Es ist noch nicht lange her, da habe ich so jemanden kennengelernt. Ein Freund von mir rief mich eines späten Abends an, um mir von einem peruanischen Schamanen vorzuschwärmen, einem Heiler mit erstaunlichen Fähigkeiten, den ich unbedingt kennenlernen sollte. Der Schamane würde nur ein paar Tage in der Stadt sein, doch mein Freund könnte einen Termin arrangieren. In der Regel konsultiere ich keine anderen Heiler als meinen eigenen spirituellen Lehrer; ich ziehe es vor, mich auf *einen* Pfad zu fokussieren. Doch aufgrund meiner Neugier, der Tatsache, daß ich seit einiger Zeit störende Probleme mit dem Magen hatte, die ich gerne losgeworden wäre, und den begeisterten Beteuerungen meines Freundes war ich einverstanden, den Mann aufzusuchen.

Von Anfang an hatte ich ein ungutes Gefühl. Der Schamane verlangte eine exorbitante Summe für seine Dienste – die sofort bar bezahlt werden mußte – und behauptete, Wunderheilungen vollzogen zu haben. Mein Freund argumentierte: »Er ist besser als Carlos

Castanedas Don Juan. Welche Rolle spielt schon Geld, wenn er diese Sachen wirklich kann?« Die ganze Situation fühlte sich falsch an. Doch nach all diesen Jahren und Erfahrungen gab es immer noch einen Teil von mir, der sich nach einer magischen Kur für alle Sorgen sehnte, nach einem Heiler, der seinen Zauberstab wedeln und alles wiedergutmachen konnte.

Also fuhr ich eines Morgens gleich nach dem Frühstück nach Brentwood in ein Haus, das aussah, als käme es direkt aus dem Handbuch für Luxus-Architektur und in dem die Sitzungen stattfanden. Der Mann hatte einen solchen Zulauf, daß die Menschen, die zu ihm kamen, in einem Salon zusammengepfercht darauf warteten, bis sie an die Reihe kamen. Ich hatte ein seltsames, störendes Gefühl, so als sei ich wieder ein kleines Kind. Hier waren wir alle, dem Aussehen nach zu urteilen eine Gruppe erfolgreicher Erwachsener, die darauf wartete, von diesem Mann wieder in Ordnung gebracht zu werden. Es war gleichzeitig traurig, auf naive Art hoffnungsvoll und absurd. Zwei Stunden später, nachdem der letzte gegangen war, wurde mein Name schließlich aufgerufen. Man führte mich so ehrfurchtsvoll in einen privaten Raum im hinteren Teil des Hauses, als handelte es sich dabei um einen heiligen Ort. Der Schamane sah so authentisch aus, als sei er von einem Besetzungsbüro angeheuert worden. Er war ein knochendürrer, nach vorne gebeugter peruanischer Indio Ende 60 und sprach kein Wort Englisch. Die Frau, die seine Reise in die Vereinigten Staaten gesponsort hatte, fungierte als seine Übersetzerin. Das kann ja heiter werden, dachte ich.

Nachdem er mich mit einem Kopfnicken begrüßt hatte, sprach er ein paar Worte auf Spanisch. Die Übersetzerin fragte: »Welche Symptome haben Sie?«

»In letzter Zeit habe ich manchmal Panikattacken«, sagte ich freimütig. »Ich kann nicht gut schlafen und habe furchtbare Magenschmerzen.«

Ohne mir ein einziges Mal in die Augen zu schauen, nahm der Schamane einen kleinen Spiegel zur Hand und fuhr mit ihm die Unterseite meiner Arme entlang. Er kniff die Haut an meinen Handgelenken. Dann starrte er grimmig auf den Boden und murmelte etwas in Spanisch. Das einzige Wort, daß ich verstehen konnte, war *loco* (verrückt), und der Rest klang auch nicht viel besser.

»Was hat er gesagt?« fragte ich und spürte, wie Panik mich überkam.

Die Übersetzerin zögerte, als wollte sie mir keine schlechten Nachrichten bringen. »Er bittet um Entschuldigung, aber er kann nichts für Sie tun.«

»Wovon reden Sie?« brachte ich mühsam hervor.

»Es tut mir wirklich leid, Ihnen dies sagen zu müssen«, antwortete die Frau, »aber leider besteht keine Hoffnung mehr für Sie. Bald werden Ihre Magenprobleme sich so verschlimmert haben, daß Sie nicht mehr essen können. Sie werden immer dünner und kraftloser, bis Sie schließlich vor Schwäche sterben.«

Ich war zutiefst schockiert. Für einige schreckliche Sekunden glaubte ich ihm beinahe und betrachtete diesen Mann als einen allwissenden Heiligen. Ich fühlte mich, als sei ich winzig klein und hatte Angst, bereits mit einem Bein im Grab zu stehen. »Gibt es denn gar nichts, was Sie mir raten können?« fragte ich. Der Schamane drehte mir den Rücken zu, als sei er irritiert, und antwortete, daß er seine Träume konsultieren müsse. Die Übersetzerin sah mich mit einem solch mitleidigen Ausdruck an, daß ich eine Gänsehaut bekam, und sie flüsterte traurig: »Es tut mir so leid.«

Plötzlich brachte mich das Melodramatische der Situation wieder zu Sinnen. Ich hatte das Gefühl, eine Hauptrolle in einem schlechten Film zu spielen. Wieso hörte ich überhaupt auf diesen Mann? Er benutzte Angsttaktiken, um mich einzufangen, und ich, eine erfahrene Psychologin mit medialen Fähigkeiten und vielen Jahren solider spiritueller Praxis, ging darauf ein. Die ganze Szene war nichts als ein riesiger Schwindel. Mir war plötzlich klar, daß man als nächstes von mir die Frage erwarten würde: »Wieviel mehr würde es kosten, wenn Sie in Ihre Träume schauen?« Doch Gottseidank stellte ich diese Frage nicht. Dankbar darüber, daß mein gesunder Menschenverstand wieder in Aktion getreten war, wußte ich, daß nichts von dem, was der Mann sagte, den Tatsachen entsprach. Der Spuk war vorbei, und wütend fuhr ich die beiden an: »Sie wollen mir also sagen, daß Sie mich nur 5 Minuten kennen, mir einen furchtbaren Tod voraussagen, und mich dann ohne einen Funken Hoffnung nach Hause schicken! Wie können Sie so verantwortungslos sein? Und selbst wenn Sie recht haben sollten, wo bleibt Ihr Mitgefühl?«

Ich verließ das Haus und wunderte mich, wie bereit ich gewesen war, meine Kraft einem fremden Menschen zu opfern, nur weil seine Anhänger so begeistert von ihm waren. Diese blinde Ergebenheit hätte mir eine Warnung sein sollen. Nur weil jemand behauptet, ein großer Schamane zu sein, heißt das noch lange nicht, daß er es ist. Später mußte ich zu meinem Bedauern feststellen, daß ein paar Personen, die ich kannte, auf genau dieselbe Äußerung hereingefallen waren, die dieser Mann mir gegenüber gemacht hatte, und eine Menge Geld dafür bezahlten, von ihm geheilt zu werden. Die Ironie dabei ist, daß sich manche hinterher tatsächlich besser fühlen. Ob diese Leute einfach nur leicht zu beeinflussen waren oder ob der Schamane doch irgendwelche echten Fähigkeiten hatte, kann ich nicht sagen. Mit Sicherheit weiß ich jedoch, daß es unverantwortlich ist, andere Menschen durch Angst kontrollieren zu wollen. Wenn ein angeblicher Heiler oder Seher dies versucht, ist er in jedem Fall innerlich aus dem Gleichgewicht, und man sollte ihm aus dem Weg gehen.

Die Begegnung mit diesem Mann war eine bittere Erinnerung an die Gefahren, die von sogenannten Heilern ausgehen, die herrschsüchtig und nicht von Mitgefühl, sondern von Habgier motiviert sind. Weil ich eine schwierige Zeit durchmachte und sofortige Erleuchterung haben wollte, war ich empfänglich für seine Tricks. Egal wieviel wir wissen mögen, in einer solchen Situation sind wir versucht, alles zu tun, damit es uns besser geht. Doch dauerhafte Heilung kann nur stattfinden, wenn ein Lehrer Quellen aktiviert, die bereits in uns vorhanden sind – und nicht, indem er behauptet, es für uns tun zu können und damit eine falsche Abhängigkeit schafft.

Ich bin auch verärgert über charismatische Seher und spirituelle Lehrer, die ihre Anhänger sexuell ausbeuten, wobei sie ihnen einen Insider-Zugang zu spirituellem Fortschritt versprechen. Einige dieser »Gurus« glauben das vielleicht sogar selbst; sie kennen keine Reue.

Aus reiner Neugier besuchte ich vor vielen Jahren einen Vortrag, den ein beliebter, doch umstrittener spiritueller Lehrer aus Los Angeles hielt. Zu der Zeit war bereits bekannt geworden, daß er Sex mit seinen weiblichen Anhängern hatte, dennoch war der Vortragssaal vollgepackt mit Zuhörern. Ich sah, daß er attraktiv und unglaublich witzig war und eine charismatische Ausstrahlung hatte. Genaugenommen war er sogar zu charmant, was mich sofort vorsichtig machte. Dennoch konnte ich durch seine Antworten auf die Fragen aus dem Publikum erkennen, daß er ein erstaunlich scharfsichtiger Seher war mit einem klaren Verständnis darüber, wie Energie sich bewegt. Verführerisch, total von sich eingenommen und talentiert: eine tödliche Mischung.

Kurz nach jenem Abend konnte man überall in den Zeitungen Berichte über seine sexuellen Eskapaden lesen. Er hatte den Frauen Erleuchtung versprochen, und viele ließen sich daraufhin mit ihm ein – nicht, weil sie Sex wollten, sondern als Akt unbedingter Hingabe an ihren Guru. Er kaufte ihnen Schmuck und andere schöne Dinge, führte sie in teure Restaurants und in die besten Hotels, wo er die Nacht mit ihnen verbrachte – und ging dann zur nächsten Eroberung über. Es ist kein Wunder, daß sich diese Frauen mißbraucht und verlassen fühlten und wütend waren. Viele hatten ihm große Spenden gegeben, die sie sich eigentlich gar nicht leisten konnten; hatten ihre Jobs aufgegeben und sogar ihre Familien. Schließlich hatten sie die Nase voll und wandten sich von ihrem Guru ab, wobei sie oftmals mit ihrem Leben ganz von vorn anfangen mußten. Seine Anhänger verließen ihn, und mit der Presse dicht auf den Fersen sah er sich schließlich gezwungen, Los Angeles zu verlassen.

Es besteht nie die Notwendigkeit, Sex mit unseren Lehrern zu haben, um spirituell zu wachsen. Selbst bei der uralten mystischen Disziplin des Tantra, die sich auf Sexualität als ein Instrument zur Transzendenz fokussiert, wird ihren Anhängern Sex nicht aufgezwungen. Wenn jemals ein Lehrer darauf besteht, Sex mit ihm oder ihr sei der einzige Weg zur Erleuchtung, rennen Sie so schnell Sie können in die entgegengesetzte Richtung.

In meinem eigenen Leben als Therapeutin und Seherin bemühe ich mich immer um Klarheit in bezug auf Sexualität und halte genaue Grenzlinien mit den Personen ein, denen ich ein Reading gebe. So tief in das Leben eines Menschen hineinzuschauen – vor allem, wenn ich ihn kaum kenne – erzeugt oft eine sofortige Intimität, die schnell falsch interpretiert werden kann. Im Zusammenhang mit einem Remote Viewing-Projekt wurde ich einmal einem Mann vorgestellt. Begeistert darüber, daß ich Seherin war, bat er mich, zu einer Sitzung in meine Praxis kommen zu dürfen. Das war nicht weiter ungewöhnlich – ich lese oft Menschen, mit denen ich zusammenarbeite – daher stimmte ich gerne zu. Doch von dem Moment an ließ er mich ständig wissen, wie unglaublich toll ich war und errötete dabei wie ein Schuljunge. Er hatte sich ganz offensichtlich in mich .

verliebt. Ich fühlte mich geschmeichelt, wußte aber, daß sein Gefühl nicht echt war. Er hatte den unmißverständlichen, verglasten Blick eines Menschen in den Augen, der nur zu bereit war, seine eigene Kraft einem anderen zu überlassen und einen erhöhten Status auf mich zu projizieren, der nichts mit mir zu tun hatte. Da ich bemerkte, wie falsch es wäre, ihn gewähren zu lassen, erklärte ich ihm vorsichtig, was er meiner Meinung nach tat, und beendigte die ganze Angelegenheit.

Ich habe gesehen, daß viele übersinnlich veranlagte Menschen und spirituelle Lehrer der Versuchung nicht widerstehen konnten, Sex mit ihren Anhängern zu haben. Dies ist ein ernsthaftes Problem und muß angesprochen werden, bevor ernsthafter Schaden entstehen kann. Manche Lehrer erledigen das Problem, indem sie zölibatär leben. Andere erreichen einen Scheideweg, an dem ihre Integrität getestet wird – und viele versagen. Von ihren sie anhimmelnden Gefolgsleuten verwöhnt, erliegen sie der Versuchung. Im besten Falle geben sie hernach ihren Übergriff zu und sind bereit, aus ihren Fehlern zu lernen. Doch ein paar Üblere von ihnen bleiben machthungrig, sind süchtig nach Bewunderung und Anbetung und verlieren dadurch den Blick für ihre wirkliche Aufgabe.

Seher und spirituelle Lehrer sind Menschen wie Sie und ich. Wie weise sie auch sein mögen, alle haben sie die bekannten menschlichen Schwierigkeiten zu meistern. Hüten Sie sich vor denen, die Sie beeindrucken wollen, Sie zur Abhängigkeit ermutigen oder zuviel Geld für ihre Dienste fordern. Die begabtesten Seher und Heiler, die ich bisher kennengelernt habe – solche mit echtem Können – sind ehrlich und bescheiden, und sie verlangen angemessene Preise. Sie versuchen nicht, andere Menschen durch Angstmachen an sich zu binden und haben nicht das Bedürfnis, etwas zu beweisen. Die Macht eines wahren Heilers liegt in seiner Gabe, Ihre eigene Kraft zu stärken.

In jeder Beziehung, bei der Heilung stattfindet, wird ein heiliges Band geformt. Wann immer ich als Therapeutin mit einem Menschen arbeite, sind mehr als nur wir beide involviert. Eine dritte Wesenheit wird geboren: Der Geist der Therapie selbst, ein sich ausdehnender Funke mit eigener Intelligenz und Charakter. Er ist ein Kompaß, der den Weg zeigt und mir meine Aufgabe deutlich macht, wenn ich hinhöre.

Ich bin normalerweise ohne Unterbrechung von 9 bis 17 Uhr in meiner Praxis. Ich bin für alles Übersinnliche weit offen. Ich fühle mich wie eine Telefonistin in einer gigantischen Zentrale, die eine Flut von eingehenden Anrufen bearbeiten muß. Während ich meinen Patienten sowohl intuitiv als auch mit meinem Verstand zuhöre, empfinde ich bei ihren Worten gleichzeitig eine Myriade von Bildern, Gefühlen und Eindrücken. Oft bildet die Logik das Fundament, und das Übersinnliche füllt die offenen Stellen, gibt Farbe und Einzelheiten wider. Ich bin total wach, mein Körper vibriert, doch im gleichen Moment bin ich unbeteiligt und beobachte die Sitzung wie ein Zuschauer. Ich weiß fast nie vorher, was ich sagen werde. Sehr wenig von dem, was ich während einer Therapie mache, ist vorgeplant. Der Entwicklung vertrauend, die die Therapie nimmt, versuche ich, keine unangebrachte Kontrolle auszuüben oder die Situation mit meiner eigenen Agenda zu überlagern.

Als ich zuerst mit der Einbeziehung des Paranormalen in meine Arbeit begann, hatte ich die Befürchtung, nicht genug zu tun, wenn ich mich einfach führen ließ. Während meines Medizinstudiums wurde ich darauf programmiert, immer wachsam zu sein, jede Situation genau zu untersuchen und die volle Verantwortung zu übernehmen. Wenn ich nicht die ganze Last auf meine eigenen Schultern lud, war ich davon überzeugt, den Patienten zu betrügen. Auf diese Weise passierte es dann oft, daß ich mir unglaubliche Mühe gab, wenn es gar nicht notwendig war. Dann schleppte ich am Abend meinen müden Körper nach Hause, schlaff wie eine Lumpenpuppe. Ich hatte nicht die geringste Ahnung, wie ich meine Kräfte konservieren konnte.

Wann immer heute meine Energie erschöpft ist, ziehe ich mich zurück. Vor allen Dingen die schwierigen Sitzungen beginnen, einen hohen Preis zu fordern. Um dies zu vermeiden, lege ich während des Tages kurze Meditationspausen ein, bei denen ich mich von allem Übersinnlichen löse. Sich mit meiner spirituellen Quelle wiederzuverbinden, fühlt sich an, als stände ich unter einem Wasserfall und badete in klarstem Wasser. Das ist mein Schild und mein Schutz, der die Schwere aufhebt und das Licht wieder durchscheinen läßt. Nur wenn ich darauf achte, meine Kraft nicht zu erschöpfen, kann ich voll für meine Patienten da sein.

Manchmal besteht meine Rolle einfach nur darin, das Übersinnliche im anderen widerzuspiegeln. Doch muß ich vorsichtig sein. Zu oft erwarten meine Patienten, daß ich ihnen eine magische Antwort gebe. Sie betrachten mich als Autoritätsfigur und machen sich selbst schwach, indem sie glauben, keine übersinnlichen Fähigkeiten zu besitzen. Immer wieder versuche ich, diese Illusion zu konfrontieren, da ich erkenne, wie destruktiv sie ist. Doch selbst bei Menschen, die es eigentlich besser wissen müßten, ist dieser Impuls erstaunlich hartnäckig.

Sam, einer meiner Patienten und Computer-Spezialist bei einer örtlichen Denkfabrik, wollte ständig Rat von mir. Auf naive Weise voller Ehrfurcht vor allem Übersinnlichen, glaubte er, ich wüßte alles. Schlimmer noch, er sehnte sich nach Lösungen für seine Probleme, ohne bereit zu sein, selbst etwas dafür zu tun, was mir bald auf die Nerven ging. »Können Sie mir nicht bitte wenigstens dies eine sagen«, flehte er und breitete sein jeweiliges Problem des Tages vor mir aus. Wenn ich es zugelassen hätte, wäre Sam bereit gewesen, sich mir völlig unterzuordnen. Er hätte es nie für möglich gehalten, es selbst tun zu können. »Warum versuchen Sie es nicht wenigstens einmal?« drängte ich ihn, als er wieder mal eine Lesung wollte. Sam weigerte sich, indem er all die üblichen Ausreden vorbrachte: »Ich weiß nicht, was ich tun muß. Was ist, wenn ich mich irre? Nur ganz bestimmte Leute haben paranormale Fähigkeiten.« Nonsens. Weil ich Sam mochte und wußte, wozu er fähig war, blieb ich unnachgiebig.

Schließlich schlossen wir einen Kompromiß. Zuerst würde er eine eigene Lesung versuchen, anschließend würde ich ihm meine geben. Wir begannen mit dem Praktizieren. Wie üblich wiederholte ich den Namen von jemandem, den ich gut kannte, und »schickte« ihn zu Sam. Er teilte mir daraufhin seine Impressionen zu diesem Namen mit, und ich antwortete mit einem Feedback und sagte ihm, was falsch und was richtig war. Im Laufe kürzester Zeit hatte Sam immer häufiger intuitive Visionen, und er fing an, Bilder und Emotionen wie in einem Puzzle zusammenzufügen. Die auf diese Weise gewonnenen Einsichten halfen ihm später bei der Bewältigung von Problemen, die er zuvor von mir gelöst haben wollte. Das Beste ist, einfach reinzuspringen und selbst mit der Arbeit zu beginnen.

Ich habe keine feststehenden Regeln darüber, wann eine übersinnliche Hilfestellung erteilt werden darf. Es ist eine Sache des Ermessens: Der Zeitpunkt muß stimmen. Wenn jemand ein leidenschaftlicher Ungläubiger ist, umgehe ich aus Respekt vor ihm das Thema, bis er selbst ein Interesse daran zeigt. Darüberhinaus – wie ich schon an anderer Stelle bemerkt habe – betone ich dieses Thema nicht im Falle von emotional gefährdeten Menschen, bei denen die Gefahr besteht, daß sie die Informationen falsch interpretieren. Und dann gibt es Leute wie Sam, die von allem Übersinnlichen obsessiv begeistert sind und lernen sollten, es realistischer zu betrachten. Das gleiche gilt für Menschen, die sich ihm ungerechtfertigterweise zuwenden, um ihr Leben damit bis ins kleinste zu arrangieren. »Können wir uns bitte auf die ganze kommende Woche einstimmen?« fragt eine Patientin mich des öfteren und erwartet von mir einen detaillierten Bericht der Ereignisse der nächsten 7 Tage. Ich unterstütze dieses Verhalten jedoch nicht, höchstens wenn es sich um ein kritisches Thema handelt. Dann gebe ich nach. Ich glaube, daß die Freude am Leben in der Entdeckung besteht und nicht darin, jede Bewegung zu planen – selbst wenn das möglich wäre.

Meiner Ansicht nach ist das Übersinnliche am effektivsten, wenn ich helfen kann, ein Problem zu erkennen und dem Betreffenden zu ermöglichen, das so gewonnene Wissen konstruktiv anzuwenden. Bei einem Menschen, der mit beiden Beinen auf dem Boden steht und das Übersinnliche weder glorifiziert noch mißbraucht, bin ich eher geneigt, ihm direkte Informationen zu geben. Oder wenn ich spüre, daß es sich um eine wirkliche Gefahr handelt – als z. B. ein Patient höchst aufgeregt zu mir kam, weil er befürchtete, sein Flugzeug würde abstürzen und ich intuitiv zustimmte –, werde ich mich ohne Umschweife einstimmen und demjenigen meine Eindrücke mitteilen.

Joan, eine Filmproduzentin und jahrelange Patientin von mir, fühlte sich seit mehr als einem Monat schwach und lustlos. Mitten bei den Dreharbeiten zu einem Film war sie kaum fähig, ihren anstrengenden Terminplan einzuhalten. Normalerweise war sie voller Energie, doch empfand sie ihre ständige Müdigkeit so hinderlich, daß sie mich vom Drehort aus anrief und bat, ich möge mich auf sie einstimmen. Das war nicht typisch für Joan, die fast nie übersinnliche Hilfe suchte. Also wußte ich, daß es wichtig war. Vor meinem inneren Auge stellte ich mir Joans Körper vor, und so wie ein Geigerzähler Radioaktivität aufzeichnet, suchte ich in ihm nach Anzeichen einer Krankheit. In einer solchen

Situation zahlt sich meine medizinische Ausbildung wunderbar aus: Indem ich ihren Körper von Kopf bis Fuß überflog, visualisierte ich jedes Organ und prüfte, ob es eine Funktionsstörung hatte. Wenn irgendwas nicht stimmt, sticht es deutlich hervor, seine Beschaffenheit und Konsistenz ist verändert, vergleichbar mit dem Gefühl, wenn Sie Ihre Hand über ein seidenes Material gleiten lassen und plötzlich einen kleinen, unregelmäßigen Knoten erfühlen. Ich fokussierte mich auf Joans Blut und spürte, daß es sehr dünn war und ihm ein wichtiges Element fehlte. Da sie wegen des Films einen so hektischen Terminplan hatte, war es ihr fast unmöglich, zum Arzt zu gehen. Doch als ich ihr sagte, was ich gesehen hatte, machte sie einen Termin aus. Obwohl ihre Gesundheit ansonsten gut war, entdeckte der Arzt, daß Joan unter einer schweren Anämie litt.

Bei übersinnlichen Readings enthülle ich nichts, ohne die jeweiligen Implikationen zu bedenken. Jedes Mal frage ich mich: »Wird diese Information helfen?« Selbst wenn ich – wie bei Joan – davon überzeugt bin, daß es so ist, bin ich dennoch vorsichtig in bezug auf meine Präsentation der Fakten. Es gibt so viele Möglichkeiten, Fehler zu machen. Ich habe von einer wohlmeinenden Seherin gehört, die von einer alleinstehenden Mutter gebeten wurde, eine Lesung für ihre neugeborene Tochter durchzuführen. Die Frau erwähnte die Möglichkeit, daß das Kind ein Lernproblem haben könnte. Als die Mutter dies hörte, geriet sie vollkommen außer Fassung. Dies war das letzte, was sie wissen wollte. Als Zukunftsvoraussage – selbst wenn es wahr sein sollte – erreichte sie nur eins, nämlich ihr Angst zu machen, und es erfüllte keinerlei guten Zweck. Vielleicht hätte eine andere Mutter diese Information gewünscht; es ist jedes Mal eine Sache der richtigen Einschätzung. Zu wissen, wann man etwas mitteilen soll und wann es besser ist, dies nicht zu tun, kann sehr schwierig sein und bedarf großer Sensibilität.

Dies gilt insbesondere bei potentiell lebensgefährdenden Umständen. Jemandem aus heiterem Himmel mitzuteilen, daß er Krebs oder Aids hat, kann oft mehr Unheil anrichten als Gutes. Zudem gibt es immer die Möglichkeit, daß meine Vorahnungen falsch sind. Lesungen sind nicht unfehlbar. In solchen Situationen habe ich die Tendenz, eher konservativ zu sein und die Ernsthaftigkeit meiner Bedenken zu betonen, ohne ins Detail zu gehen. Ich zeige den Betreffenden die Richtung an, indem ich ihnen dringend rate, sich untersuchen zu lassen, aber sie selbst müssen entscheiden, was sie tun wollen.

In einigen Situationen ist es nicht angebracht, überhaupt eine Lesung vorzunehmen. So wie ich nie das Haus eines anderen ohne Einladung betreten würde, schaue ich nur dann in einen Menschen hinein, wenn es eine Öffnung gibt. Wenn ich versuche, mich auf ihn einzustimmen und das Gefühl bekomme, an eine Wand zu stoßen, ziehe ich mich sofort zurück. Ein unsichtbares Kraftfeld stößt mich zurück. Selbst wenn jemand um eine Lesung gebeten hat, kann es vorkommen, daß etwas in ihm Widerstand leistet. Bilder, die ich empfange, ergeben keinen Sinn, oder sie verschwimmen wie verbleichende Wasserfarben. Zu anderen Zeiten sehe ich einfach gar nichts oder habe das Gefühl, daß es nichts Substantielles zu greifen gibt. Jeder Versuch, solche schützenden Barrikaden zu durchbrechen, wäre ein unzulässiger Eingriff ins Privatleben der betreffenden Person.

Gleichgewicht in übersinnlichen Angelegenheiten bedeutet, daß Sie die gewonnenen Informationen mit Respekt und Unterscheidungsfähigkeit weitergeben, aber gleichzeitig darauf vertrauen, daß Ihr Herz Ihnen sagt, wann Sie in Aktion treten sollen. Vertrauen bildet sich nicht über Nacht, doch wenn Sie sich darum bemühen, das Übersinnliche im Gleichgewicht zu halten, gewinnen Sie damit sowohl Kraft als auch Stabilität. Ihre Fähigkeiten akzeptierend und ihnen vertrauend, haben Sie jetzt die Freiheit, eine neue Dimension zu betreten und bleiben dabei mit beiden Beinen fest auf dem Boden. Wie ein Karatemeister stehen Sie aufrecht und zentriert und sind gleichzeitig intuitiv eingestimmt, wo immer Sie auch sind.

Das soll nicht heißen, daß Sie sich nicht unbeschwert fühlen können, frei von Verstellung, ein Teil der normalen, alltäglichen Welt, unabhängig von der Situation, in der Sie sich befinden. Einige meiner wichtigsten übersinnlichen Einsichten hatte ich, als ich mit dem Auto fuhr, beim Einkaufen war, am Strand spazierenging oder in Venice Beach auf einer Schaukel saß. Dort gehe ich oft hin, wenn ich mit einer Sache nicht weiterkomme und sie neu überdenken muß. Mit dem Gesicht zur Uferpromenade, mit den Händen die kühle Kette der Schaukel greifend, stoße ich mich barfuß vom Sand ab. Immer höher schaukelnd, habe ich einen Überblick über das phantastische Bild der vielen Menschen, die auf der Promenade nur ein paar Schritte weiter vorbeikommen: Paare, die in gleichfarbigen grellen Shorts joggen; eine Gruppe junger Schwarzer, die perfekt zu Rapmusik tanzt; futuristisch aussehende Inline-Skater, die aussehen, als wären sie soeben dem Film *Bladerunner* entsprungen. Während ich immer weiterschaukele, wird mein Kopf klar und übersinnliche Eindrücke stellen sich ein. Antworten kommen jetzt so mühelos, als befände ich mich auf dem Gipfel eines einsamen Berges. Mitten in diesem Wirbelwind von Aktivitäten ist es von besonderer Süße zu wissen, daß ich total mit allem verbunden sein kann.

Kapitel 11

Der spirituelle Weg des intuitiven Menschen

In die Dunkelheit sehen zu können
bedeutet Klarheit...
Benutze Dein eigenes Licht
und kehre zurück zur Quelle des Lichts.

Tao Te Ching

Der Nachmittagshimmel ist von einem tiefen Azurblau, so friedlich und rein, daß sich mein Geist erhebt und hoch über der Erde schwebt. Berührt von einer sanften Sommerbrise schaue ich hinunter auf eine üppige Fläche fruchtbarer Hügel. Mitten drin liegt die malerische, kleine ostdeutsche Stadt Weimar. Die Szene ist idyllisch. Dann höre ich die Stimme meiner Kusine Irene, die mich ruft: »Judith, beeil Dich!« Ich schaue ein letztes Mal auf das schöne Bild unter mir und kehre auf die Erde zurück ... wo mich ein paar Schritte weiter der nackte Horror erwartet.

Es ist der Sommer 1991. Ich gehe einen betonierten Weg entlang, der zu dem Konzentrationslager Buchenwald führt, ein unheimlicher Kontrast zu der friedlichen Landschaft, die ich von oben gesehen hatte. Ich schaue an dem bedrohlich aussehenden steinernen Wachturm hoch und sehe jeden Zentimeter seiner metallenen Gewehrsockel. Alles ist noch intakt. Ich muß schlucken und versuche, Haltung zu bewahren, aber der Boden unter mir scheint an meinen Füßen zu zerren wie Treibsand und droht mich nach unten zu ziehen. Es gibt weder Vergangenheit noch Zukunft, nur diesen Moment. Ich spüre die Geister der Toten überall um mich herum.

Ich war am Tag vorher in Deutschland angekommen. Selbst am Frankfurter Flughafen war der Klang der deutschen Sprache, die über die Lautsprecher ertönte, unheimlich entnervend. Vom Verstand her wußte ich, daß der Holocaust mehr als 50 Jahre zurücklag. Doch ich war sowohl Jüdin als auch Seherin; ein innerer Instinkt reagierte auf die Umgebung. Die Androhung von Auslöschung durchdrang mich bis in mein Innerstes. Die Deutschen, mit denen ich sprach, hätten nicht freundlicher sein können. Ich war mir dessen sehr bewußt, doch ein Teil von mir befürchtete, daß ich entdeckt und abgeführt werden würde, sollte ich auch nur eine einzige falsche Bewegung machen. Bis zu diesem Tag war die Verfolgung eines ganzen Volkes ein Schrecken, mit dem ich mich nur vage identifizieren konnte, als meine Mutter mir davon erzählte. Jetzt verstand ich ihre Gefühle besser.

Im Zug nach Bayern, wo ich Irene treffen wollte, teilte ich Kaffee und Kuchen mit einer Ärztin aus Nürnberg, die ich eben erst kennengelernt hatte, und wir plauderten unbeschwert miteinander, als wäre es die natürlichste Sache der Welt. Doch als ich aus dem Fenster auf die märchenhafte Landschaft draußen blickte, die mit Burgen, Schlössern und blühenden Wiesen gesprenkelt war, zog sich etwas in mir zusammen, und ich spürte medial die Vergangenheit dieser bilderbuchperfekten Umgebung, die ihr wie ein dunkles Echo für immer aufgeprägt war.

Etwas drängte mich dazu, ein Konzentrationslager zu besichtigen. Es war mir unmöglich, es *nicht* zu tun. Ich war neugierig – ich wollte mit eigenen Augen sehen, wie so ein Lager ausgesehen hatte, nicht nur um meine jüdische Vergangenheit besser zu verstehen, sondern um wirklich einen deutlichen Eindruck über die Extreme des Bösen, zu denen die Menschen fähig sind, zu bekommen. Ich wußte nicht genau, warum oder wieso, aber ich war sicher, daß mir dieses Wissen irgendwie dazu verhalf, mich vollständiger zu fühlen.

Hier war ich also mit Irene, Englischlehrerin auf einer amerikanischen Militärbasis in Deutschland. Sie hatte ihren neuen BMW auf dem Besucherparkplatz abgestellt, der Lichtjahre entfernt zu sein schien. Vor uns erstreckte sich die Hölle wie ein endloses Meer, umgeben von Stacheldrahtzäunen. Das Lager ist bis ins kleinste Detail erhalten geblieben, genauso, wie es im Krieg ausgesehen hat. Der Grund dafür ist natürlich der, daß die Menschen nie vergessen, was damals passiert ist.

Ich fröstelte, obwohl es ein warmer Sommertag war, als wir durch den verhängnisvollen Torbogen unter dem drohenden Turm hindurchgingen. Sofort legt sich eine lähmende Schwere auf die Seele. Wir gehen die Wege zwischen den Baracken entlang, betreten das Krematorium, die Gaskammer – die als Duschraum getarnt war – und die Gebäude, in denen grauenhafte »medizinische« Experimente durchgeführt wurden. Wir gehen eine Wendeltreppe hoch und betreten die nackten Baracken der Gefangenen. Unglaublich spärliche Strohauflagen bedecken die schmalen hölzernen Betten, in denen die Menschen zu dritt schliefen, Hunderte in einem Raum.

Ich spüre ihre Gegenwart. Sie schleichen durchs Lager und streifen meinen Körper. Mir wird langsam schlecht, ich fühle mich wie gelähmt. Mein Atem wird immer flacher, ich kann kaum meinen Herzschlag fühlen. Ich bemerke, wie ich verdächtig ruhig werde, innerlich erfroren. Das passiert mir immer, wenn ich zu Tode erschrocken bin. Doch die Wahrheit, die mir entgegenschallt, ist stärker als alle Angst.

In dem Bedürfnis, die Bedeutung des Dunklen besser zu verstehen, trenne ich mich instinktiv von Irene und gehe allein weiter – ein Überbleibsel aus meiner Kindheit, mich zurückzuziehen, wann immer ich mich überwältigt fühle. Den Impuls bekämpfend, die Erfahrung zu beenden und das Lager zu verlassen, sitze ich auf den Resten eines runden Zementfundaments am anderen Ende des Lagers. An dieser Stelle wurden die öffentlichen Hinrichtungen durchgeführt. Ironischerweise fühle ich mich trotz des unheimlichen Ortes hier alleine am sichersten. Ich schließe die Augen, um zu meditieren, und habe keine Ahnung, wohin meine Meditation mich führen wird. Ich habe das Gefühl, als könnte mir meine leichte Baumwollbluse jeden Augenblick durch die schiere Anhäufung von soviel unmenschlicher Grausamkeit und Gewalt, die hier geschehen sind und deren Echo nach wie vor zu spüren ist, vom Leib gerissen werden. Ich verschränke die Arme über meiner Brust und halte mich an mir selbst fest.

Während ich durch die Meditation ruhiger werde, kann ich medial die Greueltaten spüren, die hier passiert sind, was meinen Körper kalt und bleiern werden läßt. Ich sehe jede Einzelheit des Lagers in unglaublicher Geschwindigkeit vibrieren. Starr vor Entsetzen sehe ich, wie die Intensität der Bewegung die Oberfläche aller Dinge beiseite fegt und darunter eine sich nach allen Richtungen ausbreitende Schicht von Dunkelheit freilegt. Es ist ein giftiger, grober Film, der leicht pulsierend die ganze Szenerie infiltriert, dabei das letzte Quentchen Vitalität erstickt und die Luft verpestet, die ich atme. Gleichzeitig werde ich überschwemmt von Stimmen und Visionen von Menschen, die hier gefangen waren. Die Dunkelheit hüllt mich ein. Ich löse mich in ihr auf. Nichts, was ich jemals erlebt habe, kann ich auch nur andeutungsweise mit diesem Alptraum vergleichen. Ich fühle, wie mein Selbstgefühl schwächer wird. Gottseidank erkenne ich in einem Moment der Klarheit den Würgegriff, in dem das Dunkle mich hält: Ich habe nur noch einen Gedanken, und zwar so schnell wie möglich von hier wegzukommen. Aus meiner Meditation herausgerissen, öffne ich die Augen und stütze mich mit beiden Händen an der kalten Betonwand einer Baracke ab. Ich muß unbedingt irgendwas Solides berühren, um mich zu vergewissern, daß alles okay ist. Am ganzen Körper zitternd und mit schwachen Beinen stehe ich auf. Ich laufe zurück und durch den Torbogen unter dem Wachturm hindurch in die Gegenwart.

Die Erinnerung an das Lager verfolgte mich den Rest meiner Reise durch Osteuropa und noch lange, nachdem ich wieder zu Hause war. Ich war lethargisch, depressiv und hatte überall im Körper Schmerzen, so als würde ich eine schwere Grippe kriegen. Doch war ich nicht physisch krank – ich fühlte mich einfach total besiegt von der Dunkelheit, die ich gespürt hatte. Sie schien so grausam, so unvergleichlich in ihrer zerstörerischen Kraft. Es ist nicht so, als wäre ich mir dieser Dunkelheit vorher nicht bewußt gewesen. Sie war mir mein ganzes Leben lang auf den Fersen gewesen, aber nicht in einer so überwältigenden Intensität. Als ich ein Kind war, hatte sie die Gestalt des »Schwarzen Mannes«, machte sich im Klappern der hölzernen Fensterläden in einer stürmischen Nacht bemerkbar oder in der unheimlichen Situation, wenn ich allein in einem großen, leeren Haus war. Sie lauerte in dunklen Ecken und drohte mir aus der Entfernung, doch zeigte sie mir nie ihr volles Gesicht. Ich habe immer an den letztendlichen Triumph der Liebe über das Böse geglaubt, doch jetzt war mein Glaube erschüttert. Liebe schien nicht die geringste Chance gegen das Böse zu haben.

Kurz nachdem ich nach Los Angeles zurückgekehrt war, stieg ich auf einen der höchsten Gipfel im Malibu Creek State Park, der den Ozean überblickte, um eine neue Perspektive für mein Problem zu finden. Die Erde war warm von der Morgensonne, und ich fand einen glatten, runden Felsblock, auf dem ich meditieren konnte. Auf diesem Stück Land, das den Chumash-Indianern heilig gewesen war, fühlte ich mich am sichersten. Die V-förmigen Canyons hielten mich in ihren Armen wie eine Mutter; die großen, alten Eichenbäume, die eine ruhige Weisheit ausstrahlten, und die mit goldenen Senfblüten bedeckte Erde – all das entzückte mich stets von neuem. Hier existierte Frieden, der immer wieder darauf wartete, entdeckt zu werden.

Ich trug meine alten Jeans, die ich so liebe, und setzte mich mit gekreuzten Beinen nieder. Ich atmete tief und gleichmäßig und begann mit der Meditation. Innerhalb weniger Minuten fand ich mich jedoch zurücktransportiert nach Buchenwald. Ich hatte total die Orientierung verloren; ich mußte alle Kraft aufbringen, um in der Gegenwart zu bleiben. Nicht noch einmal, dachte ich, und das Herz wurde mir schwer. Doch hier war sie: diese furchtbare Dunkelheit, ausgebreitet vor meinen Augen, nicht zu übersehen. Doch dieses Mal lief ich nicht davon. Getröstet von der Sicherheit des Canyons, schaute ich vorsichtig genauer hin. Hier, an diesem vertrauten Ort, war es einfacher, mutig zu sein. Zu meiner Überraschung bemerkte ich eine Dimension, die mir im Lager nicht aufgefallen war: Ein schwacher Lichtschein durchzitterte alles, flimmerte selbst durch den Boden hindurch, und wurde immer stärker, je mehr ich mich auf ihn konzentrierte. Ich hielt meine ganze Aufmerksamkeit auf dieses Licht gerichtet und dachte an nichts anderes, während ein wachsendes Gefühl von Liebe mich erfüllte. Genau vor meinen Augen schien es sich selbst zu gebären, Licht aus Licht, in einem atemberaubenden Schauspiel. Rein, strahlend und selbst die dunkelsten Ecken durchdringend, erstreckte es sich weit jenseits der Stacheldrahtzäune und in den Himmel hinein.

Meine Angst verschwand angesichts dieser Pracht vollkommen. Ich trank sie auf und merkte mir jede Nuance, damit ich sie nie vergessen und nie mehr wieder so verzweifelt sein würde. Indem ich mich mit diesem Licht verband, hatte ich das Gefühl, als hätte ich noch einmal meine größte Liebe wiedergefunden. Ich erkannte, daß sie immer dagewesen war. Da ich jedoch von Angst erfüllt gewesen war, hatte ich nicht genau genug hinschauen können, um sie zu sehen. Mein Körper entspannte sich und wurde weich, während eine Welle von Energie mich durchfloß. Zum ersten Mal seit Wochen konnte ich wieder leichter atmen und roch mit Freuden den Duft von Salbei und Rosmarin, das in Fülle auf den Hängen des Canyons wuchs. Durch die enorme Intensität dieses Strahlens schien die Dunkelheit kaum mehr vorhanden zu sein, und doch waren die beiden untrennbar miteinander verbunden. Es sah so aus, als hielt das Licht die Dunkelheit in seinem Inneren umfangen und teilte mit ihr denselben Lebensstrom. In diesem Moment begann ich zu begreifen, was ich später besser verstehen würde: daß selbst in der schlimmsten Not das Licht immer noch da ist. Doch unsere Angst hindert uns daran, es zu sehen.

Natürlich kann ich die unaussprechlichen Erfahrungen in Buchenwald nicht als meine eigenen bezeichnen. Noch möchte ich in keiner Weise das Elend dort beschönigen, indem ich zu einfach eine Verbindung zu meinem eigenen, glücklichen Leben herstelle. Dennoch führte mein Besuch in Buchenwald dazu, daß ich begann, die Bedeutung der Dunkelheit in der Welt zu erforschen. Dies war der erste Schritt eines noch immer stattfindenden Prozesses. Solche Themen sind leichter darzustellen als zu lösen, doch suche ich weiterhin nach größerer Klarheit.

Der Psychiater Viktor Frankl, einer meiner Vorbilder, hat mein Denken sehr beeinflußt. In seinem Buch *Man's Search for Meaning* schreibt er mutig über die Jahre, die er als Häftling in Auschwitz verbracht hat:

> *Trotz all der uns aufgezwungenen physischen und geistigen Primitivität des Lebens in einem Konzentrationslager war es möglich, die eigene Spiritualität zu vertiefen... Nur so können wir das offensichtliche Paradox erklären, daß manche Häftlinge, die schwächer schienen als andere, die Bedingungen im Lager besser überstanden als solche mit einer robusteren Natur. Die Rettung des Menschen liegt in der Liebe und er-*

folgt durch sie. Ich verstand, daß ein Mann, der in dieser Welt nichts mehr besitzt, dennoch Ekstase fühlen kann, und sei es nur für einen kurzen Augenblick, wenn er an seine Liebsten denkt. Zum ersten Mal in meinem Leben konnte ich die Worte verstehen: »Die Engel sind versunken in der ununterbrochenen Kontemplation einer unendlichen Pracht.«

Obwohl mir die Schrecken, mit denen Frankl konfrontiert war, erspart geblieben sind, bin ich zu der Überzeugung gelangt, daß der spirituelle Weg des übersinnlich veranlagten Menschen darin besteht, sowohl das Licht als auch die Dunkelheit zu erkennen – und nicht einen Aspekt des Lebens abzutrennen und nur zu sehen, was uns gefällt. Viele Menschen mögen zunächst vor dem Gedanken zurückschrecken, daß wir alle Dunkelheit und Licht in uns tragen mit dem Potential, entsprechend zu handeln. Doch wir müssen Krieger sein, wachsam gegenüber den vielen Kräften in uns und um uns herum. Aus diesem Grund müssen wir tief in unserem Inneren nach unseren schlimmsten Dämonen suchen und sie überkommen. Im gleichen Moment müssen wir das pflegen, was am kostbarsten in uns ist und unsere wahre Kraft annehmen. Das alles mit dem Ziel, uns wieder der Quelle des Lichts zu nähern, aus der wir alle kommen.

Unser höchstes Ziel ist es, bewußter zu werden, die phantastische Komplexität unseres Wesens in allen Einzelheiten dankbar anzuerkennen. Und nie zu vergessen, daß selbst in den furchtbarsten Situationen die Möglichkeit für Größe und Verbindung mit dem Geistigen besteht. Wie Frankl andeutet, können wir überall und unter allen Umständen ein Leben kreieren, das auf Liebe beruht. Spiritualität heißt, daß wir uns mit unserem Herzen und einer höheren Macht verbinden; das Übersinnliche kann uns helfen, uns dafür zu öffnen. Dies ist jedoch nicht der einzige Weg; um einen Ausspruch des Schriftstellers Raymond Carver zu zitieren, handelt es sich »nur um einen anderen Pfad zum Wasserfall«. Doch während Ihre paranormalen Fähigkeiten reifen, werden Sie immer mehr zu einem transparenten Instrument, das in der Lage ist, mehrere Ebenen der Realität zu erfahren. Dies wiederum führt zu größerem Vertrauen in Ihre eigene Spiritualität. In Ihrem Inneren geschieht eine Öffnung, Ihr Panzer fällt ab; es ist jetzt viel einfacher für Sie, Liebe zu spüren und sich von ihr leiten zu lassen.

Aus der Perspektive des Übersinnlichen ist Spiritualität kein abstraktes Konzept. Sie ist immer ein Teil Ihres Lebens – manifestiert durch Träume, Visionen und Intuitionen – doch Sie müssen sie zum Leben erwecken. Das heißt, Sie müssen Spiritualität atmen, leben, sie selbst in den kleinsten Details Ihres täglichen Lebens wahrnehmen. Wenn Sie das tun, werden Sie feststellen, daß wir nicht nur zweidimensionale Wesen sind, die aus physischer Materie bestehen. Die Inder erweisen dieser Tatsache wunderschöne Referenz, wenn sie in ihrer Begrüßung »Namaste« sagen: »Ich respektiere den Geist in Dir«, anstatt »Hallo«. Dieser Geist ist in uns allen, unendlich weit und auf übersinnliche Weise direkt erfahrbar. Der Dichter Kabir beschreibt dies einfach und schön:

Es gibt etwas Heiliges in uns;
die Planeten und alle Galaxien
fließen durch seine Hände wie Perlen.
Dieses Band von Perlen sollte man mit
leuchtenden Augen betrachten.

Unsere übersinnlichen Fähigkeiten ermöglichen uns dies. Der Vorteil dabei ist, nicht nur mehr zu sehen, sondern zu verstehen, was wir sehen. Wenn alles einen Sinn ergibt und sogar Aspekte einer Situation, die nichts mit ihr zu tun zu haben schienen, plötzlich ein harmonisches Gesamtbild ergeben, befriedigt das Ergebnis selbst unsere wißbegierigsten Impulse. Die größte Belohnung für einen medialen Menschen jedoch

– wenn er offen ist für Spiritualität – besteht in der Möglichkeit, das unglaubliche Licht, das ich in Buchenwald gesehen habe und das überall existiert, zu erfahren. Für mich ist das Gefühl einer solchen Liebe, selbst wenn es nur wenige Minuten andauert, wie der Himmel auf Erden. Nichts ist heilender.

Meine Reise nach Buchenwald und der übersinnliche Eindruck, den ich dort gewann, sind mir sehr kostbar. Die Macht der Liebe war mir wieder bestätigt worden, und ich war in der Folge besser in der Lage, sie in allen Situationen zu finden, wie extrem sie auch sein mochten. Indem ich jede Erfahrung als ein Geschenk betrachte, ist mein Leben erfüllender und viel schmerzfreier geworden. Selbst auf schneebedeckten Hängen werden Sie winzige Knospen entdecken können, wenn Sie nur genau hinschauen. Dies ist das große Wunder. Die größte spirituelle Aufgabe ist das Suchen nach dem Licht in jeder Situation, auch wenn die Gegebenheiten in höchstem Maße ungerecht und furchtbar erscheinen. Eine schwere Lektion, mit Sicherheit. Doch sie hält die schönsten Ergebnisse bereit, wenn wir sie gelernt haben.

Das Suchen nach dem Licht kann schwierig sein, weil wir die Tendenz haben, von der Dunkelheit fasziniert zu sein. Unsere Angst vor ihr verfinstert das Licht. Diese Angst ist so tief in uns verankert, daß sie sich besonders stark in unserer Reaktion auf die unkontrollierbaren Kräfte der Natur widerspiegelt. Ich kenne keinen Autor, der diese Tatsache meisterhafter in Worte gefaßt hat als Annie Dillard in ihrer Geschichte »Sonnen-Eklipse«:

Alle Menschen auf dem Hügel, und ich glaube, ich gehörte auch dazu, schrien, als sich der schwarze Körper des Mondes aus seiner Position am Himmel löste und über die Sonne rollte. Doch im gleichen Moment passierte noch etwas anderes, und ich glaube, das war der Grund, warum wir schrien: In der Sekunde, bevor die Sonne verschwand, sahen wir eine Wand von Dunkelheit auf uns zurasen. Im gleichen Moment war sie auch schon über uns, wie Donner. Sie heulte das Tal hinab. Sie brach über unsern Hügel herein und warf uns alle zu Boden. Es war der furchtbare, rasende Schattenkegel des Mondes... Er rollte über das Land auf uns zu, mit einer unvorstellbaren Geschwindigkeit, die Dunkelheit wie eine Pestilenz ihm auf den Fersen... Wir sahen die Schattenwand kommen und schrien, bevor sie uns traf.

Die Dunkelheit hat viele Formen, und sie existiert sowohl außen als auch in unserem Inneren. Doch ich glaube, daß wir nicht so leicht von ihr verführt werden können, wenn wir uns unsere dunkle Seite bewußt machen – diese Bewußtwerdung hilft uns, nicht in die Dunkelheit hineingezogen zu werden. Indem wir uns mit unseren Gefühlen von Zorn, Trauer, Schmerz, Angst und Bitterkeit konfrontieren, können wir unseren Geist verfeinern, bis er zu einem strahlenden Diamanten wird. Wie Gandhi sagt: »Wir müssen die Veränderung sein.« Unsere eigene dunkle Seite zu bewältigen kann uns helfen, Frieden zu finden. Es ist nicht nur befreiend für uns, es kann auch eine profunde Auswirkung haben auf das Verhalten anderer Menschen in unserer Gegenwart.

Eines späten Sommernachmittags war ich in meinem alten VW Käfer auf dem Weg nach Chinatown, um mit einer Freundin zu Abend zu essen. Obwohl ich durch eine als gefährlich bekannte Gegend fuhr, hatte ich wegen des stickig heißen Wetters unvorsichtigerweise alle Fenster heruntergerollt. Als ich an einer Ampel halten mußte, schoß plötzlich ein riesiger Mann von der Bushaltestelle an der Ecke auf mich zu. Ich sah, wie er sich auf die Motorhaube meines Wagens schwang und das ganze Auto schaukelte wie wild, als er begann, auf und ab zu springen wie auf einem Trampolin. Das alles geschah so schnell, daß ich nicht einmal Zeit hatte, Angst zu haben. Bevor ich die Fenster schließen konnte, griff er mit seinem Arm hindurch und versuchte, meinen Kopf zu fassen. Ich war sicher, daß er auf mich einschlagen würde. Stattdessen verflog seine Wut. Zärtlich nahm er mein Gesicht in seine Hände. Während er mir in die Augen schaute, lächelte er so süß wie ein Baby, daß ich einfach zurücklächeln mußte. Dann – so plötzlich, wie er aufgetaucht war – sprang er zu sich selbst murmelnd durch den Verkehr zurück zur Bushaltestelle, wo er sich hinsetzte. Die Ampel wurde grün. Ich konnte noch immer nicht fassen, was geschehen war, doch froh, daß mir nichts passiert war, fuhr ich weiter.

Der Mann wäre ohne weiteres in der Lage gewesen, mich zu verletzen, doch er tat es nicht, und ich fragte mich, warum. Als ich die Szene während der nächsten Tage noch einige Male vor meinem inneren Auge ablaufen ließ, begann ich zu verstehen. Zunächst einmal hätte ich nicht ungefährlicher aussehen können; ich gehe nicht durchs Leben und strahle Angst aus oder erwarte jeden Moment, angegriffen zu werden – Qualitäten, die laut Selbstverteidigungsschulen viel wert sind. Doch ich glaube, daß in einem energetischen Bereich die Antwort noch viel tiefer liegt. Wir alle sind von einem Energiefeld umgeben, daß sich weit außerhalb unseres Körpers ausdehnt, einer »Aura«, die zum Teil eine Reflektion unseres emotionalen Zustandes ist. Andere können diese Gefühle oft spüren, selbst wenn sie sie nicht identifizieren können. Vor allen Dingen ist Wut leicht festzustellen. In gewissen Situationen, wenn ein Mensch sich gefährlich nahe am Explosionspunkt seines Zorns befindet wie der Mann auf meiner Motorhaube, können unsere eigenen Angst- und Haßgefühle ihm leicht den letzten Anstoß geben, auszurasten.

In dieser Situation hat mir die Arbeit an mir selbst wirklich geholfen. Weil ich mich bewußt darum bemühe, meine schwierigeren Gefühle in den Griff zu kriegen und sie nicht einfach zu verdrängen, gab es für diesen Mann weniger Grund, sich mental auf mich einzuschießen. Stattdessen reagierte er auf einen subtileren Teil von mir und lächelte mich an, anstatt mir den Kopf abzureißen (obwohl ihm wahrscheinlich beides nicht bewußt war). Manchmal kann Gewalt nicht gestoppt werden, egal was wir tun. Doch je friedlicher wir sind, desto größer ist unsere Chance, friedliche Reaktionen in den Menschen in unserer Umgebung hervorzurufen.

Es ist nur zu verführerisch, unsere dunkleren Aspekte auf etwas außerhalb von uns Liegendes zu projizieren. Schließlich sind die bösen Buben in den Nachrichten ein leichtes Ziel dafür. Deren Taten sind so extrem, daß man sich kaum vorstellen kann, etwas Ähnliches zu tun. Doch es passiert auch auf viel weniger offensichtliche Weise. In meiner Funktion als Psychotherapeutin erlebe ich Menschen, die ständig projizieren. Die Qualitäten, die sie bei sich selbst am meisten ablehnen, projizieren sie auf andere. Zum Beispiel behandelte ich einmal einen außerordentlich erfolgreichen Zahnarzt, der ein pathologischer Lügner war, aber mit der Beschwerde zu mir kam, daß alle Welt ihn ständig belog und betrog. Selbst als er wegen Betruges verurteilt wurde, schwor er, daß man ihn reingelegt hatte, und er vertraute niemandem.

Projektion ist ein primitiver, unbewußter Instinkt, den wir uns in der Kindheit aneignen. Es braucht Jahre, um ihn wieder zu verlernen. Als ich kürzlich meinen Zeh an der Tür anstieß, war zunächst meine erste Reaktion, die Tür dafür verantwortlich zu machen anstatt meine eigene Ungeschicklichkeit. Projektion verzerrt unser Bild von der Welt und verhindert, daß wir uns selbst und einander verstehen können. Doch übersinnlich zu sein erfordert Klarheit, damit wir fähig sind, jenseits unserer eigenen Projektionen zu sehen. Nur dann können wir Menschen und Situationen annehmen, wie sie wirklich sind und nicht, wie wir sie uns vorstellen. Die Verpflichtung, die mit der Verfolgung eines spirituellen Weges einhergeht, nötigt uns dazu, bei jeder Gelegenheit an uns selbst zu arbeiten.

Zwei Jahre lang war ich medizinischer Berater bei einem stationären Alkohol- und Drogenentzugsprogramm für jüdische Kriminelle. Als Teil unseres Dienstes besuchten diverse Sozialberaterinnen und ich ein Hochsicherheitsgefängnis für Männer in Chino, um mit einigen von ihnen das jüdische Passover-Fest zu feiern. Meine Kolleginnen kannten sich mit dem Gefängnissystem aus, doch ich war das erste Mal hier. Ich war neugierig darauf zu erfahren, wie ein Gefängnis von innen aussah – um ein besseres Verständnis für die Männer in unserem Programm zu bekommen. Doch mein Interesse ging noch tiefer: Ich wollte mehr über die Freiheit lernen und hatte irgendwie das Gefühl, daß mich diese Häftlinge einiges lehren konnten.

Um vom Haupteingang der Gefängnisanlage zu dem Gebäude zu gelangen, in dem die Festlichkeiten stattfanden, wurden wir auf dem Weg durch den riesigen Hof von schwer bewaffneten Sicherheitsbeamten begleitet, die alle Kopien von Arnold Schwarzenegger hätten sein können. Hinter hohen Zäunen befanden sich auf allen Seiten Hunderte von Zigaretten rauchenden Männern in Gefängniskleidung, zusammengepfercht auf einem betonierten Platz, der die Größe von 3 Straßenblocks hatte.

Als wir an ihnen vorbeigingen, wurden wir augenblicklich die Hauptattraktion, und alle Augen waren auf uns gerichtet. Ich fühlte mich von den Männern überfallen, ihre Augen verschlangen uns, als seien wir nacktes Fleisch, während sie uns mit ihren Rufen verspotteten. Ich hatte das Gefühl, daß wir durch ein Meer von »hungrigen Geistern« gingen, die verlorenen Seelen, von denen der vietnamesische Zen-Meister Thich Nhat Hahn spricht, die nie befriedigt werden können. Sie luden dazu ein, alles, was in der Welt schrecklich war, sofort auf sie zu projizieren. Ich wußte, daß das falsch war, doch fühlte ich mich bedroht und verurteilte sie ihm Geheimen auch. Dennoch konnte ich nicht aufhören, in die Menge der anonymen Gesichter zu starren, die mich vereinnahmen wollte. Die Stimmen meiner Kolleginnen schienen von weit her zu kommen, waren kaum zu verstehen. Für einige Augenblicke muß ich in eine Trance gesunken sein, denn plötzlich konnte ich auch hier die Dunkelheit erkennen, die Buchenwald heimgesucht hatte, wenn sie auch hier nicht so intensiv war. Sie strömte aus den Haaren der Männer, aus ihrem Atem, ihrer Haut; sie drückte sich an den Mauern der Gebäude entlang und kam immer näher auf mich zu. Weit und breit kein Licht. Warum konnte ich es nicht sehen? Wegen meiner Erfahrung in Buchenwald und anschließend im Canyon konnte ich nicht verstehen, was mit mir los war. Ich wußte, daß irgend etwas in mir sich zugemacht hatte. Welch eine Erleichterung war es, sicher an unserem Ziel anzukommen. Dem Himmel sei Dank für das Vertraute: der Rabbi, mit einem blauweißen Gebetsschal um die Schultern, seiner Yarmulke[1] auf dem Kopf, die Torah auf einem Tisch neben ihm und die Körbe vollgepackt mit gefilte Fisch und Matzhos[2], die darauf warteten, serviert zu werden. Jetzt konnte ich endlich wieder frei atmen. Als wir auf den Beginn des Seders[3] warteten, fing der Häftling, der neben mir Platz genommen hatte ein Gespräch mit mir an. Er war ein tätowierter, muskulöser Mann mit langen, schwarzen Haaren und fühlte sich sofort wegen meines augenscheinlichen Unbehagens mir überlegen.

»Noch nie in einem Gefängnis gewesen, was?«

»Genau«, brachte ich heraus.

»Nun, ich bin seit 10 Jahren in diesem Laden.«

»Warum?« fragte ich höflich und versuchte den Eindruck zu erwecken, als sei das nichts Besonderes.

---

[1] kleines, rundes Käppchen, das die jüdischen Männer in der Synagoge und während religiöser Anlässe tragen.
[2] typisch jüdische Gerichte
[3] jüdischer Gottesdienst

»Ich bin ein Bankräuber«, prahlte er. »Und zwar einer von den großen.«

»Ach wirklich«, gurrte ich, weil ich beeindruckt erscheinen wollte. Er schüttelte einfach nur seinen Kopf hin und her und grinste. Ich fühlte mich wie ein totaler Idiot. Dann, mit einem Augenzwinkern, sagte er: »Siehst Du diese häßlichen Gorillas da draußen?« Vergnügt zeigte er auf den übervölkerten Hof. »Also, die könnten so ein kleines Mädchen wie Dich mit einem einzigen Biß verschlucken.« Die ganze Szene schien so absurd, daß wir beide lachen mußten. Das Eis war gebrochen. Während des Essens stellte sich heraus, daß mein Nachbar ein außerordentlicher Mann war. »Ich mußte erst ins Gefängnis kommen, um meinen spirituellen Weg zu finden«, erzählte er mir. Er las leidenschaftlich gern und zitierte geschickt Buddha, Krishnamurti und Ramana Maharshi, seine Lehrer. Ihre Bilder hatte er auf seine Zellenwand geklebt. Er meditierte täglich und praktizierte hingebungsvoll – mehr als viele Menschen, die ich kannte. Aber am eindrucksvollsten war sein unglaublicher Sinn für Humor, die Leichtigkeit, mit der er das Leben anging. Kein einziges Mal sah ich ein Anzeichen dafür, daß er sich selbst leid tat. Zu meinem Erstaunen war es ihm unter den schrecklichsten Umständen möglich gewesen, heil zu werden.

Nachdem der Seder beendet war, geleiteten uns die Wachen sicher durch den Hof zurück zum Haupteingang. Die Szene war die gleiche wie vorher – die gleiche Horde von Männern, der gleiche Zigarettenrauch, die gleichen Hohnrufe – doch jetzt empfand ich sie anders. Die Dunkelheit, die ich jetzt medial sah, war nicht mehr länger eindimensional. Ihre Dichte war durchlässiger geworden und enthüllte eine darunterliegende Schicht phosphorezierender Lichtpunkte – nicht größer als Sandkörner – so als sei ein schwarzer Nachthimmel jetzt mit schimmernden Sternen übersät. Die Atome und Moleküle von allem und jedem um mich herum schienen zu leuchten und die ganze Szene wie Laserstrahlen zu durchbohren. Es war ein wunderschöner Anblick, so beruhigend, daß ich am liebsten darin baden wollte. Indem ich mich auf einen einzelnen dieser Lichtpunkte fokussierte, sah ich, wie Millionen von ihnen in alle Richtungen schossen und immer leuchtender wurden. Es war ein ungewöhnlicher, erstaunlicher Anblick. Ich sah hartgesottene Kriminelle vor mir, die von strahlendem Licht umgeben waren, und sie wußten es nicht einmal. Mein Nachbar beim Seder war der Schlüssel gewesen. Unser Gespräch hatte mir die Angst genommen, weil er so verblüffend anders war als meine Projektionen. Das Licht in ihm entzündete in mir die Möglichkeit zu sehen. Sicher, viele der Häftlinge waren angsteinflößend – aus gutem Grund. Und auf einer übersinnlichen Ebene waren sie von einer sichtbaren Dunkelheit umgeben, die für mich real war. Die Verzerrung bestand darin, daß ich nur sie sehen konnte. Ich hatte solche Angst gehabt und war so wütend gewesen über das Verhalten der Männer uns Frauen gegenüber, daß meine Projektionen verrückt spielten. Als ich sie zurückzunehmen begann, um jenseits unserer äußeren Erscheinungen unsere Ähnlichkeiten und gemeinsamen Schwächen zu sehen, konnte das Licht, das die ganze Zeit über da gewesen war, durchscheinen. Meine kurzsichtige Vision des Gefängnisses verschwand, und mit ihr der Knoten eisiger Spannung in meinem Inneren. Ich fühlte mich frei. Jetzt verstand ich das größere Bild, und nicht nur einen Bruchteil davon. Ich erkannte, daß unter anderen Umständen auch ich mich dazu getrieben sehen könnte, kriminelle Handlungen zu begehen. Ich habe zwar noch nie ein Geschäft überfallen, war auch noch kein Bandenmitglied oder bin wegen Drogenhandels verhaftet worden, doch konnte ich die Verzweiflung nachvollziehen, die zu solchem Verhalten führt. Wir alle kennen die Gefühle von Wut, Enttäuschung, Hoffnungslosigkeit. Abgesehen von der Schwierigkeit der Umstände, in denen wir aufwuchsen und den tatsächlichen Gefahren der Armut besteht der grundsätzliche Unterschied in unserem Verhalten darin, daß einige von uns ihre Gefühle besser kontrollieren können und sie nicht auf zerstörerische Weise ausleben müssen. Als ich erst einmal aufhörte, die Häftlinge zu verurteilen und sie mit etwas mehr Mitgefühl betrachtete, war ich von meinen Projektionen befreit. Die Dunkelheit konnte mir nichts mehr anhaben.

Der spirituelle Weg des übersinnlichen Menschen erfordert, daß wir unsere Projektionen erkennen, damit sie uns nicht in die Quere kommen. Reflektion und Mut sind nötig, innezuhalten und zu sagen: »Einen Moment mal. Ich muß einer Projektion zum Opfer gefallen sein. Laß mich mal genauer hinschauen.« Glauben Sie mir, damit ändern Sie vieles. Wenn wir einmal damit beginnen, die äußere Realität als einen deutlichen Spiegel für unsere innere Situation zu sehen, trennen wir nicht länger das Innere vom Äußeren bzw. »uns« von »den anderen«. Das ist eine wichtige Lektion für jeden, doch für einen Seher ist dies besonders wichtig, denn nur so kann er eine projektionsfreie Lesung durchführen, vergleichbar einem Foto, das mit weit geöffneter Linse aufgenommen wird, so daß das Licht hereinströmen kann.

Spiritualität ist eine lebenslange Aufgabe. Sie werden nicht plötzlich erleuchtet und sind an Ihrem Ziel angekommen. Wie Stephen Mitchell schreibt, kann spirituelle Transformation zuweilen damit vergleichbar sein, »das Herz mit einem Stück Stahlwolle« zu reinigen, immer mit dem Ziel der Klarheit vor Augen. Als ich sein Buch *The Gospel According to Jesus* las, war ich besonders beeindruckt von der Geschichte der spirituellen Reise des Chao-Chou, eines Zen-Mönches aus der T'ang Dynastie. Schon im jungen Alter hatte er bereits Erleuchtung erlangt, enschied sich aber, weitere 40 Jahre bei seinem Lehrer zu bleiben. Er tat dies aus Liebe, aber auch, um seine Einsichten weiter zu vertiefen und seinen Charakter zu reinigen. Andere Mönche verließen bald das Kloster, um als Lehrer in die Welt hinauszugehen. Doch Chao-Chou war unvergleichbar in seiner Vorzüglichkeit und Geduld. Schließlich, im Alter von 80 Jahren, fühlte er sich bereit zu lehren. Chao-Chou vertrat eine bescheidene Philosophie: »Wenn ich einen hundertjährigen Mann treffe und ihn etwas lehren kann, so will ich dies tun; wenn ich ein achtjähriges Kind treffe, und es hat mich etwas zu lehren, so will ich von ihm lernen.« Er lehrte bis zu seinem Tod im Alter von 120 Jahren.

Chao-Chou kann ein Vorbild für uns alle sein. Sie müssen nicht in einem abgelegenen Kloster sein, um ein spirituelles Leben zu führen, obwohl unsere Welt wesentlich mehr Ablenkungsmöglichkeiten bereithält. Wie bei Chao-Chou, so besteht auch unsere Aufgabe in der Festigung unserer Verbindung mit einer höheren Kraft durch Techniken wie Meditation oder Gebet und darin, all unsere Gedanken und Taten von Liebe durchdringen zu lassen. Wenn wir auf diese Weise leben, wird es zum Beispiel viel schwieriger, Groll gegen einen Vorgesetzten zu hegen, wenn es so aussieht, als habe er Sie unfair behandelt. Oder voreilig zu sagen: »Ich werde nie wieder mit Dir reden«, wenn ein Freund versehentlich Ihre Gefühle verletzt. Das heißt nicht, daß wir von einem Moment auf den anderen in Heilige verwandelt werden. Es ist nur so, daß wir durch unser erhöhtes spirituelles Bewußtsein zu liebevolleren Lösungen neigen.

Mensch zu sein hat etwas Heiliges. Das wurde mir in einem lebhaften Traum über meine Mutter deutlich gemacht, zu einer Zeit, als ich zwar die besten Absichten hatte, dieses Buch zu schreiben – meine intensivste Meditation – aber gleichzeitig frustriert war, weil es mich emotional extrem forderte. Meine Mutter war seit einem Jahr tot, als sie im Traum zu mir kam und mir auf ihre unverbesserliche Art sagte: »Du weißt gar nicht, wie froh Du sein kannst, so intensiv zu fühlen. Das ist die große Freude des Menschseins. Wo ich bin, liegen die Dinge anders. Hier gibt es nicht die gleiche Intensität wie auf der Erde.« Ich wachte auf und war traurig wegen ihrer Sehnsucht, doch verstand ich ihre Botschaft laut und deutlich: Es ist ein großes Geschenk, Mensch zu sein und echte Leidenschaften zu fühlen, die uns handeln lassen. Auf einer tieferen Ebene erinnerte mich der Traum auch daran, daß wir alle Erfahrungen des Lebens als etwas Heiliges ehren müssen und sie nicht in nette kleine Kategorien unterteilen sollten und bestimmen, was spirituell ist und was nicht. Eine solche Trennung ist eine Illusion.

In Wim Wenders' Film »Der Himmel über Berlin« verliebt sich ein Engel in eine wunderschöne Trapezkünstlerin. Zum Schluß opfert er seine Flügel, um bei ihr bleiben zu können. Doch für uns Menschen ist dieses Opfer nicht nötig. Wir können so göttlich sein, wie wir wollen, genau hier auf der Erde. Nichts hindert uns daran. Die Liebe fängt bei jedem von uns an. Es ist eine Kettenreaktion. Je mehr wir lieben und uns selbst akzeptieren, desto mehr können wir andere Menschen lieben und akzeptieren. Dies auch nur im Bruchteil einer Sekunde zu erleben, heißt, die Bedeutung von Heiligkeit zu verstehen.

Vor mehr als 10 Jahren, als ich von meinem ersten Seminar mit Brugh Joy zurückkam, durchströmte mich die Liebe wie ein breiter Fluß. Ich dachte, sie würde nie mehr verschwinden. Ich war sicher, die Antwort auf meine Fragen gefunden zu haben. Endlich würde sich mein Leben ändern. Mit den besten Absichten fuhr ich direkt von der Einsamkeit der Wüste nach Beverly Hills, um meine Eltern in dem eleganten Country Club, zu dem sie gehörten, zum Lunch zu treffen. Wann immer mich meine Eltern früher in diesen Club mitnahmen, hatte ich so stark das Gefühl, nicht dahin zu gehören, daß mir buchstäblich die Haare zu Berge standen. Doch an diesem Septembermorgen, mit all der Liebe in meinem Herzen, nahm ich an, daß alles anders sein würde. Dem war nicht so. Innerhalb von Minuten war ich wieder genauso elend beieinander wie früher.

Die Wahrheit ist, daß ich oft das Gefühl hatte, nicht dazuzugehören, weil ich mich in meiner eigenen Haut nicht wohlfühlte. Dies zu ändern, Selbstvertrauen und Gelassenheit zu finden, war meine spirituelle Aufgabe. Der Weg dahin führte durch meine Unsicherheiten, auf der Suche nach einer authentischen Stimme. Nicht indem ich mich bestrafte und es mir schwermachte, wie ich bald lernte, sondern durch das sanfte und geduldige Aufdecken der Ängste, die mich bremsten.

Die ungeheure Energie, die ich bei Brugh erfahren hatte, währte nicht ewig. Das sollte sie auch nicht. Sie war lediglich ein Vorgeschmack auf das, was möglich war, wenn ich bereit war, die Arbeit an mir selbst fortzusetzen. Je mehr wir die Liebe in unser Leben lassen, desto näher kommen wir dem Himmel. Für mich ist der Himmel nicht etwas Jenseitiges, eine unerreichbare Dimension. Er ist genau hier, vor unseren Augen, vermischt mit unserer Menschlichkeit und darauf wartend, entdeckt zu werden.

Wenn Sie einen spirituellen Pfad beginnen – vor allem dann, wenn Sie mit einem Lehrer arbeiten – kann es vorkommen, daß die fokussierte Energie so stark ist, daß sie innere Barrieren einreißt, die unüberwindbar schienen. Das mag zu einem solch erhöhten Bewußtsein von Liebe führen, daß in Ihrem Inneren eine übersinnliche Öffnung hervorgerufen werden kann – ein doppeltes Geschenk, das gelinde gesagt eine umwerfende Wirkung hat. In diesem Zustand sehen Sie vielleicht ein strahlendes Licht um Menschen herum, wie die Heiligenscheine auf byzantinischen Ikonen. Selbst Ihr Hund, Ihre Pflanzen, die Töpfe und Teller in Ihrer Küche strahlen dieses Licht aus. Es leuchtet einfach alles. Oder Sie fühlen Ihre Einheit mit dem ganzen Universum, eine Empfindung, die unglaubliche Freude mit sich bringen kann. Dies nennt man Gipfelerfahrungen. Doch obgleich sie dramatisch und illuminierend sind, sind sie nicht das Ziel, sondern vielmehr Zeichen auf dem Weg.

1986 war ich zwei Wochen auf Kauai, einer Insel, die zu Hawaii gehört, und nahm an einem Seminar für Frauen zum Thema Spiritualität teil. Nach intensiven Meditationen mit der Gruppe vor einer dreitägigen Periode des Fastens und Schweigens ging ich durch den üppigen Dschungel hinunter ans Meer, um den Sonnenuntergang zu sehen. Der Abend war warm und feucht. Ein leichter Wind blies durch mein kurzes Baumwollkleid, als ich mich mit dem Rücken gegen einen duftenden Federbaum setzte. Ich verlor mich im Anblick der sanften Bewegung seiner Blätter und der tief violetten Farbe seiner Blüten. Sie sahen aus wie Federn und schienen mir zuzuwinken. Zu meiner Überraschung spürte ich plötzlich eine sexuelle Erregung. Wellen von Hitze begannen durch die Rinde des Baumes in meinen Körper zu strömen, meine Wirbelsäule hoch bis hinauf zu meinem Kopf – dann hinunter zu meinen Genitalien und weiter bis zu den Füßen. Es war ein Gefühl völliger Ekstase. Ich hielt meinen Rücken fest an den Baum gepreßt, da ich befürchtete, es würde aufhören, wenn ich mich bewegte oder das Geschehen analysieren würde. Ausnahmsweise, dem Himmel sei Dank, kooperierte mein Verstand. Die sexuelle Intensität steigerte sich langsam und dann immer schneller, bis mein ganzer Körper in einem Orgasmus explodierte.

Als es vorbei war, ruhte ich mich auf dem kühlen Boden unter dem Baum aus und schaute hinauf in den strahlenden Sternenhimmel. Mit meinem Verstand wußte ich, daß dieses Erlebnis völlig unglaublich war. Doch andererseits fühlte es sich vollkommen natürlich an. Ich war sanft und weich wie ein Baby. Meine harten Kanten waren aufgelöst worden, und jede Zelle meines Körpers vibrierte vor Lebendigkeit. Seit ich Ärztin geworden war, habe ich oft ein so hektisches Leben geführt, mußte innerhalb von Sekunden lebenswichtige Entscheidungen treffen, daß ich oft vergaß, überhaupt einen Körper zu haben. Ich war so zivilisiert und proper geworden, immer aufs Äußerste bemüht, »das Richtige« zu tun, daß ich den wilden Geist in mir geopfert hatte. Doch jetzt war er wieder da.

In der Vergangenheit brauchte ich immer einen Mann, um meine Wildheit und Sexualität leben zu können. In einer Beziehung konnte ich leidenschaftlich und verspielt sein; wenn ich ohne Mann war, fühlte ich mich irgendwie weniger weiblich und ließ eine gewisse Wärme missen. Mir war nicht bewußt, daß ich meine eigene, lebendige Sexualität besaß, die unabhängig war von einem anderen Menschen. Als ich an diesem besonderen Abend jedoch sah, daß jeder Baum, jede Blüte, jeder Felsen und sogar die Erde selbst Sinnlichkeit ausstrahlte, erkannte ich sie auch in mir. Ich fühlte mich ganz als Frau und ausgefüllt, in Verbindung mit dem Teil von mir, der nackt und ohne Scham den Strand entlanglaufen und das Licht des Vollmondes anheulen konnte.

Und dennoch, wie schön dieser Moment auch war, ich wußte von meinem Lehrer, daß ich ihn wieder loslassen mußte. Übersinnliche Gipfelerfahrungen sind vorübergehender Natur. Es gibt Hunderte von ihnen, und keine ist wie die andere; sie kommen und gehen; je tiefer Sie Ihre spirituelle Praxis ausüben. Wenn Sie sich auf diese Erlebnisse zu lange fokussieren, besteht die Gefahr, daß sie durch ihre Schönheit abgelenkt werden und den Blick für das vor Ihnen Liegende verlieren. Ich werde nie vergessen, was am Strand von Kauai passiert ist. Selbst heute noch muß ich lächeln, wenn ich ein Blatt sehe, das im Wind flattert. Doch ich weiß, daß es genauso gefährlich ist, mich im Licht zu verlieren wie in der Dunkelheit. Ich habe in jener Nacht etwas Wichtiges gelernt. Und bin dann weitergegangen.

Leider ist es leicht, verführt zu werden. Ein Freund von mir meditierte erst seit wenigen Monaten, als er plötzlich mehrere feuerwerksähnliche Visionen hatte, jede faszinierender als die vorhergehende. Er schaute dabei auf seinen Körper herunter, während er hoch über ihm schwebte; eine phantastische Lightshow mit purpurfarbenen Stroboskoplampen explodierte aus seiner Stirn; eine Gruppe lustiger Mönche in orange-roten Roben kugelten sich vor Lachen, während ihre Bilder in der Meditation an ihm vorbeisausten. Diese Show hielt mit einigen Unterbrechungen mehrere Tage lang an, und mein Freund wurde immer stolzer auf sich. Plötzlich hörten diese Visionen auf. Verärgert darüber, daß er sich – wie er glaubte – zurückentwickelte, ging er zu seinem spirituellen Lehrer und glaubte, daß er auf irgendeine Weise versagt hatte. Sein Lehrer hörte ihm geduldig, doch unbesorgt zu und beruhigte ihn dann mit den Worten: »Alle Erfahrungen sind wertvoll. Meditiere einfach weiter.«

Damit meinte er, daß wir uns nicht an irgendwelchen Erlebnissen festhalten sollen, wie dramatisch sie auch sein mögen, weil uns dies aus der Gegenwart reißt; daß das Geheimnis darin liegt, selbst dem einfachsten Moment Bedeutung zukommen zu lassen und ihn als göttlich zu betrachten. Gipfelerfahrungen sind lediglich glanzvolle Höhepunkte auf dem Weg und nicht unbedingt ein Zeichen spiritueller Fertigkeit. Nehmen Sie sie zur Kenntnis, lernen Sie etwas daraus, doch lassen Sie sich nicht zu sehr verführen. In seinem Buch *A Gradual Awakening* schreibt Stephen Levine: »Erleuchtung ist Freiheit, der Gedanke an Erleuchtung ist Gefängnis.« In dem Augenblick, wo Sie sich in Ihren eigenen angeblichen Fortschritt verlieben, kommt Ihr Ego ins Spiel, und Sie werden aus dem Kurs geworfen.

Ich kannte einmal einen Seminar-Junkie, der von einem Lehrer zum anderen rannte, nur um immer wieder ein Energie-Hoch zu bekommen. Er blieb jedoch nie lange genug, um mit der richtigen Arbeit anzufangen. Mit seinem zuckersüßen Strahlen und unablässigen Lächeln konnte ich ihn schon auf einen Kilometer Entfernung kommen sehen. Wenn er sporadisch zu den Klassen meines Lehrers kam, kam er immer als erstes auf mich zu und umarmte mich – was in Ordnung war, denn ich mochte ihn gern –, doch seine Umarmungen hatten immer eine irgendwie gezwungene Qualität, so als würde er sich zu sehr bemühen. Er sah unbestreitbar selig aus, zu selig. Echte Spiritualität beinhaltet eine Vielzahl von Erfahrungen, nicht nur das Genießen von Höhepunkten. Wie der Autor und Lehrer Ram Dass sagt: »Wenn Sie schein-heilig werden, tritt es sie am Ende in den A...llerwertesten.« Die spirituellste Handlung besteht darin, in jedem Moment wahrhaft menschlich zu sein.

Wir wissen nicht, wann spirituelle Einsichten kommen. Unsere Zeiten der Kämpfe können genauso wichtig sein wie die Momente, in denen wir uns wirklich verbunden fühlen. Alles, was wir tun können, ist, auf eine übersinnliche Offenheit hinzuarbeiten, was immer auch passieren mag. Das Leben wird alles weitere tun. Entscheidend ist, nicht einfach nur herumzusitzen und darauf zu warten, erleuchtet zu werden. Die Fülle unserer Emotionen, die vielfältigen Begebenheiten unseres Lebens bieten uns das Sprungbrett zum Wachstum. Oftmals, wenn ich an meinem tiefsten Punkt angelangt bin und glaube, nicht mehr weitergehen zu können, gibt mir eine übersinnliche Erkenntnis oder Vision wieder Kraft. Die Folge ist eine sofortige Heilung, und ich finde wieder zu mir zurück.

Eines späten Abends fuhr ich in die Parkgarage des St. John's Hospitals, um einen Patienten zu sehen, der eine Überdosis Kokain genommen hatte und daran beinahe gestorben war. Das Parkhaus war voll, doch schließlich fand ich auf der obersten Etage noch einen Parkplatz. Am liebsten wäre ich gar nicht hergekommen. Müde und deprimiert (meine Mutter war gerade krank geworden), hatte ich nicht ein Quentchen Energie für einen anderen mehr übrig. Doch hier war ich, auf dem Vordersitz meines Autos und dabei, mich aus meinen Jeans zu pellen und etwas mehr »Professionelles« anzuziehen, mich wieder in »den Doktor« zu verwandeln. Ich hätte mich nicht weniger spirituell fühlen können.

Mein Körper war wie aus Blei; für einen kurzen Augenblick kreuzte ich meine Arme auf dem Steuer und legte meinen Kopf darauf, um ein wenig auszuruhen. Bevor ich wußte, was geschah, driftete ich in eine Vision.

Ich stand in der Mitte des klarsten, unendlichsten Himmels mit einem Wesen, daß mich in- und auswendig kannte und mich bedingungslos liebte. Er war kein Mensch, sondern erinnerte mich an ein Strichmännchen, so wie in einer Kinderzeichnung. Doch irgendwie war ich mir sicher, daß es niemanden gab, der mir wichtiger war als er. Wir befanden uns in einem grenzenlosen Raum, der sich unendlich weit in alle Richtungen erstreckte, und die Erde lag als winzig kleiner Punkt unter uns. In einem Sekundenbruchteil zeigte er mir eine detaillierte Wiederholung meines Lebens, ich sah jeden Menschen, jeden Ort, jedes Ereignis. Ich sah, daß – egal, wie wichtig es mir erschien – dies alles nur ein kurzes Aufleuchten war im Vergleich zu der riesigen Weite, die mich jetzt umgab. Begeistert fühlte ich, wie meine Perspektive sich veränderte. Es gab keine Anfänge mehr, keinen Schluß, nur eine Einheit, mit der wir alle verbunden sind. In meiner Depression hatte ich den Blick dafür verloren. Doch durch diese freudvolle Mahnung wurde ich von meiner engen Sichtweise erlöst.

Es wäre wunderbar, könnte ich diese Vision immer aufrechterhalten. Doch wie inspirierend und echt sie auch sein mögen, Visionen haben von Natur aus die Tendenz, sich aufzulösen. Unsere Aufgabe ist es, sie uns immer wieder in Erinnerung zu rufen, sie zu genießen und sie auf diese Weise zu einem Teil unseres Lebens zu machen, der uns nie verläßt. Es besteht kein Mangel an Visionen; übersinnlich zu sein erlaubt es uns, ständig Raum für neue zu schaffen. Und Visionen bauen sich aufeinander auf. Die Vision, die ich im St. John's Hospital hatte, war nicht die einzige ihrer Art. Ihr Thema des Einsseins allen Lebens war mir schon viele Male vorher begegnet und war die Basis meiner eigenen spirituellen Überzeugungen: Wir sind alle unter- und miteinander in einem gigantischen kosmischen Netzwerk verbunden. Meine übersinnlichen Erfahrungen helfen mir, das nicht zu vergessen.

Wenn Sie das Übersinnliche in einen feineren Fokus bringen, haben Sie die Freiheit, die außerordentliche Schönheit des Geistes schätzen zu lernen und sein All-Einssein fühlen zu können. Wenn Sie dies einmal persönlich erfahren haben, sehen Sie die Welt in einem völlig anderen Licht, spüren eine organische Verbundenheit allen Lebens – der einzige Grund – wie ich glaube – warum wir überhaupt einen spirituellen Pfad in unserem Leben verfolgen. Suchen Sie nach diesem Einssein in Ihren Träumen, Readings, Meditationen, oder während Sie am Strand oder im Wald spazierengehen. Keine Erinnerung ist zu klein, um Ihnen zeigen zu können, daß Alles Eins ist.

Unsere Beziehungen zueinander und zum gesamten Universum existieren überall. Doch gibt es bestimmte Orte auf der Welt, die magisch sind, paranormale Schatzkästchen, die unsere Verbundenheit mit allem noch deutlicher machen. Diese Orte scheinen vor Energie zu vibrieren und uns zu aktivieren, wie beispielsweise die heiligen Stätten Machu Picchu, Stonehenge, die Großen Pyramiden in Ägypten oder die riesigen Steinmonolithen auf den Osterinseln. Die Geschichte des Landes scheint in seinem Boden eingebettet zu sein, in der Landschaft und der Architektur, die genau wie ein Mikrochip die Erinnerung an das bewahrt, was dort geschehen ist. Wenn Sie dafür offen sind, können Sie sich mit der Geschichte des Landes verbinden, seine Stimme hören und die Größe seines Geistes spüren.

Vor einigen Jahren besuchte ich die Klagemauer in Jerusalem, eine so heilige Stätte, daß Menschen vieler verschiedener Religionen aus aller Welt hierherpilgern. Den Juden ist dieser Ort besonders heilig. Er ist alles, was von der Zerstörung des ursprünglichen Tempels im Jahre

70 v. Chr. übriggeblieben ist, als die Juden ins Exil gezwungen wurden. Traditionell haben die Juden die Klagemauer besucht, um den Verlust ihres Heimatlandes zu betrauern. Die Mauer ist jedoch nicht nur ein historischer Ort; viele jüdische Menschen betrachten sie als einen physischen Wegweiser zu einer tieferen Geistigkeit.

Während ich langsam auf die Frauenseite der Mauer zuging, hatte ich das Gefühl, in den Strudel eines Tornados hineingezogen zu werden. Mindestens hundert Frauen, ihre Köpfe mit Schals in unauffälligen Farben bedeckt, klagten aus vollem Herzen ihr Leid an der Mauer. Ich fühlte mich von dem Erguß ihrer Trauer überwältigt. Ich wollte weglaufen, doch blieb ich einfach stehen. Wie üblich, wenn ich mich überfordert fühlte, war mein erster Impuls, empfindungslos zu werden. Mechanisch hob ich die Hand und plazierte das ordentlich zusammengefaltete Papier mit meinem Gebet in eine Spalte zwischen zwei riesigen, goldbraunen Steinen, wie es der Brauch verlangte. Dann, als sei ein Schalter angeknipst worden, kamen meine Gefühle zurück, doch verstärkt, überlebensgroß. Wie eine hypnotische Beschwörung lockte mich das Klagen der Frauen an. Ich hatte nicht vorgehabt zu weinen, doch bald füllten sich meine Augen mit Tränen. Das überraschte mich, denn ich hatte mich gut gefühlt. Ich war sicher gewesen, daß es für mich keinen Grund zum Weinen gab.

Mein Körper begann unkontrollierbar zu zittern, als mich eine Welle von Traurigkeit überflutete. So viele persönliche Verluste wurden mir plötzlich wieder bewußt: Erinnerungen an eine Reihe kleinerer Enttäuschungen; der Tod meines Großvaters; Beziehungen, an denen ich so hart gearbeitet hatte und die dennoch gescheitert waren. Und ich konnte nicht aufhören zu weinen, im Gegenteil: ich weinte nicht nur um mich selbst, sondern auch um meine Familie und Freunde, um all die Probleme und Ungerechtigkeiten auf der Welt, die mir einfielen. Schließlich weinte ich nur noch um des Weinens willen. In einem ungeheuren Akt der Befreiung ließ ich vollkommen los. Es war wie eine reinigende Katharsis, als die Verzweiflung mich durchfuhr und mehr wurde als nur Trauer. Mein Weinen und das Klagen jeder Frau an der Mauer vermischte sich mit allem und jedem, was vor uns dagewesen war, und verband sich zu einem einzigen ungeheuren Laut. Ich war in einem Strudel von Trauer versunken, nicht nur meiner eigenen, sondern einem größeren Schmerz, der aus dem Herzen des kollektiven Unbewußten zu kommen schien.

Ich fühlte mich, als erwachte ich langsam aus einer Trance und sah, daß der Himmel dunkel geworden war. Ich konnte die Abendgebete der Mohammedaner hören, deren trauervolles Echo sich von der Moschee bei der Klagemauer über die ganze Stadt ausbreitete. Ich schaute auf eine Turmuhr und war erstaunt zu sehen, daß 2 Stunden vergangen waren, wo ich doch nur geplant hatte, einige Minuten zu bleiben. Die alte Stadt von Jerusalem glänzte in den letzten Strahlen der Abendsonne, die sich in den gewundenen Pflasterstraßen spiegelte. Schnell ging ich zu meinem Hotel zurück. Ich war erschöpft und konnte es kaum erwarten, ein heißes Bad zu nehmen. Doch war ich auch von überschwenglicher Freude erfüllt: Unter all der Trauer an der Mauer hatte ich eine kollektive Verbundenheit gespürt, eine ekstatische und gnädige, vereinende Kraft. Ich meditierte damals erst seit knapp einem Jahr und hatte erst ein paar Mal einen flüchtigen Eindruck von diesem Gefühl bekommen. Doch jetzt war es da – genau vor mir, so herrlich, wie es nur sein konnte.

Es dauerte monatelang, bis ich das, was in Jerusalem passiert war, vollkommen verinnerlicht hatte. Es stimmt, ich war irgendwie in ein profundes Gefühl der Verbundenheit katapultiert worden. Doch wie war ich dahin gekommen? Ich mußte es wissen. Indem ich den Ablauf der Ereignisse verlangsamte, ihn Schritt für Schritt untersuchte, kam ich mehr denn je zu der Überzeugung, daß die Klagemauer selbst auf einem Pulverfaß von Energie sitzt – im Laufe der Jahrhunderte noch verstärkt durch jeden Menschen, der gekommen war, um zu trauern. Selbst Menschen, die sich nicht als medial oder übersinnlich betrachten, spüren unweigerlich diese Anziehungskraft. Ich hatte nicht gewußt, wie ungeheuer stark sie sein würde, und war innerhalb von Minuten in einen hellwachen, übersinnlichen Zustand versetzt worden. Zunächst begann ich ohne Absicht zu weinen. Doch das war nur der Anfang, eine Stufe, die schnell in andere überging. Bald gab ich mich meiner Trauer hin und ließ mich von ihr tragen, während sie immer mehr an Intensität zunahm, bis ihre Macht mich aus meinen eigenen Emotionen hinaus in die Erfahrung kollektiver Trauer hob. Nie im Leben hätte ich mir so ein Ereignis wünschen können. Und dann, ohne zu versuchen, der Raserei des kollektiven Schmerzes zu widerstehen, spürte ich, wie er sich in ein sublimes Gefühl des Einsseins auflöste. Ich wußte, daß wir alle das gleiche empfanden, daß die uralte Erinnerung an Liebe uns über die Zeiten hinweg miteinander verband.

Liebe hat die Gabe, uns jenseits der künstlichen Grenzen, die wir kreiert haben, zu berühren. Sie ist das verbindende Element, egal welchen Weg wir wählen, und in der Lage, religiöse Unterschiede aufzuheben. Nur weil wir einer bestimmten Glaubensrichtung angehören, muß uns das nicht davon abhalten, das Gute in allen Religionen anzuerkennen. Ohne Liebe ist unsere Spiritualität inhaltslos. Die Welt erscheint uns dann verarmt, überlastet mit einer unendlichen Menge unlösbarer Probleme. Die Trennung von Liebe ist der Hauptgrund unseres Leidens. Mit Liebe haben wir den Mut, unsere Schwierigkeiten anzunehmen und sie in Beweise von Glauben zu verwandeln.

Während das Übersinnliche in uns heranreift, sind wir immer besser in der Lage, Liebe wahrzunehmen, nicht nur in uns selbst, sondern auch in unserer Familie, bei Freunden und Fremden, selbst an den schlimmsten Orten und in den traurigsten Situationen, die wir uns vorstellen können. Ob wir gerade im Lotto gewonnen oder unseren Job verloren haben, letzten Endes ist alles, was uns widerfährt, eine Herausforderung, mehr Mitgefühl und Liebe zu entwickeln. Dann wird unser Leben erfüllt sein, wie es uns eigentlich bestimmt ist, und wir werden nicht so hart mit uns selbst ins Gericht gehen oder uns als Opfer fühlen, wenn der Weg mal etwas holprig wird. Wenn wir mit liebenden Augen sehen, wird unser Leben eine andere Form annehmen, eine neue Vitalität und Bedeutung bekommen. Das Ziel wird – wie es Raymond Carver in seinem Gedicht *Late Fragment* ausdrückt – »Mich selbst als Liebenden zu bezeichnen und mich in der Welt geliebt zu fühlen.«

Übersinnlich zu sein bedeutet so viel mehr, als in die Zukunft sehen zu können. Es kann unser Eintritt in eine spirituelle Lebensweise sein, in der Liebe herrscht und alles einen Sinn hat. Vielleicht spüren wir dies von Anfang an; doch wenn wir unsere medialen Fähigkeiten erst einmal verfeinert haben, dann ist es so, als befänden wir uns in einem von Mondlicht erleuchteten Raum, in dem sich vage Umrisse und Schatten allmählich in erkennbare Formen verwandeln. Jeder Schritt der spirituellen Reise – egal wie klein oder wann wir damit beginnen – bringt uns näher zu der intuitiven Weisheit unseres Herzens und zur Liebe. Wir können gar nicht anders, als zu wachsen und stärker zu werden. Liebe gibt uns die Kraft, jede Katastrophe in einen Glücksfall, eine Quelle der Freude und des Trostes zu verwandeln. Sie ist eine magische Tinktur, mit der wir Stroh in Gold spinnen und zu Alchemisten werden können für eine segensreiche, erleuchtete Zukunft.

Kapitel 12

Das Geschenk in Ehren halten

»*Als ich den Mond beim Sonnenaufgang sah,
wie er einsam in der Mitte des Himmels stand,
wurde ich mir meiner selbst bewußt:
Nichts fehlte.*«

Izumi Shikibu (974-1034)

Die Geschichte meines Lebens, die ich Ihnen erzählt habe – wie ich als Kind unter meinen übersinnlichen Fähigkeiten gelitten habe, sie während meines Medizinstudiums verloren und sie schließlich wiedergefunden habe – ist die Geschichte meines Erwachens. Im Laufe der Zeit habe ich gelernt, dieses große Geschenk zu achten. Zunächst jedoch schien mir meine Begabung gar nicht solch ein Geschenk zu sein. Meistens verwirrte es mich total, und ich hatte Angst, daß irgendwas mit mir von Grund auf nicht stimmte. Was mich rettete, waren die Engel, die mir auf meinem Weg begegneten: Mentoren und Lehrer, die diesen Weg vor mir gegangen waren und ihr Wissen mit mir teilten.

Früher eine Quelle echter Konfusion und Angst, ist das Übersinnliche heute meine größte Leidenschaft. Mein Bedürfnis, es zu verstehen und sinnvoll einzusetzen, hat mich zu dem Menschen gemacht, der ich heute bin. Wäre mir dieses Wissen auf einem silbernen Tablett dargeboten worden, wer weiß, was passiert wäre? In mancher Hinsicht wäre es sicher leichter gewesen, glaube ich. Doch waren die Umstände während meines Heranwachsens anders als heute: Viele Jahre lang gab es niemanden, an den ich mich um Rat hätte wenden können.

Heute gibt es diese Möglichkeit. Ich hoffe, daß meine Erfahrungen Sie auf Ihrem Weg führen können, damit

Sie sich nicht so alleine fühlen, wie ich es tat. In der damaligen Zeit gab es wenig Unterstützung für mich, als ich darum kämpfte, meine wahre Stimme zu finden. Daher empfinde ich sie heute als umso kostbarer – mein Lebensblut, meine Kraft. Ich werde sie nie mehr verlieren. Zurückblickend würde ich dennoch nicht das Geringste ändern wollen, nicht einmal die schwierigsten Momente. Das Übersinnliche war ein Geschenk, in das ich hineinwachsen mußte.

Und auf keinen Fall bin ich die einzige. Es gibt so viele von uns da draußen, die nicht länger gewillt sind, zu schweigen, sich zu schämen oder ihre Visionen geheimzuhalten, sondern die endlich den Mut aufbringen, ihre eigene Wahrheit auszusprechen. Zum wiederholten Mal war ich verblüfft darüber, wie laut dieser Massenaufschrei geworden ist, als ich kürzlich auf Einladung einer beliebten Morgensendung des Fernsehens an einer Talkshow über das Paranormale teilnahm. Um mich auf die Aufzeichnung vorbereiten zu können, schickte man mir einen riesigen Stoß von Briefen, die ich lesen sollte. Die Produzenten waren überhäuft worden mit Briefen von Zuschauern, die sich anhörten wie Kopien meines früheren Selbst. Die darin formulierten Fragen und Ängste waren mir so vertraut, als hätte ich diese Briefe selbst geschrieben. Ich war überwältigt und tief berührt von der Isolation, die diese Menschen fühlten, und ihrem großen Wunsch, verstanden zu werden.

Vickie F. aus Charlevoix in Michigan (3100 Einwohner) schrieb über ihre Situation: »Während meiner ganzen Schulzeit glaubten meine Freunde, daß ich irgendwie seltsam sei, daher lernte ich, meine Gefühle zu unterdrücken. Kann mir bitte jemand helfen?« Theresa aus Big Springs, einer Kleinstadt in Texas, sagte: »Ich kriege jedes Mal eine Gänsehaut, wenn ich zum Haus eines Nachbarn gehe und die Gewalttätigkeit oder Wärme spüre, die dort herrscht. Entweder bin ich verrückt, oder ich bin extrem intuitiv. Ich schreibe Ihnen diesen Brief, da ich nicht weiß, wohin ich mich wenden soll.« Und der Brief von Vickie G. aus dem kleinen Dorf Homer in Alaska erinnerte mich an ein Erlebnis, das ich im Alter von 9 Jahren hatte: Mein Großvater kam in der Nacht seines Todes zu mir, um sich zu verabschieden. Ich werde das nie vergessen. Ich hatte eine höllische Angst, die Leute würden glauben, ich sei verrückt geworden.

Diese Frauen und 3 andere waren als Gäste zu der Show eingeladen und aus den entlegenen Teilen des Landes, wo sie wohnten und niemanden hatten, mit dem sie über ihre Gefühle reden konnten, eingeflogen worden. Sie waren vollkommen auf sich selbst angewiesen. Und ich hatte geglaubt, daß ich es schwer hatte! Der Gedanke daran, daß diese empfindsamen Menschen so allein und unverstanden lebten, ohne einen erfahrenen Lehrer weit und breit, der ihnen helfen konnte, bestürzte mich. Ich fühlte große Sympathie für sie und befand mich in der idealen Position, um ihnen zu helfen. Welch wunderbare Gelegenheit für mich, all das Wissen, das mir gegeben wurde, weiterzureichen. Genau darum geht es auf dieser Reise: eine Kette untereinander zu bilden, in der ein jeder sein Wissen mit den anderen teilen und es weitergeben kann.

Am Nachmittag der Fernsehaufzeichnung kamen wir alle auf Wunsch des Produzenten schon ein paar Stunden früher ins Studio. Wir waren 7 Frauen, die aus den verschiedensten Verhältnissen kamen, die man sich nur vorstellen kann, und saßen zusammen in einem fensterlosen Warteraum mit einem reichhaltigen Büfett, von dem wir uns nach Lust und Laune bedienen konnten. Eine nach der anderen, als hockten wir um ein warmes Dorffeuer herum, begannen die Frauen, mir ihre Geschichten zu erzählen – einige zunächst widerstrebend, während andere die Einzelheiten ihrer Erlebnisse gar nicht schnell genug loswerden konnten. Ich war tief berührt und überrascht. Sie alle schienen ähnliche Erlebnisse gehabt zu haben; wir sprachen alle dieselbe Sprache. Keine dieser Frauen hatte je öffentlich über ihre Erlebnisse berichtet. Und selbst die engsten Freunde und Familienmitglieder hatten keine Ahnung, daß ihre Lieben übersinnliche Fähigkeiten hatten. Ich wurde mit Fragen überhäuft: »Warum habe gerade ich Vorahnungen?« »Sollte ich anderen davon erzählen?« »Wieso konnte ich wissen, daß meine Kusine sterben würde? Hätte ich es verhindern können?« »Gewöhnt man sich jemals daran?« »Haben Sie Angst davor?«

Als ich ihnen meine Geschichte erzählte, konnte ich sehen, daß die Frauen sich langsam entspannten. Es ist ein großer Vorteil, daß ich meine Angst vor dem Paranormalen überwunden habe und in der Lage bin, dies anderen überzeugend mitzuteilen. Auch die Tatsache, daß ich Psychotherapeutin bin, gibt mir eine Glaubwürdigkeit, die ich sonst nicht hätte. Vor allen Dingen im westlichen Kulturkreis ist der Doktortitel ein Symbol für Autorität; und er hat sich für mich in diesem ansonsten noch nicht akzeptierten Bereich der paranormalen Forschung tatsächlich als hilfreich erwiesen. Es bestand kein Zweifel daran, daß die Mitglieder dieser kleinen Gruppe – wenn auch verwirrt aufgrund ihrer Fähigkeiten – vollkommen gesund waren.

Was sie mit Abstand am meisten verunsicherte war die Tatsache, daß sie in erster Linie Katastrophen hellseherisch wahrnahmen, bevor sie eintraten: Todesfälle, Krankheiten Unglücksfälle – vor allen Dingen bei Personen, die ihnen am nächsten standen. Doch so oft wurden ihre Versuche, die Betreffenden zu warnen oder ein Desaster zu vermeiden, vereitelt. »Manche Leute glauben kein Wort von dem, was ich ihnen sage«, behauptete Theresa. »Sie wollen es einfach nicht hören.« Selbst für diejenigen, die ihnen glaubten, reichten die Warnungen nicht aus, um die Katastrophe zu verhindern.

Die wichtigste Botschaft, die ich ihnen geben wollte, bestand aus 2 Teilen: Hellseher im Anfangsstadium sind berüchtigt dafür, daß sie nur negative Informationen erhalten, was einfach daran liegt, daß auf einem intuitiven Level diese Bilder am deutlichsten sind, weil sie eine so ungeheure emotionale Energie aufweisen. Doch mit der notwendigen Übung entsteht eine Öffnung, die eine Vielzahl von Eindrücken und auch das Empfangen positiver Informationen möglich macht. Darüberhinaus heißt es nicht unbedingt, daß Sie nach einer Vision die Macht oder Verantwortung haben, etwas dagegen zu unternehmen. Ein Eingreifen mag möglich sein oder auch nicht. Verständlicherweise war dieser Aspekt für die Frauen schwer zu verstehen – der Impuls, einem anderen Menschen ein Leid oder ein traumatisches Erlebnis zu ersparen – ist immer gegenwärtig. Doch mein Ziel war es, ihnen durch das Annehmen ihrer Grenzen ihre Schuldgefühle zu nehmen. Ich fühlte mich privilegiert, in einer Position zu sein, in der ich Hoffnung spenden konnte, wo es vorher keine gab.

Die Erlebnisse dieser Frauen erinnern uns daran, daß Visionen, intuitives Wissen und Träume unserer Natur nicht fremd sind. Fälschlicherweise identifizieren wir sie als zu uns gehörig, von außen kommend. Doch in einem tiefgreifenden Sinne sind sie ebenso lebensspendend wie jeder Atemzug, den wir tun.

Von einem praktischen Gesichtspunkt aus erlaubt mir das Übersinnliche, mit allen wichtigen Menschen in meinem Leben – inklusive meiner Eltern – auf eine solch elegante und vielschichtige Weise zu kommunizieren, daß ich ihr Wesen viel besser verstehen kann, was meine Beziehung zu ihnen vertieft. Außerdem fühle ich dadurch, daß ich ihre Energie spüre, viel mehr von ihnen und kann daher wesentlich besser auf ihre Bedürfnisse reagieren. Mein Vater zum Beispiel ist nicht jemand, der viel über seine Gefühle spricht. Doch ob ich bei ihm bin oder nicht, wegen unserer übersinnlichen Verbindung weiß ich in meinem Innersten, wann er sich nicht wohl fühlt und spüre Wellen von Freude, wenn er glücklich ist. Das gleiche gilt für meine engsten Freunde. Sie sind ein Teil von mir, tief mit mir verbunden, unsere Seelen aktiv miteinander verwoben. Es ist mir heute fast unmöglich, mich einsam zu fühlen, denn als Seher bin ich nie wirklich allein.

Mein Leben wäre um so vieles ärmer, wenn diese Fähigkeiten verschwinden würden – wie wenn man beispielsweise zum ersten Mal strahlende Farben sieht und dann plötzlich nur noch schwarz und weiß. Die übersinnlichen Eindrücke, die ich täglich empfange, sind bis hin zum zellularen Bereich befriedigend. Auf diese Art geführt zu werden, ist bereits ein Segen; doch jenseits der erhaltenen Information erhalte ich durch mein Eingestimmtsein den Kontakt mit meiner spirituellen Quelle aufrecht, indem ich ständig das Feuer nähre und direkt mit der Urkraft in Verbindung stehe. Jede Nuance meines Seins ist davon berührt. Es nährt mich.

Wenn Sie zum ersten Mal das erhöhte Bewußtsein um den Geist spüren, das oft mit übersinnlichen Erlebnissen einhergeht, kann es ihnen den Atem verschlagen. Die Freiheit, die Sie fühlen, die Ihrem Herzen entfließende Liebe – ein absolut hinreißendes Gefühl – läßt Ihnen eine Gänsehaut über den Rücken laufen. Obwohl eine solche Intensität normalerweise nur kurz anhält, besteht der wahre Vorteil dieser Offenheit darin, die gekostete Weisheit im täglichen Leben Früchte tragen zu lassen. Vielleicht haben Sie nie vorher gewußt, daß Sie soviel Liebe in sich tragen. Doch jetzt wissen Sie es. Sie wartet und ist bereit, jeden Augenblick in Kraft zu treten – selbst in den banalsten Situationen.

Greifen Sie nach der Realität jenseits der Welt, in der Sie gegenwärtig leben. Benutzen Sie dieses Buch als Landkarte zu einer Welt, die den meisten Menschen unzugänglich ist. Jederzeit können Sie mit der Liebe zum Leben und einem größeren Verständnis in Verbindung treten. Äußerlich müssen Sie nicht viel ändern; was am meisten zählt, ist die Veränderung in Ihrem eigenen Denken. Zunächst einmal müssen Sie diesen Weg gehen *wollen*. Doch gibt es keine Eile. Machen Sie Ihr Herz auf, erlauben Sie sich, zu träumen, lassen Sie Ihren Geist zum Himmel aufsteigen. Entwickeln Sie ein Gefühl für unbegrenzte Möglichkeiten.

Betrachten Sie jeden Schritt als einen Beginn. Die zur Verfügung stehenden Ressourcen sind – besonders in großen Städten – umfangreicher als je zuvor. Bereits das Lesen über paranormale Erfahrungen oder Spiritualität kann zu einem Durchbruch führen, eine Neugier entfachen, die Sie zu weiteren Schritten inspiriert. Ich lebe praktisch in den Buchläden in meiner Nachbarschaft, wo ich oft stundenlang auf einem kleinen Hocker sitze und in den neuesten metaphysischen Werken lese. Wenn Sie allerdings in einer ländlichen Umgebung wohnen, sind solche »Schatztruhen« nicht immer so leicht zu finden. Ich war erstaunt, von einer der Frauen bei der Fernsehshow zu erfahren, daß sie über 100 Kilometer weit fahren muß, um einen Buchladen mit entsprechender Literatur zu finden. Der kleine Buchladen in ihrer Stadt ist nicht bereit, Bücher mit metaphysischem Inhalt in sein Programm aufzunehmen, da sie als »unheimlich« und von zweifelhaftem Wert betrachtet werden. Das zeigte mir bedauerlicherweise wieder einmal, wie sehr wir zum Teil noch im »dunklen Zeitalter« feststecken, und wie weit wir noch zu gehen haben.

Wenn Sie weitermachen wollen, mehr entdecken möchten, ist Meditation der sicherste Weg zu übersinnlichen Erlebnissen. Es hilft Ihnen, den Lärm in Ihrem Kopf abzustellen und Ihre intuitive Stimme hörbar werden zu lassen. Halten Sie sich an die einfachsten Grundlagen: auch Rituale, Gebete und das Errichten eines Altars können Ihnen die Richtung weisen. Experimentieren Sie. Halten Sie Ihre Augen offen für Seminare und Vorträge, die Ihnen verlockend erscheinen. Ich weiß gar nicht mehr, wie viele verschiedene Veranstaltungen ich besucht habe, bei denen ich jeweils ein fehlendes Stück des Puzzles gefunden habe. Es ist gut, diverse Lehrer zu erleben und von denen zu lernen, für die Sie Respekt empfinden. Mein eigener Lehrer hat den größten Einfluß auf mein spirituelles und mediales Wachstum gehabt, nachhaltiger als alle anderen Begegnungen in meinem Leben. Bauen Sie sich einen Freundeskreis auf, der Sie rückhaltlos auf Ihrem Weg unterstützt. Keiner von uns kann ihn alleine gehen. Wir brauchen einander.

Bereiten Sie den Boden vor. Jeder konkrete Schritt, den Sie vornehmen, bereitet Sie darauf vor, übersinnlich zu werden – nicht nur für eine kurze Zeit, sondern für den Rest Ihres Lebens – und schafft die Voraussetzungen dafür, die Dinge anders wahrzunehmen. Jeder von uns hat seine besonderen Fähigkeiten. Das Übersinnliche zeigt sich auf vielerlei Art: in Visionen, Träumen, unmittelbarem Wissen, Tönen. Je öfter Sie ruhige Momente mit sich selbst verbringen, desto vertrauter werden Sie mit jeder Variation des Paranormalen. Sie werden sich zu der hingezogen fühlen, die Ihnen am meisten liegt. Für mich sind es die Träume. Ich freue mich auf sie und kann mich auf Ihre Klarheit verlassen. Es sind meine Träume, in denen ich mich am meisten zu Hause fühle. Für Sie mögen es hellseherische Sitzungen sein, das Spüren von Energie, Erkennen der Aura von Lebewesen, Heilen durch Handauflegen. Probieren Sie alles aus. Entdecken Sie, worin Ihre Berufung besteht.

Ich hoffe, Sie werden sich auf den Weg machen. Er ist übersät mit Herausforderungen und wird Sie immer wieder verändern. Was wir erreichen können, geht ins Grenzenlose. Folgen Sie Ihrer inneren Stimme direkt in die Seele aller Dinge – schauen Sie hin mit aller Kraft Ihres Herzens, die in Ihnen pulsiert, und lassen Sie einfach los. Es wäre meine größte Freude, wenn Sie sich wenigstens mit einem Teil meiner Geschichte identifizieren und von da an Ihren eigenen Weg finden könnten.

Die Welt verändert sich ständig. So viele Leute, die ich treffe, sind sich schmerzlich der Tatsache bewußt, daß etwas in ihrem Leben fehlt. Keine noch so große Ansammlung materieller Güter kann dieses Loch füllen. Die Menschen sehnen sich danach, mit einer tieferen Bedeutung und Ganzheit in Kontakt treten zu können. Als Resultat dieses Bedürfnisses suchen viele nach spirituellen Antworten. Das Übersinnliche kann ein Weg dahin sein – und es wird allmählich immer mehr akzeptiert. Vor 20 oder 30 Jahren wäre es undenkbar gewesen, eine tägliche Talkshow über das Paranormale im Fernsehen zu senden. Doch heute bemühen sich die Medien nicht nur darum, das Thema ernst zu nehmen und ihm einen gebührenden Platz zu geben, sondern immer mehr Menschen aus allen Bereichen der Gesellschaft finden den Mut, von ihren übersinnlichen Erlebnissen zu berichten.

Es ist auch auf Polizeistationen eine immer anerkanntere Praxis, Hellseher zur Aufdeckung von Verbrechen heranzuziehen; leitende Manager in der Wirtschaft erkennen, wie unverzichtbar ihre Intuition für ihre Arbeit ist; Menschen, die im Heilungsbereich tätig sind, benutzen zunehmend ihre eigenen übersinnlichen Fähigkeiten, um zu diagnostizieren und zu heilen. Schritt für Schritt geschieht eine Veränderung. Das Übersinnliche ist ein kreativer Einfluß, der jeden Bereich des Lebens vitalisiert und Ihnen nicht nur zu einem erfüllteren Dasein verhilft, sondern Sie erblühen läßt. Sie können Teil dieser Veränderung sein, indem sie an der wichtigsten Stelle beginnen: In Ihrem eigenen Herzen und in Ihrem eigenen Zuhause.

Wo könnten Sie diese Veränderung besser in Bewegung setzen, als innerhalb Ihrer Familie? Vielleicht gehen Sie und Ihre Frau gerade durch eine schwierige finanzielle Phase, doch wenn Sie sich einstimmen, werden Sie klar erkennen können, daß sich innerhalb der nächsten Monate die Situation verbessern wird. Das erspart Ihnen nicht nur eine unnötige Zeit voller Sorgen und Ängste, es entlastet auch Ihre Beziehung. Das Übersinnliche kann die Interaktion in Ihrer Familie fördern: Indem Sie die Gefühle Ihrer Lieben intuitiv erspüren, jenseits der oberflächlichen Beweggründe schauen und das größere Bild sehen können, können Sie ihnen konstruktiv und mit mehr Liebe begegnen.

Bei meiner Freundin Susan kamen ihre mütterlichen, übersinnlichen Instinkte sogar schon vor der Empfängnis ihres Sohnes ins Spiel. Eines Abends, als sie damit beschäftigt war, für eine Dinnerparty in ihrem Haus zu kochen, fühlte sie sich plötzlich von einer außergewöhnlichen, übersinnlichen Empfindung überwältigt. »Eine Seele brach zu mir durch, als wollte sie sich anmelden«, sagte sie. »Sie war in größter Eile. Ich wußte, daß sie darum bat, geboren zu werden.« Im Laufe der Jahre hatten Susan und ihr Mann gelernt, auf ihre Intuitionen zu hören. Später am Abend, nachdem ihre Gäste sich verabschiedet hatten, erzählte sie ihrem Mann, was geschehen war. Die beiden waren seit mehreren Jahren verheiratet und wollten gerne Kinder haben, doch bis jetzt war der richtige Zeitpunkt noch nicht gekommen. Doch obwohl sie zunächst schwankten, entschieden sie sich aufgrund der Intensität von Susans Gefühl und ihrem tiefen Wunsch nach einem Kind dafür, es zu versuchen.

Bald fiel alles an seinen richtigen Platz. Nicht lange nach diesem Abend wachte Susan eines Morgens auf und war sicher, daß dies der Tag war, an dem sie schwanger werden würde. »Es war unglaublich«, sagte Susan. »Als wir Liebe machten, wußte ich genau den Augenblick, in dem ich empfing.« Und tatsächlich, ein paar Wochen später wußte Susan, daß sie ein Baby erwartete und erhielt die Bestätigung dafür, was sie bereits als wahr gespürt hatte. Susan war entzückt, jedoch überhaupt nicht überrascht.

Während ihrer Schwangerschaft entwickelte sie eine mediale Beziehung mit dem Baby in ihrem Bauch. Ihr

Ziel war nicht, aufdringlich zu sein oder jede kleine Einzelheit zu genau zu prüfen (selbst wenn sie es gekonnt hätte), sondern einfach eine allgemeine Vorstellung davon zu bekommen, ob es ihrem Baby gutging oder ob ihm was fehlte. Susan war keine Schnüfflerin; sie respektierte die Privatsphäre ihres Sohnes. Für sie hatte das Übersinnliche in diesem Fall in erster Linie eine Alarmfunktion. Auf die gleiche Weise, in der Mütter spüren, wenn ihre Kinder in Schwierigkeiten sind, sich deshalb jedoch noch lange nicht als Hellseher bezeichnen. Ich glaube, daß eine solche Sensitivität eine organische Auswirkung der Mutter-Kind-Verbindung ist, wie sie zum Beispiel auch bei der mütterlichen Berührung spürbar ist. Wann immer ihr Sohn krank war oder sich nicht wohl fühlte, hielt sie ihn in ihren Armen und sendete Energie durch ihre Hände in seinen Körper, um auf diese Weise seine Symptome zu heilen und sein Leid zu lindern. Dies war für sie absolut natürlich, und als er heranwuchs, wurde auch ihm dieses Verhalten zur zweiten Natur.

Stellen Sie sich vor, wie die Welt aussehen würde, wenn Kinder dazu ermutigt und dafür gelobt würden, ihre übersinnlichen Fähigkeiten auszuleben, anstatt stigmatisiert, abgelehnt oder verurteilt zu werden. Stellen Sie sich eine ganze Generation vor, die ausgeglichener und glücklicher heranwächst, ihre Talente ausdrücken kann und nicht dazu gezwungen wird, etwas zu sein, was sie nicht sind. Ich hätte alles für eine solche Freiheit gegeben. Sie können Ihren Kindern dies ermöglichen. Geben Sie ihnen die Erlaubnis, mit dem Übersinnlichen zu improvisieren und zu spielen, ohne daß sie Angst haben müssen, einen einengenden Maulkorb aufgesetzt zu bekommen. Ich habe gesehen, wie sich die Gesichter von Kindern mit dem wunderbarsten Leuchten überzogen haben, wenn ihre Eltern es ihnen gestatteten, ihre übersinnlichen Talente zu entdecken. Es ist herrlich zu beobachten, wie sich unter ihren

Augen ein vollkommen neues Universum entfaltet. Auch wenn Sie selbst nie paranormale Erlebnisse gehabt haben und nicht wissen, was Sie tun sollen, wenn Ihrem Kind so etwas widerfährt, gibt es Stellen, an die Sie sich wenden können. Auch Therapeuten, Hellseher und Heiler sind in der Lage, Ihre Fragen zu beantworten, Ihre Befürchtungen zu zerstreuen und Ihnen zu zeigen, wie Sie diese Qualität in Ihrem Kind unterstützen können.

Ich habe kürzlich eine Mutter kennengelernt, Laura, die nicht mehr weiterwußte. Ihre 10jährige Tochter Kate hatte offensichtlich »Auren« gesehen und »winzige Bälle von Licht, die sich in ungeheurem Tempo fortbewegten«. Laura erzählte mir: »Sie sieht sie die ganze Zeit – zu Hause, in der Schule, im Auto, beim Einkaufen, wo immer sie ist. Sie sah sie um einen Lehrer in der Schule, um unseren Hund, um eine Fahne herum und sogar um sich selbst.« Seit zwei Jahren hatte Kate diese Visionen, und sie machten ihr Angst. Nachts waren sie am stärksten, und zwar so sehr, daß sie entsetzliche Angst vor der Dunkelheit bekam. »Ihr Vater und ich dachten, es handelte sich um eine typische Kinderangst«, sagte Laura. »Doch nach zwei Jahren verloren wir langsam die Geduld.«

Laura hatte keine Erfahrung mit dem Übersinnlichen. Dennoch glaubte sie zu spüren, daß Kates Fähigkeiten ein Geschenk waren – doch machte sie sich Sorgen wegen der Angst, die ihre Tochter dabei hatte. Ihr größter Wunsch war es zu verstehen, was da vor sich ging, so daß sie ihre Tochter rückhaltlos unterstützen konnte. Als ich Kate und Laura traf, spürte ich sofort, daß sie beide wirklich Rat und Hilfe haben wollten. Ihre Gesichter waren schön wie Kameen, obwohl sie von der Belastung der letzten Jahre verstört schienen. Laura hatte nur einen Wunsch, und das war herauszufinden, wie sie ihrer Tochter helfen konnte – die ideale Voraussetzung, um etwas wahrhaft Gutes zu tun. Es beeindruckte mich sehr, daß sie willens war, eventuelle falsche Vorstellungen aufzugeben und unbedingt hören wollte, was ich dazu zu sagen hatte. Kate war ein süßes Mädchen mit großen braunen Augen und Sommersprossen, ungeheuer klug, die mehr als alles wissen wollte: Ist das, was mir passiert, schlecht?

Ich setzte mich mit Mutter und Tochter hin und beruhigte sie, daß Kates Fähigkeiten so ähnlich sind, als wenn jemand einen besonders ausgeprägten Gehör- oder Gesichtssinn hat. Es fiel Kate aufgrund ihrer Angst schwer, diese so einfach klingende Erklärung anzunehmen, und sie hatte noch immer jede Menge Fragen, vor allen in bezug auf die Farben, die sie sah. »Was bedeutet Rot?« wollte sie wissen. »Warum haben manche Leute Purpur und andere Grün um sich herum?« »Das weiß niemand genau«, sagte ich Kate. »Doch seit jeher haben weise Menschen, die so wie Du Farben sehen konnten, sich auf bestimmte Bedeutungen geeinigt. Wenn zum Beispiel jemand eine Menge Grün ausstrahlt, hat er die Tendenz, seinem Herzen zu folgen und liebevoll zu sein. Gelb heißt, daß derjenige besonders logisch und rational ist. Rot ist die Farbe von Zorn, Schmerz oder Leidenschaft; Purpur wird als Farbe der Spiritualität betrachtet, oft verbunden mit Kreativität.« Ich betonte, daß ihre Visionen nicht bedrohlich oder negativ waren und daß sie ihr später, wenn sie erwachsen war, von großem Vorteil sein konnten.

Bei Kate und Laura hatten sich soviel Ängste angestaut, daß ich schnell merkte, es würde mehr als eine Sitzung erfordern, um eine entscheidende Veränderung herbeizuführen. Leider waren sie dabei, nach Montana zurückzukehren, wo sie lebten. Doch unser Treffen war ein solider Anfang, ihre erste direkte Begegnung mit einer anderen Seherin. Das gab ihnen den Rahmen, in dem sie verstehen lernen konnten, was mit Kate geschah. Laura vor allen Dingen war erleichtert und froh, in eine positive Richtung gelenkt worden zu sein. Obwohl sie unter den gegebenen Umständen ihr Bestes getan hatte, war sie im Grunde ganz allein gewesen und hatte niemanden gehabt, an den sie sich um Rat hätte wenden können. Einmal, gestand Laura mir, hatte sie vor dem Umzug in eine andere Stadt sich nicht anders zu helfen gewußt, als von Kate das Versprechen zu verlangen, ihre Ängste zurückzulassen. Natürlich funktionierte das nicht. Im Gegenteil, Kates Ängste eskalierten, weil sie nicht mehr darüber sprechen konnte.

Das überraschte mich nicht. Aus meiner eigenen Erfahrung als paranormal begabtes Kind wußte ich, daß Kates Furcht daher kam, daß sie sich genau am Rand einer anderen Dimension befand. Das Unbekannte erschreckte sie. Ich war mir außerdem sicher, daß ihre Ängste sich auflösen würden, sobald sie das Übersinnliche in ihr Leben integrieren und nutzen würde. Es ist sinnlos, versuchen zu wollen, diese Fähigkeiten zu unterdrücken; das würde nur zu einer Unzahl neuer Probleme führen. Angst verschwindet nicht einfach – sie zeigt sich lediglich in veränderter Form, zum Beispiel in Angst vor der Dunkelheit, Furcht vor anderen Leuten oder davor, das Haus zu verlassen. Ich riet Kate und ihrer Mutter dringend, ein Heilzentrum in ihrer Umgebung aufzusuchen, damit sie mit Menschen zusammenkamen, die sich erfolgreich mit dieser Angst auseinandergesetzt hatten und Kate helfen konnten. Nur dann war es Kate möglich, ihr Talent voll anzunehmen und sich daran zu erfreuen.

Mein Freund Stephan Schwartz erzählte mir eine wunderbare Geschichte über die Zeit, als er zu einem Vortrag über Intuition und Körper-Energien bei einem innovativen Sommercamp für Kinder in Virginia eingeladen war. In dem ihm eigenen, unkomplizierten Stil sprach er von derselben Art von Farben, die auch Kate sah und darüber, wie wir alle aus einer Energie gemacht sind, die von einigen Menschen übersinnlich wahrgenommen werden kann. Als er geendet hatte, war er sofort von einer Gruppe 9- und 10jähriger umgeben, von denen jeder aufgeregt rief: »Das kann ich auch!« Als er ihnen weiter zuhörte, merkte er jedoch auch, daß diese Fähigkeit den Kindern auch Angst machte. Ohne Umschweife beschloß Stephan, mit den Kindern zu arbeiten und ihnen zu zeigen, daß das Sehen von Farben total natürlich war und nichts, wovor man sich fürchten mußte. Während der nächsten paar Wochen entwickelte er Spiele, die ihre Angst vertreiben und die ganze Angelegenheit zu einem Vergnügen machen sollte. Der Reihe nach schauten sie sich die Energie der anderen an, stellten fest, welche Farbe sie an dem entsprechenden Tag hatte und fragten, wie derjenige sich fühlte. Mit Übung gelang es ihnen nach und nach, Farben und Emotionen aufeinander abzustimmen. Es dauerte nicht lange, und das Erkennen der Energie eines anderen wurde den Kindern zur zweiten Natur, und sie hatten keine Angst mehr davor.

Sie können mit Ihren eigenen Kindern ähnliche Spiele erfinden. Setzen Sie sich zum Beispiel einander gegenüber, schließen Sie die Augen und tauschen Sie die Rollen, indem jeweils einer übersinnliche Botschaften sendet und der andere sie empfängt. Bleiben Sie dabei spielerisch, lachen Sie soviel wie möglich, schaffen Sie eine Atmosphäre des Entdeckens. Wenn Sie der Sender sind, nehmen Sie ein genau definiertes Objekt wie z.B. eine Orange, eine bestimmte Zahl oder das Gesicht einer Person, die Sie beide gut kennen, und konzentrieren Sie sich passiv darauf. Fragen Sie Ihre Kinder – die Empfänger – nach Farbe, Beschaffenheit, Gefühlen oder Bildern, die sie spüren. Dann geben Sie ihnen ein Feedback, ob sie recht hatten oder nicht, und heben Sie das Positive heraus. Eine andere Möglichkeit bietet sich, wenn Sie mit Ihren Kindern im Auto unterwegs sind. Während Sie an einer Ampel warten müssen, bitten Sie die Kinder, sich zu fokussieren und genau den Moment vorauszusagen, wann die Ampel auf Grün umschalten wird. Lassen Sie die Kinder wissen, daß es unwichtig ist, ob sie das Richtige sagen oder nicht. Dies ist einfach ein Versuch des Einstimmens, der ihnen gestattet zu üben. Oder versuchen Sie Stephans Spiel, wenn Sie gemeinsam zum Einkaufen gehen. Wenn Ihre Kinder Auren sehen können, ermuntern Sie sie, Ihnen zu sagen, wie sie aussehen, ohne daß Sie dies zu einer wichtigen Angelegenheit machen, während Sie ihnen im gleichen Moment bestätigen, daß ihre Wahrnehmung richtig ist. Kinder, die auf diese Weise aufwachsen, werden später das Übersinnliche nicht als unheimlich oder außergewöhnlich betrachten, sondern es als das schätzen, was es ist: eine vielen Menschen innewohnende Gabe.

Um ein aufgeklärter Elternteil zu sein, bedarf es mehr als der Toleranz gegenüber paranormalen Fähigkeiten. Es bedeutet, daß Sie diese voll akzeptieren, wie Sie es mit jedem anderen Talent Ihres Kindes tun würden. Selbst wenn die übersinnliche Dimension neu für Sie ist oder Sie selbst nie die geringste Erfahrung auf diesem Gebiet hatten, ist es von größter Wichtigkeit, daß Sie Ihren Kindern glauben und diese Sensitivität unterstützen. Wenn Kinder in der Sicherheit heranwachsen, von ihren Eltern total akzeptiert zu sein, fühlen sie sich auf natürliche Weise in ihrem Wesen bestärkt und reagieren ihrerseits mit Liebe. Wenn Sie das Beste im anderen pflegen, kann Ihre Familie zu einem Mikrokosmos des Friedens werden und auf diese Weise zur Bildung einer harmonischeren Gesellschaft beitragen.

Die Friedfertigkeit und das Gute im Menschen sind von unschätzbarem Wert. Nirgendwo wird dies deutlicher als in der Erzählung von Sodom und Gomorrha im Buch Genesis. Die Geschichte sagt, daß Gott Abrahams Bitte erfüllt, daß diese verbrecherischen Städte vor der Zerstörung bewahrt blieben, wenn er nur 10 gute Menschen fände, die dort lebten. Obgleich keine 10 gefunden werden konnten und Sodom und Gomorrha schließlich zerstört wurden, finde ich es bemerkenswert, daß das Gute in ein paar Menschen diese Städte hätte retten können; das positive Bewußtsein von 10 wäre genug gewesen, nicht nur die Korruption der vielen anderen zu überwinden, sondern unter Umständen die Welt zu verändern.

Wir müssen mit der Liebe in unseren eigenen Herzen beginnen. In sich immer weiter ausdehnenden Kreisen können wir sie dann auf unsere Familie und Freunde ausdehnen, bis hin zu unseren Arbeitsplätzen und schließlich in die ganze Welt. Wenn wir einmal erkennen, wie sehr wir alle miteinander verbunden sind, wird uns klar, wie die Integrität unserer täglichen Handlungen in jedem Aspekt unseres Lebens das Ganze beeinflußt. Vergessen Sie nicht: Jenseits der persönlichen Sphäre gibt es noch einen anderen Bereich, wo jeder von uns auf eine Vielzahl von Menschen einen positiven Einfluß ausüben kann, und das ist unser Beruf, egal ob wir in einem Restaurant bedienen oder Vorstand eines multinationalen Unternehmens sind. Wohlmeinende, reine Absichten, kombiniert mit der gesteigerten Sensitivität gegenüber anderen, die das Übersinnliche mit sich bringt, kann jede Form von Arbeit mit einer tieferen Bedeutung erfüllen.

Ich bin entzückt zu sehen, daß eine wachsende Zahl von Unternehmen den Wert des Übersinnlichen erkennt und es regelmäßig in die Praxis umsetzt. Es ist jedoch nicht überraschend, daß viele angesehene Geschäftsleute den Begriff »übersinnlich« (der noch immer mit dem Image der Zigeunerin belastet ist, die die Zukunft aus einer Kristallkugel voraussagt) eher negativ sehen und sich statt dessen an den neutralen Begriff der »Intuition« halten, dessen Konnotationen einfacher zu akzeptieren sind. Ich habe von Rechtsanwälten gehört, die zugeben, bei ihren Verhandlungen Intuition zu benutzen; und Mengen von Top-Managern bedienen sich ihr, um die richtigen Entscheidungen in Fragen der Geschäftsführung, finanzieller Planung und beim Feststellen potentieller Probleme zu finden, bevor sie sich überhaupt manifestieren können. Allein in den USA gibt es mehr als 1000 Berater, die von den erfolgreichsten Firmen angeheuert werden, um für ihre Mitarbeiter Seminare über Intuition abzuhalten. Selbst die *Graduate School of Business* an der berühmten Stanford Universität bietet einen Kurs an, bei dem Intuition als strategisches Geschick gelehrt wird. Trammel Crow, einer der einflußreichsten Grundstücksmakler in Amerika, bringt dies ohne Umschweife auf den Punkt: »Ich glaube, daß Unternehmer einige ihrer Standpunkte und Entscheidungen auf transzendentale Weise finden. Nicht durch Zauber. Durch Intuition.«

Vor einigen Monaten kam ich in Kontakt mit dem »Intuition Network« in Sausalito, Kalifornien, einer Organisation, die Tausende von Mitgliedern in der Geschäftswelt, Politik, Wissenschaft und im Heilwesen hat und die sich verpflichtet haben, Intuition in ihre Arbeit, ihr persönliches Leben und in die Welt zu integrieren. Ihre erste Priorität besteht darin, sich auf ihre inneren Ressourcen zu verlassen. Was mich am meisten an dieser Gruppe fasziniert ist die Tatsache, daß sie nicht nur theoretisieren: Sie sind Botschafter, die entsprechend ihren Überzeugungen handeln und intuitive Weisheit in die Welt hinaustragen, Konferenzen und Seminare veranstalten und Trainingsprogramme sowohl für große als auch kleine Unternehmen durchführen. Noch vor dreißig Jahren wären sie ausgelacht worden oder zumindest ignoriert. Heute wenden die Mitglieder dieser Organisation Intuition bei jeder vorstellbaren Beschäftigung an.

Besonders begeistert war ich von der Arbeit einer Frau, die bei dem *National Forest Service* in Washington arbeitete. Ihr Job war es, als intuitive Beraterin in die herrlichen Waldgegenden von Oregon, Idaho und Washington zu reisen, um in bezug auf Landnutzungsrechte ein besseres Verständnis zwischen Regierungsvertretern und den Mitgliedern indianischer Stämme herzustellen. Bevor sie ihre Arbeit aufnahm, standen sich die beiden Gruppen diametral gegenüber; eine Kommunikation war nicht mehr möglich. Bei einem viertägigen Workshop mit dem Ziel, einen Weg aus dieser Sackgasse zu finden – der Schwitzhütten, Powwows und viele Stunden intensivster Gruppengespräche beinhaltete – half sie den Regierungsangestellten dabei, ihre Sturheit zu überwinden und nicht nur den Worten der indianischen Vertreter zuzuhören, sondern auch deren tiefere Gedanken und Gefühle zu spüren und bessere Lösungen zu finden. Nach Beendigung des Workshops hatten beide Seiten das Gefühl, wirklich gehört worden zu sein, und sie einigten sich auf einen gegenseitigen Kompromiß. Meiner Meinung nach ist dies der schönste Beweis dafür, wie das Übersinnliche und das Rationale einander ergänzen und Harmonie in eine vordem unversöhnliche Situation bringen können.

Die intuitiven Techniken, die Ihnen bei Ihrer Arbeit zur Verfügung stehen, sind die gleichen, die Sie in Ihrem Privatleben einsetzen können. Der Schauplatz ist ein anderer, das ist alles, und zeigt deutlich, wie anpassungsfähig und vielschichtig diese Werkzeuge sind: Hellsichtiges Erkennen, Träume, die Entdeckung von Synchronizitäten, Meditation, das bewußte Hören auf den eigenen Körper, Visualisierungen und das Spüren von Energie. Jedes einzelne ist machtvoll und geheimnisvoll, liegt jedoch innerhalb Ihrer Reichweite. Wenn Sie diese Werkzeuge in Ihre Arbeit einbringen, können sie eine Brücke zwischen dem Praktischen und dem Heiligen bieten und Ihre innere Entscheidung über das, was angebracht und richtig ist, bestärken.

Peter, ein begabter Agent Mitte 30, war seit über einem Jahr Patient bei mir. Von Anfang an hatte er sein Interesse an der Integration des Übersinnlichen in seinen Beruf ausgedrückt, und mittlerweile war er darin ziemlich gut geworden: Seine Spezialität war es, Antworten in Träumen zu finden. Während einer Sitzung berichtete er mir von einem unüberwindlichen Problem, das bei einer hitzigen Filmverhandlung – einer der wichtigsten in seiner bisherigen Karriere – aufgetaucht war. Nichts, was mit dem Vertrag zu tun hatte, war einfach gewesen, doch bis zu diesem Moment hatte er die Fäden sicher in der Hand gehabt. Doch kurz vor unserer Sitzung hatte das Studio plötzlich seine Position in bezug auf die Vertragsbedingungen grundlegend geändert. Peter war wütend und fühlte sich versucht, von den Verhandlungen zurückzutreten. Da ich wußte, wieviel für ihn auf dem Spiel stand, riet ich ihm dringend, keine voreiligen Entscheidungen zu fällen, sondern statt dessen in einem Traum um Führung zu bitten. Er war zwar noch immer zornig, doch zögernd stimmte er zu.

In der gleichen Nacht bat Peter, daß ihm gezeigt würde, was er tun sollte. In seinem Traum sah er dann seinen Kontrahenten munter in einem Heißluftballon an sich vorbeischweben. Ohne irgendwelche Bedenken ließ der Mann einen mickrigen Hubschrauber aus Papiermachée in die Luft steigen. Auf dem Boden, bekleidet mit einer Militäruniform und in Begleitung eines bewaffneten Regiments, schlug Peter mit schwerer Artillerie zurück; da er nicht erkannte, daß der Hubschrauber nur aus Papier bestand, wollte er ihn abschießen. Doch traf er ihn nie. Schlimmer noch, die Schüsse kamen wie Bumerangs zu ihm zurück und vernichteten beinahe seine ganze Truppe.

Peter wachte auf und war sicher, daß er eine Botschaft erhalten hatte: Der Traum sagte ihm, daß der Trick des Studiomanagers keine Substanz hatte, indem er diese Mitteilung durch ein innovatives, humorvolles, bildhaftes Wortspiel weitergab, daß uns beide zum Lächeln brachte. Dem Traum nach zu urteilen gab es keinen Zweifel daran, daß der Mann nur heiße Luft machte. Nicht nur das, auch sein Hubschrauber war vollkommen harmlos. Außerdem wurde Peter gewarnt. Wenn er unbedingt mit allen Mitteln kämpfen wollte, indem er seinem Kontrahenten einen ähnlich absurden Vorschlag machen würde oder sogar aus Trotz die Verhandlungen hinschmeißen sollte, würde er letzten Endes nur sich selbst und seinem Klienten schaden. Moderation war angesagt, nicht eine »Alles-oder-Nichts«-Mentalität. Peter verstand. Mit diesem Rat führte er die Verhandlungen fort, hielt nicht nur taktvollerweise seine Reaktionen auf die Eskapaden des Studios im Zaum, sondern tätigte ein überaus erfolgreiches Geschäft für seinen Klienten. Es freute mich, daß Peter nicht seinem ersten Impuls gefolgt war, sondern gelernt hatte, seinen Zorn zu überwinden und im Traum eine bessere Lösung zu finden.

Übersinnliche Einsichten können nicht nur bei Verhandlungen entscheidend sein, sondern auch den Durchbruch technischer Erfindungen ermöglichen oder die Inspiration für die Entwicklung neuer Produkte liefern. Ich las vor einiger Zeit den elegant formulierten Bericht über die Entdeckung eines Ingenieurs für Halbleiter, ein klassisches Beispiel dafür, wie ein interessantes Image kreatives Denken antreiben kann. Der Mann war gerade erst aus Taiwan angekommen und hatte begeistert zum ersten Mal in seinem Leben gesehen, wie es schneite. Die Art, wie der Schnee auf die Autodächer fiel und liegen blieb, doch sich nicht an den Seiten halten konnte, gab ihm auf der Stelle eine Idee für die Verbesserung von Mikrochips, mit deren Entwicklung er beschäftigt war. Indem er den Schneefall als Modell benutzte, gestaltete er auf geniale Weise die innere Struktur der Siliconwaffel um und erhöhte dadurch radikal die Leistungsgeschwindigkeit des Chips. Obwohl ich praktisch nichts vom Ingenieurwesen verstehe, war ich verblüfft, daß die Natur einen derart potenten, intuitiven Katalysator für eine wichtige technische Neuerung bieten konnte, ganz zu schweigen davon, wie ungeheuer empfänglich dieser Mann diesem Image gegenüber gewesen war.

Wenn Sie intuitiv auf Ihre Umgebung eingestimmt und in jedem Augenblick bereit sind, Zeichen aufzugreifen und entsprechend zu handeln, kann Ihre Arbeit eine erstaunlich reiche Palette von Anregungen und Umsetzungen gewinnen, die dynamisch ist. Auf einer inneren Ebene ist ständig so viel in Bewegung, existiert eine wahre Goldgrube von Entdeckungen. Dr. Jonas Salk, Nobelpreisträger der Medizin für die Entwicklung des Polio-Impfstoffes, beschreibt die Essenz dieser Magie: »Ich wache jeden Morgen mit der gespannten Erwartung auf, welche Geschenke mir meine Intuition heute zuspielen wird.«

Diese Geschenke, diese Botschaften können Licht werfen auf alle Arbeitssituationen inklusive dem Wählen des richtigen Berufes. Oder dem intuitiven Wissen darum, daß man eine schlechte Wahl getroffen hat – selbst wenn nach außen alles perfekt erscheint. Oder sie können Ihnen dabei helfen zu entscheiden, wann der richtige Zeitpunkt gekommen ist, eine Veränderung vorzunehmen. Sie müssen nicht Jahre mit unbefriedigenden Jobs verschwenden, die Sie nicht weiterbringen. Es steht Ihnen zu, volle Kraft voraus *die* Karriere anzugehen, die Ihnen die größte Freude bringt. Doch wie können Sie sie finden? Sagen wir, Sie wissen zwar, daß Sie den falschen Beruf haben, haben aber keine Ahnung, was Sie sonst machen sollen. Sie warten und warten, doch der Blitz schlägt nicht ein, nichts passiert. Was nun?

Der einfachste Schritt besteht darin, ein Traumjournal zu führen, das Bilder und Gedanken hervorruft und zum Nachdenken inspiriert. Stellen Sie nur immer wieder die Frage »In welche Richtung soll ich gehen?« und warten Sie auf eine Antwort. Ich garantiere Ihnen, daß die Antwort kommt, wenn Sie nur genug Geduld haben. Aber das ist noch nicht alles. Bedienen Sie sich der umfangreichen Palette übersinnlicher Möglichkeiten, über die ich in diesem Buch geschrieben habe. Die simple Entscheidung, auf das Übersinnliche zu hören, verändert bereits die Dinge. Das ist ein Bereich, mit dem der legendäre Hotelbesitzer Conrad Hilton bestens vertraut war: »Wenn ich ein Problem habe, was ich trotz aller Bemühungen nicht lösen kann, höre ich in einer Art innere Ruhe hin, bis etwas in mir klickt und ich sicher bin, die richtige Antwort gefunden zu haben.« Vertrauen Sie einer solchen Reaktion in Ihrem Inneren, nicht als Kuriosität oder Zufall, sondern als einem grundlegenden Aspekt Ihres Wesens.

Dieselben übersinnlichen Prinzipien, die so wunderbar in Ihrem beruflichen Leben funktionieren können, sind ebenso auf die gesamte, globale Geschäftswelt übertragbar. Momentan ist weltweit ein äußerst notwendiges, wachsendes Bewußtsein über den Zusammenhang alles Lebens zu beobachten. Wenn Sie einen Aspekt verletzen, verletzen Sie alles. Das Übersinnliche erinnert uns immer wieder daran, daß auf den tiefsten Ebenen unsere Beziehungen mit allem, was ist, nicht zu leugnen sind. Aus diesem Grund ist der Teil der Geschäftswelt, der mit Intuition arbeitet, ein hoffnungsvolles Signal für die Zukunft. Doch als das Zeitalter der Entdeckung und mit ihm die Verehrung der Wissenschaft begann, wurde das, was Jahrtausende lang als natürlich angesehen wurde, als abergläubischer Schwachsinn abgestempelt oder als Teufelswerk verurteilt. Seherinnen wurden verdächtigt, Hexen zu sein und auf dem Scheiterhaufen für ihre sogenannten Verbrechen verbrannt. Später trieben die Industrie und Technik – immer auf rationale Erklärungen ausgerichtet – noch weitere Nägel in den Sarg des Paranormalen. Doch heute, kurz vor dem Beginn des 21. Jahrhunderts, gibt es eine sich ständig vergrößernde Bewegung von Menschen, die erkennen, wie sehr wir unsere Seelen dem angeblichen Fortschritt geopfert haben. Diese Abtrennung ist aber gar nicht nötig. Stellen Sie sich eine Zukunft vor, in der all unsere analytischen Errungenschaften und das Übersinnliche Hand in Hand arbeiten und somit das Beste beider Welten zum Tragen kommt. Ich glaube, das ist die Richtung, in der wir uns bewegen.

Meiner Meinung nach gibt es keinen Bereich, in dem diese Kombination segensreicher sein wird, als in der Medizin. Als ich meinen Doktortitel bekam, schwor ich den hippokratischen Eid, daß ich bei »Apollo dem Arzt, und Aesculap, und Hygeia, und Panacea, und all den Göttern und Göttinnen entsprechend meinen Fähigkeiten und Einsichten diesen Schwur halten werde... und mit Reinheit und Heiligkeit mein Leben führen und meine Kunst praktizieren will.« Trotz der ungeheuren, lebensrettenden technologischen Fortschritte in der modernen Medizin dürfen wir nicht vergessen, daß sie ursprünglich einer spirituellen Tradition entstammt, die auch dem Übersinnlichen zugrundeliegt. Viele von uns denken nicht darüber nach, daß die Medizin ihre Wurzeln in der Spiritualität hat. Doch die seit Jahrtausenden in Ehren gehaltenen Worte dieses Schwurs erinnern uns daran, welch strahlende Präsenz seine heiligen Grundsätze in Wirklichkeit haben. Im Laufe der Jahrhunderte haben wir jedoch leider diese Haltung immer mehr verloren.

Als Psychotherapeutin waren viele Jahre lang Krankenhäuser praktisch mein zweites Zuhause. Ich habe großen Respekt vor allem, was an ihnen gut ist, doch weiß ich auch, daß ungeheuer viele Veränderungen nötig sind, bevor wir die erleuchtetere Zukunft, die ich mir erhoffe, realisieren können. Wir können so viel von anderen Kulturen lernen. In China zum Beispiel ist seit alters her traditionellen Ärzten gelehrt worden, daß jeder Mensch spirituelle Energie besitzt; diese erkennen sie und ziehen sie in ihre Behandlung mit ein. Heute haben die Patienten überall in China die Wahl – es gibt eine Vielzahl von Behandlungs- und Heilmethoden, die sich nicht ausschließen, sondern zusammenwirken können. In zahlreichen bekannten Lehr-Hospitälern koexistieren westliche und chinesische Medizin äußerst erfolgreich: die Warteräume sind fast immer voll, und auf der einen Seite werden moderne Medikamente ausgeteilt, auf der anderen Kräuter.

Der Akupunkteur, zu dem ich gehe – Dao, Arzt und Lehrer traditioneller chinesischer Medizin in Los Angeles – fordert seine Schüler dazu auf, sich spirituell, psychisch und physisch zu entwickeln, um inneres Gleichgewicht zu erlangen und ihre Arbeit als Heiler zum größten Nutzen ihrer Patienten durchführen zu können. Dao kommt aus einer Familie, in der es seit 38 Generationen Heilkundige und Ärzte gibt. Ich hörte ihm fasziniert zu, als er mir die Geschichte seines Vaters erzählte, dessen Heilkunst so versiert und dessen übersinnliche Fähigkeiten so entwickelt waren, daß er respektvoll *Shen Zeng* genannt wurde, die *Göttliche Nadel*. Dao wird nie vergessen, wie er seinen Vater zum ersten Mal bei der Erstellung einer Diagnose beobachtete: Dieser wußte über den Zustand der Patientin Bescheid, bevor er sie überhaupt sah, einfach indem er auf den Klang ihrer Schritte hörte. Wahrlich das Zeichen eines echten Meisters.

Aber China hat keine Monopolstellung für intuitive Diagnosen oder paranormale Heilungen. Auf meinen Reisen durch England zum Beispiel war ich angenehm überrascht zu sehen, daß Heilern dort mittlerweile der ihnen gebührende Respekt gezollt wird. Überall im Land gibt es alternative Heiler, die immer größeren Zulauf haben. Manche von ihnen sind auch mitten im Zentrum der Aktion zu finden: In den Abteilungen für Herzerkrankungen in öffentlichen Krankenhäusern und auf Krebsstationen, wo sie durch Handauflegen und Energieübertragung bei der Behandlung von Krankheiten helfen und Schmerzen lindern. Andere wiederum sind bei traditionellen Ärzten in deren Praxis angestellt. Was mich auch beeindruckt hat, ist die Tatsache, daß das National Health Service *(der staatliche englische Gesundheitsdienst)* für ihre Dienste bezahlt – ein Zeichen, daß Heiler endlich anerkannt werden, nicht zuletzt, weil immer mehr Patienten sich von ihnen behandeln lassen. Sie haben sogar ihre eigene Organisation gegründet, die nur Mitglieder aufnimmt, die eine entsprechende Ausbildung erfahren haben und einen hohen Grad intuitiver Qualität besitzen.

Selbst Prinz Charles und andere Mitglieder der königlichen Familie sind wohlbekannt für die Unterstützung, die sie der alternativen Medizin zukommen lassen. Als zum Beispiel ein Freund von mir in London in eine Apotheke ging, um ein homöopathisches Grippemittel zu kaufen, trug das Fläschchen die Aufschrift *By appointment of Her Majesty, Queen Elizabeth II,* was darauf hinwies, daß die Königin selbst hier Kundin war. Es stimmt mich zuversichtlich und hoffnungsfroh, daß es in einem aufgeklärten, westlichen Land wie England ein so hohes Maß an Wohlwollen gegenüber nichttraditionellen Heilmethoden gibt.

Wie schön wäre es, wenn in den USA alternative Heilmethoden und das Übersinnliche auf die gleiche positive Weise betrachtet würden. Nicht daß wir hier keinen Erfolg zu verzeichnen hätten. Das neu eingerichtete *Office of Alternative Medicine* im *National Institute of Health (NIH)* untersucht eine Vielzahl von Methoden, von Diät und Ernährung über Geist- und Körperkontrolle bis zu Energie-Therapien. Es wurde bereits eine Forschungsgruppe gebildet, die sich mit der Effektivität geistigen Heilens und dem medizinischen Nutzen von Gebeten beschäftigt. Die Tatsache, daß es sich hierbei um eine von der Regierung ins Leben gerufene Organisation handelt, grenzt meiner Meinung nach beinahe ans Wunderbare und stimmt mich optimistisch.

Von all den Projekten, die das NIH mit öffentlichen Mitteln unterstützt, verfolge ich jene, die sich auf die therapeutische Berührung konzentrieren – einem Ableger des Handauflegens – mit besonderem Interesse. Von der Krankenschwester Dolores Krieger entwickelt, ist die therapeutische Berührung die am weitesten verbreitete und praktizierte Form energetischen Heilens in den USA und wird von mehr als 30 000 Krankenschwestern, Pflegern und anderen Professionellen im Heilungswesen angewandt. Stellen Sie sich den Heiler als ein Kabel vor – seine Hände befinden sich ein paar Zentimeter über Ihrem Körper und leiten Energie wie eine strahlende Sonne direkt in jede Pore – und spüren Sie die Liebe und Wärme, die Sie durchflutet und Ihnen neue Kraft gibt.

Die Ähnlichkeiten zwischen dieser Form des Heilens und dem, was ich von meinen eigenen Lehrern gelernt habe, kann ich nicht leugnen. Doch fand ich es immer interessant, daß bei einem Gespräch im Zusammenhang mit der Erwähnung therapeutischer Berührung nie von paranormaler Heilung gesprochen wird. Das wundert mich allerdings nicht, denn das Wort *paranormal* allein ist so kontrovers, daß die Schulmedizin mit Sicherheit jede Technik ablehnen würde, die damit assoziiert wird. »Therapeutische Berührung« ist jedoch ein Begriff, der in der medizinischen Welt akzeptabel ist. Während ich dieses Buch schrieb, suchte ich selbst immer wieder nach einem Vokabular, daß frei ist von Stigmen, doch fand ich es nicht. Mit Bedenken habe ich mich für die Begriffe »übersinnlich«, »paranormal«, »medial« und »Intuition« entschieden, obwohl ich der Meinung bin, daß »Intuition« davon der unbestimmteste ist. Manche Menschen würden sogar auf größere Unterscheidungen zwischen diesen Begriffen bestehen. Soweit es die therapeutische Berührung betrifft, sind die meisten Praktizierenden darum bemüht, sich von jeglicher Anspielung auf die paranormalen Aspekte ihrer Tätigkeit zu distanzieren – eine Entscheidung, die ich bewußt nicht getroffen habe.

In Ihrem eigenen Leben können Sie Dinge tun, die es Ihnen gestatten, auf übersinnliche Weise ein harmonisches Verhältnis zu Ihrem Körper zu entwickeln und jederzeit zu erkennen, wie Sie sich physisch wie auch energetisch fühlen. Lernen Sie Ihren Körper kennen, die subtilen Veränderungen, die er ständig erlebt. Machen Sie sich vertraut damit, wann er sich »daneben« fühlt und wann er voller Energie ist. Hören Sie auf Informationen in bezug auf Ihre Gesundheit in Ihren Träumen und Intuitionen; Sie können diese Informationen sogar ausdrücklich verlangen. Und sollten Sie ärztlichen Rat benötigen, können Sie sachkundig über Ihre inneren Vorgänge berichten, eine Partnerschaft mit Ihrem Arzt eingehen und eine aktive Rolle in Ihrer Behandlung übernehmen. Wann immer es möglich ist, wählen Sie einen Arzt, der offen ist gegenüber alternativen Behandlungsmethoden. Er muß nicht unbedingt an das Übersinnliche glauben – obwohl das natürlich ideal wäre –, doch zumindest sollte er Ihre Meinung respektieren und ernst nehmen.

Vielleicht haben Sie das Glück, daß in Ihrer Nähe einer der wenigen Ärzte lebt, die Pionierarbeit leisten, indem sie das Übersinnliche ans Tageslicht holen und es in ihre Arbeit integrieren. Ich habe von einem sehr angesehenen Gynäkologen gehört, zu dessen Mitarbeitern eine Heilerin gehört. Ihr Job ist es, als Teil der Erstuntersuchung eine intuitive Diagnose zu stellen, um eine sofortige Information über den Zustand der Patientin zu erhalten. Genau wie ich es in meiner Praxis tue, verschmilzt sie empathisch mit dem Körper eines Patienten; sie stimmt sich auf jedes einzelne Organ ein und fokussiert sich dann auf die Quelle der Krankheit. Auf diese Weise stellt sie manchmal eine Diagnose, bevor überhaupt irgendwelche physischen Symptome auftauchen. Wenn nötig – und oftmals aufgrund von entsprechenden Bitten – nimmt sie auch Heilungen durch Handauflegen vor.

Das übersinnliche Erstellen von Diagnosen ist kein unerklärliches Phänomen, sondern etwas, daß beim Medizinstudium ohne weiteres Teil des Standard-Kurrikulums sein könnte. Zuzüglich zum Abhören von Herz und Lungen eines Patienten oder dem Abtasten seiner Leber könnten die Studenten lernen, diese Organe auch intuitiv zu spüren. Meine eigene Ausbildung zur Ärztin bereitete mich wunderbar darauf vor, Seherin zu werden, denn eines der großen Wunder des Medizinstudiums besteht darin, die Anatomie des menschlichen Körpers zu sehen und zu fühlen. Während ich als Studentin bei großen Operationen zusehen konnte, machte ich die wundersame Erfahrung, wie ein mit einem Labyrinth von Adern und Venen verbundenes Herz in der Brust eines Menschen schlägt; durfte einen Uterus berühren, Eierstöcke, Nieren und Lungen – ein Privileg, daß jeder haben sollte, wenn er es wünscht, einfach als Initiation darin, was es heißt, Mensch zu sein. Es wundert mich immer wieder, wie viele Menschen nicht die geringste Ahnung haben, wie es in ihnen aussieht. Nie werde ich den ergreifenden Anblick der einzelnen Organe vergessen, das Gefühl ihrer Energie, ihre glatte, feuchte Konsistenz, ihre gleichmäßige Wärme und glänzenden Farben. Wenn ich mich medial einstimme, kann ich aufgrund meiner ständigen Übung diese verschiedenen Frequenzen heute immer leichter erspüren.

Mein Traum ist es, daß Ärzte und Heiler die Möglichkeiten paranormaler Diagnosen gemeinsam entwickeln – das Gebiet ist noch neu und nicht immer frei von Irrtümern –, so daß wir unsere klinische Expertise erweitern können. Wenn unser Studium über die Funktionen von Körper und Verstand, die in sich selbst heilig sind, mit der uns alle innewohnenden Intuition vermählt wird, wird unsere Arbeit die besten Früchte tragen. Die Leute sagen mir immer wieder: »Ich kann nicht glauben, daß Sie Psychotherapeutin und Seherin sind! Was für eine ungewöhnliche Kombination.« Ich sehe das jedoch nicht so. Bedenken Sie: Was könnte natürlicher sein als ein Arzt mit übersinnlichen Fähigkeiten, der nicht nur mit Medikation, sondern auch mit Energie heilen kann? Würden wir diese beiden Ansätze miteinander verbinden, könnten wir das Beste aus dem machen, was wir zu geben haben.

Erst vor ein paar Wochen wurde mir die Chance meines Lebens angeboten, das Übersinnliche direkt anzuwenden. Es geht darum, eine Kur für eine schwere Krankheit zu finden: Multiple Sklerose. Hierbei handelt es sich um eine progressive neurologische Störung, die meistens Menschen in ihren Dreißigern heimsucht und zu schweren Behinderungen führen kann. Als uns ein bekanntes Forschungsinstitut darum bat zu prüfen, ob Remote Viewing (das hellsichtige Erkennen innerer Vorgänge) ihre Forschungen weiterbringen könnte, sagten wir sofort zu. Ein Team von 18 Sehern – zwei Ärzte, ein Physiker, ein Parapsychologe und einige Mitglieder ohne irgendeine wissenschaftliche oder medizinische Ausbildung – wird sich individuell an einer Serie von Viewings beteiligen, um die bis heute unbekannte Ursache für MS festzustellen. Dies ist genau die Art von Projekt, auf die ich schon lange gewartet habe; eine Möglichkeit, die Schulmedizin und das Paranormale zu kombinieren, die eine positive Auswirkung für unzählige Menschen haben könnte.

Jenseits aller Technologie und den phantastischsten Errungenschaften des Intellekts sehnen sich unsere Körper und Seelen danach, geheilt zu werden, sowohl physisch als auch spirituell. Das setzt voraus, daß sich die Medizin weiterentwickelt und mit unserem Geist Schritt hält, der kontinuierlich wächst. Es ist an der Zeit, die Weisheit unseres Körpers zu honorieren, von der wir in übersinnlichen Momenten eine Ahnung bekommen, und die innere Ruhe zu finden, die uns am Leben erhält. Die Medizin muß fähig sein, Schritt zu halten mit den Bedürfnissen des menschlichen Herzens. Sie wird jedoch immer versagen, bis sie die fundamentale Essenz des Heilens anerkennt: daß wir alle uns danach sehnen, zu lieben und geliebt zu werden, zu fühlen und die Natur unserer göttlichen Herkunft zu kennen. Erst wenn die Wissenschaft und die Spiritualität endlich zusammenfinden, wird die Medizin zu ihrer vollen Kraft erblühen. Und Ärzte werden durch die Erweckung ihres Geistes wieder zu wahren Heilern.

Als eine zivilisierte Menschheit können wir es uns nicht länger erlauben, das Übersinnliche zum Schweigen zu bringen. Unser Erfolg ist unweigerlich damit verbunden, daß wir mit unseren inneren Instinkten in Berührung sind, mit dem, was wir übersinnlich als wahr erkennen, wobei wir damit nicht den Wert unseres Intellekts herabsetzen, sondern ihn bereichern. Sonst riskieren wir die ständige Wiederholung der tragischen Geschichte von Cassandra, der Prophetin, die von Apollo dazu verflucht wurde, daß niemand ihren Visionen glaubte. Selbst als sie die Zerstörung Trojas voraussagte, fielen ihre Worte auf taube Ohren. Wir dürfen nicht gestatten, daß dies passiert. Seher zu sein heißt, höchstes Ansehen zu verdienen.

Ich habe Kraft durch meine übersinnlichen Fähigkeiten gewonnen. Sie sind weder fragil noch flüchtig, sondern immer da, wenn ich sie brauche. Je mehr mein Glauben an meine übersinnlichen Instinkte heranreift, desto stärker wird ihre natürliche Autorität, die selbst diese endlosen Kreise von Angst, in denen ich herumgeirrt war, längst überwunden haben. Erst kürzlich hatte ich erneut die Gelegenheit zu erkennen, welcher Segen diese Klarheit ist, die mir dabei hilft, meine Perspektive wiederherzustellen. In den letzten paar Jahren hatte ich zusammen mit einer Frau ein Forschungsprojekt für paranormale Phänomene in die Wege geleitet, die perfekt für diesen Job war. Catherine und ich waren in der Zeit gute Freundinnen geworden. Ich hätte mir niemand begabteren oder hingebungsvolleren wünschen können, und ich hatte keinen Grund, daran zu zweifeln, daß sie bis zum Abschluß des Projekts dabeibleiben würde. Dennoch träumte ich vor 6 Monaten, daß Catherine und ich in einem schönen Hotelzimmer in Manhattan mit Blick über den Central Park unser Projekt ausführlich diskutierten. Plötzlich hörte ich die begeisterte Stimme einer anderen Frau aus einem anderen Zimmer: »Ich liebe die Arbeit, die Sie da machen!« Ich konnte zwar ihr Gesicht nicht sehen und war sicher, daß wir uns noch nie begegnet waren, doch ich wußte, daß sie eine wichtige Rolle bei dem Projekt spielen würde, vielleicht sogar Catherines Platz einnehmen würde – ein Gedanke, der viel zu überwältigend war, als daß ich mich damit zu dem Zeitpunkt hätte auseinandersetzen können.

Ein paar Monate später teilte Catherine mir mit, daß man ihr einen Job angeboten habe, den sie unmöglich ausschlagen konnte und sie deshalb aus Los Angeles wegziehen würde. Das machte mich traurig. Ich freute mich für sie, aber hatte Angst, daß unser Projekt sich zerschlagen würde, weil sie ging. In der Vergangenheit wäre ich von Angst erfüllt gewesen und hätte mich völlig abgelehnt gefühlt. Doch in diese Falle ging ich dieses Mal nicht; ich erinnerte mich an den Traum und verfiel nicht in Panik. Wochenlang war ich auf mich allein angewiesen, doch die Zuversicht, die mir mein Traum gegeben hatte, hielt mich aufrecht, bis ich eines Tages einen Anruf bekam: Es war eine Freundin von Catherine, die gerade aus New York nach L.A. gezogen war. Sie war klug, voller Energie und genauso begeistert über das Projekt, wie es Catherine gewesen war. Wir verstanden uns auf Anhieb; unsere gemeinsame Arbeit an dem Projekt hat mittlerweile begonnen. Wieder einmal scheine ich mit der richtigen Person zum richtigen Zeitpunkt gesegnet worden zu sein.

Der Grund, warum dieses Erlebnis wichtig für mich ist und was ich Ihnen damit zu zeigen hoffe, liegt darin, daß übersinnlich zu sein nicht heißt, frei von Zweifeln und Ängsten zu sein. Doch ist es so, daß mit unserem Glauben unsere intuitiven Überzeugungen an Kraft gewinnen. Das Gleichgewicht verlagert sich; unsere Ahnungen werden so deutlich, daß sie die Negativität auslöschen, die uns umzuwerfen droht. Auf der einen Seite denke ich vielleicht: Oh Gott, ich werde verlassen sein. Doch gleichzeitig durchfährt mich ein stärkeres Gefühl, eine Begeisterung, die mir signalisiert, daß etwas Gutes, eventuell sogar Besseres in der Luft liegt. Wenn das passiert, vertraue ich völlig auf meine Intuition. Egal welche Informationen wir empfangen, sie sind Wegweiser für unser Wachstum, ein Band, das uns alle miteinander verbindet.

Wenn es etwas gibt, was mich immer wieder aufs neue in meiner Arbeit und in Gesprächen mit Menschen überall verblüfft – von der Frau in der Reinigung über Straßenreiniger bis hin zu Psychologen – ist, daß fast jeder, wenn er nur die leiseste Aufforderung dazu erhält, von einem paranormalen Erlebnis berichtet, das er hatte. Ich habe in so vielen Menschen die Sehnsucht gespürt, wieder mit ihrer visionären Seite in Kontakt zu kommen. Dieser Ausbruch übersinnlicher Elektrizität, die uns als Kollektiv durchströmt, ist nur ein Zeichen der vielen Öffnungen, die uns bevorstehen. Wir alle haben außergewöhnliche Kapazitäten: es ist eine Tatsache, daß wir sowohl in die Zukunft als auch zurück in die Vergangenheit sehen und die Gegenwart exakt intuitiv erfassen können. Wundersam, ja – doch nur die Spitze des Eisbergs. Übersinnlich zu sein erlaubt es uns, durch die Zeit zu fließen und bietet ein sich immer weiter öffnendes Tor, durch das wir das Göttliche sehen können.

Das höchste Ziel unseres Lebens, wie ich es sehe, ist es, Liebe zu geben und zu empfangen. In Kirchen und Synagogen werden wir regelmäßig daran erinnert, und wir versuchen, unser Bestes zu tun, um ein guter Mensch zu sein. Doch viele von uns haben noch keine direkte, überzeugende Erfahrung des Göttlichen gehabt. Das Übersinnliche kann dies ermöglichen, kann die unsichtbare Barriere, die uns von der Liebe trennt, beseitigen und das Geheimnis entschleiern.

Das Göttliche ist direkt vor unseren Augen, doch zu oft erkennen wir es nicht – das große Rätsel des Universums. Normalerweise laufen wir schlafend durch die Welt, schmerzhaft getrennt von der Heiligkeit unseres Lebens. Um das Göttliche direkt fühlen zu können, hilft es uns zu lernen, sensitiv gegenüber den subtilen Energien in unserem Körper zu werden – vor allem Geistes- und Herzens-Energien – und alles zu tun, sie zu beleben, damit sie wachsen können. Dann wird sich der Rahmen dessen, was wir intuitiv spüren können, erweitern, und das Göttliche manifestiert sich. Suchen Sie zum Beispiel jeden Tag Stille in der Meditation mit der bewußten Intention, das Göttliche zu kontaktieren, und eines Tages wird sich dieser Wunsch unweigerlich realisieren. Jedes Mal, wenn Sie meditieren, wächst Ihre Energie. Am Anfang mögen Sie nicht viel oder gar nichts spüren, doch allmählich passieren Sie eine unsichtbare Schwelle; und bevor Sie wissen, wie Ihnen geschieht, widerfährt Ihnen die Erfahrung.

Wie auch immer Sie Ihre Empfindsamkeit sensibilisieren – indem Sie sich auf die Schönheit in Ihrer Umgebung konzentrieren, durch einen Heiler oder Lehrer das Gleichgewicht Ihrer Kräfte wiederfinden, bei jeder Gelegenheit Liebe zu geben und zu empfangen –, es wird Sie näher zum Göttlichen führen. Es kann zum Beispiel eines Nachts geschehen, wenn Sie die Sterne betrachten, wie Sie es schon tausend Mal vorher getan haben. Plötzlich sehen Sie wirklich: Sie fühlen sich verzaubert von ihrem blassen, schimmernden Licht; eine Verlagerung tritt ein, und jetzt erscheint Ihnen der Himmel schöner, als Sie ihn je gesehen haben – perfekt, unwiderstehlich heilig. Sie sind voller Ehrfurcht und erkennen vielleicht zum ersten Mal in Ihrem Leben die Göttlichkeit des Seins.

Der Höhepunkt unserer irdischen Reise, die Ernte des Übersinnlichen, ist diese direkte Erfahrung des Göttlichen. Mit zärtlicher Hand trägt es uns über den Abgrund, der uns von einer erleuchteten Zukunft trennt. Selbst in unserer verwirrten heutigen Welt gibt es Hoffnung, die durch unsere Liebe genährt wird, unsere friedvollen Handlungen, unsere Sehnsucht nach dem Licht. Indem wir dies tun, bereiten wir das Fundament für den Wechsel vor, der uns bevorsteht. Mit dem Übersinnlichen als unserem Wegbegleiter, der uns ein Gefühl für das Göttliche gibt, das uns umhüllt, werden wir getreulich daran erinnert, daß die Möglichkeit einer liebevollen Welt nicht nur eine flüchtige Phantasie ist: es liegt in unserer Kraft, sie zu realisieren.

Liebe schafft eine Verbindung zwischen den Menschen. Wenn wir erst einmal uns selbst lieben, sind wir bald fähig, auch andere mit größerer Achtung und Zärtlichkeit zu behandeln. Liebe zu geben ist immer eine Wonne – nichts auf der Welt ist so nahrhaft und beglückend wie sie. Indem wir anderen helfen, helfen wir uns selbst. Darin liegt unsere Heilung. Liebe fließt durch uns, wenn wir uns verfügbar machen und ihre Botschafter werden. Wir müssen dazu keine großartigen Gesten vollbringen. Oft finden wir bei der einfachsten Handlung eine Möglichkeit, etwas zu geben. Ein Wort der Ermutigung, ein Lächeln oder eine gezielte Frage im richtigen Augenblick ist alles, was nötig ist.

Wenn das Übersinnliche und die Liebe sich verbinden; wenn wir uns die Zeit nehmen, unsere spirituelle Quelle zu finden, werden wir endlich uns selbst begegnen und unsere Herzen befriedigen. Was in uns schlummerte, erwacht zum Leben. Die Tiefe unseres Geistes ist grenzenlos. Wir müssen uns seiner Führung anvertrauen und wissen, daß er uns zum Zentrum unseres Wesens leiten und uns nie verlassen wird, auch wenn der Weg zum Licht manchmal schwer ist und wir vorübergehend von Dunkelheit umgeben sind. Wie Rainer Maria Rilke in seiner Weisheit einem jungen Poeten rät: »Gehe in Dich hinein und schau, wie tief der Ort ist, von dem Dein Leben fließt.« Dies ist sowohl der Ausgangspunkt unserer Reise als auch ihr höchstes Ziel. Es gibt kein Ende.

Dieser Weg ist alles andere als einsam. Wir gehen ihn gemeinsam, geben einander Kraft und schlagen neue Pfade ein. Jeder einzelne von uns zündet ein ewiges, reines inneres Licht an. Wir werden zu einem leuchtenden Meer flackernder Kerzen, wo es vordem nur Schatten gab. Die Veränderung findet bereits statt; sie bringt mit sich das Versprechen kollektiver Spiritualität und übersinnlichen Erwachens und hat bereits damit begonnen, uns von alten Ängsten und Mißverständnissen zu befreien. Die Kraft, die in uns aufgewacht ist, kann nicht mehr aufgehalten werden. Es ist, als ob alle bisherigen Taten und Errungenschaften der Menschheit uns auf die kommende Ära vorbereitet haben.

Die Veränderung geschieht nicht im stillen. Sie hat einen erkennbaren Laut. Wenn ich spät in der Nacht aufmerksam lausche, kann ich die Bewegung eines sanftes Windes hören, der aus dem Herzen der Erde kommt. Er ist warm und tröstend und durchdringt jeden Winkel unserer Welt. Ich kann ihn in meinem Blut spüren, so exakt wie ein Laserstrahl, so weich und rund wie die Erinnerung an den Schoß meiner Mutter. Er durchweht uns alle. Die ganze Menschheit wird von ihm berührt werden; es ist nur eine Frage der Zeit.

Nachwort

Das Schreiben dieses Buches war für mich eine Reise in die eigene Freiheit. Viele Jahre lang habe ich mich als Psychotherapeutin und Seherin oft aus beiden Welten verbannt gefühlt. Diese beiden Aspekte meines Wesens sind mir gleich wichtig und tief in mir verankert. Während meines Medizinstudiums und der Arbeit als Assistenzärztin in verschiedenen Krankenhäusern habe ich einen großen Respekt vor dem rationalen Verstand kultiviert. Ich bin jedoch auch in einem Bereich zu Hause, den viele Menschen noch nicht betreten haben, doch der für mich so wirklich ist wie die Erde unter meinen Füßen. Ich habe darum gekämpft, den Riß zwischen diesen beiden Welten zu heilen. Das war ich meiner Seele schuldig.

Meine Suche nach Ganzheit ist nur insofern ungewöhnlich, als sie nicht auf »normale« Art stattfand. Wir alle sind Visionäre. Selbst wenn Sie sich persönlich nicht als Seher betrachten, sind übersinnliche Fähigkeiten latent in Ihnen vorhanden, einem gemeinsamen Erbe vergleichbar, das wir jederzeit anfordern können. Die Tatsache, daß viele von uns dazu gezwungen worden sind, unsere paranormalen Erlebnisse zu unterdrücken, ist ein Hohn, die vergiftende Auswirkung einer Form der Ignoranz, die ich zu vertreiben suche. Ich hoffe, daß meine Lebensgeschichte Ihnen als Muster dienen kann, damit Ihr eigener Weg leichter wird und Sie viele der Hindernisse, die ich überwinden mußte, umgehen können oder zumindest wissen, was Sie erwartet und wie Sie damit umgehen können. Das Staunen und die Freude, die ich bei der Entdeckung der Vielfältigkeit und endlosen Weite des Geistes empfunden habe, wartet auch auf Sie.

Mein Weg war kompliziert, oftmals wie ein Labyrinth, in dem ich verloren zu gehen glaubte. Ich brauchte

10 Jahre, um meine Mitte zu finden: 10 ganze Jahre des Hin- und Hergerissenseins, bis ich verstand, daß dieser Riß nur eine Illusion war. Es ist nicht so, daß das Übersinnliche auf einer Ebene und der Rest unseres Lebens auf einer anderen stattfindet. Die Grenze zwischen dem Bewußten und dem Unbewußten ist wesentlich durchlässiger, als wir glauben. Diese beiden scheinbar getrennten Bereiche können wunderbar miteinander verbunden werden. Das Geheimnis liegt in der ungeheuren Weite unseres Wesens, unserer Fähigkeit, das zu vereinen, was auf den ersten Blick wie zwei gegensätzliche Extreme erscheint. Wir müssen kein Opfer bringen und eine Seite wählen, die wir ausleben wollen. Es gibt einen gesünderen Weg, den wir alle beschreiten können.

Während der letzten 2 Jahre verbrachte ich neben meiner Tätigkeit als Psychotherapeutin einen Großteil meiner Zeit damit, dieses Buch zu schreiben. Weder das schwere Erdbeben von 1994, die Feuersbrunst in Malibu noch die Überschwemmungen im letzten Jahr konnten mich davon abhalten. Trotz dieser Katastrophen und dem anhaltenden Chaos, das sie verursachten, hatte ich dennoch jeden Tag das Gefühl, daß ich mir ein Stückchen näherkam. Jahrelang hatte ich die Tendenz, mich in Anonymität zu flüchten; der Gedanke, zuviel Aufmerksamkeit zu erregen, machte mir Angst, da ich befürchtete, verletzt zu werden. Meiner wahren Stimme Ausdruck zu verleihen – nicht in einem Flüstern, sondern zuversichtlich und klar – erschien mir immer gefährlich zu sein. Vielleicht lag das daran, daß ich von einer Mutter erzogen wurde, die dermaßen stark und intensiv war, daß ich mich daran gewöhnt hatte, in ihrem Schatten zu leben. Die starke Persönlichkeit meiner Mutter erlaubte mir ein bequemes Dasein, allerdings um den Preis, meine eigene Stimme zu finden. Als ich jedoch älter wurde und meine übersinnlichen Fähigkeiten sich immer stärker meldeten, hungerte ich danach, die Sehnsucht meines tiefsten Herzens in Worten auszudrücken. Dieses Buch ist meine Rettung gewesen; es hat die Geheimnisse enthüllt, die ich so lange für mich behalten habe. So viele meiner Emotionen sind hier ausgebreitet. Das Schreiben dieses Buches hat mich stärker gemacht. Es hat mich geheilt.

Was immer auch mit mir passiert, besonders wenn mein Herz in tausend Stücke zerrissen ist oder ich mich einsam und verlassen fühle – meine übersinnlichen Träume, Visionen und Ahnungen geben mir Kraft. Egal ob eine Situation vielversprechend oder bedrohlich erscheint, heute habe ich die intuitive Möglichkeit, darüber hinaus zu schauen und ein tieferes Verständnis der Umstände zu erlangen. Ich bemühe mich immer darum, das größere Bild zu sehen; nicht unbedacht und aus Angst zu reagieren, sondern angetrieben von einem sicheren Gefühl für die Wahrheit. Nichts gibt uns mehr Kraft. Eine echte Gnade des Übersinnlichen besteht darin, daß es uns die Einstimmung auf ein authentisches inneres Wissen erlaubt, das uns Alternativen anbietet zu den endlosen negativen Drehbüchern, die wir in unseren Köpfen schreiben.

Das Schönste am Ausleben unseres übersinnlichen Talentes besteht meiner Meinung nach in der Annäherung an die Weisheit unseres eigenen Herzens. Obwohl es einfach nur dazu benutzt werden kann, Informationen zu sammeln, sehe ich seinen höchsten Wert darin, die verschiedenen Ebenen der Wirklichkeit durchdringen und dadurch die Verbundenheit aller Dinge offenbaren zu können. Meine Hoffnung ist, daß Sie durch die Hinwendung zu Ihrem Inneren, durch das Verfolgen eines spirituellen Weges einen tieferen Kontakt mit sich selbst und Ihrer Umwelt finden, doch vor allem mit dem Geistigen. Dann können endlich die Qualen unserer Einsamkeit gelindert und unsere Sehnsucht gestillt werden; das Exil von uns selbst ist vorbei. Wir sind endlich zu Hause angekommen.

Wenn ich mir mein Leben anschaue und wie ich allmählich meine übersinnlichen Fähigkeiten integriert habe, entdecke ich ein immer wiederkehrendes Bild. Ich stehe neben einem massiven, ungeformten Steinblock und meißele munter drauflos. Ich weiß, daß dies ein heiliger Stein ist, und ich weiß auch, daß ich immer weiter daran arbeiten muß, egal wie lange es dauern wird. Ich empfinde große Freude dabei. Und Hingabe, die Bereitschaft, jeden Tag zurückzukehren und den Stein zu bearbeiten, auch wenn ich oft keinen Fortschritt erkennen kann. Der Stein wird immer strahlender, je mehr ich daran arbeite. Seine Winkel, Kurven und Linien sind endlos.

Was dieses Bild in mir weckt und was mir immer wieder in den Sinn kam, während ich an meinem Buch schrieb, war der Begriff der Freiheit. Die Freiheit, die ich durch das Entdecken meiner authentischen, übersinnlichen Stimme empfunden habe, die sich nicht mehr klein machen oder den Vorstellungen anderer darüber anpassen mußte, wer ich sein sollte. Die Freiheit, so hoch zu fliegen und so tief zu tauchen, wie mein Geist mich führt; unerschrocken und stolz meine eigene Wahrheit auszudrücken. Daher fühle ich mich gesegnet. Und jedem einzelnen von Ihnen wünsche ich diese Freiheit, diesen Segen aus ganzem Herzen.

JUDITH ORLOFF

Danksagungen

Ohne die Hilfe und Unterstützung der folgenden Freunde, Familienmitglieder und Kollegen hätte ich dieses Buch nie fertigstellen können:

Stephen Mitchell, Autor, und Vicki Chang, Heilerin, Freunde von Anbeginn.

Michael Katz, Literaturagent, Geburtshelfer für die Vision wie auch die Realisierung dieses Projektes; ohne sein Wissen und seine Unterstützung hätte ich es nie in Angriff nehmen können.

Meine wunderbaren Lektoren: Colleen Kapklein, deren Enthusiasmus entscheidend zur Vollendung des Manuskriptes beigetragen hat, und Nancy Neiman-LeGette, deren liebevolle Aufmerksamkeit es in Form brachte.

Stephan Schwartz, Pionier, Mentor und geduldiger Zuhörer, der mir seine Zeit und seine Weisheit unbegrenzt zur Verfügung stellte.

Für ihre hingebungsvolle Mitarbeit und Geduld bei der Festlegung des Buchinhaltes und seiner Form bin ich Thomas Farber, Paula Cizmar und Andrea Cagan sehr dankbar.

Viele andere haben ebenfalls wichtige Beiträge geliefert, ohne die ich dieses Buch nicht hätte fertigstellen können, und ich möchte an dieser Stelle Hal Bennett, Diana Baroni, Jonathan Cott, Burnard LeGette, Daniel Kaufman, Mark Kuo, Thelma Moss, Jeffrey Mishlove, Daoshing Ni, Mark E. Pollack, Terry Schoonhoven, Hayden Schwartz, Barry Taff und Jollyn West meinen Dank aussprechen.

Meiner Familie und meinen Freunden gilt meine ewige Dankbarkeit für ihre Liebe: Mila Aranda, Barbara Baird, Ann Buck, Janus Cercone, Janis Clapoff, Melissa Friedman, Linda Garbett, Berenice Glass, Michael Manheim, Richard Metzner, Mignon McCarthy, Dean Orloff, Theodore Orloff, Phyllis Ostrum-Paul, Sindy Paul, Marc Seltzer, Chris Snyder, Elizabeth und Nate Snyder, Leong Tan.

Und schließlich möchte ich mich vor allem auch bei meinen Patienten bedanken, von denen ich so viel lerne, während wir gemeinsam unseren Weg gehen.

Dr. Deepak Chopra

Die unendliche Kraft in uns
Heilung und Energie von jenseits der Grenzen unseres Verstandes
08/9647

Dein Heilgeheimnis
Das Schlüsselbuch zur neuen Gesundheit
08/9661

08/9647

08/9661

Heyne-Taschenbücher

Body & Soul
Harmonie des Lebens

Erich Bauer/Uwe Karstädt
Das Tao der Küche
08/5186

Chao-Hsiu Chen
Feng Shui
08/5181

Laneta Gregory
Geoffrey Treissman
Das Aura-Handbuch
08/5183

Christopher S. Kilham
Lebendiger Yoga
08/5178

Ulrike M. Klemm
Reiki
08/5176

Anita Martiny
Fourou Turan
Aura-Soma
08/5175

Dr. med. H. W. Müller-Wohlfahrt
Dr. med. H. Kübler
Hundert Prozent fit und gesund
08/5179

Brigitte Neusiedl
Heilfasten
08/5180

Donald Norfolk
Denken Sie sich gesund!
08/5182

Magda Palmer
Die verborgene Kraft der Kristalle und der Edelsteine
08/5185

Susi Rieth
Die 7 Lotusblüten
08/5177

Dr. Vinod Verma
Ayurveda
08/5184

Heyne-Taschenbücher